德意志研究

2020

German Studies

沙藤　谭渊　主编

WUHAN UNIVERSITY PRESS
武汉大学出版社

图书在版编目(CIP)数据

德意志研究.2020:中文、德文/沙藤,谭渊主编.—武汉:武汉大学出版社,2021.12
ISBN 978-7-307-22652-4

Ⅰ.德… Ⅱ.①沙… ②谭… Ⅲ.德语—教学研究—文集 Ⅳ.H339.3-53

中国版本图书馆CIP数据核字(2021)第214782号

责任编辑:谢群英　　责任校对:李孟潇　　版式设计:韩闻锦

出版发行:武汉大学出版社　(430072　武昌　珞珈山)
(电子邮箱:cbs22@whu.edu.cn　网址:www.wdp.com.cn)
印刷:武汉邮科印务有限公司
开本:787×1092　1/16　印张:19.75　字数:444千字　插页:1
版次:2021年12月第1版　　2021年12月第1次印刷
ISBN 978-7-307-22652-4　　定价:59.00元

编委会

Editorial Board

卷首语

滚滚长江东逝水，	Welle um Welle strömt der Yangzi nach Osten,
浪花淘尽英雄。	Wild blüht die Gischt, spült die Helden an Land.
是非成败转头空，	Sein und Nichtsein, Sieg und Niedergang sind eins:
青山依旧在，	Heute wie damals sind die Berge grün,
几度夕阳红。	Und Tag für Tag sinkt die Sonne rot.
白发渔樵江渚上，	Die greisen Fischer und Förster auf den Werdern
惯看秋月春风。	Schauen den Herbstmond, ahnen den Frühlingswind.
一壶浊酒喜相逢，	Bei einem Krug trüben Weins sitzen sie zusammen
古今多少事，	Und erzählen einander unter fröhlichem Lachen
都付笑谈中。	Kleine und große Geschichten aus alter und neuer Zeit.

杨慎这首《临江仙》被毛宗岗用作罗贯中《三国演义》开篇词，大气磅礴，怀古叹今，又诙谐睿智，超然豁达；尹芳夏（Eva Schestag）将其译成德文一样气势恢宏，感叹兴亡，不泛幽默自怜，坦然释怀；开篇词不只是在长江黄河两岸传唱，而且回荡在多瑙河莱茵河上空。从 1894 年，葛禄博（也称顾路柏，Wilhelm Grube）第一次把《三国演义》第 91 回改译发表，到 1940 年，弗朗茨・库恩（Franz Kuhn）首度将《三国演义》前 38 回节译为《三国志》出版，[①] 至 2017 年，尹芳夏首次出版《三国演义》德文全译本，已经 123 年了，宛如滚滚长江东逝水，中德文化交流浪花淘尽多少英雄使者。

---

① 1894 年，德国汉学家葛禄博（Wilhelm Grube）第一次将《三国演义》第 91 回（“祭泸水汉相班师”改译为“祭祀死者的仪礼”）发表在《北京东方学会会刊》；1940 年第 4 期，德国汉学家弗朗茨・库恩（Franz Kuhn）将《三国演义》前 38 回合译为 20 章，首次以《三国志》（*Die drei Reiche: San kwo tschi*）为名在柏林 G. 基彭霍伊尔出版社出版译本，库恩译本在德语国家、在欧洲都影响巨大。荷兰文译本《三国演义》由库恩德译本转译，题名《三国志：中国故事》（*De eed in de Przikgaarde; of, Hoe een Sadnalen-maker het tot Keiezr bracht*），译者为哥罗内（C. C. S. Crone），1943 年由乌德勒支. A W. 波罗纳出版社出版。参见王丽娜、杜维沫，《三国演义》的外文译文，明清小说研究，2006 年第 4 期，第 75-77 页；王丽娜，《三国演义》在国外，文献，1982 年第 2 期，第 58-59 页。

在德国，《三国演义》被视为隐藏的纪念碑，被称为“史诗”，因为透过小说，德国人了解了久远而陌生的三国历史，窥探了权力争夺、价值观相悖、道德冲突等一幕幕故事的真相，感受了传奇英雄与阴险小人的善良与邪恶、智慧与狡诈、忠义与背叛。在这一个个性格迥异的鲜活人物身上德语读者都能找到自己的影子，能够分享属于自己的快乐、悲伤、骄傲、嫉妒和痛苦，这就是人类情感的相同点，是异域与本土文化的交集点，是相互理解和认可的契入点。读者穿越时空和地域与作品人物感同身受，这也是译者最欣慰的。尹芳夏在访谈中披露了：是如何用日耳曼思维去铸造德语《三国演义》——这把打开中国文化之门的独特钥匙。我们在深表敬意之时，不妨细细揣摩德国翻译家翻译时思维的聚集点和眼光的聚焦点，以便我们沿其日耳曼人惯有的思路更好地品味德语译本。

不只是《三国演义》等中国古代经典作品受到德国汉学家青睐，像张爱玲等中国现代优秀作家及其作品同样映入其眼帘。张爱玲《秧歌》于 1956 年就在德国从英文版转译成德语，直到 2007 年李安导演的电影《色 · 戒》（改编自张爱玲同名小说）荣获威尼斯金狮奖，才唤醒了德国汉学界沉睡 50 余年的目光再度注视张爱玲，一年后张爱玲《色 · 戒：短篇小说集》德文版就成了德国人阅读的焦点。2020 年张爱玲《同学少年都不贱》精装本和电子书同步发行，迎合了年轻一代的阅读需求。李婉婉以德国主流报刊评论为依据，梳理和探析了德国学界、赞助人与译者和合译方式对张爱玲作品在德国接受情况的影响程度。不可轻视的是影视和网络传媒对文学作品的传播具有不可想象的冲击力和影响力。

文学和文化就像奔流不息的河流，流经不同国度，将本土和异域传统特色渗入其中，彼此相随，又时而相融，一往无前，滋养每片土地。当德国人在莱茵河畔讲《三国演义》故事时，王国维于 1907 年在《教育世界》头一回在中国谈到了荷尔德林及其诗，顾正祥由此以历史的眼光、务实的笔触和丰富的史料，回顾了百年来荷尔德林在华接受史，不禁感叹荷尔德林诗学与中华诗学交融汇聚成一弯溪流，流淌在中华大地，滋润了 20 世纪以来中国现代诗学。面对百余年来荷尔德林研究的一篇篇文章，一本本专著和一个个作者，我们肃然起敬，面对苦苦找到这些文献并整理研究的顾正祥先生我们由衷钦佩。正是有无数知名的和无名的传播者的翻译、出版、解读、推介和宣传，国外优秀作家和作品才在中国被接受和认可。

任何外来文学文化的接受都需要一个过程，哪怕是经典作家和作品也不例外，莎士比亚在德国的经典化历程正好让人了解其中缘由。孙芳颐认为莎士比亚及其作品之所以在德国声名大振，被奉为经典，首先基于其自身的独特性，其次要归功于德语学界建立民族文学的紧迫性，以及德国作家持续了一个世纪的创新性阐释。我们何不以莎士比亚进入德国的时间为线索，以接受莎士比亚为关注点，去厘清德国文学与莎士比亚的关系，而一探究竟呢？

国外作品能否被接受，一个重要原因就是翻译，好的译文能用一种民族母语传递和展现外语原作的思想和精髓，能为外来作品穿上精致的民族服饰，这不单是为了吸引读者好奇的眼光，更是为了适应读者阅读的习惯。而译文的优劣不只是取决于译者的学识品位，同样取决于译者的翻译思想，因为翻译思想决定了译者在整体上拟采取的翻译策略和在细节上所应用的翻译方法。杨文革以德国早期浪漫主义产生为出发点，力图阐释其代表人物的翻译思想。德国早期浪漫主义令人瞩目地被视为文学和美学领域的一次“哥白尼式”转折，是在于其代表人物对翻译问题的论断丰富和发展了当时的翻译理论吗?

回答可能因人而异，因时不一，因地有别，不可强求。德国汉学家葛禄博将自己“以读者为导向”的翻译理念体现在《中国文学史》的诗文翻译实践里，以“自我”与“他者”双重合一的视角细致地解读了唐诗的音韵、格律、对仗等元素，同时将其与西方诗歌相比较，强调中国诗歌载体——汉字、书法与诗的关系，由此探讨中国人审美情趣。周正芷和肖颖透过译文分析了葛禄博对唐诗的阐释与评析，以此探讨20世纪初德国“唐诗热”的文化内涵和审美差异，从而探寻西方话语对中国文学的认知。如有兴趣，不妨读一读随后的《中国文学史》（节译），这里面浸润了葛禄博不可言说的诗情趣语和直言不渐的日耳曼思辨。

日耳曼哲人马丁·路德翻译的德文版《圣经》被雅各布·格林从德语语言的视角称为：“是每个人弥足珍贵的宝物，它给予了高地德语以富有男子气概的力量和意志。翻译《圣经》是一项鼓舞人心的工作，是属于全人民的，自然也要用人民的母语诉说。”这就是格林眼里最好的翻译，因而在其《德语语法》序言里毫不吝啬其赞誉之词，这也是格林衡量翻译质量的要素：内涵和外延。陆玲怡和程林翻译并解读了这篇有名的序言，引导读者从中管窥格林兄弟，特别是贯穿了雅各布·格林职业生涯的三点治学思想。翻过序言，读到的就是《德语语法》——被海涅誉为“一部科特式的大教堂，所有日耳曼的民族都提高了嗓音，就像巨大的合唱团一样，每个民族都用自己的方言说话”。这部格林《德语语法》陪伴了一代又一代德国人长大，学会正确地说德语写德语；其序言含义深远，广为流传。

说到翻译，就离不开原作；好的翻译，基于好的原文。“孤独的风中之旗”里尔克的诗无论是德文原作，还是中文译作都臻于完美。里尔克因“人类身处一个完全陌生甚至敌对的世界而感到失落”，便用心将事物化作景象，用景象和象征去思辩去言说，用诗去探索哲学问题。杨武能将探寻的眼光投射到里尔克“自我治疗”诗文里，进而思考诗人自身恐惧的痛苦和抒情主体的内心世界；随后走进富于哲理的诗之天地去辨析诗人对于人生的迷惘和存在的荒诞感；透过一层笼罩在诗里的宗教神秘之纱，去探析诗人带有唯物论本质的自然神论和泛神论宇宙观，去展现歌德之后德语文学里最富宇宙和人类意识的里尔克及其象征主义。

无论是里尔克的象征主义，还是托尔斯泰的现实主义，其表现手法都是为了描述人之情，“艺术起源于一个人为了要把自己体验过的情感传达给别人，于是在自己心里重新唤起这种感情，并用某种外在的标志传达出来”。托尔斯泰所言之情感在西格斯《战友们》中可以触摸到，李昌珂和王绪梅分析了作品中骨肉分离之痛，还有最让人动容的那句描写等情景，深以为，革命者形象不是西格斯故作惊人之举的人物塑造，而是具有十分清晰牵扯人心的真实性，这唤起了作者和读者对中国革命极其崇敬之情，对红色革命年代的沉思与追怀。

“以诗歌之精炼和散文之直白，描绘了无依无靠的人群之生活图景”，这是 2009 年赫塔·穆勒获诺贝尔文学奖的原因。李雯借助陌生化理论及性别理论探讨《人是世上的大野鸡》主人翁温迪施一家及德语少数民族群体形象和生存境遇，说明女性不单单是传统意义上单纯的弱者与被害者，男性也并非拥有绝对的话语权威。穆勒使用陌生化手段悄然消解了简单的性别二元对立，赋予了复杂社会环境中人物形象更深层次内涵，不愧为白描之巧手。

彼得·汉德克同为诺贝尔文学奖获得者（2019），“凭借有影响力的富于语言学才能的作品，探索了人类体验的外延和特性”，游洁叹服汉德克选取了“疲倦”这一日常感受为描写对象，并将其与精神上的“顿悟”相关联，超越了“疲倦”一词原有含义，赋予了“疲倦”深刻的美学和哲学内涵，使其变成了感受世界、认识自我的代名词，展现了汉德克不一样的语言天赋；特别是采用了“试论”这一宽泛而寓意丰富的书写方式，因为它既是“实验”，又是“寻找”，更是对自我真实感受的追寻以及对艺术探索的记录。汉德克在《试论疲倦》里开拓了这种当代叙事模式的新方法，展现出与众不同的认知方式。就连手稿汉德克都是用铅笔书写，别具一格。汉德克《真实感受的时刻》则充分发掘了个体在面临存在危机时对虚无的体验，以及在重新发现世界过程中对自我存在的内省。杨加华从语言和社会两个维度探寻主人公科士尼格遭遇危机的原因，分析消除自我与他者差异性的语言，探讨社会体系如何使科士尼格逐渐沦为他者，而寻求“真实感受”，完成自我救赎。

与汉德克叙事模式不同的是马克斯·弗里施《安道尔》的叙事策略使模型剧的审问意义进一步凸显，跳跃的叙事与多变的视点使剧情的流畅性被不停地打断，这促使观众脱离故事情境，主动思考普通民众在偏见暴行下应当承担怎样的责任。刘艺涵注重的是弗里施在《安道尔》里如何运用时空交错的叙事结构去显露主人公安德利的偏见与歧视，如何以多变的叙事视点使观众了解剧情真相，唤醒自审意识，进而阐述戏剧主题之意。

人们习惯将某一时期的文学作品依据其特色归纳命名，“废墟文学”这个称呼最初来自批评者的贬称，海因里希·伯尔却坦然接受评论者将其作品归于“废墟文学”，这是为什么呢？因为“将同时代的人诱骗于田园诗中是一种残酷的行为，一旦他们从梦中醒来，将是可怕之极的。难道我们真的要玩一场捉迷藏的游戏吗？”伯尔认为“废墟文学”不仅要记录战争体验，要关注战后的废墟现实，更应担当历史和现实责任。这正是王惠在《天使沉默》所提炼的三大要素。伯尔记录迷失一代的作品具有对时代广阔的透视和塑造人物的细腻技巧，助力于振兴德语文学，难能可贵。

回首德语文学，莱辛的《智者纳坦》不愧为经典，但人们注视的目光往往只盯到其中的犹太教、基督教和伊斯兰教三大宗教的问题，而忽略了第四种宗教——琐罗亚斯德教的存在，忽视了一个仅出现了三场的不起眼之人——行乞僧阿尔·哈非，而赖雨琦却着眼于这位古老神秘的琐罗亚斯德教的代表人物，分析了剧中唯一能与纳坦比肩的这一独特角色，透过其智慧和观念，挖掘出其宗教理念与莱辛思想之间的密切关联，有趣的是，与莱辛以“爱”为准绳的理性宗教信念不谋而合，真是难得的巧合。

说到文学作品，自然会谈到其作者，《梦月》却不是出自作家之手，而是来自天文学家约翰尼斯·开普勒之笔。项馨聪穿梭于故事性、幻想性和科学性为一体的“月球天文学”的科学假想之中，走进《梦月》之梦境，尝试解读《梦月》叙事框架下的世界构建，让人不要忘记1634年就用拉丁文（1898年才译为德文）出版的“第一部比较天体学的科学著作”，第一部包含外星非人形生命具体设想的作品。先驱作品不应该只是陈旧的文献，供人查阅，更应是创作的源泉，激发人思维，启迪人思想，鞭策人开拓创新。

一个优秀作家常卷不离手，博览群书。汉德克就是写小说读小说评小说，读罢尼科拉斯·博恩《故事的背地面》，就感叹道：“迄今为止最极端的‘新主体性’文学的代表”。博恩笔下将个体生活的外部世界和周围环境视为“超级机器”，夏雪认为超级机器就是指完全受技术支配又超越技术范畴的社会体系，一个蕴含政治、文化和工业等丰富意象的载体。这些意象为代表的机器世界客观上促进了社会发展，但是主观上也控制和影响着人的行为与意识，使其产生严重的主体危机。这一点人们在现实社会里或多或少都有所感觉，有所思考。然而面对危机，又该怎样应对呢？这的确值得深思。

语言文字是诗歌小说的载体，一个词、一句话会影响到一段话、一个章节，甚至一篇文章的语言表达效果。古代诗人常常对诗中一个词、一个字的运用或更改前思后想，反复推敲；不少流传的“一字之师”故事也是隐喻了遣词造句的重要性。中文如此，德文也不例外。要想恰当使用一个单词，先要知道单词的结构和语义。王继新、李诗祺和黄羽茜将德语中以语素-*ung*结尾的名词置于谓词语境里进行三种内在的语义解读：事件、结果状态和物体解读，通过此解读确定了以语素-*ung*结尾的复合类型名词的定义；并依据解析原动词的语义结构，确定了动词词干加上语素-*ung*变化为名词的语义条件。这种结合实例的解读有助于认知以语素-ung结尾的名词的构成和语义，以便更好地应用到书面和口头交流之中。为了提高德语学习者的构词效率，宁云靖则在德汉对比语境里以语素为基础，结合语料构词偏误实例，重点分析了连接元素三大功能特性等导致的德语名词性复合词偏误原因和应对策略。语言的使用难免会偏离其规律性，而例外情况需灵活应对。德语知识如何准确地运用到现实生活之中，这是常思考和需直面的问题。面对青岛市德文语言景观，孟珺捷以场所符号学为理论框架，从类型、功能、语码取向和词汇选择等方面对此进行了分析，依据德文语言景观知识探讨具体案例，研析城市德文语言景观的现状与问题，并提出解决方案。这可谓是将课堂延伸到青岛市一个个德文语言景观地，仿佛现场教学，不失为有益的尝试。

语言、文学和翻译都值得研究，谁不想找到一个好的研究选题，组建一个好的研究团队，获得国家、教育部和省社科基金的资助呢？自1991年全国哲学社会科学规划办公室设立国家社科基金年度项目已整整三十年了，许多学者已圆梦，更多青年才俊在逐梦，在夯实自身研究基础，力求找准选题视角，找到突破口破茧化蝶。谭渊和刘琼盘点了2019—2020年国家和教育部社科基金德语国家研究项目，梳理分析了立项课题的研究方向和特点，归纳了选题要点：注重“数字人文”研究热潮，关注“文化走出去”战略，具有“全球史”视野和“跨国”性质，运用语料库技术和“大数据”研究，与时俱进，走在学术前沿，力图填补研究洼地（如瑞士、奥地利等德语国家研究）。为“小语种”研究脱颖而出提供了有益借鉴。

2021年，中国共产党走过了伟大的百年历程，令人敬仰，难以忘怀。中秋之夜，想起了东坡居士，又想到了艾兴多夫（Joseph von Eichendorff）《月夜》（*Mondnacht*）最后几句诗：

Und meine Seele spannte	而吾之灵魂
Weit ihre Flügel aus,	仍张其翅膀，
Flog durch die stillen Lande,	飞越寂静原野，
Als flöge sie nach Haus.	好像飞回故乡。

虽然，“人有悲欢离合，月有阴晴圆缺，此事古难全。”但在月夜，心仍展翅飞回家。不一样的语言，同一样的心愿：“千里共婵娟。”“秦时明月汉时光”，虽时光荏苒，而清辉依然。《德意志研究》（2020）请千年明月将美好祝福照亮您前行之路，愿一路微笑、开心幸福！

辛丑牛年中秋夜于江夏

目 录

学者访谈

文学研究

语言研究

人文研究

翻译研究

研究评述

学者访谈

在《三国演义》人物身上找到自己的影子
——《三国演义》德文全译本译者尹芳夏访谈录

西南交通大学　沈彬彬

编者按：德国汉学家和翻译家尹芳夏(Eva Schestag)女士翻译的罗贯中《三国演义》德文全译本于2017年2月23日由费舍尔出版社(S. Fischer)在德国美茵河畔法兰克福出版，这是第一次在德国出版的《三国演义》德文全译本，为德语读者打开了完整的阅读《三国演义》之窗，使其对《三国演义》有一个整体的全面印象，进而去了解三国的历史和风土人情。尹芳夏女士于2019年春接受了波恩大学访问学者沈彬彬先生的采访，回答了关于《三国演义》德文全译本的相关问题，谈到了翻译《三国演义》的由来、经历和感悟。从访谈录中可以了解到翻译家对待翻译的追求和态度，了解到《三国演义》在德语世界的接受情况。尹芳夏认为各国读者能在《三国演义》众多人物身上找到自己的影子，能够分享属于自己的快乐、悲伤、骄傲、嫉妒和痛苦，所以喜欢读《三国演义》。外国翻译家和汉学家对中国传统经典作品的翻译和解读值得我们尊重和感谢，我们对传播中国文化的外国学者深表敬意和谢意！

沈彬彬：尹女士，您好！正如罗贯中《三国演义》开篇所言：滚滚长江东逝水，浪花淘尽英雄。相信译介和研究《三国演义》也如“逝水长江”一般，“淘尽”了无数翻译界的“英雄”。谢谢您用德文翻译了中国经典作品《三国演义》一百二十回本，让德语世界的人们能够读到完整的《三国演义》！请问《三国演义》德文全译本为什么取名：*Die Drei Reiche*，似乎没有译出“演义”二字？

尹芳夏：谢谢沈先生！能有机会在德国和您聊一聊《三国演义》，是一件让人很开心的事情。回答这个问题并不难。在德国出版社原则上对德文译本的书名有最终决定权。不过呢，当人们翻开《三国演义》德文译本，紧挨着 *Die Drei Reiche* 这一书名下方，人们能够看到副标题 *Roman aus dem klassischen chinesischen*。因此，我们或许可以这样说，《三国演义》这一完整的书名，在副标题中得到了显现。

沈彬彬：请问《三国演义》德文全译本在德国反响如何？

尹芳夏：《三国演义》德文全译本在德国的反响非常好。几乎德国主流媒体包括《法兰克福汇报》(*FAZ*)、《新苏黎世报》(*NZZ*)、《德国世界报》(*Die Welt*)、德国商业杂志(*Brandeins*)等，以及在奥地利和德国的电台都有一致的正面评价。当然，这些评论也是基于记者们事先对我进行了充分的采访。在我看来，事先的充分沟通能让记者们更容易感知这部伟大的著作。另外，我还经常受邀参加各种朗诵会，《三国演义》的内容非常适合朗诵。因为大量的、颇具特色的散文小品构成了这部小说的大整体。

沈彬彬：请谈谈您心目中的《三国演义》和作者罗贯中。

尹芳夏：关于罗贯中的历史记载并不多。重要的是，因为罗贯中，我们今天得以拥有和阅读这本中国古老的文学作品。在我看来，小说的作者当时想隐姓埋名，这似乎是有道理的，因为那时的小说并不是一种受人尊敬的文学体裁。然后《三国演义》呢，则是中国第一部通俗长篇历史小说，描写了东汉灵帝(184年)到晋武帝(280年)期间，统治集团之间的矛盾和斗争。它以刘备、关羽、张飞桃园结义作为故事的开端，以晋朝灭掉吴国结束三国分立局面为终结。书中生动描绘了三国时代尖锐复杂的军事斗争和政治斗争。由于此书多取材于陈寿的《三国志》等史书，因而它不仅是一本生动的小说，又是一部形象的历史和军事参考书。尤其对于当时战争的描写，颇具特色，令人百读不厌。它对政治上、军事上胜败原因的分析，更是有独到的见解，给人以深刻的启迪。

沈彬彬：《三国演义》德译本在您这个全译本之前，一直都只是节译本或缩译本。您认为《三国演义》德文全译本迟迟未出的原因有哪些？

尹芳夏：像《三国演义》这样经典作品德文全译本的出版，不仅代表了翻译成就，也代表了伟大的出版成就。在这样的时代，一个出版商——在根本无法获利的情况下——承担起这样一个项目，作为对世界文学项目的贡献，它的作用是不言而喻的。现代世界的发展速度实在太快了。翻译文学作品，尤其是《三国演义》这样的鸿篇巨制，需要足够的时间和耐心。这样的翻译工作是漫长的，仿佛是“慢”的缩影。不仅对译者而言，对读者而言也是如此(尤其是对母语非中文的读者而言，他们首先要熟悉人物和主题，知道真实的历史背景)。从这些角度来看，这类文学作品一看就过时了。为什么德语世界迟迟没有推出《三国演义》的德文全译本？回答这个问题之前，我们先说一说1644年的事情。那应该是清朝初年，清王朝的几位皇帝就非常喜欢《三国演义》这部小说。比如清太祖努尔哈赤少年时经常去抚顺做买卖，学会了汉话，并在那里接触《三国演义》。他一下子就被这本书吸引住了，从中学到不少兵法与韬略。此后行军、打仗都要随身携带此书，以备查阅。此外，努尔哈赤的儿子清太宗皇太极也喜欢读《三国演义》，他时常引用《三国演义》中的故事来讲道理、说服人。据史料记载，1635年，清太宗在给朝鲜国王的一封信中写道：“当年黄忠与关羽作战，黄忠马失前蹄坠落在地，关羽并没有趁机杀掉黄忠，而是让黄忠换一匹马再战。关羽认为乘人之危不是真正的勇猛。”以此旁敲侧击朝鲜国王，要他讲信义，不要趁清朝与明朝打仗的时机进攻清朝的后方。由于清太宗太喜欢读《三国演义》，他的臣子沈文奎便劝谏他说：“《三国演义》仅是一隅之见，皇帝不该偏重一本书，以一本书的观点治军治国。”清太宗哪管这一套，他不仅自己照读不误，还要求大臣们也读这本书。由于这时清朝入关不久，许多满族文武大臣不识汉字，清太宗就命一批兼通满汉文字的专家将《三国演义》翻译成满文。不等全书译完，清太宗就常把译好的精彩片段赏赐给大臣们。为了表示对《三国演义》的推崇，清太宗还把它同《孟子》《资治通鉴》《六韬》并列为“临政规范”。遗憾的是，清太宗没等到满文本《三国演义》问世就驾崩了。幸运的是，继位的顺治皇帝，也非常喜欢《三国演义》。在他的监督下，1650 年，满文版《三国演义》全部译成。他立即下令将此书颁行于满族官员中，还重赏了参与翻译工作的范文程等人。我讲这个故事是什么意思呢？就说在清朝统治者看来，《三国演义》显然就像一把钥匙，可以让人们了解汉族的文化、历史、战略思想，更可以了解战争艺术。所以，清朝统治者才会让手下的大臣去将《三国演义》翻译成满文。现在我们再回过头来说，为什么直到现在才出现《三国演义》德文全译本。具体什么原因，我也很难回答。但是我想，也许每一本书都像小说中的主人公一样，都在寻找它的主人。《三国演义》也许也一直在寻找它的译者吧。

沈彬彬：您认为翻译《三国演义》的重点和难点分别体现在什么地方？

尹芳夏：在我看来，时间和耐心，也许是对于《三国演义》译者而言，最重要的两个法宝。尽管 2011 年初费舍尔出版社委托我翻译《三国演义》时，并没有给我太大的时间压力，也没有说一定要在什么时候完成。但是我知道这个期限迟早都会到来。所以，在翻译《三国演义》的这六年里，可以说我是把自己所有的时间都倾注其中。如果非要说翻译经典著作最大的困难，那应当是坚持和自律。我认为这是最难做到的，也是译者精神的精髓所在。当然，还需要始终保持对于翻译的乐趣。在这样一个既有文学性又兼具历史性的翻译工程中，很多事情都是困难重重的。从文本的角度来看，最难的就是人名。但凡看过这部小说的人都知道，《三国演义》里有名有姓的人物超过一千个。很多人物，除了姓和名之外，还有字和号。应该说，若没有一定的背景知识和历史素养，即便是中国人，看这部小说也是颇为棘手的。翻译的难度也正在于此。面对海量人名和地名时，德语只有寥寥无几的字母可供支配。不懂汉语拼音的德语读者不会知道，同样的拼音背后可能是不同的汉字。这肯定让人头晕。因此，我在每页的脚注和书尾的附录中加以针对性的提醒和说明。不过我只是把名字“改写”成拼音，从未想过要按照字面意思去“翻译”成德语。因为其一，上千名字不可能都找到合适的翻译；其二，翻译人名可能会不恰当地把复杂的角色简单化。德文版里面不会出现汉字，所以人名只能用拼音来翻译。但是用拼音的话，同音不同字的情况就没法避免。再加上这些人物除了姓和名之外，还有字和号。所以为了避免混乱，我决定每个人物固定只用一种译法，那就是用姓名。此外，为了帮助德语读者厘清人物关系，我还尝试用脚注来做一些说明，尤其是隔了很长篇幅之后重新出现的人物。不过，读者可能也会慢慢发觉，其实不需要弄清楚每个人物的具体名字，只要有一些耐心，跟着情节走，也能对这些人物形象有个具体的认知。然后，翻译文本另一个难点，就是官名和封号的翻译。众所周知，中国古代官名和封号纷繁复杂，牵扯到三个国家就更是“剪不断、理还乱”。为严谨起见，我还是参阅了不少关于汉代官衔的研究论文。此外，书中还出现了大量历史文献，比如最著名的《出师表》。当然还有很多其他诏书、檄文、悼文、诉状、诗歌等，这些文本翻译所花费的时间，要比正文叙述部分多得多。

记得曾与新华社记者田颖说过：最难翻译的一部分出现在一百零二回：诸葛亮造木牛流马。这部分文本来自陈寿《三国志》，而且有不同的版本从历史上流传下来，这段文本像密码一样，我很难解释清楚，曾想写一个脚注去解释跳过去不译这一段的缘由。幸好这时德国古典文学专家克里斯蒂安·瓦辛格(Kristian Wachinger)出手相助，让我将这一段的字面意思翻译出来。然后他在自己的工作室坐下来，用纸和笔照着画，试图通过画画和计算的方式来理解这部分从技术上和工程上到底是什么意思。有了他的帮助，我可以将“孔”这个字解释为技术层面的轴承，或者是解剖学层面的关节，这样才将这一段译成德文。简而言之，先字面翻译，再通过画画和计算来理解这部分的工程原理，最后才解决了“诸葛亮造木牛流马”“技术”难题，顺利将其译成德文。在翻译技巧上，究竟是采用隐喻、双关语、名称、称呼形式还是其他什么方式，我必须得说明，在翻译时，我们必须采用德国人的视角去翻译。也就是说，《三国演义》的德文版，不仅要做到能让读者了解和接受中国历史，而且更要让读者能从中感受到娱乐和消遣。从这个角度看，我们不应该用过多的解释和脚注来充实文本。

沈彬彬：您从动笔翻译《三国演义》到最后推出全译本持续了六年，有哪些经历和故事？

尹芳夏：2009年，费舍尔出版社出版了我编撰的《中国古典文学作品集》(*Sammlung Chinesischer Klassiker*)四卷本。当时，由于时间有限，我无法为这本选集翻译一部经典小说。所以才有了后续项目的想法。后面既然要选，那自然是要在四大古典名著中选。我第一个想到的就是《三国演义》，因为它是四大名著中最早的一本长篇小说，也是一本历史性小说，在我看来也是最重要的一本，所以当时做出这个决定并不困难。2010年初费舍尔出版社国际小说部编辑主任汉斯·于尔根·巴尔梅斯(Hans Jürgen Balmes)让我将《三国演义》首次译为德文全译本的计划写一份报告，并向出版社提交《三国演义》德文试译稿件，一年后我就收到了费舍尔出版社的全书翻译邀约。2015年底，我完成了这部小说翻译的初稿，2016年1月，当我开始逐章修改译文时，巴尔梅斯先生邀请瓦辛格先生担任该书编辑，对我的译文初稿进行初读，并反馈其意见，这对我来说至关重要，因为他是《三国演义》德文全译本第一位批判性的读者，以确保该书除专家以外的普通读者也能阅读和喜欢此书。我开始撰写注脚和译后语，为读者提供历史背景，并努力避免在文本中出现任何汉学行话和术语。创作在语文学上忠实于原文的译文，以及写就一个生动、优雅、超越时间的文本成为我最大的挑战。我曾说过：“在翻译《三国演义》的六年中，我喜欢长期待在瑞士苏黎世附近的楼仁(Looren)翻译之家，待在那里就相当于从翻译之外的一切事务中脱身。我时常在阿尔卑斯山中徒步，然后再回到自己的书房中工作，这种结合非常完美。翻译之家方便我们与同行深入地交流。自我在苏黎世大学读书以来，我一直与这个城市保持着联系。我曾经的德语文学教授也是作家和翻译家，她热心帮忙，读了《三国演义》德文译文初稿，并给予我反馈。在这段长期的深度隐居生活中，我只与外界保持着很少的联系。”

至于说到翻译中间发生的故事，举个在具体的语言转换和翻译策略上的例子吧。比如在人物对话中的敬称(您)，我没有使用现代德语中常用的“Sie”，而是用了比较有历史感和距离感的“Ihr”。此外在行文中，我会避免使用口语化的表述，每一句话写下来之前我都会斟酌一二。但同时，我也要避免语言过于僵化，应当保持文字的生动性。这样的“文字生动性”，还体现在小说中的大量对话上。比如，在小说对话开始前，中文总喜欢以“曰”字开始。学德语的人应该知道，德语中很难想象通篇只用一个“说”字。因此，在翻译中间，我统一了对话形式，即采用戏剧剧本的方法——人名后就是要说的话。中文的“曰”就用德语的冒号和双引号代替，这样则显得更为生动。然而针对文言文的简洁和特有的文理，我在德语翻译中，也采用了诸如排比、对偶和首语反复等修辞手法进行对应。例如曹植七步诗“煮豆燃豆萁，豆在釜中泣。本是同根生，相煎何太急”中的隐喻手法，我也试着在德语中使用。只要它不让德语世界的读者觉得过分陌生即可。

沈彬彬：您刚才也提到，在译介《三国演义》这本名著时，会遇到特别多的人物形象，您如何看待曹操和刘备？您最喜欢的三国人物是谁？

尹芳夏：在我看来，曹操和刘备是一对欢喜冤家。但是，他们俩不只是简单的对手关系，还体现了两个完全相反的道德类型。众所周知，曹操首先以篡权者形象登场，他肆无忌惮，残酷而迷恋权术；而刘备作为汉室的合法继承人，谦逊、人道而忠厚，有责任感和同情心。不过，这些邪恶和善良的寓言在行文中将变得支离破碎，甚至自我矛盾。虽然罗贯中因受儒家思想影响而尊刘贬曹，但曹操这一人物形象更加血肉丰满，一方面阴险狡诈刚愎自用，另一方面对真正的对手怀有敬意。与依靠军师的刘备相比，曹操是更加独立的政治家和军阀。曹操不只是“奸”，也有智谋。他待敌人以敬、以宽，在战事中也显示出坚强和勇敢。与之相比，刘备未免过于软弱，太依赖他的智囊团。他老哭，把自己的利益建立在他的百姓之上，最终导致了汉室衰落。我在《三国演义》译后记中也谈到，刘备的大业便是在一次重要的决策中功亏一篑的：他的结义兄弟关羽在吴国被杀害，于是刘备打算为他复仇。但鉴于蜀国当时面临的冲突局势，还有匡复汉室，一统天下的宏图大志，那时他们正计划进攻魏国。原本应当北上伐魏，却因为“手足之情”这样的“妇人之仁”，竟然将既定的国策临时更改为东进攻吴。这注定了蜀汉的覆灭以及第二位结义兄弟张飞的丧生。

关于我最欣赏的人物这个话题，自译介《三国演义》以来，的确经常有人问我这个问题。而且有意思的现象是，提问者列举了曹操、孙权、刘备、关羽、赵云等重要人物，唯独没有提到诸葛亮。我后来发现，对方不问诸葛亮，是基于一个文字游戏：“他们觉得诸葛亮是神，不是人。”在翻译中间，我也了解到，历史中的诸葛亮本是隐士，与世隔绝，饱读诗书，却没有迂腐的书卷气。诸葛亮登场时，带着一种虚无缥缈的感觉：只闻其声，不见其人。说话声从四轮小车那里传来时，读者马上知道，这位蜀国军师正端坐于此，羽扇纶巾，身着黑袍。这种典型形象贯穿于小说。当然，诸葛亮虽贵为蜀国丞相，却总是穿着道袍登场，这也体现了行文间作者的一种“矛盾”，即儒家和道家都想把诸葛亮引为自己的代表。但这种“矛盾”，在我看来，却最为真实不过。于我自己而言，就是身处“儒”“道”之间。此外，我对诸葛亮的欣赏，还体现在孔明先生形象的真实。诸葛军师聪明而有远见，如果没有他“鞠躬尽瘁，死而后已”，刘备怕是永远不可能成为蜀国领袖。但是诸葛亮也会犯错，也没能从宿命中解脱，最终也像任何人一样要面对死亡。尽管如此，当我们读到赤壁之战这样的宏伟史诗时，还会因他的天才而拍案叫绝。

沈彬彬：您为何将《三国演义》称为“经典中的经典”，这部小说在国外深受读者欢迎的原因是什么？

尹芳夏：先前在接受田颖采访时我说到了喜欢和选择翻译《三国演义》的缘由：我总是为那些经久不衰光芒永驻的东西痴迷，它们超越时间，优雅之至，文学经典正是如此。《三国演义》在语言方面是四大名著中最“古雅”的，包含了许多汉代文本，有长散文诗、檄文、敕令和书信等，可谓是中国古典文学的纪念碑；其中我最喜爱的是第二十二回陈琳挞伐曹操的一篇檄文，第四十六回《大雾垂江赋》，还有就是著名的《出师表》。这些伟大的文学作品组成了这部小说的重要部分。翻译这些文章、诗歌需花费大量时间，往往要到二三十回后，我才能理解为什么这些文章和诗歌对于整本小说至关重要：它们打乱了叙事的节奏，引导读者停下来，欣赏一个伟大的事迹，或是凭吊一位英雄的逝去。

《三国演义》讲述的故事跨越了漫长的时间，但是它却经常跳出叙事框架，穿插一个个扣人心弦的支线故事；其构思与结构就像一部240集连续剧，从这个意义上讲，三国演义又是现代和当代的。《三国演义》是一部关于战略策略的经典，被视为领导艺术的参考书，亚洲历史上的政客或领导人都常常引用这本书中的策略来分析并解决难题。

《三国演义》的剧情，发生在中国历史上非常特殊的一个环境之下。然而，书中的英雄都有历史原型人物。毫无疑问，《三国演义》剧情体现了这些英雄的善与恶、智慧与狡猾、忠诚与背叛。相应地，像权力的争夺、价值观冲突、道德冲突以及寓言的快乐等动机，基本上也是普遍存在的。

所有这些，不都是伟大的经典作品所具有的要素吗？这也是为什么全世界的读者都能在《三国演义》众多的人物身上找到自己的影子，能够分享属于自己的快乐、悲伤、骄傲、嫉妒和痛苦之缘由。

沈彬彬：很多人都在讨论译入和译出的问题。甚至有的学者认为，只有中国人才能深刻领会中国文本深邃的内涵，即便是国外的汉学家，由于文化传统、风俗人情和语言习惯的差异，在翻译中华典籍时也难免出现差错。当然，如果中国人将母语——中文经典作品翻译成德文、英文、法文或俄文等外文时，也会出现译文的习惯表达方式是否恰当的问题。在中国文化日益走进世界舞台中央的今天，您觉得该如何处理译者与译本的关系？

尹芳夏：我认为，在这里不能一概而论，必须根据具体情况，再来决定谁有能力翻译哪本书。斯维特拉娜·盖尔（Swetlana Geier）就是将陀思妥耶夫斯基（Dostojewskij）的伟大小说从母语俄语翻译成德语。刚刚获得2020年德国图书奖的安妮·韦伯（Anne Weber）也将小说从母语德语翻译成法语。这些翻译家的故事告诉我们，没有人对文学拥有绝对解释的主权。这就是阅读的魅力所在，毕竟每一次的阅读体验都是独一无二的。在这方面，一本书可以，而且必须有几种译本——因为即使是同一本书，也会随着时间的推移而发生变化。《三国演义》这部小说的产生时间，对于我们每个人来说，都是同样的遥远。为了读懂罗贯中的小说，我想我们借助的是同样的史料、评论以及文字学的辅助工具。但在做翻译时，一是要全面理解文本，二是要给文本一个全新的、乍一看很陌生的语言，给它安一个新的家。这里必须要指出，在这个过程中，有很多东西在共同发挥作用，译者必须综合运用多种技能。重要的不是他(她)从哪里来，而是他(她)如何把旧书带到新的彼岸，能否在那里成为家。

沈彬彬：您是如何看待译者的地位？译者是应该隐藏在原著的后面，还是另外一个真实的存在？

尹芳夏：译者自然是真实的存在，即使是把别人的作品翻译成自己的语言。翻译的每一个字背后，都受到原文的启发和指导，但又是由译者自觉做出的决定。瑞士作家、翻译家伊尔玛·拉库萨(Ilma Rakusa)曾经说过，原文和译文最终应该具有相同的具体分量。

沈彬彬：您是如何看待阐释学中"创造性"以及学者提出的"译者主体性"？

尹芳夏：翻译一本书的时候，具体的路径就已经显示出来了。但是译者自己要进行选择，用自己的语感来决定相应的词汇。从这个角度讲，翻译本身就具有主观性。因为每个词都可以选择不同的方式来翻译。这里面就体现了译者的创造力。翻译不仅仅是尽可能忠实地再现现有文本，而是要用自己的语言或从自己的语言中创造一个新的、最好的独立文本。

沈彬彬：当您想成为"汉学家"，走上翻译之路后，在您心目中汉学家的任务是什么？汉学家与翻译之间的关系是什么样的呢？

尹芳夏：即使以学术为目的的翻译与以文学为目的的翻译是完全不同，但这两个身份密不可分。也就是说，我既是翻译家，同时也是汉学家。在我看来，文学翻译不能以牺牲科学的精确性为代价，但它的文学诉求却不止于此。

沈彬彬：您去过中国，能否谈一点对中国的印象？

尹芳夏：我曾在南京大学学习，后来在台湾学习，其中就包括在台北阳明山的中国文化大学学习。近年来，我曾多次应邀前往中国讲学、参加会议或翻译研讨会。我真正欣赏中国和中国人民的是：人们对文字，尤其是对古文字、文言文的尊重。

沈彬彬：谢谢！感受到了您作为汉学家关注汉语语言文学和文化所特有的眼光，感谢您一直以来对中国古文字、文言文的尊重！感谢您为德语世界译介古老的《三国演义》等中国经典文学作品，为中德文化交流之桥增砖添瓦，贡献了汉学家和翻译家的智慧和力量！

文学研究

奔向无边的宇宙
——象征主义诗人里尔克(下)

四川大学　杨武能

摘要：里尔克用心将事物化作图像，用图像和象征代替一般的陈述或思辨语言，还常常穿上宗教的、传说的神秘外衣，用诗去思考和探索哲学问题。本文探析里尔克“自我治疗”或“表现自我”诗文里“人类身处一个完全陌生甚至敌对的世界所感到的失落”，分析诗人自身的恐惧的痛苦和抒情主体的内心世界；通过分析富于哲理的诗文剖析诗人对于人生和存在的迷惘和荒诞感；透过一层笼罩着在诗里的宗教的神秘的纱幕，去探讨诗人带有无神论和唯物论本质的自然神论和泛神论宇宙观，去揭示近代文明危机时代诗人内心矛盾，去展现继歌德之后，德语文学里最富宇宙意识和人类意识的杰出诗人里尔克的象征主义。

关键词：里尔克；图像；自我治疗；宇宙；象征主义

1. 引言

里尔克完成了《十四行诗》和《哀歌》，如释重负，马上写信给几位挚友：美莉涅、露、玛利·塔无西斯公爵夫人和尼斯，报告这一喜讯。大家也为他深感庆幸。正像完成了自己的“主要事业”《浮士德》的歌德一样，里尔克把往后的岁月多半也看成了命运额外的赐予。他除去与友人通信，翻译瓦雷里的诗歌和自己也创作一点法语诗之外，就不再有大著作问世。再说，经历了心灵的狂风暴风雨的一个月之后，他也确实筋疲力尽，需要休息休息了。

此后里尔克尽管仍然深居简出，但却变得殷勤好客，宁静的米索古堡不断地迎送着诗人的新朋老友和仰慕者。1925 年初，他甚至鼓起最后的勇气回到巴黎，向这个在他作为诗人的一生中起过最重要作用的城市，这个他既爱又恨的城市告别。与 23 年前形只影单地来巴黎讨生活、当艺术学徒时不同，里尔克眼下已誉满全欧，在巴黎的文化界受到了英雄凯旋式的欢迎。

在巴黎这座世界文化古都里尔克住了 7 个多月，重新踏访了那些他早已熟悉的文化胜迹、通衢大道和贫民区，到 8 月中旬才恋恋不舍地离去。行前，他未向任何人告别。对于诗人里尔克来说，巴黎无异于人生和世界的缩影，当然也就是他生活于其中而竭力试着挣脱的资本主义社会的缩影。

回到米索古堡不多久，里尔克就病了。虽然检查结果并非诗人自己担心的癌症，他的情绪仍极为抑郁，于是便立下遗嘱交给尼斯保管。遗嘱中除对不多的一点财产作了安排，特别强调的是他临终时不要让“任何神职人员在旁边”——与歌德著名小说的主人公维特一个样。除此而外，他还选定离米索不远的拉龙乡村小教堂的南墙根儿为自己永久的安息地，并为自己撰写了据认为是文学史上极为有名也极为难解的墓志铭：

玫瑰，纯粹的矛盾啊，欢愉，
在如许多的眼皮下，不让任何人
安息。

有人统计过，到 1972 年对这短短的墓志铭已有不下 26 种解释，而笔者上面的翻译也不过是解释的一种。原文的 Lidern(眼皮)甚至有人认为系 Liedern(歌、诗歌)之误，要说的是诗人的业绩(诗歌)长存，躺在墓中的里尔克因此并未真正安息。我认为，既色香悦人又长着硬刺的玫瑰(纯粹的矛盾)和眼皮(花瓣)都是象征；既是象征，意义就不那么确定，让读者作出自己的诠释和解读，可谓仁者见仁，智者见智，也许正是善于对宇宙、人生进行思索，被世间的矛盾搅得不能安息的里尔克的本意吧。

也许又是一个矛盾，一个天意：一生酷爱玫瑰的诗人，却由玫瑰招来了死亡。里尔克病好后在洛桑认识了一位读过他作品的埃及女子。1926 年 9 月底，为了欢迎她来米索古堡访问，诗人亲自去采玫瑰时刺伤了手，又病倒了。检查结果竟患了无法医治的白血病。里尔克临终前痛苦不堪，却不让尼斯安排医生给他使用麻醉剂或提供其他帮助，坚持要以自己的方式“独特地死去”——

他躺着，头靠高枕，
面容执拗而又苍白，
自从宇宙和对宇宙的意识
遽然离开他的知觉，
重新坠入麻木不仁的岁月。

那些见过他活着的人们
不知他原与天地一体，
这深渊、这草原、这江海
全都装点过他的丰仪。

呵，无边的宇宙曾是他的面容，
如今仍奔向他，将他的眷顾博取，
眼前怯懦地死去的是他的面具，

那么柔弱，那么赤裸，就像
绽开的果肉腐烂在空气里。

收入《新诗集》的这首《诗人之死》，正是里尔克自身“独特的死”的写照。作为诗人，里尔克尽管出生在一个不幸的家庭，生长、生活在一个畸形的社会，一个没落的时代，他却又是一个幸运的人。他“与天地一体”，和宇宙灵犀相通，能敏锐地感知人世间的痛苦，用一部比一部更加深邃的作品将其表现出来。诗人的精神没有死；无边的宇宙奔向他，他也奔向无边的宇宙。

2. 奇异的隐潜——“自我治疗”

以文学艺术而论，里尔克可算开一代风气者之一。作为作家和诗人，他经历了一个曲折而漫长的发展过程，思想和创作呈现出不易把握的复杂性。但是，认真观察，我，仍可发现他的主要方面的一些特征。

这些特征之一，是他创作的主观性，即他写诗和写小说，除了早年尚有维持生计的考虑之外，其后便完全是出于内心的需要。

少年时代，文学是里尔克逃避内心孤寂的避难所，是寻找他失落的自我的途径。

成年以后，他作为一个变态的社会造就的天才，柔弱而敏感，不断地、集中地、强烈地忍受着同时代人精神上的痛苦和恐惧。为了得到解脱，里尔克必须将其述说和倾吐出来。因此，他写作主要是为了自己。从诗人作品的自传性中可以看出，他从来不关心人们对他作品的评论和褒贬。他的小说和诗歌越来越艰深、晦涩以至于神秘莫测，似乎压根儿未考虑旁人能否读懂，原因盖出于他的诗是奉献给“我”的供品。

他最后的《献给奥尔弗斯的十四行诗》和《杜伊诺哀歌》，这两部作品几乎是不可译的，即使他中期的小说《马尔特·劳里茨·布里格手记》，也足以证明他的作品的孤寂色彩。

《马尔特·劳里茨·布里格手记》的思想倾向乃至题材，都近似于波德莱尔的《恶之花》。小说主人公马尔特是个出生在哥本哈根的丹麦人，这大概也不偶然，里尔克最崇拜的小说家为丹麦的雅各布逊；挚友露的身上有着部分丹麦血统，成年后长期生活在巴黎，而且也作诗，还认为要成为真正的诗人必须认认真真“学习观看”……马尔特在很大程度上就是诗人里尔克自己。

《手记》是地地道道的现代主义小说。它没有连贯而引人入胜的情节，没有明确、统一的时间，对本该交代的环境和历史背景也不作交代，仿佛只是主人公随心所欲的自言自语，只是他性之所至的内心独白，因此连德国读者也认为这本书很难懂。但是，它却再生动地表现出了作者的思想、情感，表现出了他“精神的所有奇异的恐惧”（瓦雷里语）：

……我害怕睡衣上的这颗小小的扣子会变得又重又大，比我的脑袋还大……害怕我头脑里某个数字开始增长，直长到我的身体再也容纳不下……害怕我会自我暴露，说出我所恐惧的事情来，同时又害怕什么都说不出来，因为一切原本都是无法说的。

害怕、恐惧、惶惑、矛盾，小说描写的确实是病中的主人公的心理；但这心理却反映他早年精神所遭受的压抑。他的恐惧真叫奇异而又各式各样，甚而至于还有“怕被爱”等等。

里尔克生活的年代，正值他的同胞弗洛伊德(1856—1939)的心理分析学说盛行之时，而他的挚友露后来不仅成了这一学说的信徒，并且亲自参加了精神分析疗法的实施。像里尔克这样经常在自己作品中表现出莫名的恐惧、痛苦、抑郁和狂想的柔弱天才，自然在露和其他一些医生眼中是一个病人。她和他们都确曾建议诗人接受精神分析治疗，但遭到了拒绝。原因并非里尔克认为自己无病可治，健康正常，而是他害怕内心的隐秘让别人用枯燥的科学语言和盘托出。到了那时，他作为诗人将无话可说，将失去写作的冲动或者说内驱力。在完成《玛尔特·劳里茨·布里格手记》后不久，里尔克在写给他朋友和精神病医生V·F·封·盖卜萨特的信中说，他无须接受精神分析，因为他的作品原本“不过是一种自我治疗(Selbstbehandlung)”。①

作品就是“自我治疗”——里尔克不止一次说过。这句话再好不过地反映了他的文学观，并使人联想起歌德也曾称自己的创作为“自白”或者“忏悔”，只不过“自我治疗”比“自白”的含义还更加丰富。用“自我治疗”来“定义”里尔克的创作，真是十分恰切。

当然，“自我治疗”只是指就写作的动因，并非总是自觉的目的而言，就文学的功用而言；而“治疗”的手段，也就是艺术手法，则因人而异，里尔克本身同样并不单纯。

再者，“自我治疗”或者“表现自我”，都意味着作品着重抒写诗人即抒情主体的内心世界，而这内心世界则可以是无限广阔的，包罗万象的，就像反映在它里面的客观外在世界也无限广阔、包罗万象一样。因此，在里尔克表现自我的诗歌和散文中，有乞丐、娼妓、盲人、孤儿以及僧侣、骑士、帝王和奥尔弗斯等形形色色的人，有大城市巴黎，有古老的俄罗斯，有“人类身处一个完全陌生甚至敌对的世界所感到的失落”(卢卡契语)等等。总之，诗人通过诉说自身的恐惧的痛苦，客观上同样表现了他所处那个病态的时代的恐惧和痛苦。

3. 心灵的图像

里尔克是个充满矛盾的、复杂的人：他生为奥匈帝国臣民，战后变成了捷克人，一生漂泊不定，住得最久的地方是巴黎、慕尼黑和瑞士，以俄国为精神故乡，然而却有着

① W·莱帕蔓：《莱纳·玛丽亚·里尔克》，威廉·黑涅出版社，第297、317页。

德语文化之根。作为作家，他既写小说和散文，也写评论和戏剧，还为后世留下了大量富于文学价值的书信，然而归根结底，他主要还是个诗人。他的诗歌创作经历了从平庸到杰出，从明朗到含蓄乃至艰深、晦涩的发展过程，早年更多地继承了德国浪漫主义和波希米亚民歌的传统，后来更多地受到瓦雷里、维尔哈伦等现代诗人的影响，然而在艺术手法方面，他却有自己始终一贯的特点，也可称为里尔克对于传统的反叛和对现代性的追求，这就是不同层次的、既诉诸视觉也诉诸听觉并且能相互转换的图像性。

与里尔克同时代的文化哲学家兼小说家鲁道夫·卡斯涅尔(1873—1959 年)说："里尔克用心将事物化作图像，自己便坚定地生活在这些图像中。从这个意义上讲，他的生活便是没有停顿的创作，同时他也过着一种没有停顿的生活。"①

用心将事物化作图像，生活在图像中，生活便是创作，那么，也可以说里尔克坚定地在图像中创作，以图像进行创作。图像一词的德文为 das Bild。里尔克第一个有独特风格的诗集就叫《图象集》(*Das Buch der Bilder*)，恐怕并非偶然吧。在这个诗集以及随后的《祈祷书》中，图像主要、但也不仅仅表现为丰富多彩的新颖奇异的譬喻：明喻、暗喻以及借代。像"孤寂好似一场雨 / 它迎着黄昏 / 从海上升起……"(《图象集·孤寂》)，像"夜色沉沉的大地 / 我的斗室和原野合为一体 / 我化作一根琴弦 / 在喧响的、宽阔的共鸣之谷上张起 / 万物是一个个琴身 / 充满着黑暗的絮语 / 在里边做梦的是女性的哭泣……"(《图象集·在夜的边缘上》)，像"在世界万物中我都发现了你 / 对它们，我犹如一位亲兄弟 / 渺小时，你是阳光下一粒种子 / 伟大时，你隐身在高山海洋里 / 这就是神奇的力的游戏 / 它寄寓万物，给万物助益 / 它生长在根，消失在茎 / 复活再生于高高的树冠里"(《祈祷书》)……例子真是举不胜举，各式各样的譬喻可谓奇美无比，含义丰富，常常令读者感到惊喜。

到了《新诗集》以及后来的《献给奥尔弗斯的十四行诗》和《杜伊诺哀歌》中，图像主要表现为象征。如《新诗集》中最早问世也最脍炙人口的《豹》——

铁栏在眼前不停地往返，
它的目光已疲倦得什么都不见。
眼前好似惟有千条的铁栏，
世界不复存在，在千条铁栏后面。

柔韧灵活的脚迈出有力的步子
在一个小小的圆圈中旋转，
就像力之舞环绕着一个中心，
在中心有一个伟大的意志晕眩。

---

① Holthusen, H. E. *Rainer Maria Rilke*, Hamburg: Rowohlt Taschenbuch Verlag, 1979. S. 167.

只是偶尔无声地撩起眼帘，
于是便有一幅图象侵入，
透过四肢紧张的静寂——
在心中化作虚无。①

这是里尔克向罗丹学习后写的所谓“咏物诗”中最富代表性的一首。以它为标志，诗人实现了前后风格的转变。它的特点区别于以往的新颖之处在于：一是诗中没有了我字，没有了我的任何情感的流露，我只成了诗外冷静的观看者和忠实的记录者，也就是高度的客观性；二是明显的操作性，意即诗人就像个拿着泥刀的雕塑家乃至手工匠人一样，亲手精确地、精心地一点一点做成了自己的作品即图象；由此产生出第三个特点，即诗中于音乐美之外增加了雕塑美，于意象性之外增加了实在性即所谓物性(Dinglichkeit)，于图画的平面感之外增加了立体感。但是，尽管有突出的客观性和物性，尽管诗中没有诗人的我，任何初具文学欣赏能力者都不会把它仅仅看作一篇“动物园即景”，而会感到有深义存焉；但另一方面想确切地找出这深义是什么，又非常非常不容易。

从《豹》这首诗，我们已可看出同为图像的譬喻和象征之间的一些重要区别：在一首诗中的作用，譬喻往往是局部的，象征则是整体的；与对应物(思想、情感、观念)的关系，譬喻往往是表面的、单纯的，象征则是深层的、多方面的、复杂的；要表达的内涵，譬喻往往是明朗的，因为对应物大多说了出来或者不言而喻，象征则是朦胧的、多义的，有时甚至晦涩而神秘。这也许就是里尔克的诗作越往后越难解和多解的一个重要原因吧。像他那以玫瑰为象征的短短墓字铭，已经有20多种解释；至于《豹》，我说它象征着诗人在面对世界、探索人生时产生的困惑、迷惘、彷徨、苦闷，当然也只是解释之一而已。

雕塑美，这是我们在谈里尔克的艺术特色时格外强调的，这当然不无道理。不过，也不应忽视它的音乐美，或者认为音乐美只存在于诗人早期(《新诗集》以前)的作品中；所以，我前边特别着重使用增加了这个词，免得造成音乐美已被雕塑美取代了的误会。正是音乐美与雕塑美并存，赋予了里尔克的诗歌，尽管要读懂它很费力气以超乎寻常的巨大艺术魅力。

里尔克写诗始终很注意音韵和节奏。他本身就是个出色的朗诵家，在自己作品的一次次朗诵会上都取得了极大成功，受到了热烈欢迎。他写作时有大声朗诵的习惯。他中期创作的《豹》等以雕塑美著称的“咏物诗”，同样节奏严整，音韵悦耳；他晚期《献给奥尔弗斯的十四行诗》更是这样。还不只此，音韵和节奏在里尔克手中与可见的色彩和物质没有差别，同样可以构成图像，同样可以富有象征意味和作用。

这儿最著名的例子，要数他收在《新诗集》中的《旋转木马》。据时人回忆，这首诗

---

① 本文引诗全系笔者所译。在翻译《豹》时参考了冯至老师的译文。

经里尔克朗诵出来，音调急速，重复中有变化，变化中又有重复，使听者恍如站在飞快转动的旋转木马前似的头晕目眩。于是，整个诗的图像性变得更充实、丰满，象征意味也更强烈，让人不由得想到忙碌而无意义的人生，想到人生幸福的稍纵即逝和虚幻。

在现代主义诗歌中，知觉（视觉、听觉、嗅觉、触觉……）可以转换，里尔克的情况也一样。在他那儿，不仅“从钟楼上，一串串钟声沉重地跌落”（《图象集·月夜》），不仅林中的鸟鸣会“显得空虚”，会“宽广地，就像天空笼罩着枯林”（《图象集·恐惧》），而且歌声能变成“耳中的高树”（《献给奥尔弗斯的十四行诗》之一）。这样，里尔克将听觉图像转变成视觉图像，加强了诗的表现力，启发和丰富了读者的想象。在他最后的那部十四行诗里，视觉与听觉图像的相互转换，本身就构成了一个重要主题，而整个作品则颂扬了音乐和诗歌这些听觉艺术起死回生般的、能驯化宇宙万物的伟大力量。这力量能够消灭生与死的界线，将诗人提升到与“天使”平等的地位。

4. 人生·上帝·宇宙

有人认为，现代主义文学的一个显著特征，是哲学的侵入。还有人宣称，凡是博大深邃的文学作品，都以哲学作为骨架。这两个说法是有道理的，拿来观察里尔克似乎格外适合。他在现代条件下，继承和发扬了以歌德为代表的德语诗歌富于哲理的传统。他的主要作品，从《图象集》经过《玛尔特·劳里茨·布里格手记》直至《杜伊诺哀歌》，无不充满着有关人生、宇宙等重大哲学问题的思考和探索。

里尔克在对重大的哲学问题进行思考和探索时，除去使用图像和象征代替一般的陈述或思辨语言，还常常穿上了宗教的、传说的神秘外衣。在《祈祷书》和《献给奥尔弗斯的十四行诗》中，这个特点极为显著。

里尔克在诗里首先和最经常探讨的是人生的诸多问题。在诗人看来，人生无疑是痛苦的。他相信生活中的欢乐、幸福虚幻而短暂，恐惧和痛苦却无穷无尽，无所不在。从《图象集》起，他的诗歌就反复咏叹孤寂、恐惧、贫穷、病害、黑夜、死亡这么一些主题，整个调子低沉而悲怆。到了《杜伊诺哀歌》，他甚至以基督教的原罪为榜样发明了所谓“原苦”（das Ur-Leid）。在第十首哀歌里，诗人垂死时就像但丁在维吉尔带领下游地狱一样，在年轻和年老的“伟大女性”即“怨恨”的带领下，走进了那月色朦胧的，充满眼泪、忧伤和愤怒的“原苦”之国。因此，对于里尔克来说，生存就意味着受苦，就意味着像《祈祷书》里的修士们那样禁欲、牺牲，就意味着“挺住”（üeberstehen）。

一个为人熟知的例子是《图象集》中那首《沉重的时刻》：“不知今夜此刻谁在世界上的何处哭／无缘无故地在世界上哭／哭我……”如此这般，在以下三节诗中仅仅将哭换成了笑、走和死，其余几乎是相同的重复，重复那诗中主体也感到无从捉摸的不知、谁、何处、无缘无故，从而表达出了诗人对于人生和存在的迷惘和荒诞感。当然，里尔克这些对于人生的看法不是自动从脑袋里长出来的，而是如前所述，系他对自己所处的时代和社会的感受，以及彼时彼地流行的哲学思潮——除去叔本华、尼采，还有斯宾格勒的西方没落论——对他产生影响的结果。

那么，诗人里尔克是否完全否定人生，因而逃避人生呢？看来也不。

> 呵，告诉我，诗人，你干什么？
>
> ——我赞颂。
>
> 可那致命的，狂暴的
> 你怎么对待，怎么承受？
>
> ——我赞颂。
>
> 那无名的，还有匿名的，
> 你怎么呼唤它们，诗人？
>
> ——我赞颂。
>
> 你从何处得到权利永远真实，
> 不管穿什么衣服，戴什么面具？
>
> ——我赞颂。
>
> 哪怕宁静如星座，狂暴如风雷，
> 万物都同样认识你，为什么？
>
> ——我赞颂。

这首同样完成于米索古堡但先于《献给奥尔弗斯的十四行诗》和《杜伊诺哀歌》的短诗，用反复重申的“我赞颂”，明白无误地表明了诗人对人生的肯定态度。

在里尔克的成名作也是中期最富哲理的《祈祷书》中，有一首仅仅只有三行的短诗——

> 主啊，让每个人都按自己的方式死去。
> 生过、爱过而后死去，
> 都有必要，都有意义。

这首诗明确地肯定了生的意义。但是，说得更确切一点，肯定了生、爱和死的必要，而重点却摆在死上，并且提出了“每个人都按自己的方式死去”的所谓“独特的死”(der eigne Tod)的问题。死，生与死的关系，这是诗人几乎一生都在思索的问题；而在《祈祷书》第三卷、特别是在最后的杰作《十四行诗》和《哀歌》中，更成了他思索和创作的中心。对于诗人说来，生与死之间不存在绝然的界线，不存在不可逾越的鸿沟；相比之下，死还比生更重要，更美，更富于诗意。因此，里尔克对于“致命的”，一样是“我赞颂”。只不过，诗人认为有意义的、美的死，是像果实成熟一样的自然的死，是“每个人都按自己的方式死去”的“独特的死”，而非大战中各民族在相互残杀的炮火中成堆成片的死。里尔克认为，只有包含着死，包含着“独特的死”的生，才会有意义，才会永恒，才是所谓“全生”。他不仅这么想，也这么做，临终前不要医生和牧师帮助，就是为了追求自己“独特的死”。

一方面认定生是必要的苦难，一方面又肯定生，赞颂生；在肯定生的意义和必要性的同时，又认为死比生更重要，更美好。里尔克的这种人生观跟他的整个生活、思想和创作一样，可谓奇特而充满矛盾。他对于死的肯定和赞颂，显而易见，是受了德国浪漫派的诺瓦里斯等前辈诗人乃至歌德的影响的。

万物都处于循环中，
我也生活在增长的循环中间，
也许我无力完成那最后一次循环，
可我仍希望尝试一番。

围绕着上帝，围绕着太古之塔，
我旋转，千万年地旋转；
可我还不知道：我是一头鹰，
一声风暴，抑或一首伟大的诗篇。

这是《祈祷书》里的第二首诗。它同样肯定生，“希望尝试一番”，而且指出了生的本质和形式乃不断“增长的循环”，千万年地围绕着“上帝”旋转。至于诗中的“我”，显然不仅仅指诗人，也不仅仅指诗中假想的主人公——一名俄国修士，而是代表着全人类。我认为，这首诗形象地探讨了人类和“上帝”，以及自然乃至宇宙的关系。与《十四行诗》和《哀歌》一样，整部《祈祷书》——特别是诗人在俄罗斯之行后写的第1、2卷，都是对于宇宙与人生问题的思索和玄想，都是一些集中阐明了里尔克人生观和宇宙观的哲理诗。

宇宙，在诗人眼中始终是浩瀚无边的，而人类，乃至人类居住生活的地球，在宇宙中都极其渺小，都在向着无着无底的深渊坠落，就像“摆着手，不情愿地往下落”的片片枯叶。但是，在冥冥中有一位“神”，“他用自己的双手无限温柔地将这一切的坠落把握”(《图象集·秋》)。

那么，这位寄寓于茫茫宇宙中的“神”和“上帝”，又是怎样的呢？

里尔克在《祈祷书》中回答——

在世间万物中我都发现了你，
对它们，我犹如一位亲兄弟，
渺小时，你是阳光下一粒种子，
伟大时，你隐身在高山海洋里。

这就是神奇的力的游戏，
它寄寓万物，给万物助益：
它生长在根，消失在茎，
复活再生于高高的树冠里。

诗中前一节的“你”和后一节的“它”都指代“上帝”或“神”。它是什么呢？它就是“寄寓万物，给万物助益”的“神奇的力”，即自然造化。

《祈祷书》里同类的诗非常之多。

你是未来，是无边的朝霞
笼罩在永恒的平原上。
你是时间的夜阑的鸡啼，
是晓露，是晨钟，是处女，
是陌生人，是母亲，是死。

你是变幻无定的形象
从命运中孤独地耸起，
尚未被世人称颂、抱怨，
像莽林还不曾揭开秘密。

你是万物深沉的奥义，
却不吐露本质最后的一句，
你的形象总是因人而异：
你是岸，对于船；你是船，
对于陆地。

这首诗较之上一首又有了新的内涵，即指出了“你”“变幻无定”“因人而异”的性质，指出了“你”深沉奥秘、不可穷尽的意蕴。

总而言之，里尔克眼中的“神”不是基督教那既人格化、一元化却又虚无缥缈的主或上帝，而是无时无处不在、具体而可以感知但却千变万化的物。里尔克带有无神论和唯物论本质的自然神论和泛神论宇宙观，不已表现得淋漓尽致了吗？当然，它始终罩着宗教的神秘的纱幕，这便是处于近代文明危机时代的诗人内心矛盾的又一表现。

最后，我想指出，里尔克是继歌德之后、德语文学里出现的最富有宇宙意识和人类意识的杰出诗人。正是这个原因，他和他的诗歌创作变得博大而又深邃。作为诗人，作为人类的先知和心灵，里尔克不只奔向“无边的宇宙”，“无边的宇宙”也奔向他。每当人们读到他时而像潺潺小溪，时而像狂风暴雨，时而忧伤沉痛，时而宁静旷达富有图象美和象征性的诗时，眼前自然就会出现一位立于天地之间苦吟的诗人的形象，又常常会令人联想到作《天问》的悲愤的屈原，联想到对酒狂歌“天生我才必有用”的李白，联想到站在基克尔汉峰上面对着日暮时万籁俱寂的宇宙信口念出“一切的峰顶/沉静”的歌德。

从歌德到里尔克，文明已经大大跨前了一步，但现代诗人的精神状态却反而由奋发至抑郁，因此而不满于脚下的世界，试图挣脱出乏味、狭隘的地平线，翱翔于由自己心灵构建的广阔、灿烂、深邃、神秘的天空。这——也就是西方现代主义诗歌的重要一支，即象征主义诗歌杰出代表里尔克的真实写照。

参考文献

[1] Holthusen, H. E. *Rainer Maria Rilke*[M]. Hamburg: Rowohlt Taschenbuch Verlag, 1979.

[2] W. 莱帕蔓. 莱纳·玛丽亚·里尔克[M]. 威廉·黑涅出版社。

唤起对红色革命年代的沉思与追怀
——西格斯《战友们》

青岛大学/北京大学　李昌珂　　北京科技大学　王绪梅

摘要：西格斯小说《战友们》是那个时候德国“无产阶级文学”的一部著名作品，有着明确的政治指向和政治情结。它的叙事空间铺展了当年的“红色地理”，它的叙事视线集中于当年无产阶级革命者信念坚守的顽强和毅力，它记载的中国革命者面孔让中国读者感到熟悉，它塑造的精神样本体现了作者西格斯对中国革命和革命者的敬仰情感。在今天它是一部“红色经典”，一部特殊的历史情怀记载，历久弥新，唤起我们对那些红色革命年代的沉思与追怀。

关键词：西格斯；《战友们》；信念坚守；“红色经典”

1. 引言

安娜·西格斯(Anna Seghers，1900—1983)①是20世纪享誉世界的无产阶级革命家和反法西斯作家。最近又读她的《战友们》(*Die Gefährten*，1932)这部思想性和艺术性高度融合的优秀之作，②其两个突出的标识：一是类似电影艺术剪辑的叙事技巧，③二是仍给人印象深刻，仍让人为之感动的英雄赞歌。

西格斯出生于德国美因茨一个犹太裔古董商人家庭，青年时期先后在科隆和海德堡的大学就读，学习了语言学、历史、艺术史和汉学数个专业，1924年获博士学位，同时也准备好了将以文学写作当作她存在于世的一种方式，并且也已接受了马克思主义思想影响。四年后的1928年对于西格斯的人生来说是个非常重要的一年。在这年，西格斯投身无产阶级革命事业，加入了德国共产党和“无产阶级—革命作家联盟”(Bund proletarisch-revotionärer Schriftsteller)。④同在这年，西格斯以“安娜·西格斯”这个笔名发

---

① 安娜·西格斯，真名内蒂·赖林(Netty Reiling)，20世纪德国文学重要作家。

② 这部作品的书名在国内相关书籍和文章中也译为“伙伴们”。

③ 这是那个时候德国小说写作中尚未出现过的方式。

④ Beutin，W. *Deutsche Literaturgeschichte*. Ehlert，K. u. a. Stuttgart：Verlag J. B. Metzler，2008. S. 392-393. 德国“无产阶级革命作家联盟”(简称BPRS)在德国共产党领导下于1928年成立，发行有“促进无产阶级革命文学”刊物《左翼》(*Linkskurve*)。布莱希特初步提出了叙事剧理论的《论〈马哈哥尼城的兴衰〉》也最早(1932年)发表在这个刊物上。

表了她的第一部较大篇幅作品《圣·巴巴拉的渔民起义》(*Aufstand der Fischer von St. Barbara*, 1928)①，给人以有审美追求、思想情怀和语言重量的深刻印象，后来西格斯一直使用这个笔名发表作品，文学史上也以这个笔名介绍她，她的原名反倒鲜为人知。

《战友们》在西格斯整个创作生涯里极具里程碑式的意义，不仅在于它是西格斯发表的第一部长篇小说，更在于它是那个时候德国文坛"无产阶级文学"非常著名的一部。社会发展、历史进步、现实改变，离不开文学力量的推动，是"无产阶级文学"横空出世的一个历史语境。与这个语境有着本源、心灵上联系的《战友们》便是在为这个力量进一步的增益。它内含"无产阶级文学"的价值标准和真理判断，在完美诠释"无产阶级文学"的精神和气质正拓展了"无产阶级文学"的题材视域和写作向度。②西格斯写的这部小说既是为"无产阶级文学"的发展孜孜以求，又是给那个时候此起彼伏的无产阶级革命运动献上的一首英雄赞歌。

那个时候，十月革命的胜利吹响了促进各国共产党建立的号角，也推进了欧洲国家如德国和匈牙利相继爆发了无产阶级革命并取得短暂的胜利，促进了无产阶级革命运动在全世界开展，形成一股势头汹涌的"共产国际"时代洪流。如何以审美方式呼应这个洪流，如何表现无产阶级革命，如何阐释革命经验，如何告慰倒下的英灵，如何写好不曾倒下继续在战斗的人，如何用好这个写作资源，便是"无产阶级文学"面临的挑战。《战友们》为时而著，出色地完成了使命。西格斯用她最坚定的信念、最关注的动向和最悉心收集的素材，在小说里紧扣无产阶级革命主题，自由穿越在时间空间记录的那个时代，描述革命者故事，致敬那些英雄。

2.《战友们》的英雄

表现英雄，是古今中外艺术家始终追寻的艺术形象的最高形态。但何为英雄？一个时代有一个时代的定义。置身"共产国际"时代，西格斯的《战友们》告诉读者，在当革命遭到资产阶级疯狂反扑，在当反动派和反动势力甚嚣尘上的时候，那些出于投机心态加入革命营垒，现在在彷徨、畏缩、溜走的人，自然不是英雄，英雄是仍在坚持斗争，不改其志的人，这些人值得人们永远敬仰。

黑云压城城欲摧的时刻是否仍对革命意志矢志不渝，这是《战友们》判断英雄的基础。革命遭到镇压，白色恐怖肆虐也正是《战友们》叙事的背景。依照这个背景，西格

① 这部作品也是那个时候德国"无产阶级文学"的一部分，讲述的是渔村渔工的故事。渔工出海捕鱼养家糊口，备受船主剥削，一家人生活贫困不堪。西格斯围绕渔工们起来反抗展开情节，着重写工人运动斗争精神。见：Seghers, A. *Aufstand der Fischer von St. Barbara*. Potsdam: Kiepenheuer Verlag, 1928.

② 属于当时德国"无产阶级文学"作品的还有汉斯·法拉达(Hans Fallada)的《小人物，怎么办?》(*Kleiner Mann — was nun?*)。这部写社会"小人物"命运的长篇小说已有中文译本。

斯写了落在革命者身上的严酷考验，写了一些人的迷惘、动摇和放弃，又写了一些人的坚持到底的毅力、勇气和信心。这些人的故事便是小说叙事主体。小说叙事主体亦即由一个个革命者故事组成，西格斯没有设置某个中心式人物。革命者的故事一个个徐徐展开，虽然故事内容不同，但所体现出来的英雄主义精神上则是共同的，那就是革命者们始终对他们的共产主义理想信念是坚守的，即便身陷囹圄和面对死亡。革命者们对他们共产主义信念的坚持和死守蕴含着一种伟大的力量，小说让人为之感动的感染力，就来自这个执念。凡读这部小说的，很难不被这个执念所震撼。

小说中，西格斯选择了一个宽阔视角来讲述革命者们对他们信念的坚持和死守。小说中故事来自一个群体，跨越了地域和国界，国籍和民族，是一些来自匈牙利、波兰、保加利亚、意大利和中国等地的共产党人。西格斯的艺术运思以第三人称起笔塑造这些共产党人形象，并不铺叙他们的生平，而是以 1919 年至 1929 年这十年间的一些重大事件为衬托书写他们的足迹、英魂和斗争片段，定格他们百折不挠的性格。字里行间流溢着对共产党人的热爱之情。小说叙事带有政治突变、残酷斗争的历史背景和事态信息。通过革命者的英雄事迹，西格斯将笔墨或激情高涨或悲愤难抑地延伸着革命者用他们赴汤蹈火、不怕牺牲的精神和壮举铺就的革命之路。小说的叙事学告诉读者，无产阶级革命史是革命者们用他们的鲜血、生命、理想、意志和执念缔造的。

第一次世界大战结束后，共产党人因他们的政治信仰受到迫害，面临关押、坐牢甚至被杀头的危险，不得不流亡异乡或是转入地下活动。投身无产阶级革命的他们不是什么叱咤风云的大人物，就是一些普普通通的人，他们没有什么惊天动地的行为，也无什么气壮山河的豪言壮语。但是随着故事展开，他们的英雄本色便渐渐显露出来。他们是带着勇气和毅力成长着的英雄。他们成长为英雄的过程没有传奇，没有神话，只有他们的一种孤勇、一种坚韧、一种执着、一种忠诚。他们正是在成长的过程中表现出他们是真正战士的光泽和人格。共产主义信念是他们成长为英雄的密码和基因。他们成长为英雄的心充满了信念的崇高和庄严。正因为内心充满了庄严和崇高，故而不论周边环境是多么的险恶，他们始终坚持信仰，不忘使命，始终对党忠诚可靠。

这些英雄有的有他们的名字，有的没有名字。无论是否有无名字，他们都是世界各地无数革命者的缩影和代表，是“共产国际”时代的“典型人物”。小说里，他们素不相识，相互间并无联系也无接触。是国际共产主义运动和为实现共产主义理想而斗争精神将他们关联在了一起，成为这个意义上的“战友们”，正如小说题目。这条主线将全书各叙事板块串联成一个整体。苏联是“共产国际”运动的重要符号，是战友们心中向往的圣地。战友们称苏联为“红色苏维埃”，视这个国家为无产阶级革命大本营。

3. 英雄叙事

通过时间、地点、人物和事件，《战友们》将读者带进了革命者成长为英雄的过程中。这部小说结构呈发散性形态，情节有六条线索齐头并进。叙事遵循写实逻辑和线性时间法则，故事场面交替变换，讲述各革命者故事。故事场景发生在匈牙利、波兰、保加利亚、意大利和中国，全书共十一个章节，叙事由片段连缀，上一章的结尾与下一章的开头由共同的人物连接，成为推动叙事的一种方式。

翻开小说，西格斯有个提纲挈领的“前言”，里面写道：“居住在柏林北部那间污浊的后屋的中国人廖，缘何同小个子匈牙利人帕里，以及他的意大利朋友波多尼——巴黎深蓝大街上的一个水果商，产生联系？保加利亚木匠杜多夫又因何与从未谋面的大学生伯姆联系在一起？又是什么让巴托、雅内克、多姆伯姆斯基、斯多雅诺夫结为同伴？那是因为他们都是共产主义者。

进入小说文本。小说里始终没有一句简单的誓言或者口号，只有革命者面对强暴所表现出的无比坚强、令人肃然起敬的形象。叙事者讲述的是 1919 年协约国武装干涉，匈牙利苏维埃共和国遭遇失败，共产党人和革命者遭抓捕、关押、折磨和屠杀，被暴力洞穿身体。西格斯并不讳言革命遭遇了极大挫折，但她重点不在于讲述所遭受的损失，也不在于声讨背叛者的可耻，而是在革命遭到法西斯反扑的背景当口所表现出的一个个意志坚韧的革命者。故事场面转到奥地利。一大学生从布达佩斯监狱逃出，坚定的理想追求依然保持在心，这个大学生选择与资产阶级家庭决裂，继续参加党的活动，为进行斗争又从相对安全的维也纳返回到了白色恐怖的匈牙利。故事场面转到德国。一大学教师携家带口逃离匈牙利，流亡他乡的生活极其艰难，使他不免产生情绪低落，但要为理想追求做些力所能及之事的内心决定仍然一定不易。这位教师来到柏林，找了份当报刊编辑的工作维持一家人生计，按照党支部的布置贴标语、发传单、当联络员。故事场面转到意大利。一工人避走意大利，将要革命的思想带到了那里。受他影响，意大利工人也投身革命。意大利工人的妻子在丈夫感染下也有了觉悟，同意丈夫前去苏联学习，后来她自己也成了革命队伍里的一员。故事场面转换到波兰。毕苏斯基政府疯狂施暴，意图永久摧毁革命者的意志。然而高墙大狱却成了革命者的大学。一青年工人散发传单被捕，狱中受到老同志的启发和开导，革命意志更加坚强。出狱后这个青年工人组织罢工，再次被捕，获释后仍还从事革命活动，又一次被捕。此时的他已在斗争中淬火成为一个经验丰富的革命者，牢房里接过老同志的班，担当起鼓舞和开导年轻同志的传帮带工作。狱中革命者展开绝食斗争，被监狱当局强迫插管进食。食管受到粗暴伤害，革命者不治死亡。他们的亲属接过遗志，加入了斗争行列。故事场面转换到保加利亚。起义失败，革命者被通缉。为掩护被追捕的保共党人，农民被白军折磨致死，他的妻子和儿子也被逼到了伦理和理性的临界点。还有前往苏联的那个革命者，实际上也被关在狱中，一直在遭受酷刑摧残，整个人都变了形，人们根本就认不出他的模样。这位革命者始终不屈，出狱后先是来到巴黎，后又到了苏联，不顾受损的身体，又回到保加利亚开展工作，走上一条壮烈的不归路。英雄无私，死而无悔，牺牲后仍然活在人们心中。人们对革命者事迹的口口相传表明，革命者人虽然牺牲了，但他的精神却在人们心中丰饶绽放，他的生命在人们心中永垂不朽。

4. 中国的革命者

时空切换跳跃，《战友们》着重讲述的中国革命者故事，是廖云凯和廖汉志两兄弟的故事。

峥嵘岁月，青葱年华。在哥哥的思想引导下，中国留学生廖汉志胸怀信念，从伦敦到了柏林，在那里接受了德国共产党举办的开展群众工作培训，又要去阿姆斯特丹与从中国来的船员聚会，宣传革命思想。廖汉志与哥哥见了一面。还一脸稚气的廖汉志准备好了，要回国去，但不是去他父亲要他前去的城市，而是去他被组织上派遣要去开展工作的地方。廖汉志的哥哥廖云凯比廖汉志年长数岁。当年廖汉志赴英国留学的时候，廖汉志就在国内投身革命。廖云凯参加过北伐，担任过部队指导员，他与有共同信仰的妻子生活在莫斯科。夫妻二人志同道合，为革命事业勠力同心。

依照组织安排，廖云凯夫妇要回国去不同的地方开展工作。为了不给工作造成负担，廖云凯夫妇决定割舍亲情，将他们几周前刚出生的孩子托交给苏联孤儿院抚养。夫妻俩就要分开了，廖云凯和他的妻子没有感伤离别，只有两句对话，“我们心心相印，情笃情深，现在因为工作要分开了，孩子也只得托付给这里”。[①] 对话非常简单，却承载着革命者为革命事业甘于牺牲一切的胸怀和境界，何其博大、何其高远！

路途上廖汉志被特务一路跟随，刚到广州即遭逮捕。带着革命热情的廖汉志还未开展工作便在读者眼前消失了，他的遭遇让人窥见那个时候中国革命者面临的血雨腥风，一腔热血的他仍旧不失为英雄，是那个历史时期一种英雄主义的典型代表。

不断有同志被捕和遭到枪杀，已无人烟的村庄周围布满弹坑，以铁匠身份隐蔽下来的红军指挥员没有人向蒋介石政权告发。西格斯只是寥寥几笔点到为止写了这些。寥寥几笔中的沉重和滞缓，朴素和朴实，既让读者看到了那个时候中国反动派镇压革命的白色恐怖，也让读者感受到了中国革命的群众基础。经老乡帮助，辗转几地，廖云凯到达了他的目的地。看到村子木屋上大写的“苏维埃”一行字，廖云凯不由得一阵激动。几年前他第一次越过边境前往苏联时也有过这样的激动，不过此刻的激动远比那个时候的激动更为强烈。只语片言，一语传神，西格斯在这里用对比方式讲述廖云凯到达目的地时的激动心情，西格斯还提示读者，遭受了 1927 年的大革命失败后，中国的无产阶级革命在走“农村包围城市”的道路。

跟随廖云凯的身影，作为中国革命者故事板块的结尾，《战友们》讲述道，“他踏过的那片土地刚才还是一块充满不确定性的阴暗之地，现在成了他生命的基石。他敲响了木屋大门。屋里传来沙沙声响，一束烛光划过窗户，（……）又熄灭了，可能是因为他并没有大声叫门。这次，他挥动着双拳，急促地敲打着门：‘喂，喂，里面的人，听到

---

① Seghers, A. *Die Gefährten*. Berlin: Ausbau-Verlag, 1959. S. 134.

了没有，决定了没有，快开门呐！’”[1]这种闪转腾挪的叙事语式，为廖云凯增添了气势饱满的气质。一个蒸腾着热力的廖云凯扑面而来，他是中国革命定将取得成功的象征。

5. 西格斯的“红色经典”

以唯物史观讲述包括中国革命者在内的革命者的故事，《战友们》凝固了萦绕西格斯作家胸怀的无产阶级革命英雄情结。那个时候，西格斯还未到过中国，[2]小说里的中国革命者故事是她根据收集到的或听闻到的资料书写的。[3] 在《战友们》再版“前言”里西格斯这样写道，明确地告诉人们，她的这部小说核心素材求实近真，讲述的革命者事迹并非文学虚构。

《战友们》中可以触摸到无产阶级革命真实，书中讲述的中国革命者形象，对中国读者而言是让人感到熟悉的面孔，对外国读者而言是信念不灭精神样本的体会渠道。《战友们》中也可以触摸到无产阶级革命情感。列夫·托尔斯泰在《艺术论》中说：“艺术起源于一个人为了要把自己体验过的情感传达给别人，于是在自己心里重新唤起这种感情，并用某种外在的标志传达出来”[4]。创作《战友们》时西格斯就对中国革命唤起了极其崇敬情感。小说再版“前言”里西格斯写了一句，“廖云凯后来很可能参加了著名的‘长征’”[5]。全世界都知道，中国红军的二万五千里长征是个伟大的历史事件。读西格斯提到长征的这句“前言”，熟悉毛泽东同志《论反对日本帝国主义的策略》中“长征是宣言书，长征是宣传队，长征是播种机”精辟论断的读者，会立即想到西格斯这是在告诉人们，中国的廖云凯们在人们无法想象的种种艰难险阻中顽强地传播革命思想和进行革命斗争，一步步地最终走向了伟大的胜利。雄关漫道，苍山如海，西格斯用她的这句“前言”提示读者，中国的廖云凯们让人看到的永远是最高、最强、最伟大的壮丽。

正是有了这样的对中国革命的深厚情感，西格斯小说再版“前言”里专门书写了一段：“斗争还在继续，如今斗争已经有了结果。那个时候我们与我们的中国战友在一起的时候，蒋介石还是黄埔军校学员。现在，这个人已被彻底打败了，逃到了佛尔摩萨(台湾)岛上，靠着美国人在维持苟延残喘。廖的祖国如今是强大的，不可分割的中华

---

① Seghers, A. *Die Gefährten*. Berlin: Ausbau-Verlag, 1959. S. 182.

② 中华人民共和国成立后，西格斯才有了中国之行。那是1951年9月底，西格斯随民主德国代表团来到中国，参加了国庆观礼，访问了北京、南京、上海、杭州等地。访问后西格斯发文感慨道，“这次旅行让我们第一次亲眼见识了这个国家，看到了我们小时候和成年后所欣喜不已的东西。在那里，从政府和艺术，到法律和歌曲，再到每张面孔和语言文字，都使我们每时每刻感受到这个民族的伟大力量”。

③ Seghers, A. *Die Gefährten*. Berlin: Ausbau-Verlag, 1959, S. 6-7.

④ 列夫·托尔斯泰：《艺术论》，丰陈宝译，北京：人民文学出版社，1958年，第46页。

⑤ Seghers, A. *Die Gefährten*. Berlin: Ausbau-Verlag, 1959, S. 6.

人民共和国。"①中锋正笔，骨力血丰，西格斯专门补充了一段对中国革命胜利的由衷礼赞。

《战友们》发表后，西格斯将她的中国关注一路延伸，写了《计秒表》(*Die Stoppuhr*, 1932)，《驾驶执照》(*Der Führerschein*, 1932)，《杨树浦的五一节》(*1. Mai Yan Shupou*, 1932)②，《将新纲要送往南方会员会》(*Überbringung des neuen Progamms an das Südkomitee*, 1949)等作品。这些作品体现着西格斯的立场：世界的无产阶级革命史中中国的革命史是最为重要的一部分，中国是国际共产主义运动的最为重要舞台之一。这些作品涉及了"中国政治革命发展过程中的重要历史事件"③，让人看到，中国革命是西格斯的一个写作源泉，西格斯是德国文学将中国革命作为重要创作题材的一个领航者。文以载道，另辟蹊径，以中国书写的赤心文胆，西格斯多维度地给了世界一双了解中国革命的眼睛，也筑实了她的坦承："我对中国的一切，尤其是中国革命，非常感兴趣。"④

在西格斯所有的关于中国的作品中，《战友们》里的中国追寻和书写最为丰沛。这些作品在今天都可谓"红色经典"。对于今天的中国读者来说，《战友们》的"纪念碑性"和独特魅力又更在于它是一个外国作家在英雄形象谱系构建中对当年中国革命者精气神的记载和传播。中国有句俗语常说，"是金子就会闪光"。正是当年中国革命者身上的金子般质素让西格斯一再流连关注，于一种内化于心的力量和情感驱使，用文学形式把中国革命者高尚、勇敢、无畏、坚毅的闪光镌刻给了读者，镌刻成碑碣般的文字。《战友们》在那个时候是无产阶级革命共产国际运动催生出来的一部满怀敬意作品，是一个时代的精神存在和审美符号，对于今天的我们来讲是一部历史情怀记载，历久弥新。在中国共产党诞辰一百周年的今天读它，⑤读它记载的中国共产党历史上先进分子的精神世界，让我们喟叹红色历史，寻找精神故园，让我们深深感受它给我们记载下的中国革命先驱精神遗产，唤起我们对那些红色革命年代的沉思与追怀。

参考文献

[1] 毛泽东. 毛泽东选集(第一卷)[M]. 北京：人民出版社、解放军出版社(重印)，1991.

[2] 列夫·托尔斯泰. 艺术论[M]. 丰陈宝译. 北京：人民文学出版社，1958.

---

① Ebenda. S. 7.

② 这部作品是西格斯与流亡德国的中国女作家胡兰畦合作书写。

③ 张帆：安娜·西格斯笔下的中国革命镜像，文艺争鸣，2014 年第 4 期，第 155 页。

④ 同上，第 157 页。

⑤ 据悉，世界知识出版社将要出版《安娜·西格斯中国作品集》一书，其中就有《战友们》的中国革命叙事章节。

[3]张帆. 安娜·西格斯笔下的中国革命镜像[J]. 文艺争鸣，2014(4).

[4]Beutin，W. *Deutsche Literaturgeschichte* [M]. Ehlert，K. u. a. Stuttgart：Verlag J. B. Metzler，2008.

[5]Hinmes，Carola & Nagelschmidt，Ilse(Hrsg.). *Anna Seghers Handbuch. Leben-Werk-Wirkung* [M]. Berlin：J. B. Metzler Verlag，2020.

[6] Seghers，A. *Aufstand der Fischer von St. Barbara* [M]. Potsdam：Kiepenheuer Verlag，1928.

[7]Seghers，A. *Die Gefährten* [M]. Berlin：Ausbau-Verlag，1959.

性别二元对立的消解

——赫塔·米勒小说《人是世上的大野鸡》人物形象的陌生化分析

北京航空航天大学　李　雯

摘要：赫塔·米勒(Herta Müller)"以诗歌之精炼和散文之直白，描绘了无依无靠的人群之生活图景"，从而荣获2009年诺贝尔文学奖。颁奖词中"无依无靠的人群"就是指米勒小说《人是世上的大野鸡》里生活在罗马尼亚巴纳特村庄的德语少数民族村民，本文结合陌生化理论及性别理论探讨小说主人翁温迪施一家人及德语少数民族群体形象，展现"二战"后罗马尼亚德语少数族裔的生存境遇。小说中的男性及女性往往既是受害者，又是加害者，女性不单单是传统意义上单纯的弱者与被害者的身份，男性也并非拥有绝对的话语权威。米勒所使用的陌生化手段悄然消解了简单的性别二元对立，赋予了复杂社会环境中的人物形象更深层次的内涵。

关键词：赫塔·米勒；《人是世上的大野鸡》；人物形象；性别二元对立；陌生化

1. 引言

俄国形式主义代表人物什克洛夫斯基在《散文理论》中曾说："陌生化——就是用另外的眼睛来看世界。"①他首次提出了陌生化诗学概念，以期这种对阅读过程造成时延、提升理解难度的文学技巧能够使因熟悉而变得不再可见的事物重新变得可见，拉开接受主体和文本之间的距离，引发接收者的惊奇感。② 什克洛夫斯基和布莱希特同为20世纪陌生化理论先驱，但他们"对于陌生化功能的侧重点各不相同，什克洛夫斯基运用陌生化理论的主要目的在于追求文学的内在自足性，布莱希特则把陌生化这个美学范畴转移到了社会批判的领域中"。③ 作为马克思主义者，布莱希特认为要利用好陌生化这面特殊的镜子，揭露统治剥削的现实，改变人们的思维模式，使其以不一样的眼光认识世界，从而克服社会的异化。④

赫塔·米勒中篇小说《人是世上的大野鸡》(*Der Mensch ist ein großer Fasan auf der*

---

① 什克洛夫斯基：《散文理论》，刘宗次译，南昌：百花洲文艺出版社，1997年，第326页。

② 杨向荣：《西方诗学话语中的陌生化》，北京：中国社会科学出版社，2016年，第107页。

③ 同上，第142页。

④ 同上，第144-146页。

Welt)讲述了罗马尼亚巴纳特村庄中，德语少数民族群体为逃离罗马尼亚，绞尽脑汁地获取移民西德的唯一工具——护照的艰难历程。米勒利用陌生化手段描绘的众多人物，使读者从头至尾都难以产生熟悉的感觉："《人是世上的大野鸡》中人物的塑造宛如一幅幅拼贴画，各章长度不等，时间不一，叙述模式也时常发生改变。"①该部小说的陌生化写作方法具体表现为"小说中的叙事声音几乎没有提出任何超越主观视角的判断和评论"。② 作者有意多次抹去叙述者的具体身份，使得读者自然而然地融入不同角色的视野里，并将自然与社会环境的实质隐藏于字里行间，拉开了读者与被观察客体的距离，从而达到了呈现巴纳特村民及村庄本真面貌的意图、揭开人性的神秘面纱的目的。此外，"从性别视角来看，小说还揭露了父权制的性别关系、霸权主义的性经济和厌恶女性的观念，这些观念从侧面反映了德裔少数民族男性村民的群体形象"。③ 因而笔者以为，该小说兼具什克洛夫斯基陌生化形式上的艺术手法特点和布莱希特陌生化社会批判的功效，其社会批判的主要意义在于性别二元对立的消解。本文将利用陌生化概念与性别理论来解读其小说《人是世上的大野鸡》中的人物形象，探讨其在社会政治语境中的深刻含义。

2. 温迪施一家的人物形象复杂性

小说中拼贴而成的人物形象背离了父权制社会背景下的性别二元对立模式，因此无法被简单归入施害者或受害人的定义中去。若不细致钻研全文中人物的相关描写，读者就很难给出较为全面客观的评价。下面，笔者将着重论述温迪施一家人争取护照时所呈现出来的复杂人性。

2.1 一心为己的软弱父亲——磨坊主温迪施

磨坊主温迪施虽为一家之主，但他"与妻子不和，是村子里的边缘人物，受到其他村民的讥笑与出卖。他像佣人一样扛着面粉去村长家，却吃了闭门羹，只好把面粉袋放在门口。他并不享有鲁迪那样的特权，后者可以凭借高档的玻璃器皿成功贿赂权力机构，而温迪施想用钱和面粉得到护照的希望却落空了。村民们似乎等着看他的女儿向军官及教会人员出卖身体换取护照的好戏"。④ 想要移民西德的巴纳特村民们都心知肚明，若无法仅用财物换来护照，那就只有家里较为年轻的女性献身这一条路可走。处于村子

---

① Vgl. Monika Leipelt-Tsai. *Spalten-Herta Müllers Textologie zwischen Psychoanalyse und Kulturtheorie*. Frankfurt am Main: Peter Lang, 2015, S. 193.

② Vgl. Karin Bauer. Körper und Geschlecht. In: Norbert Otto Eke (Hg.): *Herta Müller Handbuch*. Stuttgart: J. B. Metzler, 2017, S. 205.

③ Vgl. ebd.

④ Vgl. ebd., S. 159.

边缘地位的温迪施害怕女儿卖身求护照的选择使自己在村子里颜面扫地，让自己本就尴尬的处境更加艰难，这在他与妻子的对话中可见一斑：

> 温迪施老婆说："阿玛莉在周日早上会得到接见。她应当带申请书去，还有60列伊的花费。……你靠你的面粉走不远。"
>
> "够了，"温迪施对着院子叫道，"我的女儿要上床垫。"他冲沙里吐了口痰："呸，见鬼吧，真丢脸。"……"现在无关丢脸，"温迪施老婆说，"现在关系到护照。"
>
> 温迪施用拳头狠狠地锤向仓库门。"你肯定知道的，"他叫嚷道，"从在俄国时你就肯定知道。那里对你来说也不关系耻辱的问题。"
>
> "你是头猪。"温迪施老婆嚷道。……"要是警察发现，我们的阿玛莉还是个处女，他会失去兴趣的。"她说。
>
> 温迪施大笑起来。"处女，就像你曾经是处女，在墓地，那时候，战争结束后，"他说，"人们在俄国挨饿，而你却靠当婊子生活。战后要不是我娶了你，你可能还会继续当你的婊子"。①

阿玛莉和她的母亲都因为性剥削而失去了人格尊严，这比单纯失去名誉更会对身心造成根本性的伤害。于父权制社会中的温迪施而言，家族的名誉是最重要的事，因此他忽略了出卖身体以求生存的妻女二人遭受着怎样的身心创伤，他也做不到像她们那样为达目的甘愿舍弃自尊的决定。② 温迪施和卡塔琳娜在墓地里交媾之前，他对卡塔琳娜在俄国靠出卖身体才得以保命一事应当心知肚明。因此在这段对话中，温迪施所说的卡塔琳娜在战后仍是处女明显具有反讽意味，是他打心底对自己妻子用身体换生存的蔑视与认为女儿早就不是处子的笃定，这无疑显示出他的狂妄和以自我为中心的特点。比起同情与自己共命运的妻女，他仍然把自己的名声和荣誉放在第一位。

当温迪施凌晨五点回家时，他老婆举着勺子骂他是嫖客，温迪施打了他老婆一耳光，他老婆一言不发。③ 这说明温迪施觉得自己没有向妻子辩解的必要，他用肢体暴力确立自己在家里的优势地位。但温迪施并非一直是这个家庭的真正支柱。女儿阿玛莉去献身之后，温迪施作为父亲打碎了镜子，在镜子里他看着自己，因为他的女儿为了全家人移民所必需的护照而卖淫。他打碎镜子，不仅破坏了自我反省的可能性，也破坏了对自己将女儿贬抑为交换物品的反思。④ 这无疑表现出了他的软弱无能和逃避现实。此

---

① 赫塔·米勒：《人是世上的大野鸡》，陈民译，南京：江苏人民出版社，2010年，第68-69页。

② Vgl. Monika Leipelt-Tsai. Spalten-Herta Müllers Textologie zwischen Psychoanalyse und Kulturtheorie. Frankfurt am Main：Peter Lang GmbH，2015，S. 160.

③ 赫塔·米勒：人是世上的大野鸡. 陈民译，南京：江苏人民出版社，2010年，第44页。

④ Vgl. Karin Bauer. Körper und Geschlecht. In：Norbert Otto Eke（Hg.）：Herta Müller Handbuch. Stuttgart：J. B. Metzler Verlag. 2017，S. 209.

外，他在女儿献身后将嘴里的汤含了又忍不住吐出的行为说明他的内心其实十分脆弱无助。① 面对梦见自己老婆死在夏季厨房里的守夜人，温迪施说他是自己吓自己，还假装不经意地补充了一句，“我得到了护照”。② 他对守夜人的痛苦置若罔闻，仍向其炫耀自己已经得到了护照，但他却绝口不提自己是如何拿到护照的，可见温迪施的虚伪和自私。

但不光彩之感慢慢占了上风。面对为了全家人的护照而不得不出卖身体的女儿的关心，温迪施对她进行尖锐的嘲讽，阿玛莉在吃饭时劝说温迪施不要酗酒，喝酒是一种很糟糕的病，而且不健康，温迪施却心不在焉地回复说：“当婊子比较健康。”③这句话也有着更深层次的含义，这一方面体现了他对自己的女儿缺乏同情与怜悯。另一方面，读者不宜在解读这句话时带入强烈的个人情感，而应当遵循布莱希特陌生化理论中“减少共鸣以更好地达到社会批判效果”④的意见，防止在感情上陷入故事情节，并保持理智，主动去观察评判艺术作品表现出来的内容。小说中，当温迪施盯着女儿的耳朵，联想起前女友巴尔巴拉戴着耳坠的耳朵时，他或许也在心里惋惜巴尔巴拉未能像卡塔琳娜一般，靠卖身得以在俄国数年的凛冽寒冬里存活下来，比起生命，个体尊严似乎不再那么重要。因此，温迪施并不是对卡塔琳娜毫无共情。他想起了战后那段日子人们常说的话：“在俄国她为了一块面包叉开了腿。”温迪施那时想：“她很漂亮，饥饿让人难受。”⑤事实上，温迪施早已在内心接受了卡塔琳娜在俄国卖身求生的做法，经历过战争的他曾目睹无数生命的湮灭，他深知困境中的人无论采取什么样的手段，能够侥幸逃生终究是一种莫大的幸运。因此战后回到村子的温迪施甘愿为求生存贬抑自我，服务于特权阶层，例如他一袋袋地给村长和警察送去面粉，面对家中的家禽与收获的作物被侵占忍气吞声，带着钱财徘徊于花匠的门口。死还是生，要尊严还是要性命，村子里的人们几乎无一例外地选择了后者，温迪施亦然。

温迪施精神上的分裂是该篇小说的重点，如果读者忽略了关于温迪施的一些细节描写，并未深思其行为及心理刻画，或许会将其视为冷酷无情之人。读者或许会在最初想当然地认为温迪施反对阿玛莉上警察的床是因为他深爱自己的女儿，然而事实证明，他只是出于对自己颜面的维护。当温迪施嘲讽自己的女儿“当婊子比较健康”时，读者或许会错认为他已经丧失人性与共情，但对前女友巴尔巴拉的回忆以及“她很漂亮，饥饿让人难受”的思考也透露出他对于人在求生之时不择手段的理解。总体而言，温迪施并非人性尽失，然而在更多的时候，他仍旧代表着在父权制社会中始终把自己的利益和名

---

① Vgl. Monika Leipelt-Tsai. *Spalten-Herta Müllers Textologie zwischen Psychoanalyse und Kulturtheorie*. Frankfurt a. M.: Peter Lang, 2015, S. 162-163.

② 赫塔·米勒：《人是世上的大野鸡》，陈民译，南京：江苏人民出版社，2010年，第40-41页。

③ 同上，第82-83页。

④ 布莱希特：《布莱希特论戏剧》，丁扬忠等译，北京：中国戏剧出版社，1990年，第187页。

⑤ 赫塔·米勒：《人是世上的大野鸡》，陈民译，南京：江苏人民出版社，2010年，第41页。

誉摆在首位的父亲形象。

2.2 利益至上的冷酷母亲——家庭主妇卡塔琳娜

“卡塔琳娜选择和温迪施在一起，主要目的是通过结婚换来她在村子里生活的社会地位。赫塔·米勒的小说中，身体卖淫已经成为女性的生存策略——与处于权力地位的男人性交是自己生存下来的代价。”①如温迪施所说，战后如果他们俩没结婚，卡塔琳娜很可能继续卖身求生。② 与卡塔琳娜在墓地发生关系之后，“温迪施知道，他没有死，他回家了”。③ “于温迪施而言，和卡塔琳娜在一起的决定更多是为了满足自身本能的欲望，与死亡划清界限。两人在一起最初的原因不是爱情，而更多偏向于实用主义的考量。”④战后他们选择了彼此，是因为他们别无选择。原本的爱人都已经在战争中去世，出于经济的考虑和社会环境的压力，他们在无爱的情况下组建了家庭，他们对待自己的女儿阿玛莉也是缺乏爱意的。⑤ 温迪施总把自己的尊严摆在第一位，卡塔琳娜则时时刻刻想着如何利用现有的条件活下去。在温迪施屡次碰壁却仍旧不愿用女儿肉体换取护照时，卡塔琳娜竟早早为阿玛莉的献身做好了安排。这表明，卡塔琳娜不是传统意义上的贤妻良母，其行为完全出于对生存的考虑，她冷漠自私的性格为母女之间的感情蒙上了一层阴影。

传统作品中的父权制社会秩序遵循着性别二分法，即男性象征着理性，女性象征着感性。男性决定着父权制社会的准则。女性作为她者，地位始终处于男性地位之下。但当我们将卡塔琳娜和温迪施在面对求护照而不得时表现进行对比，会发现这种传统的性别二分法已然发生了消解。例如，正帮前去献身的阿玛莉穿衣服的卡塔琳娜在看到菜粉蝶时，并未追逐它，而是无视它的美丽，在自己够得着的地方直接捏死了它。⑥ “比起只被动地盯着菜粉蝶看的温迪施，在自己女儿并未因蝴蝶而受到伤害的情况下，温迪施老婆的这个举动一开始会给人留下一种残忍的印象。但当我们不带那么敏锐的个人情感来看她的行为时，就可以用另一种眼光解读这只蝴蝶的死亡。菜粉蝶被视为农业上的害虫，如果人们任其在作物上产卵，那么农田里的菜粉蝶就会一直消灭不尽。阿玛莉的母亲不怕徒手捏死这只昆虫，为的是不让它再有飞出窗外繁殖后代的机会。从这个角度来看，阿玛莉的母亲的做法比另外两位家庭成员更有意义，她的这个行为保证了家庭成员

---

① Vgl. Karin Bauer. Körper und Geschlecht. In: Norbert Otto Eke (Hg.): *Herta Müller Handbuch*. Stuttgart: J. B. Metzler, 2017, S. 207.

② 赫塔·米勒:《人是世上的大野鸡》，陈民译，南京：江苏人民出版社，2010年，第69页。

③ 同上，第42页。

④ Vgl. Monika Leipelt-Tsai. *Spalten-Herta Müllers Textologie zwischen Psychoanalyse und Kulturtheorie*. Frankfurt a. M.: Peter Lang, 2015, S. 172-173.

⑤ Vgl. ebd., S. 174-175.

⑥ 赫塔·米勒:《人是世上的大野鸡》，陈民译，南京：江苏人民出版社，2010年，第76页。

未来能将他们的收获纳入囊中，保证自己的温饱。”①

在此处，读者须持有布莱希特在其陌生化理论中所强调的冷静客观的态度，才能对于卡塔琳娜捏死菜粉蝶的做法有较为合适的解读。卡塔琳娜捏死菜粉蝶的做法显示其并非为单纯的被物化的女性客体形象，此时她的家庭地位明显高于温迪施和阿玛莉。在家庭环境中，磨坊主温迪施占据物质层面上的主导地位，但在精神层面上，给整个家庭带来重大影响的关键抉择主要由卡塔琳娜做出。“面对菜粉蝶，夫妻行为的对比显示出温迪施的情绪化和卡塔琳娜的理性化。在同样的处境中，温迪施无能为力，束手无策，卡塔琳娜却积极应对，她作为女性，在父权制社会已经习惯了接受现实，服从统治。因此，她不仅没有想尽办法保护女儿远离出卖身体这条路，反而还帮助女儿更换衣服的行为是能够理解的。但卡塔琳娜的做法同时也加速了女儿身心受害，出卖身体这件事的进程。这表明在温迪施的家中，家庭成员之间的彼此关怀早已荡然无存。”②卡塔琳娜所有的行动都是为了获得护照并移民西德，哪怕出卖女儿的肉体，她也毫不迟疑、在所不惜。正因为如此，卡塔琳娜的行为不为女儿阿玛莉所理解和接受，她与丈夫和女儿之间充满了矛盾和冲突，展现出了她冷酷的形象和利益至上的特点。

2.3 施害者与受害人的矛盾形象——幼儿园老师阿玛莉

阿玛莉是城里的幼儿园老师。职业选择反映了阿玛莉想要主宰自己的命运，依靠自己的能力，离开原生土地，建立更广阔的社会联系。阿玛莉每周六都会带一包玻璃回家，当温迪施问她玻璃的来处时，她总是回答这是孩子们送的礼物。这些玻璃大小颜色用途各异，都很精美。③“如果是从幼儿园孩子们那儿得到的礼物的话，那么这些礼品的价值也过于高昂了，作者借阿玛莉的回答隐晦地表明，阿玛莉可能利用了她在幼儿园中的权力，让其他人用玻璃制品作为贿赂她的礼物。”④在为移民获得护照的艰难历程中，阿玛莉很可能不是单纯的受害者，形状各异的玻璃便是其滥用职权的证明。

小说体现出，阿玛莉不止为家庭而承担着牺牲者这个角色，她所做的一切同样也是为了自己。“她的矛盾心理表现在，一方面阿玛莉似乎经常觉得自己有义务成为牺牲者，另一方面她也受自己消费欲望的支配，两者交织成对移民的向往。阿玛莉并非纯粹的给予者，更多的时候她扮演着给予者与损失者的双重角色，性行为不仅用来交换欲望的对象(如护照)，也是为了使自己获取家庭等级中较高的权力地位。”⑤《落地花瓶》一章中

---

① Vgl. Monika Leipelt-Tsai. *Spalten-Herta Müllers Textologie zwischen Psychoanalyse und Kulturtheorie.* Frankfurt a. M.: Peter Lang, 2015, S. 148.

② Vgl. ebd., S. 147-149.

③ 赫塔·米勒:《人是世上的大野鸡》，陈民译，南京：江苏人民出版社，2010年，第40页。

④ Vgl. Monika Leipelt-Tsai. *Spalten-Herta Müllers Textologie zwischen Psychoanalyse und Kulturtheorie.* Frankfurt a. M.: Peter Lang, 2015, S. 165.

⑤ Vgl. Monika Leipelt-Tsai. *Spalten-Herta Müllers Textologie zwischen Psychoanalyse und Kulturtheorie.* Frankfurt a. M.: Peter Lang, 2015, S. 180.

提到，阿玛莉每周六带回的玻璃装满了柜子，“玻璃是按大小和颜色摆放的。红色的葡萄酒杯，蓝色的葡萄酒杯，白色的烈酒杯。桌子上有玻璃的果盘、花瓶和花篮”。① 而在《银十字》中，作者对阿玛莉献身的教堂房间则有如下描写：“葡萄酒杯按大小顺序排列着。烧酒杯闪闪发光。果盘肚上乳白色的花很呆板。花瓶靠在房间的墙边。在房间一角竖着那个落地花瓶。”②小说两处玻璃器皿特征的高度重合，使读者有理由相信，教堂房间里的水晶玻璃和落地花瓶是阿玛莉带来的。或许这些不知用何种方式得到的贵重的水晶玻璃，是阿玛莉为使全家人都能拿到护照而增添的筹码。

在老克罗讷的葬礼上，邮递员帮警察传信说，阿玛莉应该周日早上去找警察；领读祈祷文的女人说，阿玛莉应该在周六下午去神甫那里找洗礼证明书；温迪施和他的老婆回答，阿玛莉周六要带一个落地花瓶回来，没法直接从火车站去神甫那儿。③ 从阿玛莉带去的各式玻璃和落地花瓶来看，她的行踪应该是从城里坐火车带落地花瓶回家，将落地花瓶连同家中的玻璃器皿一起带到神甫和警察那儿，最终又将落地花瓶带走。那么，阿玛莉为何要大费周折地将落地花瓶带到各个地方呢？从她第二次出卖肉体时手中握着鲁迪赠与她的泪滴珠来看，她或许是将泪滴珠和落地花瓶视作同鲁迪与迪特马尔两人恋情的纪念品，由此赋予自己面对残酷现实的勇气。而她在将玻璃器皿连同自己的肉体出卖给了神甫和警察之后，唯一带走的是那个自己攒钱买下的落地花瓶和鲁迪赠送的泪滴珠。此外，温迪施曾经想过，落地花瓶是不许进他家的。④ 此处有两层含义，第一层是温迪施不愿因女儿出卖身体使自己在村中颜面受辱，第二层是他仍想找寻不需要女儿出卖身体却可以拿到护照的方法。因此，温迪施不准她将落地花瓶带进家门也是一个可能的因素。即使阿玛莉是为了全家人移民而不得已出卖身体，但温迪施自始至终都把自己表面上的尊严放在首位。

阿玛莉究竟用何种方式获得了玻璃和落地花瓶，读者不得而知。但这样的行为本身就已体现出了阿玛莉有着不依附他人的主体意识。她试图凭借玻璃向获得护照的目标更进一步，积极主动地探索原生家庭之外的生活空间。阿玛莉用肉体换来自己一家人移民的最大保障——护照，同时她的身心也备受摧残。但她如此为之并非单单是为了家庭的牺牲和奉献，她的内心同样有着对移民的渴望，否则，她也不会在父母重返家乡之时并未与其同行。如果说温迪施和卡塔琳娜移民的打算更多时候是出于对村子里移民风潮亦步亦趋的跟随，那么阿玛莉对于移民无疑有着更加长远的计划和更加坚定的决心。

“社会压力存在于家庭内外，温迪施这代人曾经历过战争对社会等级秩序的激烈重组及人们对社会地位的激烈争夺。在赫塔的小说中，家庭更多时候作为一种团组形式，而不是家庭式亲昵关系的联合，其社会学意义上的联系远重于情感。因此，家庭可被看

---

① 赫塔·米勒：《人是世上的大野鸡》，陈民译，南京：江苏人民出版社，2010 年，第 40 页。

② 同上，第 96 页。

③ 同上，第 46 页。

④ 同上。

作人类社会结构中权力等级关系的一种组合方式，家族间的相互关系中，权力和无力之间在做一种混合的往返运动。”①在温迪施一家人争取护照的过程中，他们那对物质、性、权力的占有欲毕露无遗，因此，他们既是极权制度下的受害者，也是加害者。阿玛莉利用自己幼儿园老师的身份获得了许多贵重玻璃制品，但被迫向神甫及警察多次献身。温迪施利用女儿获得护照，但也一直在向村长等人企图送面粉送钱的方式献媚，且在自己女儿身心受到重创的时候无法尽到一个当父亲的责任，只能任由事情发展。卡塔琳娜在俄国劳动营的夹缝中求生存，但她也是把女儿推向深渊的关键人物。

3. 小说中的人物群体形象

凯格曼(René Kegelmann)在阅读了赫塔·米勒早期作品《低地》《人是世上的大野鸡》《赤足的二月》之后发现了大量木刻似的人物形象设计，这些人物往往是无名之辈，被看作某些职业的代表：磨坊主、农艺师、牧师、邮递员、女售货员、裁缝、铁匠、牧师、教师、市长、邮递员、电话接线员，理发师等。他认为，作者对这些人物的性格刻画主要基于其外部特征(年龄、职业、性别等)。这个数量相当庞大的人物群体在赫塔·米勒的早期作品中通常与罗马尼亚的德语民族集体或巴纳特施瓦本村庄联系在一起。与童话人物类似，这些人物形象通常较为单一，不够复杂，只具有外在特征。他们被简化为仅具有代表性特征的人物，他们的思想、感情或内心活动往往是不可见的。②笔者对此持有不同的意见，《人是世上的大野鸡》中众多的人物形象并非是脸谱化的，作家在行文中略去的空白，是拉长读者阅读时延、深刻理解小说内容、分析人物内心活动的关键要素。读者须潜心探究隐含在空白之中、人物之间的复杂的权力关系，因为“决定人的社会身份或任何一种身份的是权力关系。这种权力关系并不仅仅指白人对黑人、殖民者对被殖民者、男性对女性或大民族对小民族的权威，而且指散落于社会生活各个角落的权力关系，如家庭内部、团体内部、民族内部等”。③ 上文已对家庭内部的人物个体形象进行了分析，这里将着重解析民族及团体内部的人物群体形象。卡琳·鲍尔(Karin Bauer)曾借助性别理论对小说中的群体形象进行了深入的阐释，这为我们认识人物提供了有效的途径。

《人是世上的大野鸡》中出场的绝大多数的人物形象可粗略划分为德语少数民族村民及非德语少数民族村民两类。而占据小说主体地位的无疑是德语少数民族男性村民群

---

① Vgl. Monika Leipelt-Tsai. *Spalten-Herta Müllers Textologie zwischen Psychoanalyse und Kulturtheorie*. Frankfurt a. M.: Peter Lang, 2015, S. 195.

② Vgl. René Kegelmann. Figurenkonstellationen. In: Nobert Otto Eke (Hg.): *Herta Müller Handbuch*. Stuttgart: Springer, 2017, S. 176-177.

③ 陈永国:《身份认同与文学的政治》，载《清华大学学报(哲学社会科学版)》，2016 年第 6 期，第 29 页。

体。小说中，女性她者形象和非德语少数民族村民他者形象的确立是德语少数民族男性村民主体观看的产物。温迪施对守夜人说，“阿玛莉不再是少女了……我女儿的小腿肚就跟甜瓜一样”。① 小腿肚象征着性与生命力，它与男性的性欲有关，村里的男人们总是在端详不同年龄段的女性的小腿肚，判断这个女性有没有性吸引力。如甜瓜一般的小腿肚无疑饱含着青春的汁液，对异性具有相当的性吸引力。守夜人教温迪施如何判断女性有无性经历的方法，便是看她们“怎么走路，如果鞋尖在走路时向一边歪，那就说明已经发生过了”。② 德裔少数民族的男人们认为，从女性小腿的形状或鞋尖的放法，就能辨别出她是否失去了童贞。小说中男性凝视的描绘证明了女性被观看的客体地位。

“男人是目光的承载者，他们的感知创造了小说中由投射、一厢情愿和意识形态扭曲的陈词滥调所构造而成的女性集体形象。”③小说中女性的社会角色大致可以分为两类，“一类是作为家庭主妇和女性家庭成员，另一类是作为情人和妓女”。④ 卡塔琳娜在与温迪施成婚之前，只能当用肉体换取生存希望的情人和妓女，与温迪施组成家庭之后，她的社会角色得到了转变与提升，变成了家庭主妇和女性家庭成员，并与其他人一样，重复着相似的生活轨迹：“德裔少数民族的妇女们总是扮演着固定的母亲和家庭角色：她们打扫、缝纫和做饭，在葬礼上，她们穿着黑色衣服哭泣。”⑤

父权制度在父权思想和以种族为中心的优越感交织中长期存在，导致了德语少数民族村民对犹太人、土耳其人、黑人、罗马尼亚人、瓦拉西亚人、吉卜赛人和妇女的贬低。第三十四章《礼拜堂》里，在这群自恃德国人的村民眼中，犹太人和女人毁了世界，瓦拉西亚女人淫荡，厨艺不好，罗马尼亚人腐败，西德女人懒惰，土耳其人和黑人的人数在德国迅速增长。只有这些种族主义，性别歧视和以种族为中心的话语才可能导致欣赏巴纳特妇女的行为：“这里(巴纳特村庄的德裔女性)最差的也还比那里(西德本土的女性)最好的有用得多。”⑥因此，引文表面上是巴纳特村庄德裔男性对德裔女性的夸赞，但本质仍是一种男权话语，女性的价值被束缚在特定的评价机制之中，这种夸赞无视了女性本身的立场和意愿。在父权思想的影响之下，女性鲜活真实的主体形象让位于抽象空洞的客体形象。

虽然米勒的文本可以用性别批判的方式来解读，但作者本人拒绝成为女权主义者：

---

① 赫塔·米勒：《人是世上的大野鸡》，陈民译，南京：江苏人民出版社，2010年，第7页。

② 同上。

③ Vgl. Laura Mulvey. Visuelle Lust und narratives Kino. In：Liliane Weissberg (Hg.)：*Weiblichkeit als Maskerade*. Frankfurt a. M：Fischer. 1994，S. 48-65.

④ Vgl. Sigrid Grün. *Fremd in einzelnen Dingen：Fremdheit und Alterität bei Herta Müller*. Stuttgart：ibidem-Verlag. 2010，S. 76.

⑤ Vgl. Karin Bauer. Körper und Geschlecht. In：Norbert Otto Eke (Hg.)：*Herta Müller Handbuch*. Stuttgart：J. B. Metzler. 2017，S. 207.

⑥ Vgl. Karin Bauer. Körper und Geschlecht. In：Norbert Otto Eke (Hg.)：*Herta Müller Handbuch*. Stuttgart：J. B. Metzler. 2017，S. 208.

“我不是女权主义者。我或许是个个人主义者。我是一个女人。”①赫塔·米勒拒绝任何意识形态的定义，她的文本阻止了一切简化的二元对立思维，即使男性成为施害者，女性成为被动的受害者。因此，赫塔·米勒的文本显示了政治和社会压迫对男性和女性的影响。② 她自己经常谈到“人”，似乎拒绝明确区分性别：“我看到人们自由地行动，却不知道他们是在一定的约束下行动的，他们被困于一种机制之中，他们是在以木偶的方式自由行动。我就尝试着去表现这种机制。”③小说人物依附于某个家庭、团体与民族内部而存在，因此他们的行动总是限于自身的社会角色之中。

卡琳·鲍尔提出，在独裁制度的网络中，男性和女性一方面是极权制度的受害者，另一方面又是腐败、虚伪的压迫和暴力经济的参与者。但是，对女性的参与要与男性的参与做出不同的评价，因为女性是双重压迫的受害者：她们既受到极权国家的统治，她们又受到父权社会秩序的统治。在这方面，女性在不公正制度中的参与和男性的参与有质的不同，她们的参与是在弱势者共谋的背景下进行的——共谋就是在父权制度下，男人对女人的期望、要求和勒索。因此，女性的参与也是自身受压迫的结果，作者在作品中毫不留情地揭露了父权制度的这种动态，然而，这并不意味着女性可以逃避共谋的责任。由此，赫塔的写作消解了简单化、性别化的加害者与受害者的二元对立。④ 女性一方面是男性眼中的欲望客体，一方面是极权制度下受压迫程度最深的剥削对象，一方面是不公正制度的助推者。如此复杂的女性形象在德语少数民族男性村民的眼中被单一化，对女性和异族人负面为主的印象也恰恰映射出德语少数民族男性群体的愚昧无知。

4. 结语

若想深入解读《人是世上的大野鸡》中的人物形象，读者须在联系历史、美学和叙事构架的基础上，通过小说的时代背景及行文的细枝末节不断重塑、加深对人物形象的认识，脱离传统社会性别角色划分的囹圄，由此形成较为全面的理解：在罗马尼亚齐奥塞斯库的独裁统治下，男性及女性往往既是受害者，又是加害者。女性不单单是传统意义上单纯的弱者与被害者的身份，男性也并非拥有绝对的话语权威。“小说中人物形象的陌生化主要体现在二元对立的消解上，无论是人物个体，还是人物群体，都无法被简单归入一个特定的范畴中去。譬如，从对家庭如何获得护照的决策上看，温迪施和卡塔

---

① Vgl. Brigid Haines, Margaret Littler. Gespräch mit Herta Müller. In: Brigid Haines (Hg): *Herta Müller*. Cardiff: University of Wales Press, 1998, S. 19.

② Vgl. Karin Bauer. Körper und Geschlecht. In: Norbert Otto Eke (Hg.): *Herta Müller Handbuch*. Stuttgart: J. B. Metzler, 2017, S. 206.

③ Vgl. Norbert Otto Eke. Augen/Blicke oder: Die Wahrnehmung der Welt in Bildern. In: Nobert Otto Eke (Hg.): *Die erfundene Wahrnehmung: Annäherung an Herta Müller*. Paderborn: IGEL, 1991, S. 12.

④ Vgl. Karin Bauer. Körper und Geschlecht. In: Norbert Otto Eke (Hg.): *Herta Müller Handbuch*. Stuttgart: J. B. Metzler, 2017, S. 206-207.

琳娜的传统男性和女性角色似乎发生了调换。这隐含着作者对于父权制思想中性别二分法的错误观念的批判。而赫塔·米勒的写作目的之一，就是消解父权制中的男女对立二元论。”①每个角色都被牢牢地吸附在看与被看的目光交织而成的复杂网络中，他们的所作所为日益加深了社会阶层的不平等，同时他们也被迫沦为独裁统治下的牺牲品。

参考文献

[1]Bauer, Karin. Körper und Geschlecht [C]. In: Norbert Otto Eke (Hg.): *Herta Müller Handbuch*. Stuttgart: J. B. Metzler, 2017.

[2]Eke, Norbert Otto. Augen/Blicke oder: Die Wahrnehmung der Welt in Bildern [C]. In: Nobert Otto Eke (Hg.): *Die erfundene Wahrnehmung: Annäherung an Herta Müller*. Paderborn: IGEL, 1991.

[3] Grün, Sigrid. *Fremd in einzelnen Dingen: Fremdheit und Alterität bei Herta Müller* [M]. Stuttgart: ibidem-Verlag, 2010.

[4]Haines, Brigid/ Littler. Margaret: *Gespräch mit Herta Müller* [C]. In: Brigid Haines (Hg): *Herta Müller*. Cardiff: University of Wales Press, 1998.

[5] Kegelmann, René. Figurenkonstellationen [C]. In: Nobert Otto Eke (Hg.): *Herta Müller Handbuch*. Stuttgart: Springer, 2017.

[6] Leipelt-Tsai, Monika. *Spalten-Herta Müllers Textologie zwischen Psychoanalyse und Kulturtheorie* [M]. Frankfurt a. M.: Peter Lang, 2015.

[7]Leipelt-Tsai, Monika. Auge und Blick in Texten Herta Müllers [C]. In: Jens Christian Deeg & Martina Wernli (Hg.): *Herta Müller und das Glitzern im Satz*. Würzburg: Königshausen& Neumann, 2016.

[8]Mulvey, Laura. Visuelle Lust und narratives Kino [C]. In: Liliane Weissberg (Hg.): *Weiblichkeit als Maskerade*. Frankfurt a. M: Fischer, 1994.

[9]布莱希特. 布莱希特论戏剧[M]. 丁扬忠等译. 北京: 中国戏剧出版社, 1990.

[10]赫塔·米勒. 人是世上的大野鸡[M]. 陈民译. 南京: 江苏人民出版社, 2010.

[11]什克洛夫斯基. 散文理论[M]. 刘宗次译. 南昌: 百花洲文艺出版社, 1997.

[12]杨向荣. 西方诗学话语中的陌生化[M]. 北京: 中国社会科学出版社, 2016.

① Sigrid Grün. *Fremd in einzelnen Dingen: Fremdheit und Alterität bei Herta Müller*. Stuttgart: ibidem-Verlag, 2010, S. 73.

彼得·汉德克的“日常”叙事艺术：《试论疲倦》[①]

西安外国语大学 游 洁

摘要：诺贝尔文学奖获得者彼得·汉德克叙事风格和视角新颖独特。《试论疲倦》一文选取了“疲倦”这一日常感受为描写对象，并采用了“试论”这一宽泛而寓意丰富的概念为体裁，将“回忆”“顿悟”“形式”纳入描写对象的审美范畴之中，表现出了这位后现代派作家对当代叙事写作艺术的思考。这种写作方式既为当代文学叙述开创了新的模式，也展现出其与众不同的认知方式，使得“疲倦”一词超越了原有的意义，从而获得深刻的美学和哲学内涵。

关键词：疲倦；日常；回忆；顿悟

2019年10月10日，瑞典文学院常任秘书代表诺贝尔文学奖评委会宣布，将2019年诺贝尔文学奖授予奥地利作家彼得·汉德克(Peter Handke，1942—)②。汉德克的授奖词为：“凭借着具有语言学才能的有影响力的作品，探索了人类体验的外延和特性。”③毫无疑问，诺贝尔文学奖将汉德克再次置于世界文学舞台的聚光灯之下，也在中西方的文学评论界和读者中掀起了新一轮的讨论热潮。作为一名有斯洛文尼亚血统的德语作家，汉德克的叙事风格向来在德语文坛独树一帜，与众不同。从他的第一部小说《大黄蜂》④开始，汉德克就被贴上了“反传统”的标签⑤。评论家一方面对其不拘一格的叙事手法莫衷一是，另一方面又一致推崇他为德语当代文学的“经典”作家⑥，评论界甚至收录了“汉德克式”⑦这样的词汇以形容其文学叙述中独特的叙事艺术，汉德克在德语文坛

---

① 基金项目：西安外国语大学博士后项目阶段研究成果。

② 与汉德克一同获奖的是波兰女作家奥尔加·托卡尔丘克(Olga Tokarczuk)。

③ 《维也纳报纸》2019年10月10日：Er erhält den Preis „für ein einflussreiches Werk, das mit sprachlicher Genialität die Peripherie und die Spezialität der menschlichen Erfahrung untersucht“.

④ Peter Handke. *Die Hornissen*. Frankfurt am Main：Suhrkamp，1966.

⑤ 汉德克本人对此称呼并不认同，参见：韩瑞祥.“我是一个传统作家”，人民日报，2016年12月11日，第007版。

⑥ Herwig Gottwald, Andreas Freinschlag, Peter Handke. Wien, Kölnu. Weimar 2009：Böhlau，S. 11；Wendelin Schmidt-Dengler. „*Peter Handkes Klassizität*“, in *Peter Handke*；ide, Informationen zur Deutschdidaktik 4，2001，S. 38-44，hier：S. 44.

⑦ 《南德意志报》于2012年1月使用了“汉德克式”(Handkehaftigkeit)一词，亦有学者使用形容词“汉德克式的”(handkeisch)。

中的影响可见一斑。汉德克不仅蜚声德语和世界文坛，即便是对于一般德语读者而言，汉德克及其作品也已成为流行词汇，亦在知识分子中成为彰显读者个人修养的艺术品。然而，尽管汉德克已如流行明星般为人熟知，但真正了解或熟知其作品内容的读者少之又少。排除汉德克几部关于南斯拉夫战争的作品受到西方评论界的一致口诛笔伐所造成的影响之外，作家的作品本身内容丰富深刻，叙述呈破碎化，并不断追求和尝试不流于俗的叙事手法，都给读者阅读和理解作品造成了一定的困难。本文从文本细读出发，以作家80年代末的作品《试论疲倦》为例，对汉德克式叙事模式进行研究和探析，阐述在这部作品中"回忆""顿悟""形式"这些叙事主题与日常感受"疲倦"之间的关系，展示汉德克独特的"试论"诗学特色，借以更好地了解和认识这位语言文学大师。

1. "回忆"：在自我对话中的审美重构

《试论疲倦》(1989)是汉德克《试论》系列作品的第一部①。作品一开始，便将回忆和疲倦联系起来。作品以圣经《新约·路加福音》第22章45节为序言，"祷告完了，就起来，到门徒那里，他(笔者：耶稣)见他们因为忧愁都睡着了"②(S.8)。门徒不是因为疲倦，而是因为忧愁睡着了，由此引发了叙述者对人类日常的感受"疲倦"的思考和回忆，因为叙述者早期记忆中的疲倦也正是在教堂活动中产生的。作品在未交代任何具体的人物特征、时间地点或者时代背景的前提下，开门见山地展示出一个"摇摇摆摆的回忆过程"③：

> 以前我只认识敬畏时的疲倦。
>
> 以前什么时候？
>
> 在孩提时代，在所谓的大学时代，还有初恋产生的时代，就是那个时候。在天主教圣诞夜做弥撒的时候，这个孩子坐在祈祷的人中间，那是在一个拥挤的、使人眼花缭乱的、熟悉的圣诞歌曲所环绕着的家乡的教堂里。周围笼罩着纺织物和蜡烛的气味，这孩子就被一种带有痛苦感觉的沉重的疲倦侵袭了。(S.9)

---

① 其他四部为：《试论点唱机》(1990)，《试论成功的一天》(1991)，《试论寂静之地》(2012)以及《试论蘑菇痴儿》(2013)。

② Peter Handke. *Die drei Versuche. Versuch über die Müdigkeit*, *Versuch über die Jukebox*, *Versuch über den geglückten Tag*. Frankfurt am Main: Suhrkamp, 2001. „Und aufgestanden vom Gebet, kommend zu den Jüngern, fand er sie eingeschlafen vor Betrübnis". 译文为笔者所译，以下引文皆出自于此书，不再另注。

③ Germain Nyada. *Schreiben über sich selbst? Die (post-) moderne Autobiografik am Beispiel von Peter Handkes Versuchen*. Berlin: SAXA, 2008, S. 52.

有别于序言中的疲倦，叙述者回忆中的疲倦和“敬畏”“痛苦”连接在一起。疲倦成为叙述者引出回忆的关键，而回忆成为作品叙事的基石和框架。事实上，“回忆”是汉德克创作艺术中一个至关重要的诗学概念，同时也作为一种叙事手法贯穿于汉德克的作品之中，体现了作家主体性创作的方式，也成为汉德克自传式虚构叙述的主要特征。对作家来说，回忆并不是客观地叙述或重复往事，而是聚焦于叙述主体对生活经历的再次感受。叙述者从主体视角展开回忆，叙述对象（主体和其主观认识到的世界）被多重解读，叙述主体便在解读过程中获得新的灵感。由此，“回忆”便被赋予一种审美重构的意义。因而，对于汉德克创作中回忆机制的研究，常被学界看作接近和了解汉德克创作的一个重要角度。在《试论疲倦》一文中，叙述者在讲述回忆之后，总会得到追问，回忆在追问中成为一种详尽的描述，并被置于一种怀疑和批判的视角之下。通读全文不难发现，提问者正是叙述者自己，而整部作品便以叙述—提问—再叙述这一模式构成。叙述与提问之间既没有明显的语言提示和衔接，也没有形式上的引号，更不像传统的文学对话或者独白。提问的“我”更像是要站在“现在”的角度，把叙述者从回忆中拉回来，促使叙述者在每次回忆之后作进一步反思，从而将回忆的虚构性进行了强调和突出。因为在传统文学以第一人称进行回忆式的创作中，叙述主体（das erzählende Ich）以及叙述客体（das erzählte oder erlebende Ich）在叙述中往往会将“过去”与“现在”混淆，并将回忆看作事实。自传研究指出，对过去的书写其实常常夹杂着现在的感受，回忆和叙事一样，都是主体在以一种重构的方式展现事件。

《试论疲倦》中的“对话”和反问形式，使叙述主体以及叙述客体明确区分开来，为读者呈现了一个叙述反思的过程。因而《试论疲倦》可以看作“我”以疲倦为主线，以“自我对话”为形式而展开的对“过去的我”进行的深度探寻和反思，是一部人物自传。然而作品的人物自传并不仅仅是为了叙述个人经历。譬如，尽管回忆是从童年开始展开，但却并没有简单地对“过去”展开线性叙述，而是以“过去的我”对疲倦的感受为叙述对象。为了对这些感受进行区分，叙述者用疲倦对其命名和归类，将疲倦分为“正面的”以及“负面的”疲倦，其中包括“美学的疲倦”（S. 22f.），“集体疲倦”（S. 26），“孤独疲倦”（S. 12）等。在对疲倦的命名中，叙述者夹杂了自己的感受并明确了叙述的目标：“我要叙述各种疲倦的不同世界图像。”（S. 14）由此可见，疲倦并不是叙述者的叙述对象，而是叙述的媒介。叙述者将人生不同阶段都贴上了一个相应的疲倦标签，把原本从不同经历中所回忆起来的零散片段，通过疲倦相互关联在一起，形成新的以对疲倦的感知为轴的线性叙事方式。

自传学研究认为，“回忆的过程是每一个自传式反思的最基本的行为”①，而自传是“对生活思考的最高、最富启发性的形式”②。德国文学评论家玛蒂娜·瓦格纳·艾格哈

① Martina Wagner-Egelhaaf. *Autobiographie*. 2., *akt. U. erw. Aufl*. Stuttgart & Weimar: J. B. Metzler, 2005, S. 12.

② Günter Waldmann. *Autobiografisches als literarisches Schreiben*. Hohengehren: Schneider, 2000, S. 13.

夫(Martina Wagner-Egelhaaf)指出，如果“回忆(Erinnerung)是把过去发生的事呈现在了回忆者的眼前，这种对回忆的态度是没有批判性的”①。无论叙述主体是否有意为之，回忆实际上是具有主观批判性的。回忆有别于记忆(Gedächtnis)，后者是人脑对以往信息的机械存储，而前者则是人脑主动进行的思维过程。这个过程被回忆者的当下思维所激活，因而回忆本身就是有选择的思维活动。《试论疲倦》显然要突出回忆具有反思性的特点，叙述者在自我提问中明确表示要保证叙述和回忆的客观性，要尽可能地保持“冷酷无情的”(S. 19)。因为无论“糟糕的疲倦”还是“美好的疲倦”都只是可能引发思考问题的叙述对象，而叙述者所追求的是用语言描述当下的感受。如叙述者所言：“对我来说，去探究和想象那些由问题而产生的图像就应该足够了，然后再把我自己放入一个个图像中，用语言去将它们的丝丝颤动和道道曲折都仔细推敲，尽可能地冷酷无情。身处(坐在)图像之中，仅仅是这种感觉对我而言也足够了。”(S. 19f.)借叙述者之口，汉德克提出了自己对回忆的理解，即回忆并非追求客观事实的再现，而是由某个事物引发记忆而产生图像，再通过语言描述来展现叙述主体在叙述当下的感知。因而可以说，汉德克式的回忆是借助过去感知真实的当下，回忆是在记忆的基础之上进行主观的美学重建。

为了在叙述中展示与众不同的美学世界，汉德克选择了一个人们熟悉却常常认为理所当然，并未展开思考的日常感受“疲倦”作为叙述视角，通过疲倦重构回忆，并在叙述中探寻回忆的机制，进而创造出属于自己的叙事艺术。他的叙事艺术既有重构世界的美学作用，也有道德的批判作用。因而叙述者所描述的图像都与自我以及手工业者和小农相关，而并没有关于所谓市民或富裕阶层的疲倦图像，因为他认为：

> 在我看来，疲倦不属于他们(笔者：市民们)；他们亦把疲倦看作一种不好的行为，如同赤脚走路一般。此外，他们也没有能力展示出疲倦的图像；因为他们从事的活动就不会疲倦……我同样也很难想象一个富人的疲倦，或者一个位高权重的人，也许那些被迫退位的除外，如俄狄浦斯王和李尔王。(S. 32f.)

在现实社会中，财富、地位，或者成就、成功及能力往往成为划分不同人群、不同阶级的标准。而叙述者在“疲倦”的艺术世界里提供了另一种思考和衡量人生价值的方式，即是否能产生有益的疲倦。在汉德克回忆式的美学叙事中，“真实”和“虚构”无从划分也无需划分。叙述者问：

> 这(样的叙述)不是在美化过去吗?
>
> 如果过去可以这样被(叙述)美化的话，那么这样的(叙述)对我来说是公正的。

① Wagner-Egelhaaf. *Autobiographie*, S. 12.

我相信这样的美化。我知道，这段时间曾经是神圣的。(S. 23)

汉德克的回忆和叙述所追求的是片刻的图像，并在对图像的再现中深刻挖掘回忆主体的真实感受和反思。因为对真实感受和反思的充分表达是汉德克诗学的最高要求，体现了作家独特的美学思考。

2. “顿悟”之下的艺术启示

汉德克笔下的“顿悟”(Epiphanie)一词原本是一个宗教概念，简意为“神灵显现”，后被用于文学艺术领域，表达艺术家创作灵感的闪现与获得。爱尔兰作家詹姆斯·乔伊斯(James Joyce，1882—1941)首先把“顿悟”引入文学领域，表现人物的自我意识苏醒、幻想破灭、认识现实的成长过程。在德语文坛，从霍夫曼斯塔尔(Hugo von Hofmannsthal，1874—1929)开始，“顿悟”一度成为现代派作家传承的一个创作主题①。在汉德克的作品中，人物的顿悟也多次出现，成为分析和理解汉德克作品的另一个核心概念。

在《试论疲倦》一文中，顿悟与疲倦紧密相连。顿悟产生于疲倦，却成为后者所不能达到的更纯粹的感知和更高层次的精神境界；而疲倦作为一种生活体验形式给予了顿悟产生的契机和方式。叙述者在对不同疲倦图像的回忆和叙述中，注意到一种突然出现的、超越日常经历的时刻。在这种非同寻常的时刻中，他不能控制自己的回忆，而是感受到一种作用于自身的、来自超自然的力量。这种力量使叙述者在瞬间走出回忆，摆脱对日常事件的叙述，而聚焦于超脱尘世生活之外的心灵和精神的纯粹感受。例如，在“我”上大学期间做兼职打工的时期，在一个四点赶往上班路上的清晨突然感受到：

在我的孤独中，由于眼镜沾满灰尘，我眯起眼睛，却突然对这个熟悉的街景有了另一双眼睛。我看见自己不再同之前和路上来来往往的人一样，逛商店，去火车站，看电影，上大学。尽管我在清醒的疲倦中走着，没有困意，没有封闭在自我中，但我却感到自己被排除在社会之外，这是一个可怕的时刻；我是唯一一个与所有人背道而驰的人，一直走向孤独之境。(S. 31f.)

“我”在此时原本孤独的疲倦中突然获得了“另一双眼睛”，使“我”从当前的情况中脱离出来。好像另一个自己在以一种客观的视角从外部观察着“我”，以一种全新的视角感受着世界，然而却在此时感受到了更大的、使人陷入无望之境的孤独。这种感受毫无征兆地突然到来，使叙述者从中得到了一种异常深刻的精神和心灵体验，成

① Manfred Durzak. *Peter Handke und die deutsche Gegenwartsliteratur: Narziss auf Abwegen*. Stuttgart: Kohlhammer, 1982, S. 115ff.

为叙述中触目惊心的时刻。在对这种深刻感受的继续追溯中，“我”捕捉到了一次更加非同寻常的疲倦图像，即某次经历了夜间飞行的旅途之后，在深度缺乏睡眠的疲倦之中：

> 我坐在阳光下的咖啡馆露台上，靠近喧嚣和汽油烟雾，一直还昏昏沉沉，内心因为这个不眠之夜而被置于令人担心的摇摆之中。然而之后，我不知道是怎么回事，渐渐地？或者一下一下地？转变发生了……一直到夜晚，我什么也不做，就坐在那里欣赏着；看上去，我似乎连呼吸都不用。没有什么引人注目的，装模作样的呼吸练习或者瑜伽姿态：你坐着，并且在疲倦之光的照耀下才得以随意地正确呼吸。(S. 38)

在身体疲倦中，顿悟又一次不知不觉突然发生了。“我”毫无疲倦困顿之感，反而感到身心愉悦，仿佛自我所处之地正是世界的中心。在这种感受中，疲倦像阳光般闪烁着光芒，照耀着“我”。“我”逐渐达到了与世界、与自然的和谐统一。由此，叙述者如醍醐灌顶般地感受到了叙述产生的过程：

> 那种疲倦使得成千上万并不连贯的过程纵横交错在我面前，超越了形式而自然形成一个顺序；每个过程都深入到我的内心，成为一个刚刚合适的——结构细腻而神奇、连接惟妙惟肖的——叙述的一部分；也就是说，这些过程在自行叙述，而并不是通过词语实现的。(S. 41)

此刻，叙述成为“我”的生活体验的一部分，而“我”本身就是叙述。叙述主体与叙述客体之间的区分也逐渐模糊，叙事世界和叙述主体达到了和谐统一的状态。在这种审美体验中，叙述是自然而然产生的，仿佛此刻寻找词语也是多余的。这种体验是汉德克所期望达到的最为理想的叙述状态，因为“真正的人类疲倦的图像”(一如叙述)不需要刻意去创造，“它是开放的，它让一切都有穿透力，它为所有生灵的史诗创造通道……我成为……截然不同的事件和人的见证者”(S. 62)。在真正叙述产生的时刻，无论是叙述主体还是叙述客体都只是旁观者，事件会在艺术之光的照拂下自行展开叙述。这种神圣的艺术启示便是汉德克所理解的叙述中的“顿悟”，也是叙述者在不同的疲倦中、在日常琐碎的生活中领悟到的纯粹精神感受。可见，“顿悟”对汉德克而言绝不是简单的宗教概念，也不单单是一种心灵感受和文学主题，更是一种文学方法，是“艺术的启示以及对原本不会引起审美观照的细节的沉醉”①。它体现在叙述中的“突然出现”以及“出

---

① Christoph Bartmann. *Suche nach Zusammenhang. Handkes Werk als Prozeß*. Wien：Braumüller，1984，S. 193f.

现和消失的不可知性"①，存在于不同的叙述主题中——无论主题大小，是跌宕起伏，还是日常琐碎——更存在于展现主题的方式中。在顿悟产生的时刻，

> 会让我更新陈旧的理念，并且使其显而易见。进一步说：它们(笔者：疲倦)会与理念一起使人产生这种想法。再进一步说：在这种对事物的想法中，我仿佛用双手触及到一种法则：如同事物在这一刻所表现的，它不仅仅是这样，它还应该是这样。更进一步说，事物在这样一种根本的疲倦中并不是只为其自身而存在，而总是和其他事物相关联，即使可能只有很少的事物，最终所有的事物都会并列相存。(S. 49)

在顿悟中叙述者可以获得一种超凡脱俗的眼界，可以超越事物本身的局限，并与宇宙万物相关联。而疲倦则发展成一种可以解释世界的更高级的哲学眼光，甚至超越了时间、空间以及人类的思考和认知，因而"在最后的疲倦时刻就不再会有哲学问题。时间同时也是空间，当下同时也是历史。凡是存在，就会是同时性的"(S. 49)。叙述者认为，最高级的疲倦可以创造出超越世俗的"乌托邦"世界。在他的想象中，"疲倦"的最后一个阶段"坐着疲倦的上帝，他疲倦而无力，然而却在他的疲倦里——他比任何一个疲倦的人类都更加疲倦——无所不在，带着一种目光，这目光也许拥有一种力量，可以使它无论看见任何事件都能充满自信和宽容"(S. 73f.)。对于作者而言，顿悟是打开艺术和精神殿堂的密钥，是叙事艺术的精髓所在。而通往艺术殿堂却无捷径可走，叙述者认为，"我只知道：那样的疲倦是不能计划的；也不可能事先成为目标。但我也知道，它们从来不是无缘无故地出现，而始终是在艰辛过后，在过程中，在克制中"(S. 55)。汉德克的顿悟是在艰辛探索后艺术灵光的闪现，是在叙事中的一种"片刻的狂喜"(Augenblicks-Ekstase)，当达到叙事的理想状态时，叙述主体与叙述对象便融为一体，以一种和谐优美的姿态真实生动地展现在读者面前。

3. 形式和主题的创新寻找

早在《我是象牙塔的公民》一文中作家就写道："如今，我不论作为作者还是读者，都不能满足于那些已知的表现世界的方式。一种方法对我来说只能采用一次，而模仿这种方法则是不可取的。"②可见，对艺术形式和主题的不断探索被作家视为创作中的根本原则，而《试论》作品便是他对叙事形式的一次大胆尝试。

---

① Gabriele Ingegneri. „*Epiphanie*“. in *Lexikon für Theologie und Kirche*. Bd. 3. Freiburg [u. a.]: Herder, 2009, S. 719.

② Peter Handke. *Ich bin ein Bewohner des Elfenbeinturms*. Frankfurt am Main: Suhrkamp, 1972, S. 20.

《疲倦》的创作时期，正是作者经历了早期语言实验性文学、先锋文学以及70年代以描写为主的文学创作之后，准备开始新的叙述方法的探索。经过两年多的构思，汉德克从1989年3月11日至25日，在仅仅14天内便完成了这部仅仅书名就令人耳目一新的作品。因为尽管在当代德语文坛出现了越来越多的以表现日常生活为题材的作品，“疲倦”依然是一个足以令评论界和读者深感意外的文学题材。在内容上，除了围绕疲倦的日常感受，作家还将写作当成叙述对象：

> 如果我可以期望为这部《试论疲倦》做些补充的话，那就应该是一种感受：把外面在利纳雷斯前这片草原上，三月里的这几个星期的安达鲁西亚早晨的阳光以及春风在指间的感受保留下来，然后坐在房间里回味，以便这种指间的美妙感受因瓦砾间的甘菊香雾更加强烈，也过渡到那些围绕着这些有益的疲倦而产生的句子。(S. 12)

作品结尾还记录了写作时间和地点：“利纳雷斯，安达鲁西亚，1989年3月。”①时间、主题和内容上与作家及写作的紧密关联使《试论疲倦》呈现出类似日记或是纪实性随笔的特征。然而，作品中对疲倦充满想象和诗意的描写方式以及对“顿悟”感受的塑造和刻画又明显展现了其虚构的成分。作者身份(Autorschaft)是汉德克作品中一直无法回避的问题。他一直追求在文学中表现真实，因为“文学的真实使我变得专注于现实世界中的真实并对其进行批判”②。在汉德克的创作中，主体性一直居于中心地位，这一点也被很多学者诟病，称其为“自我陶醉或自恋”(Narzissmus)③。虽然评论界多以散文来定义《试论疲倦》，但“试论”这一概念表明汉德克并不想将其等同于散文，尽管其中包含了散文的诸如“自我反省、坦率、对话”的特点。“试论”在德语中并非特指一种具体的文体，甚至也并非一直专指文学概念，因为这一概念在文学上的使用少之又少。它既有自然学科所常用的“实验”之意，也包含人文学科所指的思想上的“尝试”之意。在释义上突出“议论”和“探讨”，而在其词根中，更是包含了“寻找”(Ver-Such)的含义。因而Versuch，即“试论”，是一个语义明确但涵盖甚广的概念。作为善于挖掘传统和反思文学的作家，汉德克选取了这一拥有多重意义和多层指代的词语作为自己创作的基石，正是想要独辟蹊径，进行植根于传统但却并不拘泥于传统的叙述，展现了其鲜明的创作个性。

可见，汉德克的“反传统”，应该被阐释为“反思传统”更为恰当。写作之于汉德克是一项神圣的工作，是可以感受到“神灵之光”的活动。他一直试图在文学创作中通过

---

① Peter Handke. *Die drei Versuche. Versuch über die Müdigkeit*, *Versuch über die Jukebox*, *Versuch über den geglückten Tag*, S. 58: „Linares, Andalusien, März 1989“.

② Peter Handke. *Ich bin ein Bewohner des Elfenbeinturms*. Frankfurt am Main: Suhrkamp, 1972, S. 19.

③ Wolfram Frietsch. *Die Symbolik der Epiphanien in Peter Handkes Texten*. Strukturmomente eines neuen Zusammenhanges. 1. Auf., Sinzheim: Pro UP, 1995, S. 21.

新的叙述视角和手法不断接近和了解世界，从而对自己理解的世界进行文学阐释。在《试论疲倦》中，提问便是作家找到的参与世界的方法。它既是获得知识和经验的前提，也可以对世界进行认识、区别、命名、理解①。作家曾在笔记中写道：“提问的艺术使上帝的幻象发抖，直至其自己也颤抖，叫喊，哭泣：主啊，出现吧！”②在《试论疲倦》中，提问的特点和作用可划分为五个阶段：第一阶段，提问针对回忆行为本身，简洁而明确，促使叙述者对“过去”进行细致的回忆和详细的叙述；第二阶段，提问针对叙述行为本身，促使叙述者自己对“现在”的感受和观点进行辩证反思；第三阶段，提问者通过直接指出叙述者叙述中的漏洞和不足，促使叙述者进一步对自己的疲倦图像进行刻画描写；第四阶段，提问成为语气强烈的感叹及要求，叙述者和提问者之间产生了矛盾和冲突；第五阶段，提问者和叙述者和解，叙述得以继续进行。作家在笔记中写道：“《试论疲倦》必须一再回到叙述，（然后）从中退出，再继续重新带着问题进入。”③可见，叙述和提问产生的张力在《试论疲倦》中是叙述艺术的原动力。通过问答形式，作品中的“回忆”“叙述”“疲倦”主题被有机地结合起来，并通过对自我感受的细致描写得以丰富立体。

在叙述和回忆中，作家把注意力放在对疲倦感受的描写上，而并不像传统叙述作品中以人物和情节为中心。他认为，虚构故事并不能使文学唤醒并影响人的自我认知和对世界的认知，因此“故事”不是汉德克叙事的重点。他甚至明确表示“不能忍受文学中的故事”④，认为普遍流行的情节作为陈词滥调必须被看穿，唯有如此，文学才能完成其使命，即“打破看似不可改变的世界观”⑤。

4. 结语

《试论疲倦》是汉德克在叙事形式上的一次创新尝试：全文采用自问自答的形式，时而讲述，时而回忆，时而抒情，时而反思，由此开创了一种不受文学固有形式束缚的开放的艺术形式。叙述者将对自我感受的探索和认识体现在回忆和叙述的交织过程中，其矛盾性和关联性构成了叙述的主要特点，同时也体现了作家独具特色的美学思考和反思式写作方式。通过这种写作方式，汉德克对“回忆”展开了探索，挖掘叙事艺术的新动力并将回忆发展成为一种叙事美学；把“疲倦”这一日常感受提升到了艺术审美的高度，并将其与精神上的“顿悟”相关联，赋予了“疲倦”深刻的美学内涵，以此开拓了当

---

① Katharina Pektor. „Schütteln am Phantom Gottes. “ Ed. Kinder, Anna: *Peter Handke. Stationen, Orte, Positionen.* Berlin & Boston: De Gruyter, 2014, 93-107, hier: S. 101.

② Ebd., S. 104.

③ Dominik Srienc. „*Aber das Schreiben war Existenz non plus ultra*“. Ed. Kinder, Anna: *Peter Handke. Stationen, Orte. Positionen.* Berlin & Boston: De Gruyter 2014, S. 153-160, hier: S. 160.

④ Peter Handke. *Ich bin ein Bewohner des Elfenbeinturms*, S. 23.

⑤ Ebd., S. 20.

代叙事模式的新方法。应当指出，“试论”并不能简单地与“散文”相等同，因为它既是“实验”，又是“寻找”，更是对自我真实感受的追寻以及对艺术探索的记录。通过对文学写作的创新探索，“疲倦”在作家笔下变成了感受世界、认识自我的代名词。尤其值得一提的是，这部作品是作家用铅笔写作而成，开创了其手写作品的先河。这充分说明了汉德克对写作的独特感悟以及视写作为基本生存方式的理念。从这个角度看，《试论疲倦》可谓“汉德克式”写作特色的典范。

参考文献

[1] Christoph Bartmann. *Suche nach Zusammenhang. Handkes Werk als Prozeß*[M]. Wien: Braumüller, 1984.

[2] Dominik Srienc. „*Aber das Schreiben war Existenz non plus ultra*“. In: Peter Handke. *Stationen*, *Orte*, *Positionen*. Berlin & Boston: De Gruyter, 2014.

[3] Gabriele Ingegneri. „*Epiphanie*“. In: *Lexikon für Theologie und Kirche*. Bd. 3. Freiburg [u. a.] Herder, 2009.

[4] Germain Nyada. *Schreiben über sich selbst? Die (post-) moderne Autobiografik am Beispiel von Peter Handkes Versuchen*[M]. Berlin: SAXA, 2008.

[5] Günter Waldmann. *Autobiografisches als literarisches Schreiben*[M]. Hohengehren: Schneider, 2000.

[6] Herwig Gottwald & Andreas Freinschlag. *Peter Handke*[M]. Wien, Köln u. Weimar: Böhlau, 2009.

[7] Katharina Pektor. „*Schütteln am Phantom Gottes*“. In: Peter Handke. *Stationen*, *Orte*, *Positionen*. Berlin & Boston: De Gruyter, 2014.

[8] Manfred Durzak. *Peter Handke und die deutsche Gegenwartsliteratur*: *Narziss auf Abwegen*[M]. Stuttgart: Kohlhammer, 1982.

[9] Martina Wagner-Egelhaaf. *Autobiographie*. 2., *akt. U. erw. Aufl.* [M]. Stuttgart & Weimar: J. B. Metzler, 2005.

[10] Peter Handke. *Ich bin ein Bewohner des Elfenbeinturms*[M]. Frankfurt am Main: Suhrkamp, 1972.

[11] Peter Handke. *Die drei Versuche. Versuch über die Müdigkeit*, *Versuch über die Jukebox*, *Versuch über den geglückten Tag*[M]. Frankfurt am Main: Suhrkamp, 2001.

[12] Wendelin Schmidt-Dengler. „*Peter Handkes Klassizität*“. In: Peter Handke. *Informationen zur Deutschdidaktik*, 2001(4).

[13] Wolfram Frietsch. *Die Symbolik der Epiphanien in Peter Handkes Texten. Strukturmomente eines neuen Zusammenhanges*[M]. 1. Auf. Sinzheim: Pro UP, 1995.

存在危机视域下的个体挣扎与自我救赎
——以彼得·汉德克的《真实感受的时刻》为例

南京师范大学　杨加华

摘要：彼得·汉德克的新主体性小说《真实感受的时刻》充分发掘了个体在面临存在危机时对虚无的体验及在重新发现世界过程中对自我存在的内省。本文从语言和社会两个维度探索主人公科士尼格遭遇存在危机的原因，分析消除自我与他者差异性的语言和以规训权力为特征的社会体系如何使科士尼格逐渐沦为他者。同时本文讨论了科士尼格面对危机时的痛苦挣扎，以及如何通过清除他者痕迹、构建自我意义、漫游等途径与危机抗争，寻求“真实感受”的时刻，完成自我救赎。

关键词：彼得·汉德克；《真实感受的时刻》；存在危机；自我与他者

奥地利当代作家彼得·汉德克(Peter Handke)在20世纪60年代的创作重点紧紧围绕语言实验，借助各种天马行空的“文字游戏”和别出心裁的反传统叙事、反传统戏剧，试图唤醒大众对传统语言描写无力的反思与批判意识。进入70年代后，汉德克逐渐将创作中心由颠覆传统语言秩序转向新主体性文学，在文字中抒发自我也是当时普遍的文学诉求。1968年如火如荼的德国学生运动失败后，社会随之出现“倾向性转折”，政治活动浪潮归于平静，染上浓重政治色彩的德语文学创作趁机改弦易辙，转向作家主体意识的表达。新主体性文学应运而生，既涵盖了文学对个人经验的重新注重、重新发现和重新认识，又涵盖了作家对自我的内审和对个体的映照①。这一时期的作品往往融入梦境、旅行、生存的惶惑等元素，将主体对于当下的细致观察与切身感受描摹得淋漓尽致。汉德克70年代的作品便充分挖掘了个体感知世界的体验及其困扰于现实存在的生命苦痛，深入探索了陷于意识危机、存在危机的现代人能否实现自救。他的“我在观察。我在理解。我在感受。我在回忆。我在质问”也借其笔下人物同步呈现给了读者，使我们得以一窥这位诺贝尔文学奖得主对人类命运的关切和思考。

写于1975年的《真实感受的时刻》(*Die Stunde der wahren Empfindung*)是他在新主体性思潮引领下的范式之作，“把对充满危机的生存感受的主体性表现推到了一个极致”②。该

---

① 李昌珂：《德国文学史》(第5卷)，南京：译林出版社，2008，第237页。

② 参见编者前言，载韩瑞祥主编《汉德克作品集》(《左撇子女人》卷)，上海：上海人民出版社，2013年，第7页。

作品虽未采用第一人称叙事，通篇却是主人公科士尼格感知世界过程中意识变化的全知视角，生动刻画了一个无法融入社会生活显得神经质的人物形象。细腻丰富的外部世界描写与科士尼格不断发展变化的内心意识有机结合，前者被内化为后者的镜像反映，将主人公在意义缺失、丧失自我状态下的彷徨痛苦烘托得恰到好处。科士尼格的观察者和体验者形象一以贯之，其经历的意识危机背后深藏着作者对于现代人所面临的存在危机的感悟反思，这一点正契合了汉德克本阶段的新主体性创作主题。有研究认为科士尼格经历的一切皆归于虚无的原因在于语言危机，且最后通过自我的书写与讲述从虚无的桎梏中解脱①。从语言的角度分析意义缺失的虚无状态确实有一定的启发性与可取之处，但仅把语言视为引发科士尼格意识危机、存在危机的诱因则不够全面，笔者认为巨大的社会压力与抹灭个性的社会体系引起的异化也不可忽视。且把小说结尾科士尼格在排水渠里捡到的信阐释为四年后的科士尼格与此时的“自我”进行的一场对话，如此处理有些过于离奇，笔者对此持保留态度。至于科士尼格最终是否跳出意义缺失的生存状态，彻底摆脱存在危机，也实为未知数。

1. 存在的虚无与意识危机

小说《真实感受的时刻》时间跨度不大，情节仅聚焦于第一天半夜至第二天黄昏这不到两天的时间内，主人公科士尼格却随着地理位置和内心意识的不断变化而拥有了极为丰富的体验与经历。奥地利驻巴黎大使馆媒体官员科士尼格和妻子斯蒂芬妮、女儿阿涅丝一起住在巴黎的公寓里。一天夜晚科士尼格做了一个自己变成杀人犯的梦，这个梦使他“和世界脱钩了，他想改变自己”②。梦里截然不同的生存方式令科士尼格对当前循规蹈矩、千篇一律的生活难以忍受，却又害怕被他人看穿自己的异状，不得不伪装成以前的自己。科士尼格按照日程工作、生活，却感知不到所经历事物的意义，他游荡在巴黎街头，整个世界仿佛对他关闭了，一切处于虚无状态。科士尼格开始把意义缺失的事物理解为充满痛苦暗示的“征兆”，他也由此变得神经质起来，对一切充满毁灭欲。他偶有“顿悟”的喜悦，此刻他能感知到事物的意义，但转瞬就会忘记这一体验，重归绝望。对来家做客的作家夫妇使用暴力、妻子出走、丢失女儿等一系列事件使科士尼格的意识危机到达顶峰。在得知女儿下落的那一刻，他获得了较长时间的“真实感受”能力，也对自己存在的意义做出了判断和思考。

这场不同寻常的梦使科士尼格意识到世界先验外衣之下的另一种存在形式，长久以来，科士尼格按照既定的模式工作生活，而梦境使其跳脱出自己的“预设角色”，他决

① 参见林晓萍：《彼得·汉德克〈真实感受的时刻〉中虚无时间与语言危机的关系解析》，载《德语人文研究》2019 年第 1 期，第 23-29 页。

② 彼得·汉德克：《真实感受的时刻》，丁君君译，上海：上海人民出版社，2013 年，第 162 页。下文同部作品中的引文将在括号内标注页码，不再另注。

心重新体验世界。但科士尼格悲哀地发现自己失去了感知能力，一切事物在他眼中成为无差别的符号，无法捕捉意义，整个世界由此坍塌，处于虚无状态。“自从昨夜之后，某些东西停滞了。它的面目无法辨认，他只能回避”(187)，在意义缺失的空间中科士尼格只能感受到不断重复且无休止的虚无，“虽然他能历数发生的事，却不能回忆。他记住的只是事实，却不是感觉”(206)，虚幻的现实表象使他丧失了体验的能力，或者说他感知到的本就是毫无意义的虚无。在虚无的笼罩下，科士尼格被隔离在世界之外，所有事物包括其自身存在此时对他来说都是空洞且无法把握的，他开始质疑自己，质疑一切，成为一具丧失自我的行尸走肉，意识危机由此产生。

两天之中，科士尼格游荡于巴黎街头，看到许多人和物，但所有事物均以一种杂乱无章的形式呈现在他的意识中，且往往伴随着深入骨髓的厌恶和恐惧，愈发凸显其神经质。“对于遇到的一切，他只想说：别进入我的视线！可是它们还是孜孜不倦地跳进他的视野，不同的形态，同样的恶意”(189)，科士尼格无法感知事物的意义，却在不同的事物中解读出了“同样的恶意”，此时映入他眼帘的一切都已嬗变成一种征兆，带有痛苦和死亡意味的暗示。孩子房间里翻倒的玩具箱让他警觉，捡起地上的一本书是为了应对下一个坏兆头，风吹翻禁止停车的牌子则让他感到了死亡征兆，种种无稽的认识看似荒唐，却让科士尼格深陷泥淖，甚至滋生出毁灭一切、毁灭自己的疯狂念头。处于如此异化的精神状态中，他做出许多令人匪夷所思的举动，例如滥用暴力、渴望妻子去死、弄丢女儿等，存在的虚无所引发的连锁反应和意识危机的严重程度由此可见一斑。

2. 语言和社会双重维度下的他者与自我

正如前面所说，对于科士尼格而言，“一切都同样遥不可及，同样毫无意义”(169)，除了虚无之外，他感知不到包括自身存在在内的任何事物的意义，意识危机愈演愈烈。在意识发展变化的过程中，他彻底丧失了自我，不断认为“这种视线给了我安全感，然而这种安全感守护的只是别人的生之梦”(184)、“我在为别人感知”(205)、自己的存在只是“借来的生存感”(211)。在科士尼格的潜意识中，自我向他者无限逼近直至重叠，个体差异被消除，自然也就失去了以自我为中心的所有体验与感受。成为他者正是科士尼格感知不到意义，无法体验世界，失去存在感的根源所在，而导致他丧失自我，成为他者的原因又可从语言和社会两个维度剖析。

首先，在科士尼格感知事物的过程中需要借助语言把观察到的表象或体验到的感受表达出来，这才是一次完整且能获取意义的认知行为。然而“语言作为一个公共性的符号系统，不可能完全满足个人对于个体性的自我表达的需求。集体中的每一个人之间的差异不可通约，每个人观察世界的立足点是不同的，因而通过观察世界得出的表象也不尽相同”①，

---

① 林晓萍：《彼得·汉德克〈真实感受的时刻〉中虚无时间与语言危机的关系解析》，载《德语人文研究》2019 年第 1 期，第 26 页。

语言却无法将这种差异性纤细入微地体现出来，这就导致了语言在极大程度上消除了自我与他者的区别，遮蔽了主体的存在。这种缺失主体性的语言本质上是一种他者语言，对科士尼格来说也仅仅是指向不在场的无差别符号，根本无法到达所指，遑论感知事物获取意义，使用他者语言的科士尼格感到自己是被定义的也就不足为奇了。

除去语言层面，社会因素也对科士尼格感到意义缺失、迷失自我的状态起到推波助澜的作用。科士尼格一夜之间异化，和社会格格不入的境遇与卡夫卡(Franz Kafka)笔下的《变形记》(*Die Verwandlung*，1915)主人公格里高尔有着异曲同工之处。从互文的角度考虑，我们大可把二人的遭遇及相似点联系起来。科士尼格全名格里高尔·科士尼格，与《变形记》中的格里高尔·萨姆沙名字相同，汉德克的用意于此显露无遗，他正是要塑造一个经历异化后与世界脱节的格里高尔式的人物形象。格里高尔在睡梦中异化为甲虫，醒来不能再和往常一样工作生活，而科士尼格也在睡梦中异化为杀人犯，变得面目全非，醒来无力应对原来的生活。这种异化表现为个体与集体、个体与社会之间的分崩离析，细细分析二人在异化前的日程安排，便可发现异化的种子早已埋下。格里高尔需要独自一人供养偌大的家庭，隔三差五就要出差且不受上司待见，而科士尼格作为大使馆新闻官员，每天的工作安排更是满满当当，早上七点开始工作直到晚上九点还要接待作家夫妇，“满满的日程，没有自由的空间，包括深夜熄灯的动作在内，一切都已得到安顿”(183)，二人繁重的工作量和巨大的社会压力可见一斑。久而久之，不堪忍受的二人发生了异化，实现了与社会的脱离。

科士尼格的日程和工作任务都是由奥地利官方规划好的，他需要阅读法国报纸杂志中关于奥地利的报纸文章，分析法国大众媒体中的奥地利形象。官方为奥地利设定了一套新的形象定位，科士尼格必须以此为样本去衡量媒体传达的形象。这份官方的形象指南无形中给他洗了脑，甚至“他自己心中并没有奥地利形象”(171)，这无疑是科士尼格在社会规训中自我逐渐沦丧的直观表现。在福柯的权力观中，统治阶级以“一种精于计算的、持久的运作机制”①发挥着权力的规训作用，规训无声无息地被统治阶级内化，并对其产生长远影响。不服从规训者将处于社会的对立面，是没有立足之地的，科士尼格兢兢业业地工作，恰是统治阶级的权力发挥规训功能的体现，“政策是为他制定的，以别人的言论来思考自己是多么令人愉快：他正在记录的政策大纲能告诉他，他是怎样的人，他需要什么，甚至不缺次序！”(215)处在这样的社会体系中，集体中的每个人都是他者，没有人可以成为自己。所有人包括科士尼格将自己的存在意义寄托在别人身上，这就意味着集体中的每个人都能互换身份，因为每个人都是按照统治阶级的意志预设好的角色。“他看着迎面而来的人，仿佛在看一部历史已久的老电影；事实上他们早已不存在了——他所看到的，只是他们的最后一段影像。他们活动着，听任自己行走，仿佛早就腻烦了自己的功能。虽则如此，但他们还是顺从地显现出影像！”(294-295)世

① 福柯：《规训与惩罚：监狱的诞生》，刘北成，杨远婴译，北京：三联书店，2003年，第193页。

界上的每个人如同电影里的演员，被设定好了角色，按照充当电影剧本的社会规训，一板一眼地演绎自己的生活。如此，每个人的存在意义和别人并没有本质区别，科士尼格最终活没了自我，活成了他者。

就上文所述，科士尼格面临的存在危机可追溯到语言和社会两个层面的异化，语言无法体现自我与他者感知世界表象过程中的差异性，被缩减为抽象的符号系统，科士尼格无法使用这种缺失主体性的语言获取意义。而沉重的社会压力使科士尼格与社会背离，却又不得不在既定的社会体系中接受权力的规训，接受角色的设定，最终导致他失去存在的意义，成了他者。

3. 存在危机下的挣扎与抗争

科士尼格由于一个梦发生异化，使得整个世界处于无法感知的虚无状态。自我从他的身体中逐渐剥离，他意识到自己已俨然变成他者。当意识危机背后的存在危机一步步地揭开面纱，科士尼格在痛苦和孤独的挣扎中开启了寻找自我之旅。他伪装自己四处游荡，期待"真实感受的时刻"降临，在顿悟的喜悦和对"征兆"厌恶恐惧的感受之间循环往复，与存在危机苦苦抗争。

科士尼格在梦境中意识到一种完全异化的生存方式，醒来后发现自己的认知发生了剧变，开始鄙弃原来的一切。过去的生活本质上是被设定好的属于他者的生活，不可能向主体呈现出自我存在的意义，"然而为了不被察觉出异样，他还得延续从前的生活和自我。这样一来，即便他每天毫无异样地和旁人一同坐在餐桌边，已然是一种伪装"(162)。他的挣扎便是从这种伪装开始，总是担心被别人看穿，还时不时地感到死亡的恐惧。这使他在伪装生活一切如常时倍感别扭，浑身难受，"旧生活只是一种伪装，而新的生活则泯灭在旧生活的伪装中"(166)，为此他深陷绝望。但他并没有像格里高尔那样认命般地接受这突如其来的异化，而是尝试不同的途径与危机抗争，他尽一切努力冲破虚无进入世界，领悟自我存在的意义以找回自我获得救赎。

科士尼格对伪装他者的生活深恶痛绝，他迫切希望和提线木偶般的旧生活诀别，走向以自我为主导的新生。"我无法设想再一如既往地生活下去，却也不能想象像别人那样去生活。我并不是排斥，只是无法想象自己像佛教徒、前卫者、人道主义者，或一个绝望者那样生活。对我而言，'如何'并不是一个问题，最多只是如何继续'如我'地活下去。"(166)为此，科士尼格试图清空他者的痕迹来凸显自我的价值，"他常听人说：'要我说……'现在他只想：要我说，我要消除一切"(173)，他渴望消除的便是他者在他生命轨迹中留下的一切印记。"他撕掉稿子，然后接着寻找可以撕毁的东西。把一张张的纸揉皱、撕碎、扔掉，这样的行为让他心满意足，仿佛在以此进行某种报复！他把整个办公室里可以扔掉的东西聚集起来，排成一行，然后一件件地扔掉，大挥臂地扔进废纸篓，哪怕只是一个轻巧的信封。他撕掉了使馆同事从度假地寄来的明信片，然后扔掉。"(195)随着危机加重，科士尼格的生存空间愈发逼仄，他本人的精神状态也逐渐疯狂起来。科士尼格认为自己是被定义的，这使得他对周围的他者怀有莫名的敌意，也许只有他者从他的生活中消失，自己存在的意义才能重见天日。因而他不时对身边人流露出暴力倾向，全身上下充盈着毁灭欲和杀人冲动，对妻子，“从前，他有时会用手按住她的喉咙，那不是粗暴，而是他表达感动的某种方式。现在他想，除非她死了，否则我再也不会为她感动”(164)，对情人，“他没让她帮忙脱衣服。如果她敢碰他，他会一拳把她打倒”(179)，对女儿，“突然他很担心会一拳打死她”(258)。这和汉德克创作的同类型作品《守门员面对罚点球时的焦虑》(*Die Angst des Tormanns beim Elfmeter*，1970)中的主人公毫无缘由地杀死自己情人的情节相似，都是为了抹去他者在自己生存空间中留下的痕迹。然而这种极端的做法注定无法成功，科士尼格除了陷于狂躁和痛苦，并不能找回自我。

尝试清空他者赋予事物的意义后，科士尼格决心重新体验事物并定义感受。譬如他把感到的恐惧定义成“全身的肌肉在一瞬间忽然凝固，形成一种独特的结构……仿佛变成了第二副骨骼”(207)，把进入爱丽舍宫前“冷冰冰的搜查体会成了一种温情”(213)。同时科士尼格尝试构建自己的秩序和体系以获得“自我”的体验，回家时他会在门口先演练一遍待会儿要做的事，先放包，如果孩子来迎接他，他该如何表现，如果孩子不在，他又该做什么动作(228-229)。但他没意识到一旦对体验做了定义，体验就成了一次性事件，之后几乎不可能再遇到一模一样的事物让他回忆起对应的定义。于是他有了这样的感觉：“直到昨晚为止，我好像从来没有体验过什么，之所以会有这样的感觉，是因为我之前已为体验作了定义。”(225)可见对体验下定义并非科士尼格逃脱存在危机的出路。

科士尼格两天来除了工作睡觉，基本上都在巴黎各处漫游。这种漫游并非漫无目的的游荡，而是主体对自在自为事物的发现之旅，对自我存在的探索之旅。科普曼(Helmut Koopmann)认为一些新主体性小说中处于社会孤立状态下的人物的旅行是关于自我意识的报道，同时也是一场存在主义意义下的状态的旅行①，科士尼格的漫游经历与旅行的性质和目的相仿，同时旅行始终是汉德克新主体性作品中的重要元素，“借助观察着的行者在旅途中与外界接触碰撞的种种体会和经验，使其摆脱身份的面具，探求思想上的构建并落脚于自我追问”②，科士尼格借漫游来重新发现自我，寻求救赎的行为便顺理成章了。他在漫游的过程中，确实发现了一些美妙的事物，花店里女孩包装剑兰、碎石路上的小水洼、沙子里的栗子树叶、化妆镜碎片和头绳、铁轨旁的黑伞，它们“不再是某种其他事物的征兆，而是一个自我存在的事物，为自己而美丽或丑陋，和万物同时美丽或丑陋”(283)。它们是自在自为的事物，是概念和意义的统一，科士尼格

① Helmut Koopmann. *Tendenzen des deutschen Romans der siebziger Jahre*. In: *Handbuch des deutschen Romans*. Düsseldorf: Bagel, 1983, S. 584.

② 张赟：《新主体性德语文学与彼得·汉特克的旅行小说》，载《文学教育》2014年第1期，第24页。

能感知这些事物的意义，从中找到了睽违已久的安全感和归属感。这种奇妙的经历是无法言说的，正如霍夫曼斯塔尔(Hugo von Hofmannsthal)笔下遭遇语言危机的钱多斯，从老鼠被毒死时垂死挣扎的情景中感受到崇高感，进而“经历到与万物融为一体的美好时刻，在其中看到伟大的启示，与此同时，身体与精神、自我与世界的分裂被扬弃”①。科士尼格也在这些特定事物中感受到世界向他敞开，他得以冲出虚无进入世界，把握事物的意义，切身体验存在的真实，这也是小说标题“真实感受的时刻”的意蕴所在。然而这种美妙的感受能持续多久，却是个未知数。“那些让他备感安慰的‘美妙景象’也越来越短暂了，已经没有了回味”(269)，科士尼格始终在顿悟的喜悦和感知不到意义的痛苦中来回切换，即使他最后找回了丢失的孩子而获得较长时间的“真实感受”的能力，也没人知道他能否彻底克服存在危机。小说结尾科士尼格穿着浅蓝色的西装和黄色的鞋子，方向明确地朝咖啡馆走去(296)，他似乎已找到了战胜危机的方法，有信心找回自我完成救赎，正走在正确的道路上。但他所穿服装的颜色“正是歌德笔下维特决心赴死时着装的配色”②，科士尼格是否承受不住精神上的痛苦而选择自杀也不得而知，这一耐人寻味的结尾以及文末的省略号不由引起读者遐思。

异化后的科士尼格选择伪装自己模仿以前的生活，在极度的厌恶和对死亡的恐惧中不断尝试与存在危机抗争。他试图清空他者在自己生存轨迹上留下的印记，消除他者赋予一切事物的意义，重新体验事物后做出定义以构建自己的体系。他在漫游中经历了几个“真实感受的时刻”，感知到了事物的意义和自我存在，但科士尼格在顿悟和无法感知的循环反复中最终能否战胜存在危机却不得而知。

4. 结语

彼得·汉德克的新主体性小说《真实感受的时刻》为我们塑造了一个由于无法感知事物意义而身陷存在危机的人物形象，展现个体在生存困境中探索自我存在的人生经历。主人公科士尼格在梦境中异化，与原来的生活和整个社会脱轨并遭遇严重的意识危机，把事物理解为征兆，不能把握其意义，于是一切存在尽处于虚无状态。追根溯源，缺失主体性的他者语言让科士尼格无法表达意义，社会体系的束缚更是让集体中的每个人都成为他者，泯灭自我。科士尼格在存在危机的桎梏中苦苦挣扎，不屈抗争，试图清空他者的痕迹，发出自我的声音，在几件自在自为的事物中获得真实感受的能力。虽然汉德克并未透露科士尼格最终是否克服了存在危机，但他在危机到来时对自我存在的反思内省与自我救赎却让我们感同身受，看到了人类逃离精神危机视域下的生存困境的曙

---

① 杨劲：《世纪之交的审美范式转换——论霍夫曼斯塔尔的报刊文艺栏作品〈两幅画〉和〈一封信〉》，载《同济大学学报(社会科学版)》，2014 年第 2 期，第 21 页。

② 林晓萍：《彼得·汉德克〈真实感受的时刻〉中虚无时间与语言危机的关系解析》，载《德语人文研究》2019 年第 1 期，第 28 页。

光，不愧为汉德克新主体性文学中的代表作。

参考文献

[1]彼得·汉德克. 真实感受的时刻，丁君君译. 载韩瑞祥主编. 汉德克作品集(《左撇子女人》卷)[M]. 上海：上海人民出版社，2013.

[2]福柯. 规训与惩罚：监狱的诞生[M]. 刘北成，杨远婴译. 北京：三联书店，2003.

[3]韩瑞祥. 参见编者前言. 载韩瑞祥主编. 汉德克作品集(《左撇子女人》卷)[M]. 上海：上海人民出版社，2013.

[4]李昌珂. 德国文学史(第5卷)[M]. 南京：译林出版社，2008.

[5]林晓萍. 彼得·汉德克《真实感受的时刻》中虚无时间与语言危机的关系解析[J]. 德语人文研究，2019(1).

[6]杨劲. 世纪之交的审美范式转换——论霍夫曼斯塔尔的报刊文艺栏作品《两幅画》和《一封信》[J]. 同济大学学报(社会科学版)，2014(2).

[7]张赟. 新主体性德语文学与彼得·汉特克的旅行小说[J]. 文学教育，2014(1).

[8]Helmut Koopmann. *Tendenzen des deutschen Romans der siebziger Jahre*. *Handbuch des deutschen Romans* [M]. Düsseldorf: Bagel, 1983.

废墟中“沉默的天使”

——从《天使沉默》浅析废墟文学作品的基本内涵

华中科技大学　王　慧

摘要：第二次世界大战后的德语文学界出现了一个新的流派——废墟文学，“记录与反思”“责任与担当”是这类作品的主题。海因里希·伯尔于1950年创作的《天使沉默》是废墟文学的重要代表作。这部小说从一位战败归来的战士的视角讲述了战后德国人民的艰苦的生活环境与脆弱的精神状态，揭示了战争给人们带来的创伤。本文以这部小说为例简要分析了废墟文学作品的三大基本内涵，得出废墟文学作品不仅要记录战争体验、关注战后社会，更需要对历史和现实有所担当的结论。

关键词：废墟文学；海因里希·伯尔；《天使沉默》

1. 引言

海因里希·伯尔是德国废墟文学时期的典型代表，他的文学创作活动始于“二战”结束之后：“二战”爆发时，伯尔被迫去往前线参战，在战争即将结束的时候，伯尔被盟军俘虏，关入战俘营，直到1945年12月份，伯尔才被遣返回乡。这段非比寻常的经历使得伯尔感触良多，因此在第二次世界大战结束之后，伯尔以这场残酷的战役为题材，写作了《天使沉默》这部经典作品：战败归来的汉斯回到了被战争摧毁的家乡，为了找到帮助自己逃脱军事惩罚的戈姆佩尔茨夫人，他在早已变成一堆废墟的土地上一边找寻着家乡的记忆，一边寻找着生存下去的方法，最终与同样是战后独身一人的勒基娜相互陪伴，过着靠偷盗煤饼为生的日子。本文将结合这部作品探讨战争的残酷性，并简要分析废墟文学作品的三大基本内涵。

2. 废墟文学作品的三大基本内涵

“废墟文学”这个称呼最初其实是来自批评者的贬称，但伯尔却欣然接受了它①，伯尔认为，这些批评家“并不是在责备我们曾参与这场战争，把一切都夷为废墟；显然是

---

① 李建立：《海因里希·伯尔的中国遭遇》，载《中国比较文学》2012年第1期，第71页。

在怪罪我们看到了这一切；我们没有把眼睛蒙上，还继续在看着……”①但伯尔指出，所谓“废墟文学”并非仅仅意味着“战争废墟文学”或者“战后废墟文学”，而是意味着重新唤起作家的勇气和责任，让他们用自己的想象力和创造力对身居其中的历史与现实有所担当②，因为“将同时代的人诱骗于田园诗中是一种残酷的行为，一旦他们从梦中醒来，将是可怕之极的。难道我们真的要玩一场捉迷藏的游戏吗？”③也就是说，“废墟文学”时期的作品不仅要记录战争体验，要关注战后的废墟现实，更应该对历史和现实有所担当。

2.1 记录战争体验

《天使沉默》中记录的故事开始于1945年5月9日。历史上德国签字投降是在1945年5月8日24时，地点在柏林市东南卡尔斯霍尔斯特的德国军事工程学校大楼大厅，投降书中规定的条款则从1945年5月9日1时开始生效。因此这部作品对战争爆发时的记录大多是回忆式的。

回忆的第一个场景发生在汉斯和母亲的房子还完好无损的时候。当汉斯的母亲看到那封明信片时，“一股难以名状的恐惧袭击了她”④，原本按部就班干着家务的母亲瞬间变得痛苦、不安、害怕和难以置信。这是一封来自军队的、要求汉斯第二天前往军队报到的通知函。尽管他们都知道，从收到通知函的那一刻开始，汉斯就不再是之前的自由之身，他变成了通知函上那串挂过号的数字：846，他无法逃脱即将进入前线的命运，他可能会战死沙场，但他还是用平静的语气安慰母亲说，只是离家参加八个星期的训练而已，战时的人们只有借助谎言才能安然接受自己悲惨的命运。作者对主人公汉斯的心理和表情描写明显弱于汉斯的母亲，仿佛这一切均与他无关，事实上，战场上大部分士兵确实不知道这一切是为了什么，为什么要爆发战争？为什么他们要去往战场？为什么往日平静的生活一去不复返？这是惨烈战争背景下普通民众的真实写照，由此传达出的悲哀与震动也正是伯尔所关注和想要表现出来的。

在去往前线参加战争之前，汉斯和母亲一起生活在一栋“又美丽又高贵的住房”⑤里，房子前还有美丽的林荫道。母亲会一早起来，把房间整理得干干净净的，摆上新鲜的花朵，准备好还算丰盛的早餐。战争结束之后，林荫道只剩下了树墩，房屋变成了一堆碎片，母亲也不在了，汉斯坐在一堆废墟之上，或者说是坐在已经支离破碎的家之上，听着装甲车沉重的车轮滚动声，等待着一个可以借火的行人。

---

① 王炳钧：《文学与认识》，北京：外语教育与研究出版社，1996年，第402页。

② 李建立：《海因里希·伯尔的中国遭遇》，载《中国比较文学》2012年第1期，第71页。

③ 李建立：《海因里希·伯尔的中国遭遇》，载《中国比较文学》2012年第1期，第71页。

④ 海因里希·伯尔：《天使沉默》(曹乃云译)，上海：上海文艺出版社，2015年，第23页。其后引文均出自该作品，将随文标出该作品名称及引文出处页码，不再另注。

⑤ 《天使沉默》，第19页。

回忆的第二个、第三个场景则更加残酷，因为它们都带有死亡的色彩。勒基娜的孩子死去的时候正是“美国人推进的时候……一阵德国的机枪子弹打穿了我们的窗户……子弹呼啸着从天花板上穿过，细腻的石膏像白糖一样朝着我们纷纷扬扬地飘落下来”①。汉斯和妻子魏克曼小姐在教堂举行婚礼的时候，正是战事吃紧的时候，防空警报让参加婚礼的宾客惊悸不安，“随时做着逃跑的准备”②，而两人结婚两个月之后，魏克曼小姐便不幸死在了遭遇了空袭的火车里，“火车被炸了，人们看到她的尸体躺在铁轨的碎石间”③，在这两个月时间里，汉斯只与自己的妻子共处了一个短暂的夜晚。伯尔笔下的他们，顶着一个个常见的德国名字，代表着“二战”背景下的普通民众，他们生于此刻的德国，便注定会被“国家”这架大机器裹挟，在无谓的抗争中奔向“规定的终点”。残酷的战争让无数人的生命戛然而止，甚至连一次道别的机会都不会留给他们。

伯尔亲历过那场残酷的战争，但他的作品却多以平淡、沉静的语气揭示战争的主题，虽是凄凉悲惨的战争故事，但读者却很少会看到浴血厮杀的战场，也听不到大声的哭诉和控告，主人公就好似一个旁观者，在战后废墟的舞台上平静地讲述着故事，但故事讲完，讲故事的人和听故事的人又会同时不寒而栗，死亡的恐惧会慢慢涌上心头，无垠无尽。回避甚至压抑反思历史罪责的态度是50年代的主流④，而伯尔试图通过自己的创作唤起人们对于战争的记忆，通过回忆打破现世华丽且虚假的外墙，揭开掩盖在社会光鲜外表下的历史真相，让人们重历那段废墟的历史，从而达到反思历史、克服过去的目的。

2.2　关注战后现实

《天使沉默》中有这样一段对话：

> “从今天早晨开始和平……战争结束了……”“我知道，”他说，“它早就已经结束了，可是和平呢？”⑤

战争的结束并不意味着和平的到来，战火席卷之地，留下的是被大火烧成灰烬的断垣残壁，是光秃秃的破砖碎瓦，是肮脏且散发着恶臭味的废墟堆，随之而来的饥荒和恐惧则让这个本就残破的社会开始了新一轮的动荡。

2.2.1　废墟的社会

海因里希·伯尔在《废墟文学自白》(*Bekenntnis zur Trümmerliteratur*, 1952)一文中

① 《天使沉默》，第25页。
② 《天使沉默》，第59页。
③ 《天使沉默》，第62页。
④ 刘海婷：《德国战后文学中的“记忆话语”》，载《外国文学》2016年第11期，第26页。
⑤ 《天使沉默》，第48页。

提到，“我们笔下的人物生活在废墟中……战争打了六年，我们从战争中返回家园，见到的是一片废墟，而我们写的也是这些题材”①。

小说开篇，伯尔借用几处细致的景物描写，塑造了一个杂乱且沉闷的故事舞台：远处城北“强烈的火光”②——或许是残存的战火，或许是饥饿的人们烧抢留下的证据；近处只能透出微弱烛光的地下室的“肮脏的玻璃窗”③——室外的人看不清室内，室内的人也无心关注室外的情况；脚下“像一只金鱼缸缸底”④一样滑溜溜的台阶——雨水、血水混合着一股不知道哪里汇集而来的污水“搅拌着灰尘和垃圾”⑤，即便是最需要保持干净整洁的医院也变得宛如一个地下垃圾厂。刚从战场上逃亡回来的汉斯，看见的不再是印象中“无论在白天或者深夜，到处挤满了人”的热闹的家乡，而是被战火摧残得到处是瓦砾的“废墟山”。

家乡残破的面貌使得归家的战士陷入痛苦与彷徨，与此同时，饥饿也在威胁着他们。早在汉斯参战之前，母亲每日早餐时翻阅的报纸上便常常登着各类食物配额减少的消息，长期的战争更是加剧了物料的短缺。人们只能通过购物券排队购买少量的生活物资，而作为逃兵的汉斯却无法凭借证件获取购物券。因此，在昏暗的地下室里，尽管空气中黏糊糊的垃圾味使得他忍不住想要呕吐，但当他看到壁橱内黑乎乎的、已经变得皱巴巴的面包时，他的嘴里还是忍不住涌上了口水，尽管面包已经不新鲜、已经坚硬到难以咀嚼，他仿佛还是感受到了食物的香甜。对于当时的大部分普通人来说，用餐已经不再是一件值得享受的事情，而是他们在乱世中为了活下去所必须进行的机械化操作，求生的本能驱使着他们将食物塞进嘴巴、机械地咀嚼、僵硬地吞咽。

对饥饿的恐惧不仅长久地困扰着小说中的人物，也无休止地纠缠着现实中的伯尔。1984 年，他在给儿子们的信中写道：“我今天每次购物仍是害怕风吹草动的抢购，我总是要一下子买太多的面包，太多的牛奶、鸡蛋和牛油，并成条地买香烟。”⑥由此可见，战争给人们带来的创伤并不会随着战争的结束而消失，经历过创伤的人会长久地沉浸在这些已知的恐惧中。

2.2.2 破碎的人心

战争摧毁了人们的生活环境，断了普通人的生计，与此同时，人们的内心世界也逐渐崩塌。“死亡”本是人们最不愿提及的话题，但在《天使沉默》中，伯尔却提到了多处死亡的场景，一类是医生面对病人的死亡，第二类是母亲面对孩子的死亡，第三类是情人面对伴侣的死亡。在这些场景中，生者往往都是一副无动于衷的样子，这些人并不是

---

① 王炳钧：《文学与认识》，北京：外语教育与研究出版社，1996 年，第 401-402 页。
② 《天使沉默》，第 1 页。
③ 同上。
④ 《天使沉默》，第 2 页。
⑤ 同上。
⑥ 海因里希·伯尔：《伯尔文论》(袁志英等译)，上海：三联书店，1996 年，第 96 页。

灭绝人性的野兽，只是战争让死亡变得平常，他们一面接受着死亡的事实，一面在心底说：“我不能悲伤。”①为何不能悲伤？战乱年代，小人物的悲伤与哭泣并不能影响什么，而活着的人还要继续活下去，悲伤会消耗他们大量的体力，悲伤与哭泣在粮食紧缺的情况下是不理智的。“无论是男人、妇女还是儿童，他们都蒙受了战争的创伤”②，早已变成废墟的人间促使着那些幸存下来的人为了生存不得不割舍掉悲伤，死亡对于失去了希望的人而言或许是一种解脱。

残酷的战争不仅使得人心满目疮痍，人们的道德观念、社会的基本秩序也逐渐被打破。汉斯在参战之前从事过书商的工作，战后城里却看不到一家书店了，而战后的德国也已经变成了一个“光靠劳动，你不能生活”③的地方。伯尔在1950年创作的短篇小说《罗恩格尔之死》中，描写了战争爆发时一个因生活所迫不得不爬上飞速行驶的火车偷抢无烟煤，结果却摔成重伤死去的穷孩子。法西斯战争带来的恶果让人们不惜冒着生命危险赚钱以维持家人的生计，偷盗，乃至做黑道生意成为战争中幸存下来的人们赚钱的“正道所在”④：毕竟这是由一堆堆废墟山拼凑起来的荒地，是一个连教堂都可以炸毁、连天使塑像都可以推倒的“人间地狱”，和平年代的社会秩序并不适用于这样一个社会。天使或许是长久沉默，又或许早已从人间消失，而人们的希望和未来也随着天使一同消失了。

除了汉斯、勒基娜和戈姆佩尔茨夫人，《天使沉默》中还出现了另一类典型人物的代表——博士费舍先生。从前，费舍先生是汉斯就职的那家书店的主要顾客，他是一位语言学家，热爱研究歌德的作品，还研习过法律，是一位典型的知识分子，但现在，曾经可以给他带来快乐的事情已经不能激起他的兴趣，他对待工作也是一种敷衍的态度。这一切的转变都源于费舍先生在战争时期遭受的危险和威胁，这些危险让他坚信，唯有一间坚固的地下室和足够的钱财及储备才能让他安全无忧，因此，战后他所关心的事情，不再是歌德，不再是文学，而是如何从他的姻亲戈姆佩尔茨夫人那里得到遗产。博士费舍先生所代表的正是在战乱之中向命运屈服的那一部分知识分子，战争朝着一个错误的方向重塑了他们的价值观念。

在伯尔后期的创作过程中，专注于后战争时代，即“废墟现实和战争之后的困厄”⑤的倾向愈发明显，他分别于1953年和1954年发表的小说《一声不吭》《无主之家》便是最具有代表性的例子。在这些作品中，除了精准的环境描写，对各类小人物的心理刻画也占据了很大的篇幅，德国人民在特定历史时期的精神状态也更为清晰地展现了出来。

---

① 《天使沉默》，第56页。

② 王炳钧：《文学与认识》，北京：外语教育与研究出版社，1996年，第401页。

③ 《天使沉默》，第68页。

④ 同上。

⑤ Ralf Schnell：《海因里希·伯尔与文学现代性》，载《外国文学研究》2006年第8期，第1页。

2.3 对历史和现实有所担当

战后德国社会处于严酷的“零点(Nullpunkt)”①状态，这一状态中孕育着重新开始的可能性，在这重要的历史时刻，德国作家们也发挥着正视历史、反思责任的重要指引作用。从50年代初期开始，伯尔的创作逐渐从记录战争转移到关注小人物在战后的痛苦挣扎以及悲惨遭遇②，伯尔也正是想通过这种方式提醒当时的作家们，不仅要注意战争的后果，还要去探讨战争的发生的原因，以及战争过后在日常生活中运作的权力③。作为曾经参加过战争的士兵，伯尔以写作的方式记录自己在战争中的见闻，记录回乡时的发现，这是一件自然而然、顺理成章的事情，他希望借此来反思社会现实的阴暗，以承担起对社会和民众的责任。在《天使沉默》中，伯尔便是借助一座在战火中被推到的天使塑像，以期达到警醒世人的作用。

地下室旁边的天使塑像是汉斯回乡之后遇到的第一个“人”，他的身上已经蒙上了一层厚厚的灰，以至于他本该充满仁爱和善意的微笑也显得阴森恐怖了起来，似乎是在讥笑人间的惨象。在小说的最后，在戈姆佩尔茨夫人的葬礼上，残破的天使不得不与垃圾共处一洞：他美丽的鬈发间堆满了莫名其妙的垃圾，断残的手臂似乎越来越深地抓进地下去了④。这个抓进地下的断臂，似乎暗示着从天堂来到人间的天使即将进入地狱，事实上，战后的人间本就是一个支离破碎的灰色地带，是一个被彻底破坏了的世界，或许天使的塑像早在被推入垃圾坑之前，就已经进入了“地狱”。

残破的天使塑像必须得到修复，混乱的社会也应当得到重塑。在重塑社会的过程中，人们应该站起来，回过头来看看到底是什么力量导致了废墟？是什么导致了民族灾难以及如何防止它的重新出现？作为废墟文学作家的代表，伯尔在考虑如何承担自己民族历史中那些“剩余的部分”，将这些没有人要的“残余物”担当起来，从而能够促进自己所处的社会朝向进步方向的改变。⑤

3. 结语

海因里希·伯尔在1951年曾经说过，《天使沉默》是记录迷失一代的小说⑥。这部

---

① Volker Christian Wehdeking. *Der Nullpunkt: Über die Konstituierung der deutschen Nachkriegsliteratur*. Stuttgart: J. B. Metzlersche Verlagsbuchhandlung, 1971, S. 208.

② 詹虎：《“废墟文学”代表作家海因里希·伯尔创作风格论》，载《当代外国文学》2009年第4期，第35页。

③ 李建立：《海因里希·伯尔的中国遭遇》，载《中国比较文学》2012年第1期，第76页。

④ 《天使沉默》，第173页。

⑤ 崔卫平：《我们在哪里错过了海因里希·伯尔》，载《同济大学学报(社会科学版)》2006年第2期，第11页。

⑥ 《天使沉默》，第181页。

作品没有使用华丽的辞藻，也没有对朴素的现实进行刻意的润色，它和许多其他战后作品一样，关注的是战后陷入迷失中的小人物。这其中，有以汉斯为代表的从战场上幸存下来的士兵：他们在战场上被打得失魂落魄，回到家乡之后又要遭受战时记忆和破碎现实的双重折磨，他们脱离了正常人的生活范围，只能依靠弄虚作假和偷盗来骗取生存；有以勒基娜为代表的普通民众，战争击碎了他们的生活，使他们失掉了方向，失掉了灵魂，丧失了激情和力量；有以费舍先生为代表的迷失的知识分子，战争剥夺了他们的高洁志向，这类人的迷失对国家和社会来说或许是更大的损失……

伯尔企图通过刻画这些名不见经传的小人物告诉同时代的人及后来者，战争不仅会残害其他国家和民族，也会使自己的国家陷入浑噩的世界，这也正是废墟文学作品想要传达的信息：天使沉默，警钟长鸣。

参考文献

[1]李建立. 海因里希·伯尔的中国遭遇[J]. 中国比较文学，2012(1).

[2]王炳钧. 文学与认识[M]. 北京：外语教育与研究出版社，1996.

[3]海因里希·伯尔. 天使沉默[M]. 曹乃云译. 上海：上海文艺出版社，2015.

[4]刘海婷. 德国战后文学中的“记忆话语”[J]. 外国文学，2016(11).

[5]海因里希·伯尔. 伯尔文论[M]. 袁志英等译. 上海：三联书店，1996.

[6]Ralf Schnell. 海因里希·伯尔与文学现代性[J]. 外国文学研究，2006(8).

[7]Volker Christian Wehdeking. *Der Nullpunkt：Über die Konstituierung der deutschen Nachkriegsliteratur*[M]. Stuttgart：J. B. Metzlersche Verlagsbuchhandlung，1971.

[8]詹虎. “废墟文学”代表作家海因里希·伯尔创作风格论[J]. 当代外国文学，2009(4).

[9]崔卫平. 我们在哪里错过了海因里希·伯尔[J]. 同济大学学报(社会科学版)，2006(2).

马克斯·弗里施《安道尔》的叙事策略

华中科技大学　刘艺涵

摘要：瑞士作家马克斯·弗里施的戏剧《安道尔》以欧洲普遍存在的反犹主义为创作背景，通过主人公的经历来揭示偏见的荒谬以及对人性的摧残。本文从叙事学角度分析弗里施如何在《安道尔》戏剧中一是运用空交错的叙事结构去显露主人公安德利的偏见与歧视，二是以多变的叙事视点使观众了解剧情真相，唤醒自审意识，进而阐述弗里施对戏剧主题表达的积极意义。

关键词：马克斯·弗里施；《安道尔》；叙事策略；时空交错；视点

1. 引言

由瑞士剧作家马克斯·弗里施(Max Frisch)创作的戏剧《安道尔》(*Andorra*)于1961年首演，这部戏剧以欧洲社会普遍存在的反犹主义为创作背景，但在内容主旨和表现形式上都和同时代同主题作品有较大区别。作为第二次世界大战后与迪伦马特齐名的瑞士德语剧作家，马克斯·弗里施是最早对“二战”和犹太人屠杀题材进行描写的德语作家之一。作者的创作是基于对“二战”和反犹太主义的反思，正如他在他在《执勤记录本》中写到的那样：“如果我不想，我也不需要去回忆。为何我又想？慢慢地，所有的战争见证者都将死去……”(Frisch, S. 614)

弗里施借《安道尔》来批评欧洲普遍存在的反犹太主义以及第二次世界大战中纳粹德国迫害、屠杀犹太人的罪行，剧中安道尔人对待安德利充满歧视和偏见，其死后在法庭上自我辩解，从未认识到自己的罪责，弗里施希望在战争中助纣为虐的普通民众看完该剧之后对自己应承担的罪责进行反思。

弗里施在《安道尔》里使用了时空交错的叙事结构，主要的情节线不断地被另一条法庭时空线打断，主要时空线和法庭时空线的相互交织，更加直观地展现了安道尔人对主人公安德利(*Andri*)生前的偏见与歧视、死后的毫无愧意，形成了鲜明对比，使戏剧的主题表达更加明确。《安道尔》的叙事视点复杂多变，能够使观众在剧情推进的过程中收集线索、了解真相，唤起观众的自审意识，从不同角度对本剧的主题形成更加深刻的认识。

2. 时空交错的复杂叙事

时空交错叙事打破了客观时空的自然顺序，将不同时空的情节按照剧情要求交叉衔接组合，使过去和未来、现实与回忆交织在一起。《安道尔》全剧由十二个场景(Das Bild)和七段剧场前景(Der Vordergrund)组成，前者作为该剧的主要时空线，按照剧情发展和客观时间顺序描写了主人公安德利生前在安道尔经历的一系列事件，而这条主要的情节线不断地被另一条时空线打断，也就是主人公死后法庭审判的七个证词场面，面对安德利的死亡，七位安道尔人在证人席上为自己辩解，拒绝为安德利的死亡负责。

2.1 主要时空线：集体偏见的暴行

主要时空线通过十二个场景展开，其发展按照客观时间顺序，通过安德利生前在安道尔的若干经历，串联起本剧的主要内容，展现出安道尔人荒谬的偏见和主人公安德利无法被认同的身份，这共同导致了安德利最后的迷失。《安道尔》在情节上的显著特点是缺乏贯穿始终的中心事件，以主人公为核心展开了一系列没有因果关系的事件，这种松散的情节结构从各个角度描绘主人公的人生历程，同时使其心境变化得到更加深刻的体现。

戏剧的展开离不开特定的场景空间，由于《安道尔》的时间概念模糊，因此空间的选择具有重要的价值。本剧的舞台场景安道尔是一个自称美丽、和平、虔诚的国家(ein schönes Friedliches and frommes Land)，这里是和平、自由与人权的天堂(Es ist ein Hort des Friedens and der Freiheit and der Menschenrechte)。安德利的养父教师(Die Lehrer)谎称安德利是自己从黑衫人(Die Schwarzen)手中营救出来的犹太孩子(Das Judenkind)，他相信善良的安道尔人会善待安德利。然而安道尔的实际情况却与其自我想象背道而驰，主人公安德利成长的过程中不断深陷安道尔人偏见的漩涡之中。剧中的安道尔人都没有姓名，仅仅是以职业和家庭身份的形式命名，如木匠(Der Tischler)、医生(Der Doktor)、士兵(Der Soldat)等。他们并没有鲜明的性格特点和情感变化，是安道尔社会中各类群体或普世观念的象征，德国文学理论家曼弗雷德·普菲斯特(Manfred Pfister)将这种单一化、概念化的群体角色称之为单维角色，认为其由“不多的几个区别性特征所界定”，是揭示戏剧主旨、传达作者抽象思考的符号。① 弗里施在《关于安道尔的说明》(*Anmerkungen zu Andorra*)中也曾说明：“一些角色可能带有讽刺性，本应该在各种情况下避免这种情况，但他们代表类型便足够了。”(Frisch, S. 561)

安德利的身份始终是无法被接受和认同的犹太人，这些偏见在具体的场景下有不同

① 参见曼弗雷德·普菲斯特：《戏剧理论与戏剧分析》，周靖波、李安定译，北京：北京广播学院出版社，2004年，第227页。

的体现形式，笼罩在安德利身上的，是极度的压抑和无力。例如第一场的木匠出于对犹太血统偏见，始终否定安德利作为学徒的出色才能，向安德利的养父索要高额的学徒费用，并且将所有残次品不经调查都归咎于安德利，此外他执意让安德利去做生意，因为那才是“贪财的犹太人”应当从事的工作：“他为什么不想成为商人？我以为那会适合他，我只能说我对他的态度已经很好了。”（Frisch，S. 481）而第四场的医生一心沉醉自己坚定不移的爱国主义，认为安道尔人是一个“无罪的民族”(ein Volk ohne Schuld)，到处鼓吹安道尔的和平、自由与人权。作为安道尔知识分子的代表，他嫉妒犹太所拥有的智慧，他将自身的嫉妒心理以诽谤的形式表现出来，认为安德利的存在不符合安道尔国家的利益，会招来灾难，甚至称安德利为利欲熏心。

2.2 法庭时间线：逃脱罪责的辩解

按照客观时间的发展顺序，《安道尔》的剧情主要分为两部分，首先是主要时空线描述的安德利生前经历，其次是安德利死后数年，安道尔人在法庭证人席上(Der Zeugenschrank)为自己辩解的证言。弗里施主动打破戏剧发展的自然时间顺序，使两条时空线同时进行、交叉出现，时空交错的叙事方式形成了强烈的对比，正如德国文学评论家曼弗雷德·尤尔根森(Manfred Jurgensen)对于法庭时间线的评价：“取消了线性叙事结构，而在横向上给戏剧带来了无限延展……并非按照时间顺序，而是使安道尔的证人们再次与过去产生联系。”①

在这七场法庭陈述中，每个曾经展示过偏见的人都宣称自己不对安德利的死负责，他们丝毫没有意识到每一个人都是造成安德利死亡的帮凶。以第六场的士兵陈述为例，他在证人席上坚持自己没有杀害安德利，只是没有意识到安德利并不是犹太人，他慷慨激昂道：“但我并没有杀害他，我只是在履行自己的义务。军令就是军令。如果命令没有被服从，我们又将走向何方呢？我曾是军人啊！”(Frisch，S. 534)

与其义正词严的陈述不同，在刚刚结束的第六场中，他残忍地强奸了安德利的爱人芭尔布琳(*Barblin*)，直接导致了两人之间的情感破裂。在随后的剧情中，士兵盲目服从命令，是社会极端运动的刽子手，他并不像自己的陈词中所说的那样，与安德利的死无不相关。与士兵的态度类似，其余的安道尔人也努力撇清自己与安德利之死的关系，曾经栽赃安德利的木匠声称自己对其始终有善，侮辱安德利的医生则继续打着爱国的名号否认虐待。安道尔众人在不同年代、不同场合下展现自己的不同态度，弗里施没有观众在目睹了安德利死前的悲惨状况的同时，马上又看到与此息息相关的众人作完全相反的陈述，试图证明自己的“清白”。他们依旧在固守社会准则，扮演既定的社会角色，这种鲜明的对比揭露了安道尔人的丑陋本性。

---

① Manfred Jurgensen. *Max Frisch. Die Dramen*. Tübingen：Francke Verlag，1976，S. 83.

3. 不断变化的叙事视点

根据美国当代叙事学家华莱士·马丁的观点，叙事视点不是作为一种传达情节给读者的附属物后加上去的，相反在绝大多数现代叙事作品中，正是叙事视点创造了兴趣、悬念乃至情节本身。（马丁，第158-159页）作为“观察事物的眼光”，《安道尔》中的叙事视点的变化为观众提供了更大的观察和思考空间，每一次的视角转换在揭示主人公身份的同时也加强了整场戏剧的荒谬性和无力感。

在《安道尔》中，以主人公安德利为核心的外部视点占据了戏剧的主要部分。前四场中，观众跟随安德利感受了其在安道尔的苦难处境，犹太身份使得安德利无法融入安道尔的主流社会，他始终在两种截然不同的态度中摇摆。首先是帮助安德利努力成长、积极寻求身份认同的正面态度，他与教师的女儿芭尔布琳彼此爱慕，渴望获得他人的接受和肯定，与芭尔布琳一起创建美好的家庭，围绕芭尔布琳展开的剧情是主人公在安道尔为数不多的精神寄托。而与之相对的，是围绕安道尔人展开的铺天盖地的负面态度，对安德利的收留并不意味着接受，安德利在成长过程中饱受歧视，人们只是因为他的犹太身份就否定他的一切努力和成就。从外部视点描写人物行为，无法对人物产生全面的了解，观众往往能够跟随主人公一起进入戏剧所营造的情境当中。为了使观众不沉浸其中，弗里施选择打断剧情的连贯性，从第一场开始便展开安道尔人的法庭剧情，使视点短暂地转移到安道尔众人身上。

第四场中安德利向养父表达了自己想要娶自己名义上的妹妹芭尔布琳为妻，但养父却坚决反对，安德利为此心灰意冷，观众与剧中人物形成了统一固定的身份认知，即安德利遭受偏见的原因是因为他是一个犹太人。但第五场由外部视点转向养父的第一人称内视点，这一视点的切换与安德利的身份真相揭露有着密切的联系，而戏剧也开始展现出了更加强大的张力和强烈的荒谬感。从第五场教师在酒吧的独白中我们得知安德利是在邻国黑衫国出生的、与犹太没有任何关系的非婚子。安德利的真实身份文中有过多次暗示，例如第一场中教师便突然从和木匠的对话中跳脱出来，直接向观众说道：“如果我说出事情的真相，他们会受到惊吓的，我要把这些人逼到他们的镜子前照照，会看到他们的笑容是的僵住的。”（Frisch，S. 469）评论家彼得·普茨（Peter Pütz）在他的文章《安道尔——误解的典范》中指出对社会秩序的恐惧是安道尔社会一切事件的驱动力，而教师则是为数不多主动寻找恐惧原因的安道尔人，他并非天生的懦弱者（Der Feige）。① 年轻时的教师通过禁忌的跨国情缘反抗教条，但安道尔的社会现实却使他不敢公布安德利的身份，因为这样会破坏自己的社会地位，因此他谎称安德利是犹太人，给自己的孩子戴上了永生禁锢的偏见枷锁。大量运用脱离剧情的其他场面的穿插、脱离角色直接与观

---

① Vgl. Hans Mayer. *Max Frisch, Andorra, Text und Kommentar*. Frankfurt am Main: Suhrkamp, 2013, S. 157-158.

众对话等内视点叙事手法，使观众的焦点由外部情节转移到教师的内心世界，展现了其对安德利复杂纠结的内心情感、以及从反抗社会约束到被迫妥协的心境变化，从另一角度揭示了安道根深蒂固的偏见和坚不可破的社会秩序。

养父的视点使观众对于安德利的身份和安道尔社会有了全新的认知，第六场重新回到安德利为中心的外部视点上，但此时主人公与观众开始呈现出信息上的不对等关系，这也使观众能够更好地审视剧情。安德利与教师这对父子的矛盾隐藏在整个剧情的发展中，而这种潜在的矛盾也在安德利想要迎娶芭尔布琳时彻底爆发。观众经过视点转换已经知悉，出于两人实为兄妹的血缘关系教师自然不会答应这门婚事，但对于并不知晓事情真相的安德利，这种反对是养父对自己身份的否定，连自己的父亲都因为自己是犹太人而歧视自己，这种误解对安德利的伤害是无法弥补的，他开始仇恨这个国家的一切，想要带着芭尔布琳离开这个国家。但是在芭尔布琳遭遇不测遭人奸污之后，安德利误以为她背叛了自己，他的愤怒逐渐变成了绝望和自责，他开始接受人们对于他的贬低和歧视。文中安德利曾感叹："这一切来得真慢啊！"(Frisch，S. 540)当一个人埋怨死神来的太慢，自己生命的尽头为何迟迟没有到来之时，他对于这个人世的无奈和厌倦便可见一斑。

第八幕中视角短暂地转移至安德利的母亲，她听闻儿子的遭遇后来到安道尔，要求教师向安德利坦白其身世，但是却被安道尔人当作黑衫国的间谍而遭到谋杀，此次的视角的转换进一步强化了观众对于安德利身份的认知。面对这场突如其来的国界冲突，安道尔人出于恐惧供出安德利作为替罪羊，而此时他却没有任何情绪起伏地接受了安道尔人给他安排的一切罪行，他此刻已经没有了任何反抗的动力，他甚至认为自己作为犹太人就应该接受这样的结局，最终死在了黑衫国的枪下。

多样化的角度和视点的叙事呈现，使得观众对安德利的经历不再感同身受，而是以一个旁观者的角度思考，并非犹太人出身的安德利，最终为何会背负着这一身份走向了人生的尽头。

4. 陌生化叙事下的深层表达

弗里施在创作风格上深受布莱希特戏剧理论的影响，有意识地在演员、角色、剧情和观众之间制造距离，使观众不与剧中的人物产生共鸣，而是以一个旁观者的姿态对演出进行思考，从而达到戏剧的批判和教化功能。布莱希特在《论实验戏剧》(1939)一文中对陌生化进行了如下阐述："把事件或人物那些不言自明的，为人熟知的和一目了然的东西剥去，使人对之产生惊讶和好奇心。"

陌生化效果通过借助各种舞台艺术手段，将传统戏剧中习以为常的表现形式打破或重组，从而使观众游离于剧情之外，人为阻断观众的情感共鸣。在《安道尔》中，独特的叙事策略加强了间离化效果的表达，剧情不再按照客观时间的顺序发展，各情节间结构松散，剧情的中心冲突不被打断，时空交错的叙事结构和流动多变的叙事视点丰富了戏剧的表现形式、使情节表达更加鲜明，安道尔人根深蒂固的偏见和歧视使得安德陷入了与真正的自我相疏离的精神困境，其身份认同困境是《安道尔》在批判反犹主义的基础上所表达的深层主题。正如尤尔根森的评价："《安道尔》不仅仅表现了关于作者与读者的关系，或者反犹太主义本身，这些(元素)共同指向一个典型的弗里施式戏剧主题：寻找身份的人。"①

身份(Identität)源于拉丁词"identitas"，具有双重含义：其一"本身、本体"，是对"我是谁"的认知；其二"一致性、相同性"，是对与自己有相同性和一致性的事物的认知②。安道尔社会的偏见使得安德利始终没有解决"我是谁"的问题，作为拥有犹太血统的"异类"，安德利始终无法找到与自身一致、使其产生认同的事物。受荣格心理学的影响，弗里施极为关注个体的内在感受，同时对个体生存的大环境——社会持以批判的态度，认为社会阻碍了个体的自由和个体对身份的寻求。③ 安德利始终处于对自己身份认同的混乱状态当中，他企图找到个人认知和社会偏见之间的平衡点。身份认知障碍是安德利身份问题前期最突出的表现，这起始于对自身性格的怀疑和对他人评价的不自觉认同。从戏剧的开始安德利是一个乐于奉献且在手艺活上颇具天赋的年轻人，酒馆的工作虽然薪水微薄，但是安德利十分满足，他希望成为木匠，从事"安道尔人的职业"(ein andorranischer Beruf)。此外安德利忠于爱情，对芭尔布琳十分关心爱护。但是安道尔人眼中的安德利确实完全不同的模样，他们斥责犹太血统的安德利无情(kein Gemüt)、卑鄙(feig)、厚颜无耻(vorlaut)、追名逐利(ehrgeizig)。虽然此时的安德利依然追求积极的身份认同，但是安道尔人的集体偏见还是使安德利对自身产生了怀疑和否定。例如在第二场中，深夜中安德利向芭尔布琳表达自己的困惑："我总是要思考，别人对我的看法，是否是真的。"(Frisch, S. 505)

德裔美国心理分析学家埃里克森(Erik H. Erikson)认为身份之谜的解决对个人的心理发展有着重要的意义，身份实际上是对他我关系的一种界定，可以适用于任何实体，包括个体和集体④。对于安德利而言，身份的"他—我关系"的界定是模糊的，无论是安道尔、黑衫国还是犹太人，安德利的自我身份始终无法在任何一个集体身份群体中得到认同。但在前后经历了职业、爱情和亲情的打击后，安德利的希望破灭，认为唯有犹太人这一身份能够解释自己遭遇的一切，他开始有意识地认同这些偏见，认知障碍进一步加剧，逐步走向自我异化，这也是安德利身份迷失的最终结果。犹太身份对于安德利而言即是一种枷锁，也是一种归宿，他在潜移默化间逐渐接受了安道尔人对自己的身份构

---

① Manfred Jurgensen. *Max Frisch. Die Dramen*. Tübingen: Francke Verlag, 1976, S. 82.

② 参见王莹：《身份建构与文化融合：中原地区基督教会个案研究》，上海：上海人民出版社，2011年，第11-12页。

③ 李江凡：《马克斯·弗里施小说中身份问题研究——以〈施蒂勒〉、〈能干的法贝尔〉和〈我的名字就叫甘滕拜因〉为例》，上海外国语大学，2013年，第12页。

④ 参见张海洋：《中国的多元文化与中国人的认同》，北京：民族出版社，2006年，第250页。

建，在极度迷茫的状况下只能依靠这个身份来解释自己悲惨的结局，安德利的经历映射着被既定框架限制住、想要逃离却无章可循的悲哀。

安德里身份迷失的标志是主动将自己异化为符合安道尔人认知的"犹太人"形象，有意识地改变自己的行为举止和道德准则。例如为了符合犹太人"贪财好色"的模样，他首先放弃了自己想要成为木匠的梦想，把"赚大钱"作为自己的人生目标，并且他在两性关系上也变得轻浮放荡，甚至在与自己的母亲第一次见面时，一边抽烟一边轻佻地评价自己的母亲，看起来像是个做过情妇的女人。在最后一场，安德利在广场接受犹太人审查之时，他拒绝接受自己的真实身份，并且因为拥有犹太人的步态和笑容而被黑衫人判决，安德利不仅仅在精神上接受了自己的身份，更在肉体上也发生了变化，变成了一个"真正"的犹太人，这种夸张的超现实描写再次强化了该剧的荒诞感，自我身份的迷失使安德利陷入了无尽的命运深渊。

5. 结语

《安道尔》展示了一场社会暴行的发展过程，表现了集体大规模偏见下从失去自我认知并不断走向认知障碍的悲剧。由于作品具有明显的批判反犹主义思想，自作品问世后评论界便对于安道尔的国家原型具有颇多解读。例如瑞士小说家弗朗索瓦·邦迪(François Bondy)认为《安道尔》暗示了一段隐藏历史阴霾的时期，并将其与瑞士联系起来，借此批判其作为所谓"战争中立国"应当承担的罪责；而德国作家鲁道夫·沃尔特·莱昂哈特(Rudolf Walter Leonhardt)则认为戏剧中根深蒂固的偏见与"二战"时期的德国民众相符。① 虽然国家原型的分析均有一定的历史依据作为支撑，但是此类观点却忽视了弗里施赋予戏剧的警示和审问意义。

弗里施在戏剧理论上倡导"模型剧"(das Teather der Modelle)概念，认为戏剧应当超脱直接的历史社会环境，表现某种普遍性的意义和价值，从而使观众能够对当下的处境进行思考。② 弗里施在《安道尔》的开篇也曾指明，本剧中出现的安道尔只是一个模型，是虚构的国家概念，与欧洲实际存在的小国安道尔并无直接关系，首映手册(Das Uraufführungsheft)中曾说明："安道尔不是一部历史戏剧，黑衫国所指的也并非党卫军，甚至犹太人都不是犹太人。这部作品是一个模型：也就是说，不是过去的表现，而是随时随地可能发生的事情。"③评论家沃尔夫冈·弗鲁瓦尔德(*Wolfgang Frühwald*)和瓦尔特·施密茨(*Walter Schmitz*)也在专著中强调了该剧的模型特征，他们将《安道尔》视为

---

① Hans Mayer. *Max Frisch, Andorra, Text und Kommentar*. Frankfurt am Main: Suhrkamp, 2013, S. 154.

② 参见范大灿:《德国文学史》(第五卷)，南京：译林出版社，2008 年，第 117-118 页。

③ Albrecht Schau. *Max Frisch—Beitrage zur Wirkungsgeschichte* (Materialien zur deutschen Literatur 2). Becksmann: Freiburg & Br, 1971, S. 274.

一个社会心理学模型，因为弗里施“运用了社会心理学的知识，以反犹太主义的例子来展现偏见的运行机制。”①它表达的是一个抽象的社会模型，可以代指一切陷入偏见漩涡的社会和国家，隐藏在这部作品之后的是社会偏见的产生和任由其肆意增长的后果。

《安道尔》的叙事策略也使模型剧的审问意义进一步凸显，跳跃的叙事与多变的视点使得剧情的流畅性被不停地打断，这促使观众脱离故事情境，主动思考普通的民众在偏见暴行下应当承担怎样的责任。弗里施在接受《时代周报》的采访时也曾强调：“有罪之人意识不到自己的罪责，他们没有受到惩罚并且他们也没有犯罪。我不想在戏剧(《安道尔》)的结尾留下一线希望，而是想让戏剧在恐惧和呐喊中结束，让观众看到，人可以多么残忍地对待别人……同谋犯无处不在。”②

《安道尔》这一模型不仅揭示了对于反犹太主义的批判，更传达了作者对于任何形式的社会偏见和集体暴行的警惕，正如评论家赫尔穆特·克拉普(Helmut Krapp)所说：“代替安德利，我们想到很多因统治社会的偏见而牺牲的人……任何妨碍人们做自己的偏见，都是一种隐藏的反犹太主义。”③安道尔中所展现的集体大规模偏见看似遥远，实则可能就在我们身边潜伏着，在某一个特定的时机爆发出来，正确看待偏见及其背后潜在的身份困境，有助于保持理性的思考方式和清醒的自我认知。

参考文献

[1] Frisch, Max. *Gesammelte Werke in zeitlicher Folge*[M]. Suhrkamp Verlag, Frankfurt am Main, 1976.

[2] Wendt, Ernst & Schmitz, Walter. *Materialien zu Max Frischs Andorra*[M]. Suhrkamp Verlag, Frankfurt am Main, 1978.

[3] Jurgensen, Manfred. *Max Frisch. Die Dramen*[M]. Tübingen: Francke Verlag, 1976.

[4] Schau, Albrecht. *Max Frisch—Beitrage zur Wirkungsgeschichte (Materialien zur deutschen Literatur* 2)[M]. Becksmann: Freiburg & Br. 1971.

[5] Frühwald, Wolfgang, Schmitz, Walter. *Max Frisch, Andorra, Wilhelm Tell. Materialien, Kommentare*[M]. München: Carl Hanser Verlag, 1977.

[6] Mayer, *Hans. Max Frisch, Andorra, Text und Kommentar*[M]. Frankfurt am Main: Suhrkamp, 2013.

[7] Schmitz, Walter. *Über Max Frisch* Ⅱ[M]. Frankfurt am Main: Suhrkamp, 1976.

---

① Wolfgang Frühwald & Walter Schmitz. *Max Frisch, Andorra, Wilhelm Tell. Materialien, Kommentare*. München: Carl Hanser Verlag, 1977, S. 43

② Hans Mayer. *Max Frisch, Andorra, Text und Kommentar*. Frankfurt am Main: Suhrkamp, 2013, S. 145.

③ Vgl. Walter Schmitz. *Über Max Frisch Ⅱ*. Frankfurt am Main: Suhrkamp, 1976, S. 103.

[8]布莱希特等. 布莱希特论戏剧[M]. 丁扬忠等译. 北京：中国戏剧出版社，1992.

[9]曼弗雷德·普菲斯特. 戏剧理论与戏剧分析[M]. 周靖波，李安定译. 北京：北京广播学院出版社，2004.

[10]张海洋. 中国的多元文化与中国人的认同[M]. 北京：民族出版社，2006.

[11]华莱士·马丁. 当代叙事学[M]. 北京：北京大学出版社，1991.

[12]范大灿. 德国文学史：第5卷[M]. 南京：译林出版社，2008.

[13]王莹. 身份建构与文化融合：中原地区基督教会个案研究[M]. 上海：上海人民出版社，2011.

[14]李江凡. 马克斯·弗里施小说中身份问题研究——以《施蒂勒》、《能干的法贝尔》和《我的名字就叫甘滕拜因》为例[D]. 上海外国语大学，2013.

世界的越界与关联
——开普勒《梦月》中的世界构建与主题认知

华中科技大学　项馨聪

摘要：《梦月》是天文学家约翰尼斯·开普勒所作的小说，小说集故事性、幻想性、科学性为一体，以梦境为引子，对“月球天文学”进行了科学假想。本文基于文本世界理论，尝试剖析《梦月》叙事框架下的世界构建，探讨其中文本世界与语篇世界中人物身份与经历重叠所引起的世界的越界与关联，以及它们在读者理解和接受文本主题过程中所起的作用。

关键词：《梦月》；开普勒；文本世界理论；世界构建

1. 开普勒与《梦月》

《梦月》是一篇带有魔幻色彩却又兼具“科普”风格的作品，出自著名天文学家约翰尼斯·开普勒(Johannes Kepler)之手。该作品的雏形是开普勒关于月球的论文，论文的核心思路在于：若是观察者身处月球，诸多天文现象会作何呈现。1609年，开普勒重新修订了文本主体部分。根据路德维希·君特(Ludwig Günther)的描述，当时，“战乱与政变几乎笼罩了整个欧洲，无知和迷信对启蒙和进步的每一次尝试造成了巨大阻碍”①，而开普勒正是当时启蒙和进步大军中的一员，因此，这部作品的出版历经波折。直至1629年，即开普勒去世前的那一年，他仍在为这部作品补充注释。1634年，在开普勒去世四年后，这部作品终于以“梦，或月球天文学遗作”(拉丁语：Somnium，seu opus posthumum de astronomia lunari；德语：Traum，oder nachgelassenes Werk über die Astronomie des Mondes)为题得以出版。原作以拉丁语书写，1898年由路德维希·君特译为德语并整理出版，本文所参考的便是君特出版的德语译本。

这部作品的内容充满幻想，它所包含的并不仅仅只是一个奇幻的探月之旅。在正文以外，开普勒补充了223条注释，用以描述并解释正文中出现的各种天文景观，其篇幅是正文的三倍。君特指出：“这本书是一部拥有最美形式的天文学启示录，是对哥白尼

---

① Ludwig Günther. Einleitung. In：Günther，Ludwig. *Keplers Traum von Mond*. Leibzig：Teubner，1898，S. XIV-XV.

学说的高歌。"①在《梦月》中，"魔法元素、科学成果与科学假说"②巧妙地交织在一起，从科学角度来看，虽然开普勒的《梦月》以梦境为媒介、以述梦为叙述手段，充满故事性，并非一篇严格意义上的学术论文，但这则小故事仍可以看作"第一部比较天体学的科学著作"③；而作为一篇小说，它是第一部包含外星非人形生命具体设想的作品，"开普勒试图给予它们一个适合他所假想的月球地形的形态"④，这种对外星生命的设想是有逻辑可循的，因为开普勒认为，"包括理性生物在内的生物的形态和生理结构都是遵循生活条件的，我们如今称之为'环境适应'(umweltangepasst)"⑤。

尽管《梦月》耗费了相当大的篇幅用来进行天文现象的科学假想，但它自始至终都笼罩在梦境的迷雾之中，作品包含了三次第一人称叙述者的转换和一定的情节叙述：

一天晚上，第一个身份不详的第一人称叙述者在长时间观察了星星和月亮后睡着了，他陷入一个梦境，在梦里，他仿佛读了一本从图书博览会上买来的书。书中的主人公杜拉克托(Duracoto)，即本文的第二个第一人称叙述者，将他的经历娓娓道来：他生在冰岛，其母菲奥尔希尔德(Fiolxhilde)熟知药草，精通术法。由于杜拉克托一次调皮的举动，他的母亲将他交给一位航海员，机缘巧合之下，他来到异国他乡，结识了天文学家第谷·布拉赫(Tycho Brahe)，并学会了丹麦语，接触了天文学。五年后，思乡心切的他回到冰岛，他的老母亲见儿子与自己一样对天文景象有着莫大的兴趣，便用魔法招来了一个从月球而来的魔鬼。这个魔鬼便是本文的第三个第一人称叙述者。他详细地介绍了他们族群的登月活动，以极其专业的口吻描述了月球的半球划分、昼夜与四季划分、天文景观、地理环境和生命形态及其生活习性等基本常识。最后，文章以梦醒为结局，第一个第一人称叙述者回到现实，一切只是一场清晰又真实的梦。

与传统的科幻小说相比，《梦月》的文学性质更弱，因此该作品并未得到文学界的太多关注。目前，国外学者对《梦月》这一文本的文学分析数量较少，研究者们更多地从宏观角度探讨某段时期内人们世界观的变化，如，2008 年玛丽-路易泽·霍伊泽尔(Marie-Luise Heuser)以开普勒为其中一个例子讨论了文艺复兴人们对于探索宇宙、移民外星的观念转变。2016 年，乌利·罗斯福斯(Uli Rothfuss)针对《梦月》进行了探究，但其研究侧重于作者及文本背景，对文本本身只进行了简要的结构梳理⑥。国内针对《梦

---

① Ludwig Günther. Einleitung. In: Günther, Ludwig. *Keplers Traum von Mond*. Leibzig: Teubner, 1898, S. XV.

② Marie-Luise Heuser. *Transterrestrik in der Renaissance. Nikolaus von Kues, Giordano Bruno und Johannes Kepler*. In: M. Schetsche und M. Engelbrecht (Hrsg.). *Menschen und Außerirdische. Kulturwissenschaftliche Blicke auf eine abenteuerliche Beziehung*. Bielefeld: transcript Verlag, 2008, S. 73.

③ Ebenda.

④ Ebenda. S. 73-74.

⑤ Ebenda. S. 74.

⑥ Uli Rothfus. *Johannes Kepler und seine poetische Reise zum Mond. Transfer. Reception studies*, 2018 (1).

月》的文学研究也比较少，如陈敏从文学人类学的视角对《梦月》中的虚构元素与现实的互文性进行了探讨，并揭示了文本对人和世界图景的重塑①。

本文将以文本世界理论为主要研究视角，探寻三次第一人称叙述者的转换与文本中的世界结构，讨论文本中世界的构建对读者心中主题认知的作用。

2. 文本世界理论

文本世界理论最初由保罗·沃斯(Paul Werth)提出。沃斯的文本世界理论把语篇划分为三个相互关联的层面：语篇世界(discourse world)、文本世界(text world)和亚世界(sub-world)。第一个层面语篇世界指"言语事件的情景语境"②，"它处理的是人与他人交流时周遭的即时情境"③。作为语篇世界的参与者，作者和读者属于语篇世界的一部分，除此之外，语篇参与者的"直接物理环境和背景知识"④也是语篇世界不可或缺的一部分。第二个层面文本世界指"语篇描述的情境"⑤，"是通过文本语言实现的具体的言语事件"⑥。文本世界在推进发展的过程中会分离创造出进一步的亚世界，即第三个层面。

在沃斯的基础上，乔安娜·加文斯(Joanna Gavins)进一步研究并发展了文本世界理论，她指出："我们用来相互理解的心理表征不仅基于我们所使用的语言，还基于我们更为广泛的环境、我们的个人知识和我们过往的经验。它们和我们一样是个体的，在社会和历史上是相互联系的。这种认知和经验式的假设是文本世界理论建立的主要基础。"⑦文本世界理论是一种"话语框架(discourse Framework)"⑧，它不仅关注一个特定的文本是如何构建的，而且关注文本的上下文如何影响它的最终结果和接受过程。由此可知，文本世界理论重视文本上下文对文本最终结果和接受过程的影响，与此同时，文本的最终结果和接受过程也离不开读者自身环境、知识和经验的参与。

同时期，彼得·斯托克威尔(Peter Stockwell)也是文本世界理论发展过程中的重要

---

① 陈敏：《虚构与现实：新时期早期文学对人和世界图景的重塑——从文学人类学视角分析开普勒的小说〈梦月〉(1609，1634)》，载《德语人文研究》2015年第2期。

② Paul Werth. *Text Worlds: Representing Conceptual Space in Discourse*. Harlow: Longman, 1999, p. 83.

③ Joanna Gavins. *Text World Theory: An Introduction*. Edinburgh: Edinburgh University Press, 2007, p. 10.

④ Ibid. p. 21.

⑤ Paul Werth. *Text Worlds: Representing Conceptual Space in Discourse*. Harlow: Longman, 1999, p. 87.

⑥ 陈玉萍：《认知语篇研究的"世界"理论述评》，载《外语研究》2016年第3期，第15页。

⑦ Joanna Gavins. *Text World Theory: An Introduction*. Edinburgh: Edinburgh University Press, 2007, p. 6.

⑧ Ibid. p. 8.

人物之一，他对文本世界理论有着独到见解，并对文本的“质感”(Textuality)进行了研究。他曾对语篇的三个层面做出简明扼要的阐释：“文本世界理论认为，对话者占据着一个语篇世界。话语者和接受者(在此可以认为是作者和读者)共同创造了一个文本世界，这个世界建立在他们似乎是共享的共同认知的基础之上……文本世界的状态会随着新元素的加入(世界建构元素)和事件的进展(功能推进命题)而改变。某些进一步的分离创造了进一步的亚世界。”①在此基础上，加文斯认为，亚世界的前缀“sub”存在一定误导，因为它隐含着新创建的世界从属于上一文本世界的意味，因此，她建议用“世界转换”(world-switch)代替“亚世界”。

本文运用文本世界理论的基本概念，立足于《梦月》中的世界构建，探讨小说的主题表达在读者脑海中的建构。为避免误导，本文将采用世界转换这一概念，若是原文本世界与新文本世界存在从属关系，则会附加说明。

3.《梦月》中的世界构建与主题认知

3.1 嵌套的梦境：《梦月》中的世界构建

在书面语篇中，参与者无法通过直接的物理环境进行交际，而是通过文本进行交际，此时，语篇世界主要涉及作者和读者，从读者的视角出发，文本中的特定内容会驱动读者的相关知识，让读者得以理解文本内容。文本世界通过参与者的记忆和想象构建，是参与者为了理解文本而形成的心理表征。本部分聚焦于《梦月》中的世界转换及其产生的具体情境和方式。

《梦月》开篇，读者跟随第一人称叙述者的自述逐渐构建起文本世界(TW1)，尽管TW1未曾给出第一人称叙述者的姓名，却对事件发生的时间与地点进行了说明。此刻的时间点是1608年的一个夜晚，地点是床上。读者可以由自述者睡前观测星星和月亮的行为推断出，他可能是一个热爱天文的人。这个开篇部分的文本世界属于小说背景性文本世界，为读者提供了故事的“前景”。

紧接着，故事迎来一个世界转换。梦境衍生出一个新的空间，不同的空间建构元素使得梦境世界从原文本世界中剥离开来，形成一个新的文本世界(TW2)。这个新的文本世界与原文本世界拥有截然不同的元素，信息也更为丰富。

在这个由梦境形成的新文本世界TW2中，唯一视角来自第一人称叙述者杜拉克托。TW2中存在频繁的世界转换，这些世界转换主要通过时间指示的变化得以体现。梦境伊始，杜拉克托的自述发生在母亲离世之后，紧接着，叙述视角便转向母亲还在世的时候(TW2-1)。TW2-1中最初的回忆片段并不连贯，时间线也并不明晰，充斥着许多平

① Peter Stockwell. Texture: A Cognitive Aesthetics of Reading. Edinburgh: Edinburgh University Press, 2009, p. 7.

行的小型文本世界，这段由诸多小型文本世界构成的回忆被前景化，成为TW2的背景。最后，杜拉克托对某个具体事件的倒叙开启了一个与TW2-1平行的新文本世界(TW2-2)。在TW2-2中，杜拉克托讲述了自己在外漂泊、学习天文学、最后学成归乡的经历。正如加文斯所说："叙事性文本可能包含大量推动情节发展的物质过程(material process)。"①TW2-2便是这样一个文本世界，文本中人物有意识的行为推动着世界的发展和演变，其中的时间元素是连贯的，线性叙述模式使得读者顺利建构起一个完整、连贯的叙事。而TW2-2中也存在着大大小小的文本世界，其中大多数来自杜拉克托对过去的回忆和对未来的想象，这些转换后的文本世界在短暂地偏离原轨道后又回到了原文本世界(TW2-2)。TW2-2中存在一个最为特殊的文本世界TW2-3，它产生于杜拉克托的母亲菲奥尔希尔德的直接引语，这个文本世界中充斥着虚构信号：与魔鬼的结识、神秘的魔法、离奇的召唤，如果说读者阅读前文时还能运用自己已知的经验和知识理解并接受文本世界的内容，那么此刻在诸多虚构信号的冲击下，虚构的想象世界和之前恍如现实般的文本世界之间产生了碰撞，文本充满了张力。原本更加贴近现实的故事俨然变成了魔法世界，读者必须在脑海中更新对这个故事的信息、重新调整自己的认知框架，以便更好地理解文本，这便是"世界修正"②(world repair)的过程。TW2-3并未完全脱离原文本世界TW2-2，在母亲菲奥尔希尔德的自述结束后，读者再次回到TW2-2，母亲召唤来了超自然的魔鬼，魔鬼的低语开启了另一个文本世界TW3。

TW3是一个解说型的文本世界，解说人是来自列瓦尼娅的恶魔，即母亲召唤来的超自然魔鬼，描述对象是距离地球五万里的列瓦尼娅岛，也就是月球。这段解说原本是面向杜拉克托，是魔鬼和杜拉克托共同构建的一个面对面的话语世界，当读者阅读这段文本时，读者更像是一个偷窥者，窥探着两人的交流并试图理解其中深意。在TW3中，恶魔先对奔月之旅侃侃而谈，而后根据地理学家的习惯，对列瓦尼娅进行了科学的介绍。

小说的最后，人物和空间的变化再次引起空间转换，读者回到TW1，但此时的TW1是发展后的TW1，这体现在人物状态的改变，即人物梦境的结束。

《梦月》中存在三个主要文本世界。从虚构与现实的角度出发，TW1是最接近读者所处现实的文本世界；TW2是TW1所延伸出的一个梦境世界，前半段接近现实，结尾处则显露出非现实元素；TW3是TW2梦境世界中恶魔的自述所延伸出来的文本世界，其中充斥着于读者而言陌生又离奇的元素。从这三个文本世界的关联出发，TW3属于TW2，TW2属于TW1，陈敏认为："开普勒的《梦月》绝非一个单纯把玩各种虚构设想的游戏而已，而是精心策划的对人和世界认识的一种关注。"③世界转换只是《梦月》的文

---

① Joanna Gavins. *Text World Theory: An Introduction*. Edinburgh: Edinburgh University Press, 2007, p. 64.

② Ibid. p. 141.

③ 陈敏：《虚构与现实：新时期早期文学对人和世界图景的重塑——从文学人类学视角分析开普勒的小说〈梦月〉(1609, 1634)》，载《德语人文研究》2015年第2期，第22页。

体特征。从篇幅来看，《梦月》的重心在 TW3，即经恶魔之口所传达的月球天文学知识，但这些知识经由梦境的包装后具有明显的虚构特征，真实与虚构的碰撞促使读者进行更深入的思考。

3.2 世界的越界与关联：《梦月》中的主题认知

对于书面语篇，文本世界理论强调参与者自身的“知识结构——语言的、经验的、感知的和文化的”①。加文斯还指出：“作者与读者之间的时空分裂，或者确切地说是文化的分裂，绝不是文学话语中的稀有现象。”②在书面语篇中，读者自身的知识结构影响着自己对文本的理解角度和程度，而作者与读者之间时空的差异会导致二者文化、知识、价值观等的差异，进而影响读者对文本的理解。若是对《梦月》的作者知之甚少，那么对于此类读者而言，这部作品便是一个普普通通的充满想象的作品，是关于月球天文学的科学假设，也是关于登上月球的天马行空的幻想。三个主要文本世界之间的转换更像一种叙事技巧，其间的关联也难以琢磨。而事实上，《梦月》不仅仅包含了对月球的假想，它其中所蕴含的深意构成了语篇世界与文本世界的越界现象和特殊关联。

《梦月》中的三位叙述者也是各自文本世界的建构者，这些叙述者原本是虚构的，是由语篇世界的作者所创造出来的，他们作为文本世界的实体存在于文本世界。语篇世界和文本世界原本是不可及的。然而，若是读者对开普勒有一定了解，便能发现，《梦月》中的自述者与开普勒本人极其相似，自述者与作者身份的含混使得真实世界与小说世界产生交汇，作者与读者共同构建的文本世界与二者搭建的语篇世界就变得可及，两个世界便实现了越界。

TW1 中的时间点是 1608 年，正是开普勒完成《梦月》的前一年。在此之前，开普勒曾撰写了有关“月球地理学”的论文，但其中包含的哥白尼日心说思想被当时的主流思想所排斥。TW1 中的时间点与开普勒写作的时间点是十分接近的。由于 TW1 中没有具体的前因后果，读者并不能完全将 TW1 的叙述者同语篇世界的作者本人等同起来，但是两者在时间上的相似性仍然会造成读者对叙述者身份的疑虑。

在 TW2 中，尽管没有具体的时间元素，但自述者简要描述了自己从小到大的经历，其中主要涉及两个人物，其一是叙述者杜拉克托自己，其二是杜拉克托的母亲菲奥尔希尔德。

TW2 中，年少的杜拉克托因一次调皮举动被母亲交付给一位航海员，辗转之下，他留在了第谷·布拉赫身边学习了天文学。而在现实世界里，开普勒同样曾是第谷的弟

---

① Joanna Gavins. *Text World Theory*: *An Introduction*. Edinburgh: Edinburgh University Press, 2007, p. 24.

② Joanna Gavins. “*And everyone and I stopped breathing*”: *Familiarity and ambiguity in the text world of The Day Lady Died*. In: M. Lambrou & P. Stockwell (eds.). *Contemporary Stylistics*, New York: Continuum, 2007, p. 137.

子和助手。不同的是，杜拉克托的弟子生涯开始于14岁左右，而开普勒则是近30岁才成为第谷的弟子和助手。开普勒将他现实生活中的老师第谷·布拉赫的名字写进他的故事，有一定背景知识的读者在阅读过程中看见这个熟悉的名字便能调动脑海中对应的知识框架，明白此人正是作者开普勒真正的老师，作为指称的名字分别指代了文本世界和语篇世界中的两个人，后者正是前者的原型，读者对此人产生了认知上的交叉和含混，此时便实现了文本世界向语篇世界的越界。

TW2中的另一个重要人物是杜拉克托的母亲菲奥尔希尔德。菲奥尔希尔德熟知药草学，她会“收集药草并烹制好，用鹿皮袋子装好并出售给邻近港口的船民们”①；她与儿子相谈甚欢，经常进行思想交流。而开普勒的母亲卡塔琳娜(Katharina Kepler)同样也了解药草学的知识，她“为病人提供药物、药膏和治疗药剂，还为健康的人提供药草补品”②；虽然卡塔琳娜是文盲，但她却很聪明，只是她无法恰当地表达自己的想法，而“开普勒的某些思想和他母亲是相通的”③。虽说名字不相同，但小说中的母亲处处显露出开普勒母亲的影子。若是知晓这点，那么读者很容易将TW2中的杜拉克托联系到开普勒本人身上，而文本世界中的菲奥尔希尔德是他对自己母亲的一种改写，真实的人物与虚构的人物再次交叉重叠，读者在建构文本世界时面临着人物身份的含混，这种人物身份跨越了文本世界和语篇世界两个层面，让读者很难将语篇世界中的作者和文本世界中的叙述者剥离开来，因此，这让《梦月》多了一分自传色彩。

文本世界理论关注文本的建构，也关注文本的接受。影响文本接受的因素不仅包括文本本身，也包括读者自身的背景。若是读者的认知框架中缺乏关于文本的某些背景信息，那么读者对《梦月》的关注会更多地集中在其中三个文本世界的转换和对月球丰富的想象上。多次的世界转换、近乎真实的梦境和梦境中的奇幻元素，尤其是最后恶魔井井有条的科学论述，使《梦月》增添几分科幻色彩。值得注意的是，TW3中，尽管恶魔来自月球，但他定居在地球后，在阐述时便时不时地以我们(指地球人)自称，并将月球上的居民称为“他们”，这一自称使得恶魔的身份时而隐于文本之后，读者会产生一种阅读真正的科学论文的错觉。作为科学假想的载体，《梦月》为当时广受争议的非地心说思想披上了两层外衣，一层是梦境，一层是魔鬼的自述。比起科学论文的平铺直叙，《梦月》已经极尽委婉，但对于当时的读者来说，或许能在他们脑海深处埋下一种非地心说的可能性和对地心说的一丝怀疑。若是读者对开普勒的生平和当时的时代背景有所了解，便更能理解《梦月》的意义。诚然，《梦月》中的叙述手法巧妙，且蕴含一定

---

① Johannes Kepler. *Traum, oder nachgelassenes Werk über die Astronomie des Mondes*. In: Günther, Ludwig, *Keplers Traum von Mond*. Leibzig: Teubner, 1898, S. 3.

② James A. Connor. *Kepler's Witch, An Astronomers Discovery of Cosmic Order Amid Religious War, Political Intrigue, and the Heresy Trial of His Mother*. New York: Harper, 2004, p. 16.

③ Ulinka Rublack. *The Astronomer and the Witch: Johannes Kepler's fight for his mother*. Oxford: Oxford University Press, 2015, pp. 8-9.

自传性质，但它的重点仍然是TW3中所传达的月球天文学。梦境元素的加入、世界转换的运用，都只是月球天文学的配饰。在TW2中，叙述者的自述不断地与作者本人的经历发生重叠，不时地产生TW2向语篇世界的越界现象，而TW3中的魔鬼也常用"我们"来试图与读者站在同一阵营，从而形成文本世界与语篇世界的越界对话。这一系列越界也表明了文本世界与语篇世界的关联，人物的相似性将二者联系起来。开普勒所生活的时代对日心说极其排斥，读者由此可知，开普勒的《梦月》是对地心说的一种间接颠覆，其中的月球天文学试图引导当时的人们去思考非地心说的可能性。由于能在文本世界与语篇世界寻找到许多关联，能对两者间的联系进行更多的思考，因此，这一类读者对于小说的体悟会比前一类读者更加深刻。《梦月》中的世界构建为作品增添了文学性，削弱了作品中第三部分内容的科学性。这种世界构建既能增加文本的可读性，使得读者受众更加广泛，又能促使读者主动展开思考，对作品主题进行认知尝试。

开普勒将一个令人不安的事实包裹在一种绚丽又迷人的伪装之中，披着两层外衣的"月球天文学"的核心在于，对于月球居民来说，月球是静止的，地球和整个宇宙一起围绕着月球运转。在《梦月》所处的历史语境下，月球居民的这种信念与地球居民如出一辙，但却与当时人们长久以来的认知产生了巨大矛盾。在开普勒笔下，"月球居民的错误信念是地球人错误信念的镜像"①，开普勒将读者的视角从地球转移到月球，通过两种信念的矛盾性，试图让读者认识到宇宙的正确图景：地球并非静止，它也并非宇宙的中心，它围绕自己的轴和太阳运转。《梦月》不仅将哥白尼的日心说观点摆在读者眼前，还试图为读者提供一种新的思考与研究方式。开普勒在《梦月》中提出了地心说反转的假设，以此来驳斥地心说的观点，同时，这一观点的失败也说明，"使用个人观察作为宇宙中心设想的基础是有缺陷的"。② 地心说将地球视作静止，其基本判断依据是人类的自我感知，这是一种"粗陋的经验主义"③，这种经验主义将感官视为唯一可行的知识来源，它拒绝任何理论上的考虑，只考虑那些直接给予感官的东西。开普勒反对这种经验主义，他对哥白尼日心说的认同是基于科学的观察和方法，而非纯粹的无逻辑推测。开普勒对地心说的反驳不仅是对这一学说的批判，也是对当时人们塑造世界观的一种颠覆。长久以来，托勒密地心说都被当作正统的世界观，它确立了地球和人类在宇宙中的中心地位，它不仅是关于宇宙的学说，更是发展巩固宗教信仰的手段。而随着观测手段的进步，进一步的观测结果与原本的世界观产生了矛盾，《梦月》对人们心中根深蒂固的世界观提出了挑战，它假设了宇宙的另一个中心——月球，打碎了人类中心的美

---

① Raz Chen-Morris. *Shadows of Instruction: Optics and Classical Authorities in Kepler's "Somnium". Journal of the History of Ideas*, 2005(2), 223-243, 241.

② Dean Swinford. "*These Were my Ceremonies, These my Rites*": *Magical Summoning in Johannes Kepler's Somnium. The Mediaeval Journal*, 2012(1), p. 65.

③ Raz Chen-Morris. *Shadows of Instruction: Optics and Classical Authorities in Kepler's "Somnium". Journal of the History of Ideas*, 2005(2), 223-243, 227.

梦，是人类对自身的重新审视。

4. 结语

运用文本世界理论研究《梦月》中的世界建构与世界转换，能够再现读者阅读过程中对文本的理解过程和对其中人物的塑造。《梦月》中的三个主要文本世界的世界转换形成了独特的文体风格，其中文本世界与语篇世界中人物的相似性构成二者的越界与关联，这也引发读者进一步思考其关联的意义，理解作者建构世界的意义。《梦月》中世界转换技巧与科学设想的结合为作品增添了科幻色彩，其中文本世界与语篇世界的不断越界可以看作作者对现实独特的影射，经由层层包装的文章核心部分“月球天文学”是作者想要真正传达的思想，是对地心说的间接驳斥。读者对作者的了解是读者更深刻理解文本的必要条件，只有了解了作者与文本中人物的关联、了解了作者生活年代的大体背景，才能体会到《梦月》中所传达的思想。《梦月》尽管放在如今已然过时，甚至漏洞百出，但放在当时的时代背景下仍是开创性的科学假想，而作为早期科学家所作的科幻作品，《梦月》也拥有着别具一格的魅力，吸引着读者们去探索其中与背后的奥秘。

参考文献

[1]陈敏. 虚构与现实：新时期早期文学对人和世界图景的重塑——从文学人类学视角分析开普勒的小说《梦月》(1609, 1634)[J]. 德语人文研究，2015(2).

[2]陈玉萍. 认知语篇研究的“世界”理论述评[J]. 外语研究，2016(3).

[3]Dean Swinford. “These Were My Ceremonies, These My Rites”: Magical Summoning in Johannes Kepler's Somnium [J]. *The Mediaeval Journal*, 2012(1).

[4]James A. Connor. *Kepler's Witch. An Astronomers Discovery of Cosmic Order Amid Religious War, Political Intrigue, and the Heresy Trial of His Mother* [M]. New York: Harper, 2004.

[5]Joanna Gavins. “And everyone and I stopped breathing”: Familiarity and ambiguity in the text world of The Day Lady Died [A]. In: M. Lambrou & P. Stockwell (eds.). *Contemporary Stylistics* [C]. New York: Continuum, 2007a.

[6]Joanna Gavins. *Text World Theory: An Introduction* [M]. Edinburgh: Edinburgh University Press, 2007b.

[7]Johannes Kepler. *Traum, oder nachgelassenes Werk über die Astronomie des Mondes.* In: *Günther, Ludwig. Keplers Traum von Mond* [M]. Leibzig: Teubner, 1898.

[8]Ludwig Günther. *Einleitung.* In: Günther, Ludwig. *Keplers Traum von Mond* [M]. Leibzig: Teubner, 1898.

[9]Marie-Luise Heuser. Transterrestrik in der Renaissance. Nikolaus von Kues, Giordano

Bruno und Johannes Kepler [A]. In: M. Schetsche und M. Engelbrecht (Hrsg.). *Menschen und Außerirdische. Kulturwissenschaftliche Blicke auf eine abenteuerliche Beziehung* [C]. Bielefeld: Transcript Verlag, 2008.

[10] Paul Werth. *Text Worlds: Representing Conceptual Space in Discourse* [M]. Harlow: Longman, 1999.

[11] Peter Stockwell. *Texture: A Cognitive Aesthetics of Reading* [M]. Edinburgh: Edinburgh University Press, 2009.

[12] Raz Chen-Morris. Shadows of Instruction: Optics and Classical Authorities in Kepler's "Somnium" [J]. *Journal of the History of Ideas*, 2005(2).

[13] Uli Rothfus. Johannes Kepler und seine poetische Reise zum Mond [J]. *Transfer. Reception Studies*, 2018(1).

[14] Ulinka Rublack. *The Astronomer and the Witch: Johannes Kepler's fight for his mother* [M]. Oxford: Oxford University Press, 2015.

机器的世界
——尼科拉斯·博恩小说《故事的背地面》中的主体危机

浙江科技学院　夏　雪

摘要：德国作家尼科拉斯·博恩的长篇小说《故事的背地面》被诺贝尔文学奖获得者彼得·汉特克评价为20世纪70年代"新主体性"文学最具极端性的代表作品。小说中主人公生活的外部世界和周围环境被博恩形容为"超级机器"，指代完全受技术支配的社会体系。本文通过对超级机器的代表——工业、政治和文化意象分别进行具体分析，揭露其存在的两面性。以这些意象为代表的机器世界虽然客观上促进了社会进步发展，但是主观上也控制和影响着人们的行为与意识，使其产生严重的主体危机。

关键词：尼科拉斯·博恩；《故事的背地面》；超级机器

作为以关注主体自我为核心内容的20世纪70年代"新主体性"文学的代表作品，尼科拉斯·博恩①的小说《故事的背地面》必然少不了对主体意识和自我内心的描写，也因此被诺贝尔文学奖获得者彼得·汉特克评价为"迄今为止最极端的'新主体性'文学或'新内向性'文学的代表"②。小说中个体生活的外部世界和周围环境被博恩形容为一个"超级机器"，超级机器的本身含义指完全受技术支配的社会体系，但是在这里它超越了技术的范畴，成为一个蕴含丰富意象的载体，还包括政治和文化等等。这些意象虽然共同促进了社会的发展进步、提高了人们的生活水平，但是它们也形成了统一的体系和秩序，不仅支配着整个社会，也控制和影响着人们的行为与意识。《故事的背地面》不仅呈现主人公与自己、与他人的关系，还表现了与外部世界和周围环境的关系，从而揭露社会发展和进步潜藏的两面性及其对包括主人公在内的主体存在造成的个体丧失和主体异化。

1. 工业的悖论

博恩在另一篇文章《机器的世界》里提到了工业、机器和人类的关系。

---

① 尼科拉斯·博恩(Nicolas Born)原名克劳斯·于尔根·博恩(Klaus Jürgen Born)，后在恩斯特·迈斯特夫人的建议下改为现在的名字。他于1937年12月1日出生在杜伊斯堡，1979年被诊断为肺癌，并在当年12月7日病逝于下萨克森州吕肖——丹嫩贝格县靠近丹嫩贝格的小村庄，年仅42岁。

② Ralf Schnell. *Geschichte der deutschsprachigen Literatur seit* 1945（2., überarbeitete und erweiterte Auflage). Stuttgart-Weimar：Verlag J. B. Metzler，2003，S. 372.

“我们生活在最强大的工具时代。国家和跨国的工业集团已经成为巨大的工具垄断者，因此通常也是决定性的政治工具。从制度上讲，他们自身已经制定了规范性的超级功能，可以影响和约束我们。当选的政府和议会通常仅仅通过法律证实超级机器对其自身扩张制造了哪些实际困难。尽管始终是工具的所有者决定最有利可图的方针，但即使他们也被相关性和进步的概念束缚和限制，而且对生产方式也不再拥有决定的自由权，更不用说其后果了。工具和生产设施的生产力强迫他们实施更大、更快的项目。(内心)增长的体系约束普遍存在。没有人能够确定一项技术对人们有利还是不利。没有人控制超级机器，相反的是它控制他们。”(WM：13)①

这段评述阐明了博恩对工业和机器的看法。工业作为超级机器的重要组成部分，本来应该对社会发展具有重要意义，但现在却反过来逐渐控制人类，成为阻碍社会和人类进步的反作用。在小说中，虽然主人公也会创作关于工业主题的内容，不过工业对他来说是一种“摧毁文化和所有情感”(ESG：19)②、甚至消灭生活(ESG：204)的力量；在摧毁情感的同时，它又制造出一种“统一的生活情感，把每一个本体和物品转化为自身的再生产”(ESG：204)。这种将所有对象统一化和标准化的集体生产模式不仅使整个社会沦为其统治的工具，也使主体逐渐丧失情感、意识、想象等主观性产物，成为一个类似机器人一样被操控的“死亡——和——再生——机器”(ESG：149)。拉斯基也对工业持怀疑态度，他认为“工业发展当然必须继续进行，但是这种发展未来主要取决于被谁和为谁继续推动?”(ESG：206)工业本来应该受人类支配并为人类服务，可是现在的约束却“越来越多以物品、机器为出发点，而大脑不知所踪、伪装起来”(ESG：52)。“工业巨人从自身出发为人类社会塑造行为模式。它从个人手中掠夺工具，使其依赖自己的垄断。”(WM：14) 这表明人们逐步失去自己的思维和意识，反而被由工业和技术主导的超级机器所控制，由此开始了从主体变为客体的异化过程；工业的发展也不以人类的意志为转移，它“理所当然地继续发展，不再对人们有益，也不再必要，仅仅为了自身的扩张而进行③，从而导致生产的物品超出人们的需求，人们处于越来越被动的地位。这种主客体位置的颠倒表明“工业不仅作为产品制造者或者雇主属于公共领域，而且同时渗透到人们的私人领域”④，开始了全面控制社会以及生活在其中的人们的过程，所以追求个体独立和自我意识的主人公才会在这个过程中感觉格格不入。

小说中与以工业为代表的超级机器相关联的两个词语分别是“进步”和“理性”。在超级机器的语境下，进步意味着工业不停地、无休止地发展，理性则“除了尽可能多地

---

① Nicolas Born. *Die Welt der Maschine. Aufsätze und Reden*. Reinbek bei Hamburg：Rowohlt Verlag GmbH，1980. 后文全部缩写为 WM。

② Nicolas Born. *Die erdabgewandte Seite der Geschichte* (Roman). Reinbek bei Hamburg：Rowohlt Verlag GmbH，1979. 后文全部缩写为 ESG。

③ *Almegård. „Macht ist da，weil auch wir Macht im Auge haben“ — Untersuchungen zur Machtkritik bei Nicolas Born*. Sweden：University of Gothenburg，2002，S. 97.

④ *Ebenda*，S. 98.

生产和制造新产品以使人们越来越多地消费之外没有其他意义"①。主人公对进步与理性的认知极具贬义色彩，他的批判思想尤其体现在与玛丽亚的关系上，由两性角色差异引起的矛盾与冲突在这一点上也有体现。按照传统两性角色的划分，男性是理性的代表，女性是感性的代表，可是这一特征反映在主人公与玛丽亚身上正好相反：玛丽亚在待人接物方面非常理性和果断，而主人公却很感性，常常犹豫不决。"她对于理性的进步和进步的理性的信仰使我感到生气，而我也因为独处的思想让她恼火。"(ESG：179)在主人公看来，无论是"理性的进步"还是"进步的理性"，两者都挑战着传统两性角色以及男性尊严，更逐渐渗透和控制着社会发展和人类意识，因此主人公的独处愿望不仅仅是逃离玛丽亚，更是逃离进步和理性思想对个体和自我的侵蚀。"地球最终会沦为理性的牺牲品。如果你现在站立的地方，玛丽亚，一百年后没有任何生命，那么它会是理性的杰作。"(ESG：151)这段话是主人公想对玛丽亚诉说的内心独白，他认为包括社会和人类在内的整个地球最终都会成为理性及蕴含理性思想的超级机器的牺牲品。不过他的这种想法并不意味着他对理性思想的屈服，而是从侧面反映了他抵触厌恶却又无可奈何的情绪，所以玛丽亚对于进步和理性思想的坚信与追随注定了两个人最终分开的结局。不止玛丽亚，连拉斯基在进步与理性的观点上也与主人公存在分歧。虽然两人有很多相似之处，但拉斯基"总是想要说服、启蒙"。(ESG：98)启蒙的核心是理性，在超级机器的影响下理性逐渐呈现工具化和机械化的特征，因此说服和启蒙的想法与做法体现了对统一和一致的追求，反映了拉斯基在现实生活中努力融入社会并获取认同的心理，可是政治上的连续失意使他追求进步与理性的希望破灭，孤立无援的状态凸显了拉斯基面临着同样的主体危机。

小说中出现的代表工业的机器并不多，但是主人公的生活确实被机器环绕和影响，大到在困难情况下降落的飞机(ESG：55)，小到包含细微技术的台灯(ESG：13)，不过最能体现主人公对机器和技术感受与看法的是偶尔提到的摩托车。这辆摩托车一直被留在车库，后来再次被使用，主人公重新驾驶它的感受是："在固定的座位上我觉得很温暖，我感到这台机器的强烈意志——像飞翔的诱惑一样。我不太懂这台机器，有时我觉得把它骑坏后，我就会结束了。"(ESG：170)驾驶摩托车迸发的速度与激情让主人公产生飞翔的幻觉，这被他认为是一种诱惑。"飞翔的诱惑"一方面象征着速度和效率，另一方面又隐藏着危险和伤害，这也是以工业技术为代表的超级机器的双重特征，所以主人公对"飞翔的诱惑"一直保持抗拒态度，这从文中几次提到的驾驶方法可以反映出来。主人公明知快速行驶才能获得驾驶摩托车的快感，但是他却故意骑得很慢(ESG：170，173)。"飞翔"意味着主人公向往的自由和无拘无束的状态，可是这种状态只是一种幻

---

① *Almegård. „Macht ist da, weil auch wir Macht im Auge haben" — Untersuchungen zur Machtkritik bei Nicolas Born*. Sweden：University of Gothenburg，2002，S. 97.

觉和假象，如果真的拥有这种状态，就意味着摩托车的损坏以及自己的受伤甚至死亡，①所以他慢速行驶的做法不仅是为了保证自己的生命安全，更是为了摆脱以工业技术为代表的超级机器对人类的控制和支配。

虽然每个人是千差万别、迥然相异的个体，“但是电子程序让我们团结起来；然后我们完美地融合在一起。我们仍然会被我们的多样性，被这些荒谬的偏差、不平等所阻碍，这些只不过是错误或对以前错误的纠正。”（ESG：123）“电子程序”是机器和技术的象征，人类的“团结”代表着超级机器对人类的操纵和控制，虽然“多样性”仍会导致“偏差”和“错误”的出现，但是在不久的以后这些“偏差”和“错误”将会消失，人类也会变得如同程序一样被编写和操控。这样的结果是主人公不愿意看到的，人类的机械化和工具化特征意味着超级机器对人类及整个社会的彻底控制，而人类也将因失去主观情绪和感受而产生主体危机。

工业扩张式的发展不仅会摧毁人文情感和文化，同时也会破坏环境和浪费资源，这一点从主人公回到鲁尔区看到的景象已经有所体现。

“开放的工业大厅、调车场地以及后面阴森却多少让人平静的住宅，全都被污浊且令人窒息的灰色笼罩，以至于我无法将它们与昔日的任何熟人联系起来。他们所有人都会愤怒地离开这样的环境。令人沮丧的凝滞的天空，烟囱里冒出的赭红色烟雾像浓稠的池塘结块一样沉入其中。支离破碎的风景，远处是新建的学校和体育馆，孤零零的树木、光秃秃的，绝望的人影，岩石堆和高压电线，塌陷的栅栏后面是成排长坏的甘蓝杆。挂放地毯的长杆。铁道口前有一条汽车长龙。一个人坐在椅子上用抹布擦拭窗玻璃。”（ESG：36）

虽然这段描写几乎不加任何修饰、只用简单直白的语言平铺直述眼前看到的景象，但是已经让读者感到压抑和沮丧的气氛。从描写中可以看出工业发展对自然环境造成的巨大破坏：到处都是工厂、建筑、电线、汽车等工业现象，在它们的包围下只有零星的树木存活，甚至连天空也因排放的烟雾不再蔚蓝，自然景观几乎全被人文景观所取代。

如此遭到破坏的自然被博恩称为“第二自然、超自然或非自然”（WM：18），它是与以前不一样的、改变了的自然景象，是以超级机器为代表的工业发展造成的恶果，并且指向更加严重的环境恶化：“不能呼吸的空气，不能饮用的水源，贫瘠的土壤，众所周知的自然力量被极大削弱，并且被新的核能取而代之。”（WM：18）博恩把自己对自然破坏甚至毁灭的担忧投射到小说主人公身上，小说中的他和现实中的博恩一样选择离开鲁尔区。这种举动不仅是因为他想要摆脱故乡带来的惨痛回忆，也是因为故乡现在的自然景象与记忆中的模样大相径庭。逃离故乡、甚至想带女儿逃离故乡的举动不仅是主人公内心、也是博恩内心对工业发展的抵触情绪和自然破坏的惋惜之情的真实写照。

对自然环境集中且详细的描写出现在小说末尾主人公和女儿一起度假的菲希特尔山

---

① 参见 *Almegård. „Macht ist da, weil auch wir Macht im Auge haben“ — Untersuchungen zur Machtkritik bei Nicolas Born*. Sweden：University of Gothenburg，2002，S. 95f.

脉。这片地区是主人公想带女儿到达的安全地带，因为它不仅保存着最原始的自然风光，更象征着未被世俗社会污染、与异化现实相对立的另一个世界。不过即使是这样一片与世无争的世外桃源，也已经出现了人类活动的踪迹和工业污染的现象。“那里堆着散落的垃圾和垃圾袋，整个风景对我来说突然如同临死前的最后一餐。生锈的自行车架和发霉裂开的汽车坐垫，完全锈掉的金属器皿与腐烂的床垫。一切都分散在更大的区域。”(ESG：226)眼前的景象让主人公伤心且愤怒，因为工业的发展不仅影响人类和社会，还波及本应保持原始状态的自然、并且大面积蔓延；“临死前的最后一餐”象征着自然成为工业活动吞噬的最后一片区域，之后整个世界都将沦为以工业为代表的超级机器统治的对象。尤其让主人公感到震惊的是一位鸟类学家关于自然的解释，他在从事鸟类保护活动时观察到，自然界中所有景象的变化与发展仿佛都是按照计划进行，一切都经过深思熟虑、带有某种目的性(ESG：223)。这番说明打破了主人公对于自然的传统认知，他从未想过看似变幻易逝的风景其实包含着某种特定意义(ESG：223)，它们就像超级机器一样有着自身的组织结构和运行法则。此种结果不仅与主人公之前的想法大相径庭，而且也意味着他保护和拯救自然的希望破灭，因为一方面自然作为工业的对立面遭到破坏甚至毁灭，但是另一方面自然又保持着类似超级机器的组织结构和运行法则、成为其同类，这样的矛盾存在与主人公身上的异化问题遥相呼应。

2. 政治的权力

“新主体性”文学一直被认为是与文学政治化相对立的存在，不过政治性又是“新主体性”文学的一大特色。在小说《故事的背地面》中政治作为超级机器的代表性标志之一，控制和监管着人们的生活与思想，从而造成个性的丧失和主体性的消解。这里以政治形态出现的机器是国家，国家作为政治性的产物拥有至高无上的权力，并且以法律、监狱、警察等具体形式影响和制约着人们的行为与思想。

在博恩眼里，“为保护人民而制定的法律有被改变为法律陷阱的危险”(WM：78)；在主人公眼里，“国家不断发布自我保护的法律，以至于我们在它的保护下很快无法活动。越来越多的人现在已经不能活动了。法律在国家的包裹下与世隔绝，就像储备中最好的部分，人们无法得到它，也不用成为违法者。”(ESG：188)法律的功能本来是服务民众，结果现在它却被束之高阁、失去自身的价值和意义；国家也丧失了保护民众的作用，“它变成了一个控制机构，功能是限制人们的意愿，这样他们就会默默服从。”①从保护到约束的职能转变不仅意味着作为超级机器代表的国家对民众的监督和控制，更意味着个体被集体同化和消解。在这种情况下，不存在个性化的行为，也不会有独立的自主意识，所有的行为与意识都是集体统一的产物，是个体在长期控制和约束下呈现出的

---

① *Almegård. „Macht ist da, weil auch wir Macht im Auge haben“ — Untersuchungen zur Machtkritik bei Nicolas Born*. Sweden: University of Gothenburg, 2002, S. 103.

潜移默化的结果，表现之一就是主人公对示威游行参与者的直观感受。他们的行为其实是受某种舆论或宣传所引导的无意识显现，甚至活动背后的指挥与命令也是在无意识状态下决定和发出的(ESG：52)，个体在超级机器的控制和影响下变得盲目、失去自我，所以主人公赞成“无政府主义的独立”(ESG：204)状态，因为“国家什么也没有给我们提供，除了外部消解的管理”(ESG：204)。由此可见，国家并没有发挥服务和保护民众的功能与作用，民众反而在其控制下出现个性丧失和主体性消解的现象。

国家控制民众的主要目的是为了保障自身的稳定和团结，从而维护现有的权力与利益，这一点通过主人公好友费迪南德从事的工作得以体现。主人公在去往巴黎的途中顺道拜访了多年未见的好友费迪南德和卡琳，当他得知费迪南德现在竟然在监狱工作时，他完全无法抑制自己的怒火，因为对他来说这群人是“沉迷社会的人”(ESG：196)，他们追求和迷恋的团结其实是一种自我欺骗(ESG：195)。在监狱里，费迪南德和犯人们一起工作和娱乐，“他实施了个人暂时告假，也可以参与调查的做法；另外一组表演戏剧、进行角色扮演，费迪南德也会参与其中。”(ESG：194)表面上费迪南德和犯人相处得十分融洽，但一切只是假象，因为以费迪南德为代表的“官僚主义者，他们越深入官方通告的系统之中，他们就越少感知和理解犯人”(ESG：196)，这群人实际上已经成为国家机器控制犯人甚至民众的工具。“监狱”在这里具有双重含义，一方面被困住的是犯人，他们在监狱里接受团结意识的教育、进行自我改造；另一方面被困住的是管理犯人的统治阶层，他们融入官僚主义系统、被官僚思想洗脑，从而失去自我意识和判断，成为替监狱及国家代表的超级机器服务的工具。

超级机器在政治上的体现除了反映在对民众的控制和同化方面，还反映在对民众的监管方面，具体形态以政治警察为代表。小说用较少笔墨提及了玛丽亚的住所遭到入侵的事情，在文中仅有四处描述与之有关，分别是主人公发现玛丽亚的住所被入侵(ESG：39-41)、玛丽亚去警局报案却受到审讯(ESG：89-90)、玛丽亚的电话被监听(ESG：101)以及玛丽亚因为这件事情给住所更换了新锁(ESG：115)，但是把所有细节联系起来可以发现事件背后隐藏的政治目的和国家利益。玛丽亚的住所遭到入侵但并没有任何物品丢失，经常有一名陌生男子和一条狗在她的住所周围徘徊，而且后来玛丽亚发现她的电话一直处于被监听状态，这一系列现象的发生都是因为她与“另一部分”(ESG：89)的联系。政治警察并不相信玛丽亚与来自“另一部分”的人只存在商业上的往来，而是怀疑她另有目的，所以当她去警局报案时，他们对住所入侵的事情并不感兴趣，反而如同审讯一样询问了许多政治性问题以及她的态度和看法。1967 年左右西德和东德仍然处于对峙僵持时期，特别是 1961 年柏林墙修建以后，两德的状态从分裂变成隔绝，因此引发了当局者更加严格的警惕和戒备。发生在玛丽亚身上的事情虽然只是个体事件，但却暗含了国家在背后的政治力量斗争，反映了以警察及国家为代表的超级机器对民众的监管和控制。值得一提的是，虽然玛丽亚在政治上成为被监管的对象，但是在和主人公的爱情关系中她却扮演着监管者的角色，主人公则是被她监管的对象。两人的关系就像“一场政治游戏”(ESG：93)，主人公一直处于玛丽亚“对他孤独的统治”(ESG：149)

下，忍受“她的规则”(ESG：130)和控制，“这样有组织的关系和‘超级机器’的控制模式很相似，因为它是按照逻辑构造的，尽管最初是基于这种关系中的情感。”①可以看出，主人公忍受着双重的监管和控制，一方面来自玛丽亚类似超级机器的爱情关系，另一方面来自国家机器及其代表工具，所以主人公在双重的压力与折磨下想要逃离，既是为了摆脱超级机器对人类的监管和控制本身，也是为了避免在这种监管和控制下出现个性丧失和主体异化的危机。

3. 文化的虚幻

小说中提及了几种传播大众文化的媒介方式，大致可以分为互相对立的两类：一类以写作和电影为代表，主人公希望借助写作重塑另一个现实，电影和电影院则带给他安全感和归属感；另一类以电视、报纸和摄影为代表，它们被主人公看作不真实的、肤浅的象征，使人们完全沉醉于由大众文化打造的虚假与空幻的世界和生活之中，从而失去自我独立的意识、思考和判断，沦为集体的牺牲品。因此以电视、报纸和摄影为代表的大众文化可以看作超级机器的另一种表现形式，它们通过营造一种虚幻且一致的文化氛围麻醉人们的思想和意识进而控制他们，从而造成个性的丧失和主体性的消解。

电视作为大众文化的传播媒介之一，通过不断变幻的视听图像制造出类似现实生活的场景，使观众沉醉其中，这种体验也发生在主人公自己身上。“电视经常开着。在里面我再次看到一种生活从我身边消逝，而且我感到每个渴望都从我身上被切断。我不想参与任何事情。”(ESG：12) 对任何事情的无心参与感正是电视节目在以主人公为代表的个体身上制造的麻痹感的表现，他们将现实的生活与电视的生活互相混淆，以为仅仅依靠看电视就可以体验不同的人生。精彩纷呈的电视节目呈现出不同的生活，但归根到底都是虚假的现实，可是这种虚假却让观众沉迷其中，于是在真实与虚假之间来回游离、迷失自我。这种现象也表现在主人公身边其他人观看电视的反应上，乌泽尔在电视机前看“我”的目光，“好像我也属于这个节目”(ESG：70)；埃丽卡的新男友也有类似行为，“他看起来像在沉思……似乎这个节目在他自己的身体里播放一样”(ESG：29)。他们都将现实生活中的人物或场景与电视中的幻象融为一体，甚至连身体也属于其中一部分，进而在虚假的陶醉中迷失自我、丧失自我。虽然主人公一直借助写作构建另一个现实，可是这种现实并不等同于电视打造的媒体现实，因为故事中的现实即使也是虚假的，但却是他向往和追求的，是自我意识的呈现；而电视中的现实带有明显的宣传色彩和舆论导向，使观众的思想与认知容易受到媒体和大众的影响。主人公一直刻意与电视传播的信息和打造的现实保持距离，正是为了避免自己的渴望被电视切断甚至打破，这种担心反映了当时存在的现实问题，“个人的渴望与梦想以及他们在谈话中的表达被工

---

① *Almegård. „Macht ist da, weil auch wir Macht im Auge haben“ — Untersuchungen zur Machtkritik bei Nicolas Born*. Sweden: University of Gothenburg, 2002, S. 67.

业化生产的电视的渴望与梦想所取代”①，总是被动接受电视宣传和倡导的信息使每个个体从行为举止到思想意识都失去自己独立的分辨与判断，从而被以电视为代表的超级机器影响并控制。

主人公在外出的时候总喜欢顺便购买一份报纸，因为这是他的“一个重要特征”(ESG：143)。购买报纸的举动并不代表他对报纸或报纸内容的喜爱和关注，事实上，他的态度是矛盾的：一方面，他似乎对报纸上的信息很感兴趣，因为他觉得上面发生的一切都和他有关(ESG：143)；另一方面，他又认为报纸呈现的一切事情和他没有任何关系，尤其是那些政治内容，它们只是统治者在政治舞台上的艺术表演(ESG：226-227)。由此可以看出，主人公对报纸上面印刷内容的真实性保持怀疑(ESG：186)，上面的信息只是以国家当权者为代表的超级机器想让民众看到并接受的内容，并不意味着真实的信息或者全部的信息。通过这种有选择的信息筛选和信息呈现，报纸也成为超级机器的工具和媒介，进而引导和控制民众的思想与意识。“似乎”一词表明主人公对报纸内容并不是真感兴趣，此种行为只是一种刻意的伪装和满足自己虚荣心的表现，时刻了解国家大事及身边发生的一切能够在与别人交流时不缺谈资，从而更好地融入集体和社会②，这其实也是一种自我迷失的表现。新闻的时效性特点虽然能使人们快速了解最新的讯息，但在一定程度上也造成信息的泛滥，这一点从主人公阅读报纸的行为可以体现出来。“我坐在阳台阅读了近三天的报纸，开始非常详细，但那天以后就草草略过。”(ESG：244)“主人公的行为方式可以理解为反对内容空虚和意义空虚，以及新闻瞬时性的表现”③，因为信息更新换代的速度之快使人们只是粗略地了解发生的事情，并没有深入探究背后的实质与意义，这样就造成针对信息的分析与判断是肤浅的，只能停留在表面。可是这些泛滥的信息正是“滋养我们历史的可怕食物，所有的世界材料一拥而入”(ESG：204)，在人们消化和吸收之前便转瞬即逝，从而造成对事情的看法和认识缺乏深度，容易被代表超级机器的大众文化所宣扬的思想影响与控制。

在小说结尾处，有一段关于玛丽亚工作现场的拍摄场景描写。“这位女歌手很快就放松了，但是在摄影师拍摄一组新的影集之前，她重新抬起脸，面带微笑，这个笑容不针对任何人，因为它应该针对每个人。”(ESG：247)女歌手在工作与休息之间来回切换自如的表情和状态表明她已经习惯这样的工作模式和要求，但是这种状态是以牺牲个性和自我为代价的，她的动作和表情是按照工作要求的机械性和重复化展现，并不是自我意识或情感的真实显露。拍摄的“照片应该引起所有人的兴趣，所以女歌手不能对某个

---

① *Almegård. „Macht ist da, weil auch wir Macht im Auge haben“ — Untersuchungen zur Machtkritik bei Nicolas Born*. Sweden：University of Gothenburg，2002，S. 80.

② *Almegård. „Macht ist da, weil auch wir Macht im Auge haben“ — Untersuchungen zur Machtkritik bei Nicolas Born*. Sweden：University of Gothenburg，2002，S. 113.

③ *Almegård. „Macht ist da, weil auch wir Macht im Auge haben“ — Untersuchungen zur Machtkritik bei Nicolas Born*. Sweden：University of Gothenburg，2002，S. 114.

特别的人微笑，而必须保持匿名同时又努力在场的状态，这样所有人才能感兴趣”①。这种拍摄出让所有人都喜欢的照片的要求体现了超级机器“制造统一生活情感”(ESG: 204)的工业化特征，而这是以牺牲个体情感和天性为代价。

4. 结语

《故事的背地面》中的主人公在现实生活中被由工业、政治和文化意象组成的机器世界所包围，产生严重的主体危机。工业虽然象征着进步与理性，但是在主人公眼里却成为阻碍社会和人类进步的反动力，因为它不仅破坏自然环境，还摧毁主体的情感，使其类似机器人一样被操控；以法律、监狱和警察等具体形式出现的国家机器意味着至高无上的政治权力，可是它非但没有服务民众，反而控制和监管着人们的行为与思想；在文化领域，主体的个性和自我也被电视、报纸和摄影等代表文化的宣传媒介所营造的虚假和幻象包围，出现个性丧失的主体危机。

参考文献

[1] Almegård. „*Macht ist da, weil auch wir Macht im Auge haben*“ — *Untersuchungen zur Machtkritik bei Nicolas Born* [M]. Sweden: University of Gothenburg, 2002.

[2] Nicolas Born. *Die erdabgewandte Seite der Geschichte* (Roman) [M]. Reinbek bei Hamburg: Rowohlt Verlag GmbH, 1979.

[3] Nicolas Born. *Die Welt der Maschine. Aufsätze und Reden* [C]. Reinbek bei Hamburg: Rowohlt Verlag GmbH, 1980.

[4] Ralf Schnell. *Geschichte der deutschsprachigen Literatur seit* 1945 (2., überarbeitete und erweiterte Auflage) [M]. Stuttgart-Weimar: Verlag J. B. Metzler, 2003.

---

① *Ebenda*, S. 116.

“唯一真正的国王”

——《智者纳坦》中的行乞僧阿尔·哈非人物分析

北京大学　赖雨琦

摘要： 在《智者纳坦》中，行乞僧阿尔·哈非总共有三次出场，是一个不起眼的人物，但他却是莱辛原本计划创作的一部续集的主人公，也是剧中在智慧和观念上唯一能与纳坦比肩的角色，可见他的重要意义。这个人物的性格独特，既充满智慧，洞察世事，又个性单纯，行事任性。他的宗教归属也并不是研究者通常认为的伊斯兰教，而是诞生于古代波斯的琐罗亚斯德教。这一宗教以善恶两分的世界观为基础，主张人类应当积极从善，强调道德的价值，这正与莱辛所主张的以“爱”为准绳的理性宗教的理念不谋而合。

关键词： 行乞僧；琐罗亚斯德教；理性宗教

1. 引言

在莱辛于1779年1月15日写给弟弟卡尔的一封信中，他提到，“根据我最初的广告，(《智者纳坦》)原包含一则名为《行乞僧》的续篇，它将会沿着线索，以一种新的方式继续展开剧中的一个小插曲”①。虽然这个计划最终因为版面不够而作罢，莱辛的遗稿中也并未留下与这则续篇相关的材料，但仅仅是这个计划本身便足以引起对行乞僧这个看似微不足道的人物的关注。在《智者纳坦》这部五幕剧中，行乞僧阿尔·哈非总共只有三次出场，分别是在第一幕第三场、第二幕第二场和第九场。刚刚被萨拉丁任命为财务主管的阿尔·哈非前来拜访朋友纳坦，告知他萨拉丁所面临的财政危机，并希望纳坦能够借钱给萨拉丁，缓解这一困境，但遭到纳坦拒绝。萨拉丁再一次在棋盘上输给了妹妹西妲，他宣哈非入宫，要求后者将赌注付给西妲。哈非无法忍受，于是将财政情况向萨拉丁全盘托出，原来萨拉丁的金库早已见底，一直是西妲靠自己的私人财产在维持着王室的运转。得知情况后的萨拉丁开始考虑向人借款，哈非为了保护朋友纳坦，假称他从不借钱给他人。离开宫廷后，哈非匆匆去到纳坦家中，提醒他当心萨拉丁，并告诉他自己不愿再继续担任财务主管，随后挂冠而去。

---

① Von Düffel, Peter (Hrsg.). *Lessing, Gotthold Ephraim. Nathan der Weise. Erläuterungen und Dokumente.* Stuttgart: Philipp Reclam Jun. (Universal-Bibliothek Nr. 8118), 1972, S. 108.

从整部戏剧的结构来看，这段情节只是为了引出萨拉丁的财政危机以及展现纳坦对此的态度，以使后来萨拉丁用计试探纳坦显得更为顺理成章，因此，作为作者分配给萨拉丁的一名财务主管①，阿尔·哈非通常被认为只是一个穿针引线的次要配角，很少受到研究者的特别关注。虽然有研究对哈非和纳坦的对话进行了分析，但也仅仅关注到了其中文字层面上的诙谐，认为这为这部严肃的戏剧增添了趣味性②。在这种解读中，除了产生幽默的方式不同，行乞僧的形象似乎同传统戏剧中那些插科打诨的丑角没有什么两样。

不过，这个人物真的这么简单吗？莱辛的这部剧作中，犹太富商纳坦无疑是智慧的象征，在同其他人的交谈中，他几乎总以"导师"的形象出现，他不仅在思想上占据着制高点，还能以种种方式说服对方接受自己的观点，最为经典的当然是他以三只指环的寓言向萨拉丁阐明宗教宽容精神的那一场。然而，在纳坦和阿尔·哈非的对话中，我们看到的却是两个在智力上势均力敌，观念上惺惺相惜的智者形象。两人刚一碰面，纳坦看到行乞僧身上的华丽服装，吃惊不已，哈非表示，自己也很无奈，但这是行乞僧"必须"做的，还不等哈非说完，纳坦便回道："必须！行乞僧！行乞僧必须？没有任何人必须为所必为，而行乞僧却必须？他究竟必须做什么？"③这个问题非常尖锐，因为"必须"这个词恰与行乞僧那种自由无拘、任性散漫的生活理念是相抵触的，阿尔·哈非之所以选择成为行乞僧，在很大程度上就是为了摆脱物质的束缚，进而不受外界强加给自己的要求的控制，但他如今却因这两个字重新回到了人间的樊笼中，这无疑是极大的讽刺。同时，在纳坦这样严肃的语气中，我们也能感知到两人之间惺惺相惜的友情。面对好友的质问，阿尔·哈非回答道："人们真诚恳求他做的事，而他又认为是善事的事：一个行乞僧必须去做。"④这一回答得到了纳坦的赞同，他改变了自己咄咄逼人的语气，表示自己与哈非仍然是好友。在这里，通常对他人进行教导的纳坦成了被说服者，展现了这名行乞僧的过人之处。而更为直接和引人注意的，则出现在第二幕第九场的结尾，当行乞僧抛下一切离开后，纳坦不禁赞叹道："这真正的乞丐才是唯一真正的国王呵！"⑤

这样一位特立独行，可与纳坦比肩的僧人在剧中的意义显然很难以串联情节或是增添文本趣味性简单概括，更何况莱辛曾计划以他为主人公创作续篇，这一人物与《智者纳坦》的主旨必然有更深一层的关联。本文就将从行乞僧阿尔·哈非的人物形象及身份出发，探讨他同这部戏剧的主旨之间的关系。

---

① 请参阅[德]莱辛，朱雁冰译：智者纳坦(研究版)，北京：华夏出版社，2011年，第245页。

② 请参阅 Schlossbauer, Frank. *Zur Neubestimmung des witzigen Formprinzips bei Lessing*, The German Quarterly, Vol. 62, 1989, S. 15-26. S. 21.

③ [德]莱辛，朱雁冰译：智者纳坦(研究版)，此处为第28页。

④ 同上。

⑤ 同上，第68页。

2. 阿尔·哈非其人

虽然阿尔·哈非在剧中出现次数不多，但就在这短短三场中，一个智者般洞察世事却又像孩童般天真任性的奇异形象便跃然纸上，令人过目难忘。

阿尔·哈非的智慧不仅表现在他和纳坦的对等关系中，还通过他对萨拉丁所谓“善行”的看法反映出来。第一幕第三场中，他以嘲讽的口气告诉纳坦，萨拉丁之所以任命自己为财务主管，就是看中了自己乞丐的身份，这位君主认为，只有乞丐才“善于以得体的方式布施乞丐”①，他希望这名乞丐出身的财务主管能够按照自己的心意，毫无保留地为穷人提供帮助，而不是像他那些“冷漠”而“缺少人情味”②的前任一样，在布施时仔细衡量、斤斤计较。这样一位慷慨大方，以自己的私产接济臣民的君主在很多人眼中无疑是一位明君，但这样的表象并未骗过阿尔·哈非的眼睛，他一针见血地指出了这种善行的虚伪。首先，君主对民众的压迫无处不在，他们发动战争，“折磨、扼杀千千万万的人”③，但却希望用这种小恩小惠来展现自己的英明和善良，收买人心，这不过是自欺欺人罢了。其次，这名君主对自己的能力没有清醒的认识，他自以为有不竭的财源，于是任凭自己的喜好，不加拣选地施以“善行”，他空有一颗慷慨的心，“却又没有至高者那双握有丰厚财源的手”④，并且对自己可能遭遇的财政危机毫无考量，这实在很难称得上是明智之举。

此外，这名行乞僧在象棋游戏上高超的造诣也从侧面印证了他的智慧。在整部剧中，行乞僧始终与象棋这个意象联系在一起。我们第一次知道行乞僧这个人物是在达雅的口中，而她对哈非的补充性说明便是“你[纳坦]的棋友”，随后，在哈非的交谈中，纳坦更是提到，象棋是行乞僧的“最大财富”⑤。从中世纪开始，掌握棋艺便被看作基督教骑士的美德之一⑥。到了18世纪，象棋依然在社会生活中占据着重要地位，它的意义被认为超越了一般的游戏，是一种智力的锻炼和展示，在歌德的剧作《铁手葛兹》中，阿德尔海特就曾意味深长地告诉班贝格主教，“这种游戏是脑袋瓜的试金石”⑦。而莱辛个人也与象棋有着不浅的渊源，他的硕士毕业论文是对一位生活在16世纪，名叫胡安·胡阿特的西班牙医生和哲学家作品的翻译，这部作品的题目为《对从事科学研究者

---

① ［德］莱辛，朱雁冰译：智者纳坦（研究版），第31页。

② ［德］莱辛，朱雁冰译：智者纳坦（研究版）。

③ 同上，第32页。

④ 同上。

⑤ 同上，第31页。

⑥ 请参阅 Petzold，Joachim：*Das Schachspiel als Toleranzsymbol in Lessings "Nathan der Weise"*. In：Zeitschrift für Religions-und Geistesgeschichte 47，1995，S. 37-54. S. 49.

⑦ ［德］歌德，章鹏高、汪久祥译，铁手葛兹·封·贝利欣根，载歌德文集（第7卷），北京：人民文学出版社，1999年，第42页。

头脑的检验》，主要介绍了这名医生在检测和提高人们智力方面提出的一些方法，其中提到，象棋是锻炼人们想象力的极为有利的途径。能在这种游戏中达到高水平的行乞僧智力自然也不会太差①。

不过，奇妙的是，这名拥有智者头颅的僧人在很多地方却又显得格外单纯。这一特点最直观的表现莫过于行乞僧那许多孩子气的举动。比如刚一见到纳坦，他便单刀直入，迫不及待地向后者展示自己的新衣和新的职位，就像是一个刚刚拿到了玩具的孩子欣喜地前去与朋友分享自己的欢乐。在第二幕中，行乞僧在面对君主时的态度和处理关系的模式也显得非常任性。当他入宫拜见萨拉丁，看见后者和西姐的棋局时，他的注意力瞬间被象棋所吸引，认真地观察起棋局，简直忘记了自己的职责和入宫的目的。萨拉丁告诉他，自己输了，让他付赏钱给西妲，但这名财务主管却充耳不闻，只一味告诉萨拉丁，这盘棋还尚未分出胜负，并试图向萨拉丁兄妹讲解还可以如何继续走棋，最终惹得萨拉丁分外恼怒，一下掀翻了棋盘。但阿尔·哈非并未因君主的怒火而退步，他不仅肆无忌惮地在君主面前表达了自己的不悦，还在后来见到纳坦时向后者抱怨起萨拉丁的刚愎自用，并最终选择离开宫廷，回归到自己真正所属的团体中，重新去过“自然”的生活。在这里，莱辛可以说刻画出了一名完全不通人情世故的“棋痴”的形象，他似乎完全不能理解也无法接受有人会以如此随意的态度对待象棋，就像他所说，萨拉丁居然“愿意被将死”②，这简直不配被称为对弈。不过，莱辛又进一步借纳坦之口，说出了他生气的真正原因是萨拉丁不愿听取他的意见，不欣赏他那“雄鹰般的目光”③。可见，隐藏在阿尔·哈非这些孩子气，甚至是粗野的行为背后的，是一种对纯粹的追求。对于各种事物，他有着自己的见解，并且不愿因为他人或权势的干扰而放弃自己的立场，甚至连作出一丁点妥协也不肯，因此，有研究者认为，作为一名隐士，阿尔·哈非所追求的是不含一点杂质的理想主义，但现实的世界同理想是有差距的，当他接受了萨拉丁的任命，进入社会后，妥协在所难免，而这恰恰与他的追求水火不相容，于是不愿折腰的哈非只能选择离开④。

阿尔·哈非这种单纯天真、宁折不弯的形象与深谙世故、处世圆滑的纳坦形成了鲜明的对照，他们虽然都有着同等的智慧和人性，但又以截然相反的态度和方式对待世界，比如在面对君主萨拉丁时，纳坦总是显得毕恭毕敬，不失礼数，而哈非则不加掩饰，直来直往。那么，莱辛为何要在纳坦之外设置这样一个人物？

有人认为，《智者纳坦》中阿尔·哈非的避世倾向和纳坦积极入世之间的对比隐含

---

① 请参阅 Petzold，Joachim：*Das Schachspiel als Toleranzsymbol in Lessings “Nathan der Weise”*，S. 40.

② ［德］莱辛，朱雁冰译：智者纳坦（研究版），此处为第 67 页。

③ 同上。

④ 请参阅 Fitzell，John：*The Hermit in German Literature. From Lessing to Eichendorff*，*Chapel Hill*：The University of North Carolina Press，1961，pp. 36-40.

着莱辛对前者，甚至是基督教中自古已有的隐士传统的批评，认为宗教上这种消极的态度并无法对解决现实的问题提供任何帮助①。但这一观点并无法在文本中找到充足的支持。仅从文本来看，我们不仅很难找到莱辛对行乞僧这个人物的负面评价，而且还能隐约感受到他对阿尔·哈非的赞叹，甚至是敬佩。最直接的体现自然是在第二幕第九场结尾处纳坦对哈非的评价，“这真正的乞丐才是唯一真正的国王呵！”②而对于行乞僧所选择的生活方式，他也并未表现出批评的态度。当哈非邀请纳坦同自己一道前往恒河，去过行乞僧的生活时，纳坦的反应十分耐人寻味。很明显，他并不愿意接受这个提议，但出人意料的是，他并未直接表明自己的拒绝，而是说“我确实觉得咱们随时都可以那么做。不过，阿尔·哈非，我得仔细考虑下”③。他的缓兵之计当然一下便被哈非戳穿，但在这里，纳坦的犹豫和委婉却让我们感受到他对行乞僧生活的奇异态度，他虽然没有办法抛下一切同哈非离开，但后者将要进入的那种生活似乎具有某种更高的正当性，这种正当性使纳坦不能够直接说出拒绝的话语。无论这种正当性究竟是什么，来自何处，它的存在本身便表明了纳坦，甚至是莱辛对行乞僧的认可而非批评。

但是，这样的认可来源何处？阿尔·哈非身上有怎样的特质，使莱辛对他产生了赞赏？有研究者指出，阿尔·哈非的人物原型是莱辛身边的一个名叫亚伯拉罕·沃尔夫(Abraham Wolff)的棋友④。亚伯拉罕是一名著名的犹太数学家，但当时他穷困潦倒，虽然有妻子，但两人长期分居，从1770年开始，他更是一直借住在摩西·门德尔松家里的一个房间中，过着一种简朴的生活，莱辛正是从他身上得到了创作阿尔·哈非这个人物的灵感⑤。不过他却将这个人的身份从犹太人改为了行乞僧。行乞僧(Derwisch)这个词语本身来源于波斯语，指的是广泛存在于近东地区许多宗教中的苦行僧，他们自愿选择过着物质上十分清贫的生活，希望能够以此来拉近自己与神明之间的距离。在《智者纳坦》中，阿尔·哈非就是这样一名僧人，不过，对于这样一部阐发莱辛宗教观的观念剧来说，对我们理解人物更重要的显然是他所归属的宗教。

在很多研究文献中，阿尔·哈非都被直接归入了穆斯林群体中，这样归类的依据可能是由于在第一幕第二场结尾，纳坦在向达雅询问站在那边打量自己满载货物的人是谁时，使用了“穆斯林”这个词，但是，在这个时候，纳坦仅仅是远远看见了阿尔·哈非，他的这个判断很可能只是根据对方的衣着作出的，而此时哈非穿着的是苏丹赏赐给他的

---

① 请参阅 Fitzell, John: *The Hermit in German Literature. From Lessing to Eichendorff*, *Chapel Hill*: The University of North Carolina Press, 1961, p. 40.

② [德]莱辛，朱雁冰译：智者纳坦(研究版)，第68页。

③ 同上，第68页。

④ 请参阅 Lausch, Hans: *Zur Biographie des Mathematikers und Calculators Abraham Wolff. Ein Nachtrag* (*Projektbericht*). In: Aschkenas, Zeitschrift für Geschichte und Kultur der Juden, 1994 (4). p. 296.

⑤ 请参阅 Farquharson, R. H.: "Lessing's Dervish and the Mystery of the Dervish-Nachspiel." In: Lessing Yearbook XVIII, 1986, pp. 47-68, 55.

官服，纳坦会因此产生误判也就不足为奇了。后来，在与萨拉丁的谈话中，哈非向他介绍纳坦的个性时提到，这名优秀的犹太人同萨拉丁一样乐善好施，“犹太人和基督徒、穆斯林和拜火教徒，在他看来都没什么区别”①。在这部讲述犹太教、基督教和伊斯兰教三大宗教如何和谐共处的剧中，哈非突然提到“拜火教”(Parsismus)，显得格外突兀，而在他与纳坦最终的对话中，我们则可以找到他这样说的原因。他告诉纳坦，自己要回到恒河边的那些吉伯派(Gheber)信徒中去，那里才是自己最终的归宿，这里的吉伯派便是拜火教分布在印度的一个派别。可见，阿尔·哈非所归属的并不是伊斯兰教，而是拜火教。他在这部戏剧中的出现暗示了莱辛对三大宗教之外，发源于波斯帝国的更为古老的拜火教，也就是琐罗亚斯德教的思考。

3. 琐罗亚斯德教及莱辛对它的接受

琐罗亚斯德教是世界上最为古老的宗教之一，因创始人琐罗亚斯德(也就是后来因尼采的著作而闻名于世的“查拉图斯特拉”)而得名，对于其创立的时间，有着许多的争议，出入也很大，有观点认为是在公元前1700年到1500年之间②，也有学者提出琐罗亚斯德在公元前570年左右才出生③。根据琐罗亚斯德教圣书《阿维斯塔》中的“迦萨”记载，琐罗亚斯德原本为一名祭司，后来花费数年四处周游，以寻求真理，在此过程中，他见证了许多战争和暴力事件，于是开始致力于追寻公正，希望能够建立起一种对强者和弱者一视同仁的道德法则，并以此来维护秩序和和平。

这一宗教的基本理念是二元论的。在这一宗教下，宇宙中有两大永恒存在的神，代表光明的善神，也是主神阿胡拉·马兹达以及象征黑暗的恶神安格拉·迈纽，他们各自独立，分别创造了善和恶的万物，并处于长期、反复的斗争之中。善神手下有六名从神，他们分别保护着阿胡拉的六大创造，分别是水、火、天空、大地、植物和动物。阿胡拉是这六名从神的“父亲”和“统治者”，从本质上来说他们是一体的，因此，这一宗教被认为具有很强的一神教特征。为了打败恶神安格拉，阿胡拉创造出了人类来做自己的帮手，这第七种造物的保护神自然便是阿胡拉自己。因此，不同于波斯更古老的信仰，在琐罗亚斯德教的信仰体系中，人类的任务并不是维护当前的秩序，而是要通过自己的行动来使善神在斗争中占得上风，以重建世界最原初时的理想状态。要达到这一目的，人类不仅要爱护阿胡拉创造出的六种造物，还要关怀自己的同胞，做一个遵循道德准则的善人，具体来说，就是要存善念、说善语、行善事④，因为如果他能够将阿胡拉

---

① [德]莱辛，朱雁冰译：智者纳坦(研究版)，第52页。

② 请参阅Boyce，Mary：*Zoroastrians：their religious beliefs and practices*，London：Routledge & Kegan Paul，1979，p.18.

③ 请参阅龚方震 & 晏可佳：祆教史，上海：社会科学院，1998年，第67页。

④ Boyce，Mary. *Zoroastrians：their religious beliefs and practices*，p.24.

和他手下六名从神都装入自己心中，那么灵魂中就不会再有恶神的位置，安格拉自然也就被打败了。在阿胡拉造人的过程中，他先创造出了灵魂，再创造出了物质实体，以固定灵魂，因此，在这一宗教的理念中，灵魂与身体是可以分离的。

从历史观来说，琐罗亚斯德教将整个历史分为三个时期，创造万物的时期，善恶混战的时期以及善神击败恶神、使世界重归安宁的时期。人们之所以会在此世所遭受苦难，就是因为此时正是善恶混战的时期，在这个时期，善的因素和恶的因素相互融合，世间万物均含有这两方面的元素，对于普通的生物来说，它们的生便是善，死便是恶，而对于人类来说，这意味着他心中既有善念，也有恶念，他必须要在两者之间进行取舍。人死之后，肉身腐坏，但灵魂不灭，他会踏上分离之桥，在那里接受审判，神将他生前的思想、话语和行为放在正义的天平上进行称量，以判断他究竟要进入天堂还是下地狱，不过，善恶混战时期的天堂也并不是极乐之所，只有当善神真正击败恶神，将恶彻底清除出宇宙之后，天堂才会真正变得完美，那里的灵魂也才能同自己的肉身重聚。虽然恶势力无孔不入，人们必须时时警惕它的侵袭，但琐罗亚斯德教的学说认为，善神胜利的一天终将会到来。

琐罗亚斯德教的学说同古代波斯人所信仰的多神宗教相冲突，因此在创立初期遭受到传统宗教的迫害，但波斯帝国建立之后，琐罗亚斯德教逐渐得到接受，成为这一大帝国的国教。希波战争时期，其思想逐渐为希腊人所知，希罗多德的《历史》中就有相关的记述，有研究者还认为，赫拉克利特的哲学思想曾受到这一宗教的影响①。不过，波斯帝国灭亡后，琐罗亚斯德教逐渐式微，虽然从公元前3世纪开始，地中海沿岸地区出现了许多有关琐罗亚斯德的文献，但大多是借他的名义来阐明作者自身理念的作品，而没有专门将琐罗亚斯德教作为探讨的对象，其创始人作为创教者的身份也渐渐淡化，成为了占星师、预言家，甚至是宝石鉴赏家②。在中世纪的欧洲，基督教占据着绝对的统治地位，这一教派自然不会受到关注。18世纪时，近代东方学兴起，欧洲学界才又重新发现了这一古老的宗教。1762年，法国学者昂克蒂尔·德佩农将学界以为失传已久的琐罗亚斯德教经典《阿斯维塔》残篇带回了巴黎，并于1771年出版了题名为《赞德·阿斯维塔》的两卷本译著③。当时欧洲正处于启蒙运动高潮时期，启蒙思想家们四处寻找基督教之外世界其他地区的思想传统，以论证自己的学说，这一宗教也因此得到了广泛的关注。伏尔泰便在自己的《风俗论》中专门介绍了琐罗亚斯德教，他十分赞赏它将世界分为善恶两部分的世界观以及强调道德的教义，认为它的教条几乎完全“与世界各民族合乎自然天性的宗教相一致”④。

---

① 龚方震 & 晏可佳，祆教史，第108-109页。

② 同上，第168-173页。

③ [伊朗]贾利尔·杜斯特哈赫(选编)，元文琪译，阿斯维塔，北京：商务印书馆，2010年，第5-6页。

④ [法]伏尔泰，梁守锵译，风俗论(上)，北京：商务印书馆，1995年，第247页。

莱辛对琐罗亚斯德教的认识很有可能来自鲍姆嘉通从英文翻译成德语的《世界史》(*Übersetzung der allgemeinen Welthistorie*)，这本书的作者将琐罗亚斯德教与基督教和穆斯林教进行比较，表达了自己对前者教义之纯洁的赞叹①。很显然，莱辛受到了这种态度的影响。他于1763年前后创作了两部戏剧，《阿尔西比亚德斯》(*Alcibiades*)以及《阿尔西比亚德斯在波斯》(*Alcibiades in Persien*)，它们虽然都没能最终完成，而只是以残稿的形式留存了下来，但被认为对《智者纳坦》的创作有重要意义。在《阿尔西比亚德斯在波斯》这部剧中，深受苏格拉底影响的主人公阿尔西比亚德斯离开了"智慧的希腊"，在那里，"迷信和无法无天的狂妄控制着暴民，大人物的头脑里则充斥着野心和对神明的蔑视"，但在他刚刚到达的"野蛮的波斯"，"真理和美德"却"牢牢占据着古老的王座"，随后，他更是在同朋友的对话中对琐罗亚斯德教表示了高度的赞赏，认为它"不是什么迷信的巫术，而是关于神的最崇高的学说的集合"②。而在《论人类的教育》中，莱辛也多次提到波斯人对犹太教的影响，他认为，正是"沦为智慧的波斯人的俘虏时，犹太民族开始按各种存在至上的存在来衡量自己的上帝，一如训练有素的理性认识、尊崇这个存在"③，也是"在迦尔底亚人和波斯人当中，犹太人更熟悉了关于灵魂不死的教诲"④，有学者指出，莱辛在这里提及的"波斯人"很有可能便是指的琐罗亚斯德教的追随者。可见，他对于这个神秘的宗教怀有极大的好感，他在《智者纳坦》中对行乞僧阿尔·哈非这个人物的刻画也非常符合那个时代对这一宗教的观感，既充满智慧，又极为纯粹和自然。但是，莱辛为什么会对琐罗亚斯德教赞赏有加呢？

《论人类的教育》中之所以会提及波斯人的宗教，是因为在莱辛看来，这种宗教对早期的犹太教产生了有益的影响，为犹太教信仰注入了灵魂不死等新的理念，破除了他们原有的感性的上帝观念，使他们的上帝崇拜获得了更为纯洁的理性内核，这个民族也因此从偶像崇拜等错误的习俗中挣脱出来，获得了新的发展⑤。不过，按照莱辛的分期，这一转变发生的时间是人类历史的第一阶段，但是莱辛自己所处的时代早已超越了这个阶段，进入了启示宗教向理性宗教过渡的时期，在这一背景下，琐罗亚斯德教和莱辛思想的契合之处主要表现在他们对道德的强调以及对善行的追求之上。

在《智者纳坦》这部阐明莱辛宗教观念的戏剧中，行乞僧阿尔·哈非和他人的对话看似丝毫没有涉及与宗教相关的内容。但是，如果我们将行乞僧作为琐罗亚斯德教徒的身份带入文本，仔细考量，便会发现，这短短的三场其实是对戏剧主旨的另一种阐发。表面上看，哈非与纳坦和萨拉丁兄妹之间的讨论只是单纯为情节服务，互相在思想内涵

---

① Farquharson, R. H., "*Lessing's Dervish and the Mystery of the Dervish-Nachspiel*", p. 60.

② Lessing, Gotthold Ephraim. *Werke und Briefe* (Bd. 5/1), Hrsg. von Wilfried Barner. Frankfurt am Main: Deutscher Klassiker, 1990. S. 393f.

③ [德]莱辛，朱雁冰译，论人类的教育，北京：华夏出版社，2008年，第112页。

④ 同上，第113页。

⑤ 同上，第111-114页。

上并不构成什么联系，但实际上，这三场中也存在着一条统一的线索，即对“善”的讨论。与纳坦刚一见面，哈非便指出，行善是自己作为行乞僧的义务，是一种“必须”。随后他表示，自己并不赞成萨拉丁布施的方式，这并不是真正的善行，只是“虚有其表”①，与之对应的是纳坦的做法，谨慎地对他人施以援手，以避免使自己陷入困境，后者的做法很明显更值得赞赏。因为与君主在行善上的冲突，哈非最终选择了回到恒河，去做一名真正的吉伯派教徒，只有在那里“才有人”②。临走前他邀请犹太人纳坦与自己同去，他“是此地唯一有资格生活在恒河边的人”③，这展现了(至少是莱辛理解中的)琐罗亚斯德教的包容，它不以任何教派归属等外在的特征作为标准对他人进行评判，而是纯粹将道德和“善”作为自己的准则。这样的理念暗合了莱辛对超越实证宗教的理性宗教的提倡，正如三只指环寓言所教导的那样，人类不应该再继续固守封闭的实证宗教，而应进入更为包容的人类宗教的怀抱，这种宗教的内核便是爱、善行和献身于神的精神，而追求至善恰恰也是琐罗亚斯德教的中心主张。或许正因如此，纳坦才会将浸润于这一宗教中的阿尔·哈非称为“唯一真正的国王”吧。

4. 结语

对《智者纳坦》的研究通常只关注到了犹太教、基督教和伊斯兰教这三大宗教的问题，而忽略了第四种宗教——琐罗亚斯德教的存在，剧中的行乞僧阿尔·哈非便是其代表，他既充满智慧而又纯粹的个性表现了莱辛对这种宗教的观感和印象。通过对这个人物的刻画，莱辛表现了自己对于这种古老的神秘宗教的赞赏，它甚至可能是剧中最接近莱辛理想中以爱和善行为准绳的人类宗教的一种学说，因此，对琐罗亚斯德教的研究可能能够帮助我们增进对莱辛宗教观的理解。

不过，本文只是从琐罗亚斯德教的基本教义出发，与莱辛的学说进行了对比，从而得出了琐罗亚斯德教追求至善的终极目标与莱辛的人类宗教理想有相近之处的结论，如果能够在莱辛生平和阅读史方面有更多的材料，对琐罗亚斯德教的理念以及它在当时欧洲的影响有更深的了解，或许可以挖掘出这一宗教和莱辛思想之间更为密切的关联，这对理解莱辛，甚至是当时的自然神论可能都会有更大的助益。

参考文献

[1][德]莱辛，朱雁冰译. 智者纳坦(研究版)[M]. 北京：华夏出版社，2011.
[2][德]歌德，章鹏高、汪久祥译. 铁手葛兹·封·贝利欣根[M]. 载于：歌德文集

---

① [德]莱辛，朱雁冰译，论人类的教育，北京：华夏出版社，2008年，第32页。
② 同上，第67页。
③ 同上。

（第7卷）．北京：人民文学出版社，1999.
[3]龚方震、晏可佳．祆教史[M]．上海：社会科学院，1998.
[4][伊朗]贾利尔·杜斯特哈赫（选编）．阿斯维塔[M]．元文琪译．北京：商务印书馆，2010.
[5][法]伏尔泰．风俗论（上）[M]．梁守锵译．北京：商务印书馆，1995.
[6][德]莱辛．论人类的教育[M]．朱雁冰译．北京：华夏出版社，2008.
[7]Von Düffel，Peter（Hrsg.）. Lessing，Gotthold Ephraim. Nathan der Weise. Erläuterungen und Dokumente. Stuttgart：Philipp Reclam Jun.（Universal-Bibliothek Nr. 8118），1972.
[8]Schlossbauer，Frank. Zur Neubestimmung des witzigen Formprinzips bei Lessing[J]. *The German Quarterly*，Vol. 62，1989：15-26.
[9]Petzold，Joachim. Das Schachspiel als Toleranzsymbol in Lessings Nathan der Weise. *Zeitschrift für Religions-und Geistesgeschichte*，47，1995：37-54.
[10]Fitzell，John. *The Hermit in German Literature. From Lessing to Eichendorff*[M]. Chapel Hill：The University of North Carolina Press，1961.
[11]Lausch，Hans：Zur Biographie des Mathematikers und Calculators Abraham Wolff. Ein Nachtrag（Projektbericht）. In：Aschkenas，Zeitschrift für Geschichte und Kultur der Juden，1994（4）.
[12]Farquharson，R. H. *Lessing's Dervish and the Mystery of the Dervish-Nachspiel. Lessing Yearbook XVIII*，1986：47-68.
[13]Boyce，Mary. *Zoroastrians：their religious beliefs and practices*[M]. London：Routledge & Kegan Paul，1979.
[14]Lessing，Gotthold Ephraim. *Werke und Briefe*（Bd. 5/1）[M]. Hrsg. von Wilfried Barner. Frankfurt am Main：Deutscher Klassiker，1990.

叙事学研究在德国①

北京科技大学　王绪梅　　青岛大学/北京大学　李昌珂

摘要：迄今为止，德语学者在叙事研究方面成果显著。但遗憾的是，其中除施坦策尔的叙事情境理论被有所论及之外，其余成果有待中国的学界了解。针对这一现状，本文尝试对德语叙事理论的发展轨迹进行追溯，对经典叙事理论形成过程中的重要人物及其观点进行重点分析，对新时期叙事研究中的突出成果进行介绍。

关键词：小说理论；叙事研究；叙事学

在20世纪人文科学理论的发展过程中，叙事学以及叙事研究占有举足轻重的地位。叙事学是在法国的结构主义和俄国的形式主义双重影响下而诞生的，从20世纪60年代很快扩展到其他西方国家，在很长一段时间内成为一股势头强劲的国际性理论研究潮流。进入90年代以后，随着文艺批评的演变和文艺学研究的文化转向，叙事学研究高潮又起，其研究范围从文本研究逐渐扩展到其他领域，成为一门跨领域的学科研究。伴随着这一过程，自80年代起，国内学界也开始对叙事学投入越来越多的关注，一些在西方颇具影响力的叙事学理论著作被译介过来，一系列相关的专著和论文也陆续出版。但相较于法语以及英美国家的相关成果被争相关注和述及的情况，德语的叙事理论研究成果有待国内学界认识。本文旨在对德语叙事研究的发展进行梳理，并对一些影响广泛的成果及理论专著予以重点关注，以期对如上所提到的情形稍作弥补。

1. 初始阶段

叙事研究，包括对叙事的构成元素和组成、叙事方法与技巧、叙事的结构、叙事时间和空间等问题研究，在德语学界由来已久。德语叙事理论的发展与其他欧洲国家类似，以小说理论为发展的源头，并逐渐有了不同的侧重和转向：小说理论、叙事研究或叙事理论、以及叙事学。后两者同属广义叙事学的研究领域。

比较系统的小说理论始于18世纪。1774年，布兰肯堡（Christian Friedrich von Blankenburg）发表了德语史上第一部专论小说的理论著作《试论长篇小说》（Versuch über den Roman 1774），使长篇小说得到了理论上的肯定。19世纪下半叶以及20世纪初，随

① 基金项目：中央高校基本科研业务费专项资金资助项目（FRF-BR-19-016A）。

着文学创作范式的改变和文学批评方式的发展，关于小说这一文学形态的研究也得以大步向前推进。其代表人物如弗·施莱格尔(Friedrich Schlegel)①、奥托·路德维希(Otto Ludwig)、弗·施皮尔哈根(Friedrich Spielhagen)。他们或关注小说的共性或者恒定因素，系统研究小说的基本组成、构建形式及其功能，或将其焦点放在了类型研究和历史的变化上。他们将自18世纪末以来的有关文学类型和文学体裁(Gattung)进一步深入探讨和细致化，对戏剧文学和叙事文学的呈现形式和构建要素作出进一步的区分。在此基础上，对叙事文学进行了重点关注，从叙事"媒介"的角度出发，对叙事文学的两种不同的呈现可能做了粗略的区分，如奥托·路德维希：其一为叙事化叙述(eigentliche Erzählung)，即以"讲述"为主的展现方式，作者参与了对自身和叙述对象的呈现，叙述有迹可循；其二为场景化叙述(szenerische Erzählung)，即叙述中融入了戏剧的特征，叙述场景化。② 之后的施皮尔哈根在1864年至1898年期间发表的一系列理论文章中或深入或详细或变换角度阐述了戏剧作品和叙事作品的体裁特征、小说的理论和技巧、叙事作品中的"媒介"等问题。③ 当然，存在的局限是，在奥托和施皮尔哈根这些论述中，"叙述人"还没有得以清晰定位，或者被以"作者"模糊代之，或者和作者的角色相互混淆，或者因为"客观化"的目的而"被消失"。

其后的德国学者继承了前人的研究传统，初步探讨了叙述人这一叙事"中介"的功能和在叙事中的角色，并对叙事方法和叙事技巧进行了较为系统性的论著。其中的代表性成果如凯特·弗里德曼(Käte Friedemann)的《叙述作品中的叙述人角色》(*Die Rolle des Erzählers in der Epik* 1910)和罗伯特·佩契(Robert Petsch)的《叙事艺术的本质和形式》(*Wesen und Formen der Erzählkunst* 1934)。弗里德曼首先对施皮尔哈根模糊叙述人角色，使其消失的做法进行了批判，之后再次强调了位于叙述作品中"发生于过去的事件"和"读者"之间所存在的"媒介"，即叙述人的传递性功能。叙述事件所产生的可信性来自叙述在读者那里造成的幻象，即仿佛媒介(叙述人)站在某个特定的点，对叙述事件进行观察。由此，弗里德曼强化了"视点"(Blickpunkt)的概念，继而进行了分析，叙述人能否成功实现"镜子"的功能，再现生活多彩的风景，完全取决于叙述人所在的视点，亦即"媒介在叙述过程中本身所扮演的角色、其所处的位置、叙述人对所述的理解("真实"抑或"虚构"?)，以及他与叙述对象之间的距离"。④ 弗里德曼还分析了具体的叙述技巧，把故事情节分为主叙述和次叙述，把主叙述层次的情节排列方式分为并列和

---

① 关于施莱格尔的"阿拉贝斯克"、主体介入、自白、开放性结尾等诗学主张和小说理论。可参见冯亚琳：《"浪漫的书"——论施莱格尔的小说理论与小说试验》，《四川外语学院学报》2003年第5期，第9-12页。

② Adolf Bartels(Hrsg.). *Otto Ludwigs Werke in 6 Bände*. Leipzig: Max Hesse, 1900, S. 304ff.

③ Dazu gehören. *Vermischte Schriften*, Bd. 1(1864), *Zur Technik des Romans* (1879), *Beiträge zur Theorie und Technik des Romans* (1883), *Deutsche epische Poesie und Goethe* (1895), *Neue Beiträge zur Theorie und Technik der Epik und Dramatik* (1898).

④ Käte Friedemann. *Die Rolle des Erzählers in der Epik*. Leipzig: H. Hansel Verlag, 1910, S. 3.

序列，次叙述分为追叙和预叙。此外，叙事的诸要素如人物、性格、环境、话语的表达方式（直接引语、间接引语）、叙述的修辞等也被一一述及。佩契则先对叙事文学的历史和发展进行了纵向梳理，从与戏剧文学的对比中强调叙事作品的本质：它是一种间接讲述“过程”（Vorgang）的时间艺术形式。① 进而，除沿袭传统的分析方式对叙事作品的典型要素如讲述人、情节、时间和空间、人物、环境等加以探讨之外，佩契在论著中用大量的篇幅尝试对不同的叙事作品形式进行类型化划分，宏观上把叙事艺术分为客体叙事风格和主体叙事风格，最后从微观上对叙事文学的亚类型（短篇形式、中篇形式和长篇形式）加以分析。同一时期另一部值得关注的成果还有安德烈·尧莱斯（André Jolles）的《短小体裁》（*Einfache Formen* 1930），它沿袭了歌德以来的形态学研究方法及针对简单叙事形式（轶事、谚语、传说等）的形态学研究。以上是直至 20 世纪初德国学者在叙事研究方面所取得的部分阶段性成果。

2. 20 世纪叙事理论

就大背景而言，20 世纪叙事研究或叙事理论的发展表现为出一种交错、复杂和多样的特征。叙事理论的历史并非沿着一条时间、空间路线展开，而是涵盖诸多研究兴趣和发展轨迹的复合体，如赫尔曼所言：“故事研究方法的兴起或扩散本身就是一个相当复杂的故事。”② 20 世纪德语叙事研究的“故事”同样如此，为使这一“故事”得以较为清晰的呈现，本文参考德国叙事学研究学者舍奈特（Jörg Schönert）对叙事学大环境的阶段划分③，并结合德语环境本身的特点，把德语叙事学研究的历史粗略划分为三个阶段：（1）从 20 世纪初至 60 年代，经典叙事理论形成的前期阶段，叙事学研究的基本问题和范畴基本定位阶段；（2）六七十年代，以施坦策尔（F. K. Stanzel）为代表的经典叙事学时期，较为系统的叙事学理论得以形成；（3）70 年代中后期至今，在西方叙事学的发展大背景影响下德语国家叙事研究（英美文学叙事研究和叙事专项研究）的多线路发展阶段，其中包括范式的转移和叙事的转向阶段。

如前所述，叙事学作为一门独立的、自成一体的、拥有一套自身的研究方法和体系的学科理论是在 20 世纪 60 年代结构主义革命（在德国还包括 1968 年的学生运动）之后逐渐形成的，具有明确的基本理论范式（结构主义、符号学、话语语言学），——在德国以施坦策尔为叙述学经典的代表。但叙事学这一概念以及经典叙事理论并不是凭空产

---

① Robert Petsch. *Wesen und Formen der Erzählkunst*. 2. vermehrte u. verbesserte Aufl. Halle（Salle）：Max Niemeyer Verlag，1942，S. 60ff.

② 戴维·赫尔曼：《叙事理论的历史（上）：早期发展的谱系》，见 James Phelan 等主编：《当代叙事理论指南》，申丹等译，北京：北京大学出版社，2007 年，第 4 页。

③ Vgl. Jörg Schönert. Zum Status und zur disziplinären Reichweite von Narratologie. In：Vittoria Borsó/Christoph Kann（Hrsg.）：*Geschichtsdarstellung. Medien — Methoden — Strategien*. Köln & Weimar & Wien：Böhlau Verlag，2004，S. 131-143.

生的，而是吸收了之前的关于小说理论和叙述研究方面的基础成果。除前面所述及的理论成果之外，目前德语叙事学的前期成果多源自 50 年代。其四大代表包括君特·米勒（Günther Müller）及其弟子艾·莱默特（Eberhardt Lämmert）、沃尔夫冈·凯泽（Wolfgang Kayser）、以及凯特·汉姆布尔格（Käte Hamburger）。米勒和莱默特的突出贡献是提出了“叙述时间（Erzählzeit）”和“被叙述时间（erzählte Zeit，即故事时间）”的区分。米勒发表于 1948 年、后收录在他于 1968 年出版的《形态学诗学》（*Morphologische Poetik*）的《故事时间与叙述时间》（*Erzählzeit und erzählte Zeit* 1948）一文和莱默特出版于 1955 年的《叙事的结构形式》（*Bauformen des Erzählens* 1955）一书中先后展开了对这一叙事对立要素之间的讨论，对“顺序”和“时距”等问题做了颇有建树的探讨，尤其莱默特还从叙述功能的角度区分了两种标准的时间倒错形式——“倒叙”和“预叙”，其启发了热奈特在《叙事话语》（*Narrative Discourse* 1972）中影响深远的叙事学模式（包括对顺序、时距、频率等问题的研究）的建构。

凯泽和汉姆布尔格的贡献则在于他们对“叙述人”归属的不同探讨。凯泽在 1957 年发表的《谁在叙述小说?》（*Wer erzählt den Roman?* 1957）一文中重点关注了叙事研究中频频出现的叙述人形象，将弗里德曼对叙述人角色问题进一步深化，对叙述人的本质和作用做了分析。凯泽研究了同时代的小说模式，对作为文本（作品）原创人的“作者”与虚构作品的“叙述人”进行了清晰系统的区分。对于历来备受争议的第三人称小说中的叙述人问题，凯泽明确指出，无论是第一人称还是第三人称的叙述人，都是作者所创造的“角色”。在进行文学分析时必须认识到这一点，即是一个由作者所创造的叙述人在“说话”，因此作品中所表达的看法和观点已不再被看作作家本人意见的直接传达。[①] 而汉姆布尔格同年发表的《文学的逻辑》[②]（*Die Logik der Dichtung* 1957）一书则从分析具体的文本特征入手，区分了伪真实叙述（第一人称叙述的小说）和虚构叙述（第三人称叙述的小说）。汉姆布尔格提出了“叙述功能”的概念，认为作为虚构叙事（尤其是第三人称叙述的小说），故事和叙述之间不存在直接关联，文本外的作者虚构了整个的文本世界，叙述人、包括文本世界的其他形象，都是由作者创造出来的，因此叙述人和故事之间与其说是叙述关系，不如说是功能关联，叙述人与其说是一种“角色”或“形象”，不如说是在完成一定的“叙述功能”。[③] 除叙述人之外，汉姆布尔格还对“叙述过去时”做了独到的阐述，并尝试将虚构作品的“叙述过去时”与“历史过去时”进行对比研究。总体而言，

---

① Vgl. Wolfgang Kayser. „Wer erzählt den Roman?“（1957）. In：Volker Klotz：（Hrsg.）：*Zur Poetik des Romans*. Darmstadt：Wissenschaftliche Buchgesellschaft，1965，S. 197-217.

② 《文学的逻辑》（*Die Logik der Dichtung*）初始发表于 1957 年，1968 年经过较多的修改和补充后再版。

③ 关于德语叙述研究中叙述人问题详细阐述，参见陈良梅：《当代德语叙事理论研究》，南京：河海大学出版社，2007 年，第 75-89 页。

尽管由于研究角度和出发点的局限，汉姆布尔格的观点受到诸多质疑①，但这绝不能阻挡它在很长的一段时间内成为影响深远的叙事研究的奠基石。它证明，文学研究可以在不损害文学的“诗性”的前提下实现“建立在语法学、语言学和认识论基础上的精确性”②。《文学的逻辑》和莱默特的《叙事的结构形式》以及施坦策尔的《叙事的理论》(*Theorie des Erzählens* 1979)构成了德语经典叙事研究的理论基础和支撑。

施坦策尔的研究关注了叙事学发展过程中另一被频频论及的话题：“聚焦”，当然在施坦策尔这里采用了不同的表述方式：叙事情境。施坦策尔在德语的叙事理论学界占有主导地位始于他于1955年所发表的《小说的典型叙事情境》③，这是他为获得教授资格所撰写的论文。施坦策尔从具体作品分析入手，区分了三种叙事情境：(1)传统的全知叙事情境(作者叙事情境)，如菲尔丁的《汤姆·琼斯》，主要表现为一个无所不知的、可随心所欲地参与个人评论的叙述人的存在；(2)人物叙述者的第一人称叙事情境，如麦尔维尔的《白鲸》，叙述人是小说世界的人物之一；(3)以人物的观察视角为出发点的人物叙事情境，如詹姆斯的《专使》，第三人称叙述人的存在导致叙述的“间接性”“媒介”的产生和叙述的“客观化”效果的实现。随后，施坦策尔在1964年发表的《小说的典型形式》④中再一次阐述了典型叙事情境理论，对构成典型叙事情境的诸要素进行了说明。1979年，施坦策尔再一次将他的理论体系化，在《叙事的理论》⑤一书中，对1955年提出的叙事情境分类模式加以修正，用二元对立组成的三条轴线构筑他的叙事情境理论体系：

① 如Petersen分析：“凯特·汉姆布尔格及其《诗学的逻辑》的失败在于，她把真实陈述中的陈述模式移植到了文学的虚构文本上。”见J. H. Petersen：*Erzählsysteme. Eine Poetik epischer Texte.* Stuttgart & Weimar：J. B. Metzler，S. 12.

② Jochen Vogt. *Aspekte erzählender Prosa. Eine Einführung in Erzähltechnik und Romantheorie.* 7. neubearbeitete und erweiterte Aufl. Opladen：Westdeutscher Verlag，1990，S. 32.

③ F. K. Stanzel. *Die typischen Erzählsituationen im Roman：dargestellt an Tom Jones，Moby-Dick，The Ambassandors，Ulysses u. a.* Wien：Wilhelm Braumüller，1955.

④ F. K. Stanzel. *Typische Formen des Romans.* 12. Aufl. Göttingen：Vandenhoeck & Ruprecht，1993.

⑤ F. K. Stanzel. *Theorie des Erzählens.* 8. Aufl. Göttingen：Vandenhoeck & Ruprecht，1978，2008.

如上图所示，构成三条轴线的二元对立分别是：

叙述语式：叙述者叙述 vs 非叙述者反映

叙述人称：与人物世界是否一致，第一人 vs 第三人称，同叙述 vs 异叙述

叙述视角：内视角 vs 外视角

由是观之，作者叙事情境就是一个与作品世界的人物不一致的(全知)叙述人在叙述，外视角(全知视角)占主导；第一人称叙事情境中，则是一个与作品人物一致的第一人称叙述人叙述，内视角为主导；人物叙事情境中，叙述者的角色被一个反映者即小说的一个人物所取代，读者通过反映者的视角感受、观察和思考，因此叙述中内视角占主导。上图还显示，一种叙事情境中由一种叙事要素占支配地位，构成基本特征，其他要素为次要特征。作者叙事情境的主导特征是叙事所采用的外视角，第一人称叙述情境的主导要素为叙述人与人物角色的同一性，而人物叙事情境的主导为反映者的特性。① 至于在同一部叙事作品中可能会存在的叙事情境变化的现象，施坦策尔称之为叙事的"动态变化"。②

施坦策尔的叙事情境理论具有很强的直观性，继承了德国形态学的有机论传统，注重整体框架的假设、重视历史论和对文本动态性的关注。但这种广纳一切为一体的类型循环模式还是引发了激烈的论争。③ 然而，无可争辩的是，《叙事的理论》自 1979 年初版、1982 年修订并于 1984 译成英语，该部著作在很长一段时间内是德语国家乃至许多东欧国家的叙事学经典。在施坦策尔之后，着重承继德语叙事研究和文学理论的发展传统，在叙事学方面有所建树尤其值得一提的是佩特森（Jürgen H. Petersen），其 1993 年发表《叙事体系》(*Erzählsysteme. Eine Poetik epischer Texte* 1993)，旨在完善汉姆布尔格、莱默特以及施坦策尔的经典体系，对他们的研究中出现的类别和标准混合糅杂的情形加以修正。佩特森在叙事学方面的建树将在下文中做进一步论述。

3. 叙事理论新发展与本土研究

以上对德语国家自小说研究至经典叙事理论的发展脉络进行了梳理，对重要的代表人物和成果做了重点阐述。20 世纪 70 年代，继索绪尔的结构主义语言学、俄国形式主义、法国结构主义之后，经典叙事理论已日臻完善。在这个大背景之下，叙事学在德语

---

① F. K. Stanzel. *Theorie des Erzählens*. 8. Aufl. Göttingen: Vandenhoeck & Ruprecht, 1978, 2008, S. 80ff.

② Ebd. S. 89.

③ Matias Martinez u. Michael Scheffel: *Einführung in die Erzähltheorie*. 4. Aufl. München: C. H. Beck, 1999, S. 93f. J. H. Petersen: *Erzählsysteme. Eine Poetik epischer Texte*. Stuttgart & Weimar: J. B. Metzler, S. 68. 中国学者关于施坦策尔叙事情境理论的阐述或评论，见罗钢：《叙事学导论》，云南人民出版社，1994 年，第 162-166 页；以及陈良梅：《论叙事情境理论》，见《当代外国文学》，2005 年第 4 期，第 85-92 页。

国家的发展也呈现良好的态势。除了理论研究之外，运用叙事学的研究方法进行作品分析的做法也普及开来。这首先归功于一系列叙事学引论类书籍的出版，除上文已经提到的《叙事的结构形式》《叙事的理论》《叙事体系》以及导论性的《叙事理论导论》①之外，其他影响广泛的理论著作有卡尔曼等合著《叙事文本分析》、福格特所著的《叙事作品的角度》、弗卢德尼克的《叙事理论导论》，以及施密特的《叙事的要素》等。② 叙事学成为一个被广泛关注的研究重点，大学里的日耳曼语言文学系、罗曼语系以及英美文学系在此方面的研究取得了一些瞩目的成果。整体大背景而言，叙事学的研究方法得到热烈响应，尤其在德国、瑞士和奥地利的英美语言文学研究学者中，在施坦策尔之后，许多学者在叙事研究或者叙事分析方面取得了丰硕的成果，代表性的人物有，曼弗里德·雅恩(Manfred Jahn)，安斯加·纽宁(Ansgar Nünning)，莫妮卡·弗卢德尼克(Monika Fluderik)等。另有学者对斯拉夫语言文学的叙事发展和叙事特征进行了重点关注，突出的成果如沃尔夫·施密特(Wolf Schmid)的《陀思妥耶夫斯基叙事作品的文本结构》(*Der Textaufbau in den Erzählungen Dosdoevskijs* 1973)。进入 90 年代以后，叙事学研究在学界再次出现新的高潮，批评理论的界限被打破：叙事研究受到了后殖民理论、女性主义批评、新历史主义等批评思潮的影响，范式向语用、性别、意识形态转移，在诸多社会科学领域“叙事”普泛化，叙事学呈现跨学科、跨媒介趋势。③ 其中，纽宁的研究代表了后经典叙事学在研究方向的转向和领域的扩展，表现出对认知论和文化研究的倾向。作为施坦策尔的学生，弗卢德尼克继承了德语学者的研究传统，把历时性重新纳入对叙事的考察中，再次强调了叙事形式的历史维度，其中尤其是出版于 1996 年的《“自然”叙事学》(*Towards a “Natural” Narratology* 1996)得到了西方学界的普遍关注，可以说是西方认知叙事学研究早期的杰出成果，是新一代叙事学研究者中有机论和历史论的代表。④ 在叙事学普泛化，实际运用范畴极大拓展的同时，文学叙事仍在德国叙事研究中占有重要地位。叙事理论的杰出成果主要还是在文学研究的框架下产生，“叙事学的母体范畴依然是文学学”。⑤

---

① Matias Martinez u. Michael Scheffel. *Einführung in die Erzähltheorie*. 4. Aufl. München: C. H. Beck, 1999.

② C. Kehrmann, G. Reiß, M. Schluchter. Erzähltextanalyse. Ein Einführung mit Studien-und Übungstexten. Königsstein/Ts.: Athenäum Verlag, 1986. Jochen Vogt. *Aspekte erzählender Prosa. Eine Einführung in Erzähltechnik und Romantheorie*. 7. neubearbeitete und erweiterte Aufl. Opladen: Westdeutscher Verlag, 1990. Monika Fludernik. *Erzähtheorie: Eine Einführung*. 2. durchgesehene Aufl. Darmstadt: Wissenschaftliche Buchgesellschaft, 2008. Wolf Schmid. *Elemente der Narratologie*. Berlin: Walter de Gruyter, 2005.

③ 莫妮卡·弗卢德尼克：《叙事理论的历史(上)：从结构主义到现在》，见 James Phelan 等主编：《当代叙事理论指南》，申丹等译，北京：北京大学出版社，2007 年，第 36-44 页。

④ 关于西方叙事的转向和叙事学的跨学科、跨媒介发展，以及以纽宁、弗卢德尼克等为代表的学者研究成果在国内叙事学研究中已多有论及，限于篇幅，本文不再做详细阐述。

⑤ Wolf Schmid. *Elemente der Narratologie*. Berlin: Walter de Gruyter, 2005, S. 273.

在根植于德语文学的自身发展、叙事研究和理论实践的本土研究方面，德语学者也进行了大量的尝试，在此以上文中提到的佩特森为例。在1963年的博士论文中，佩特森开始从文本阐释入手、尝试对叙事的形式问题(叙述人)进行探讨。叙事实践方面的尝试还包括比如对托马斯·曼的《浮士德博士》中的“不可靠叙述人”的探索。[①] 2014年问世的《德语叙事艺术的形式历史》(*Formgeschichte der deutschen Erzählkunst* 2014)以“形式”问题为着眼点，以时间为轴线，采用归纳法，在对德语文学中自16世纪初至今各个阶段的代表性作品的叙事形式进行分析的基础之上，厘清德语叙事形式的演变。佩特森在理论上比较突出的成果是1993年发表的著作《叙事体系》，内容涉及叙事结构多个方面：作为叙事文学本体的“虚构”；叙事形式、叙事行为和叙事姿态；叙述的组成和结构。佩特森认为，施坦策尔在使用“叙事形式”(Erzählform)这一概念时首先存在逻辑的混乱，没有把叙事形式、叙事情境和叙事视角区分开来，这是导致其“叙事情境理论”不符合逻辑的根源。[②] 佩特森认为汉姆布尔格的“第一人称叙述”和“第三人称叙述”的形式划分更符合逻辑，但又摈弃了汉姆布尔格以是否为虚构叙述进行形式划分的做法，重新对形式的概念进行定义：“叙事形式”指向“叙述人与被叙述内容之间的存在关系”，指的是以自身为出发点进行叙述(“第一人称形式”，Ich-Form)，还是从第三人称的立场进行叙述(“第三人称形式”，Er-Form，其中涵盖Sie-Form和Es-Form)。[③] 之后，在2010年发表的《叙事的形式》(*Die Erzählformen. Er, Ich Du und andere Varianten* 2010)一书中，佩特森进一步对形式问题进行补充，增加了“第二人称形式”(Du-Form)和其他组合形式以及形式的变化。叙事行为(Erzählverhalten)根据叙述人对叙述内容的参与度判断，可以分为全知全能叙述、人物视角叙述和中立叙述。叙事姿态(Erzählhaltung)则涉及叙述人对叙述事件或人物的态度或立场，可以是赞成的、拒绝的、批判的、怀疑的、游移不定的等。佩特森在书名中虽然采用了“体系”一词，但并没有尝试构建宏大的叙事理论体系，而实际上把叙事拆解为叙事形式、行为、姿态等不同层面，在文学阐释中具有很高的实用性。

4. 结语

对经典叙事理论之前的德语叙事发展以及叙事研究进行历时性梳理，可以看出，虽然各个成果之间并不完全前后相继，在概念和模式等方面亦有不同侧重，但总体而言仍

---

① Vgl. Petersen, Jürgen H. Der unzuverlässige Narrator. Figuren-Erzählen in Thomas Manns Romans “Doktor Faustus”. *Revista de Filología Alemana*, 2008(16), S. 165-187.

② Vgl. Jürgen H. Petersen. Kategorien des Erzählens. Zur systematischen Deskription epischer Texte. *Poetica*, 1977(9), S. 167-195; hier 171.

③ Jürgen H. Petersen. *Erzählsysteme. Eine Poetik epischer Texte*. Stuttgart & Weimar: J. B. Metzler, S. 53.

体现出一定的延续性和相似性特征，这与德国自浪漫主义以来的传统密不可分。进入后经典叙事时期尤其新世纪以来，随着西方研究整体环境的变化和不同学科之间的交叉与融合，叙事学在范式、适用领域以及研究方法等方面发生了很大变化。但无论在非文学文本还是文学文本的叙事研究中，其理论模式仍延承经典叙事学的框架，实际应用中所使用的是经典叙事学的概念，并加以拓展。同时，在运用叙事学进行作品阐释亦即叙事理论的实践方面，在运用形式研究文本意涵的尝试中，德国学者也取得了一些成功的经验，对叙事学的实践具有一定的借鉴意义。

参考文献

[1] James Phelan 等主编. 当代叙事理论指南[M]. 申丹等译. 北京：北京大学出版社，2007.

[2] 陈良梅. 当代德语叙事理论研究[M]. 南京：河海大学出版社，2007.

[3] Käte Friedemann. *Die Rolle des Erzählers in der Epik* [M]. Leipzig: H. Haessel Verlag, 1910.

[4] Käte Hamburg. *Die Logik der Dichtung* [M]. Stuttgart: Ernst Klett Verlag, 1957.

[5] Eberhard Lämmert. *Bauformen des Erzählens* [M]. Stuttgart: J. B. Metzler, 1955, 2004.

[6] Günther Müller. *Morphologische Poetik. Gesammelte Aufsätze* [C]. Darmstadt: Wissenschaftliche Buchgesellscahft, 1968.

[7] Jürgen H. Petersen. Kategorien des Erzählens. Zur systematischen Deskription epischer Texte [J]. *Poetica*, 1977(9): 167-195.

[8] Jürgen H. Petersen. *Erzählsysteme. Eine Poetik epischer Texte* [M]. Stuttgart & Weimar: J. B. Metzler, 1993.

[9] Robert Petsch. *Wesen und Formen der Erzählkunst*. 2. vermehrte und verbesserte Aufl. Halle(Saale): Max Niemeyer Verlag, 1942.

[10] Wolf Schmid. *Elemente der Narratologie* [M]. Berlin: Walter de Gruyter, 2005.

[11] Franz K. Stanzel. *Die typischen Erzählsituationen im Roman: dargestellt an Tom Jones, Moby-Dick, The Ambassandors, Ulysses u. a.* [M]. Wien: Wilhelm Braumüller, 1955.

[12] F. K. Stanzel. *Theorie des Erzählens* [M]. 8. Aufl. Göttingen: Vandenhoeck & Ruprecht, 1978, 2008.

[13] Karl Wagner (Hrsg.). *Moderne Erzähltheorie* [M]. 2. erweiterte und aktualisierte Auflage. Wien: New Academic Press, 2015.

语言研究

基于语料库实例的中国德语学习者的构词偏误分析
——以名词性复合词为例

同济大学浙江学院　宁云靖

摘要：在德汉对比背景下，中国德语学习者的构词效率提高，同时偏误复合词也层出不穷。其中名词因作为德语复合法的主要构词类型之一，不受其复杂程度影响保持(其词性和词类的)稳定性，偏误量突出。对此以目的语(德语)为主研究视角，以语素(Morphem)为基础，结合语料构词偏误实例，重点对连接元素(Fugenelement)等导致的德语名词性复合词偏误进行原因分析和应对策略进行研究十分必要和迫切。

关键词：德汉对比；构词偏误；语料库；名词性复合词；连接元素

1. 引言

“复合词(不仅)在日耳曼语的单词构成中占据中心位置”①。在德语学习的中高级语言阶段，鉴于中德构词法的诸多共通之处，熟悉了德语构词法基本原则的中国学生钟爱实践这些原则，将母语构词习惯高度映照于外语，以简驭繁，构建新的德语词汇。复合法作为汉德充盈词汇“最主要”②的办法，使用频率也最高。在某次以“*Zeit*(时间)”为主题的实践教学中，德语语言水平为B1的中国学习者围绕着“*Zeit*”组成了11个复合词：*Schulzeit*，*Essenzeit*，*Pausezeit*，*Prüfungzeit*，*Spielezeit*，*Trinkenzeit*，*Schlafzeit*，*Arbeitzeit*，*Zeitplan*，*Zeitdruck*，*Zeitmanagement*。其中6个画线复合词(约54.5%)是错误的，应分别更正为*Essenszeit*，*Pausenzeit*，*Prüfungszeit*，*Spielzeit*，*Trinkzeit*，*Arbeitszeit*。为什么中国学生会在目的语和母语复合词结构及原理极其相近的前提下出现如此高频次的构词错误呢？这是否是一个偶然现象？

要解答这两个问题，首先要对德汉名词性复合词的异同进行充分研究。关于德文和汉语构词法的对比已经有了多项系统性的研究成果。张世广在“德汉合成词比较”中将德汉复合词分为五大类，并就其内部结构关系进行了一一对照性研究，得出了“德语和汉语合成词的内部结构关系是全面一致的结论”③。朱建华在*Wortbildung in kontrastiver*

① Livio Gaeta & Barbara Schlücker (Hg.). *Das Deutsche als kompositionsfreundige Sprache. Strukturelle Eigenschaften und systembezogene Aspekte*. Berlin & Boston：Walter de Gruyter，2011，S. V.

② 张世广：《德汉合成词比较》，载《外语教学》1987年第2期，第54页。

③ 同上。

Sicht：*Deutsch-Chinesisch — unter Berücksichtigung der Fachsprachenentwicklung* 中对德汉构词法大类进行了比较概述①。在 *Wortbildung und Valenz des Substantivs im Deutschen und im Chinesischen* 一书中，Jin Zhu 基于名词构架系统地讨论了中德复合词的异同②。但是，德汉语言学领域的术语各异，很多基础概念存在长期争议。在这个前提下，更鲜有作品基于德汉构词对比关注到偏误实例分析。

因而从语言形态学的视角，依托更大的语料样本十分必要。首先，以此调研中国德语学习者的名词性复合词偏误情况和类型；接着，结合德汉复合词异同点分析名词性复合词偏误典型实例产生的原因；最后，以语料样本为例讨论中国学生复合构词典型偏误的解决策略。

2. 基于语料库评估的德语名词性复合词的使用偏误分析

在复合词构建过程中，中国德语学习者经常会犯形态类型错误。根据 Chi 的统计，在他们收集的来自中国的德语学习者偏误语料库中，形态类错误高达 60.9%，其中名词性复合词偏误占较大比例③。本章将着眼于此类错误，介绍语料库研究方法、偏误实例，并在此基础上进行偏误类型分析。

2.1 研究方法

对语料库进行偏误分析包括三个步骤：识别、分类和解释④。识别过程由资料收集、母语者偏误实例评估、词典库(*DWDS*，*Duden*，*Leipzig Corpora Collection — Deutscher Wortschatz*)验证三步构成，将在 2.2 节中呈现。然后，在第 2.3 节中将所有收集到的复合词错误示例用量性分析方法进行分类阐释。

2.2 语料库评估

为便于后续分析，Barbara Wickles 在硕士论文中收集到的 24 个⑤和德语教学实践中

---

① 请参阅 Jianhua Zhu：*Wortbildung in kontrastiver Sicht*：*Deutsch-Chinesisch-unter Berücksichtigung der Fachsprachenentwicklung*. In：Fachsprache. *International Journal of LSP*. 14. Jahrgang & Volume Heft 1-2. Braumüller，1992，S. 132-140.

② 请参阅 Jin Zhu：*Wortbildung und Valenz des Substantivs im Deutschen und im Chinesischen*. Frankfurt am Main：Europäischer Verlag，1999.

③ 请参阅 Xiaoyan Chi：*Die Fehleranalyse im DaF-Unterricht. Untersuchung von Aufsätzen chinesischer Germanistikstudenten*. Norderstedt Germany：GRIN Verlag，2016，S. 19.

④ 请参阅 Xiaoyan Chi，2016，S. 12.

⑤ Barbara Wickles 在其硕士论文中研究分析了以德语语言水平为 C1 的留德中国学生在论文写作中的错误类型，并制成语料样本库，语料库收取了其中的形态类复合词偏误示例。请参阅 Barbara Wickles：*Fehleranalyse in wissenschaftlichen Arbeiten deutschlernender Chinesinnen*. Bamberg：Uni Bamberg，2017.

收集到的9个由中国德语学习者所构建的典型名词性复合词偏误实例均被采纳，将语料偏误样本进一步扩大。通过三大权威词典数据库进行词形复核，得到了如下偏误语料库列表：

表1　中国德语学习者的复合词偏误列表

序号	偏误示例	更正建议	偏误类型
1	*Aktionpreis*	*Aktionspreis*	缺少*-s-*
2	*Arbeitzeit*	*Arbeitszeit*	缺少*-s-*
3	*Bedeutungangabe*	*Bedeutungsangabe*	缺少*-s-*
4	*Kochensschule*	*Kochschule*	*-ens-*多余
5	*Essenzeit*	*Essenszeit*①	缺少*-s-*
6	*Europasprachen*	*europäische Sprachen*	不应被合并为复合词
7	*Familiebild*	*Familienbild*	缺少*-n-*
8	*Fremdunterricht*	*Fremdsprachenunterricht*	缺少基础语素 *sprachen*
9	*Fremdsprachkenntnisse*	*Fremdsprachenkenntnisse*	缺少*-en-*
10	*Gewissenhaft*	*Gewissenhaftigkeit*	错误的名词性后缀
11	*Glückzahl*	*Glückszahl*	缺少*-s-*
12	*Geheimszahl*	*Geheimzahl*	*-s-*多余
13	*Gruppearbeit*	*Gruppenarbeit*	缺少*-n-*
14	*gemeinsame Teile*	*Gemeinsamkeiten*	应被合并为复合词
15	*Handlungspur*	*Handlungsspur*	缺少*-s-*
16	*Kettenladen*	*Ladenkette*	中心词错位
17	*Krankhaus*	*Krankenhaus*	缺少*-en-*
18	*normaler Fall*	*Normalfall*	应被合并为复合词
19	*Pausezeit*	*Pausenzeit*	缺少*-n-*
20	*Prüfungzeit*	*Prüfungszeit*	缺少*-s-*
21	*Spielezeit*	*Spielzeit*	多余*-e-*
22	*Sprachegefühl*	*Sprachgefühl*	多余*-e-*

---

① *Essenszeit* 被收录于 *Duden*、*DWDS* 和 *Leipzig Corpora Collection* 三大在线权威词典库；但 *Esszeit* 未被 *Duden* 收录，且可检索使用频率远低于 *Essenszeit*，因而此处的更正词选用 *Essenszeit*（最新检索于2021年3月16日）。

续表

序号	偏误示例	更正建议	偏误类型
23	*Sprachlernen*	*Spracherwerb*	基础词选取错误的复合词
24	*Sorte der Texte*	*Textsorte*	应被合并为复合词
25	*Spielabend*	*Spieleabend*	缺少-*e*-
26	*Trinkenzeit*	*Trinkzeit*①	多余-*en*-
27	*Topfkräuter*	*Kräutertopf*	中心词错位
28	*Topfblume*	*Blumentopf*	中心词错位
29	*Unterrichtprobe*	*Unterrichtsprobe*	缺少-*s*-
30	*Verständnis des Textes*	*Textverständnis*	应被合并为复合词
31	*Vergessenkrankenheit*	*Vergesskrankheit*	多余-*en*-
32	*Wortbildungbaum*	*Wortbildungsbaum*	缺少-*s*-
33	*Zweitfremdsprache*	*Zweite Fremdsprache*	不应被合并为复合词

2.3 偏误类别

表1展示了语料库中33个错误的名词性复合词，它们均是中国德语学习者在德语应用实践里，如写作文、写论文、上课答题等过程中，无意识前提下构建的错误复合词。

其中复合词Aktionpreis中缺少连接元素-s-，Krankenheit中添加了多余的连接元素-en-，类似的情况也出现在了Essenzeit、Spielezeit等共计21个错误复合词示例当中，它们统归为由于连接元素而导致的复合词错误。此外，尽管复合词的构词过程被视为“创造和传递新含义的最简单、最有效的方式”②，但并非所有两个构成部分都可以组合为一个复合词③，例如Europasprachen从德语母语者视角来看不应合并为复合词，而应该拆分为europäische Sprachen，这类错误被称为最大化构词错误。与之相反，有些本应遵从语言经济性原则合并为复合词的单词如Gemeinsamkeiten，Normalfall被错误地拆分成gemeinsame Teile，normaler Fall，这类错误称之为最小化构词错误。这两种偏误构词中均不难看出中国学习者受到了母语习惯的反向干扰，可被统称为模仿偏误。再者，尽管

① *Trinkzeit*被收录于*DWDS*和*Leipzig Corpora Collection*词典数据库，而网络上可见的*Trinkenszeit*并未被三大权威词典收录(最新检索于2021年2月25日)。

② Gary Libben. *Why study compound processing? An overview of the issues.* Oxford University Press, 2007, S. 12.

③ 请参阅Verena Klos: *Komposition und Kompositionalität. Möglichkeiten und Grenzen der semantischen Dekodierung von Substantivkomposita.* Berlin & New York: Walter de Gruyter, 2011, S. 17.

德语复合词具备右型中心词结构(Rechtsköpfigkeit)即右型首标复合词①，德国人却不使用基础词义与词性均以右侧为中心的 Kettenladen、Topfblume、Topfkräuter，而是 Ladenkette、Blumentopf 和 Kräutertopf 这些左侧决定中心词义、右侧影响词性的复合词。这类德语中也属于特殊情况，统称为类左型中心词结构复合词②，而这类构词偏误统归为中心词错位偏误。最后，还有 3 个由于基础语素错漏而导致的构词偏误 Fremdunterricht、Gewissenhaft、Sprachlernen。

因此，如下图 1 所示，将 33 个复合词错误分为五组，即 21 个连接元素错误(例如 Aktionpreis)、2 个最大化构词错误(例如 Europasprachen)、4 个最小化构词错误(例如 Sorte der Texte)、3 个中心词错位错误(例如 Kettenladen)以及 3 个其他错误（例如 Fremdunterricht)。

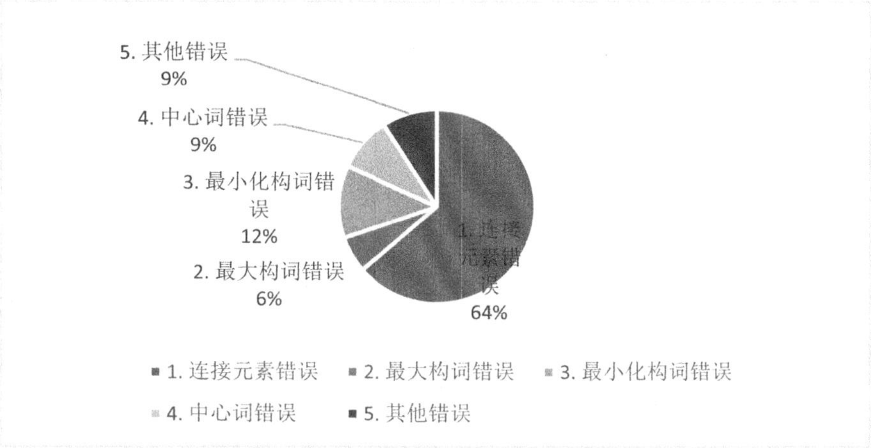

图 1　中国德语学习者的名词性复合词错误分类

其中，复合词连接元素导致的错误约占 64%，其次是 18%的模仿偏误(包括 6%的最大化构词错误和 12%的最小化构词错误)，远远超过中心词错位误差和其他偏误(各占 9%)。可见复合词偏误语料库样本扩大后，连接元素导致的复合词错误依然是中国德语学习者在复合词构建中最为典型的错误。因而接下来将就连接元素偏误作为重点进行分析。结合图的示例，下图 2 中对各种连接元素失误进行了分类和分布展示。

---

① 德语复合词按照右型中心词结构(Rechtsköpfigkeit)构造，又被称为 RHR(Righthand Head Rule)结构，即右边的基础词(Grundwort)决定本复合词的词性和中心词义。请参阅 Elke Donalies: *Grammatik des Deutschen im europäischen Vergleich: Substantivkomposition.* Mannheim: Institut für Deutsche Sprache, 2004, S. 38.

② 这些特例的类左型中心词结构复合词也能在同为右型中心词结构的斯拉夫语系下找到，如俄语 *raketanositel* 和波兰语 *raketanosnä*。请参阅 Elke Donalies, 2004, S. 38.

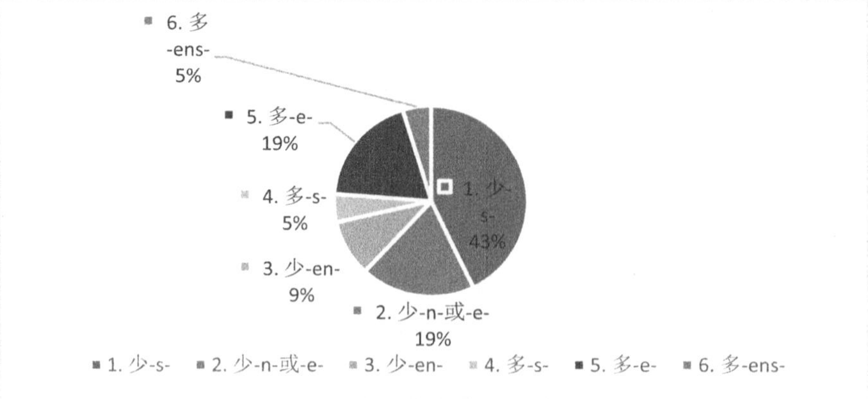

图 2 不同连接元素失误的分类

如图所示，9 个单词缺少连接元素-*s*-，占总失误类型的 43%，是错误频率最高的类型；4 个单词(如 Spielabend)缺少连接元素-*n*-或-*e*-，占 19%；2 个单词(6%)缺少连接元素-*en*-。同时，中国的德语学习者有时将多余的连接元素-*e*-，-*s*-，-*ens*-添加进去，这三种错误类型占比分别约是 19%，5%和 5%。

3. 偏误成因分析

根据 Corder 的观点："错误被推测为是由于在一门新语言中坚持学习者原本的母语习性所致"①。母语在外语习得中发挥着重要作用，当汉语母语语用习惯与德语一致时，可以通过母语习得迁移反哺于德语学习；当两者差异较大时，则可能在外语习得中无意识状态下受到母语反向干扰。例如缺少连接元素的名词性复合词 Familievater 被德语母语者定义为不正确的单词构②，而这正是中国德语初学者常犯的构词偏误之一。

3.1 连接元素偏误

汉语里并不存在连接元素，因此中国的德语学习者很难借用母语的同等推导规则，来确定是否以及如何选用连接元素，导致经常出现德语复合词连接元素失误。然而连接元素失误并非毫无规律可循，接下来通过对德语中连接元素的定义、来源、发展及功能的系统性阐释来追溯语料库中偏误的可能性原因。

连接元素(Fugenelement)作为德语中的独有概念在 *Metzler Lexikon Sprache* 中被定义为一种"语素类型(Morphemkategorie)"③，用以连接复合词的构成成分并以此标记复合

① Stephen Pit Corder. *Error analysis and interlanguage*. Oxford: Oxford University. Press, 1981, S. 10.

② 请参阅 Xiaoyan Chi，2016，S. 20.

③ 虽然根据 Glück & Rödel (2016: 214-215) 的观点，连接元素归属于语素的一种类型，但对此仍存在着广泛争议。Fleischer (2012: 66) 认为它是复合词里语义为"空 (leer) "的组成片段，或者是复杂词素的派生赋格，而 Donalies (2005: 45; 2011: 31) 也认为连接元素在"语义上是空的"，形态多样且不规则，这两种观点均与语素"音义结合"(叶蜚声，徐通锵 2010: 85)的定义相悖。

词之间的边界①。Wegener② 和 Krott 等③均将间缀(Interfix)作为它的别称④。Neef 和 Borgwaldt 认为，连接元素通常出现在限定性复合词中，在“真正的并列复合词(echte Kopulativkomposita)”中并未明确发现连接元素⑤。现代德语中最常见的连接元素如表 2：

表 2　不同连接元素失误的分类⑥

1	-(*e*) *s*-	*Diebesbande*, *Diebsgesindel*, *Grabesruhe*, *Urlaubsplan*
2	-(*e*) *n*-	*Straßenname*, *Treppenhaus*, *Studentenwohnheim*, *Bärenhunger*
3	-*ens*-	*Herzenslust*, *Frauensperson*, *Schmerzensgeld*
4	-*e*-	*Pferdemarkt*, *Städtebund*, *Hundemarkt*, *Wartesaal*
5	*er*-	*Kindergarten*, *Hühnerstange*, *Bilderbuch*, *Völkerkunde*
6	-*o*-	*Chemotheraphie*, *Elektroenergie*, *Gasometer*
7	-*i*-	*Bräutigam*, *Nachtigall*

Wegener⑦ 援引 Jakob Grimm 的观点，认为连接元素应当追溯到“第二格定语短语(Phrasen mit Genitivattributen)”⑧。以古高地德语时期诞生的-*s*-为例，des tiufelessun 含义为 des Teufels Sohn(魔鬼之子)，其中-*s*-为典型的二格曲折变位标志。以第二格形态构建连接元素的这种方式起源于中古高地德语时期，至今仍然是连接元素的重要来源⑨。此外，来源古高地德语时期的词干后缀（Stammbildungssuffix，即后缀式构词语素)是连接元素的第二种形式，*tag-a-lōn*、*geburt-i-tag*、*verh-ir-stahl*、*vrow-en-bilder* 中的-*a*-、-*i*-、-*ir*-、-*en*-均是这种情况。在早期新高地德语中出现了复数后缀(Pluralssuffix)为标志的连接

---

① 请参阅 Helmut Glück & Michael Rödel: *Metzler Lexikon Sprache*. 5. Auflage. Stuttgart: J. B. Metzler Verlag, 2016, S. 214-215.

② 请参阅 Heide Wegener: *Entstehung und Funktion der Fugenelemente im Deutschen*, *oder*: *warum wir keine Autosbahn haben*. Hamburg: Helmut Buske Verlag, 2003, S. 425.

③ 请参阅 Andrea Krott & Gary Libben & Gonia Jarema usw.: *Probability in the Grammar of German and Dutch*: *Interfixation in Triconstituent Compounds*. Language and Speech 47 (1). Kingston Press, 2004, S. 86.

④ 有些学者误将连接元素称为中缀(infix)，但中缀的定义是“插入词根(即基础语素)中间的词缀”，如马来语“patuk(啄)”插入中缀“-el-”变成“pelatuk(啄木鸟)”，依此定义可知德语没有中缀。请参阅：叶蜚声，徐通锵：语言学纲要(修订版)，北京：北京大学出版社，2010 年，第 89 页。

⑤ Martin Neef & Susanne R. Borgwaldt. *Fugenelement in neugebildeten Nominalkomposita*. Boston: Walter de Gruyter, 2012, S. 32.

⑥ 请参阅 Jin Zhu, 1999, S. 128.

⑦ 请参阅 Heide Wegener, 2003, S. 425.

⑧ Jakob Grimm. *Deutsche Grammatik*. Teil II. Berlin: Dümmler, 1878, S. 588.

⑨ 请参阅 Martin Neef & Susanne R. Borgwaldt, 2012, S. 27.

元素，如 *kind-er-bett* 中的-*er*-①。总之，从历史角度来看，连接元素在产生之初可能属于单词的第二格形态，或是后缀式构词语素，抑或是复数变位的屈折语素，具备着语法层面的语义特征。

但回顾连接元素的发展历史可以发现，“它的(……)历史发展是以其多次易形(由于中元音的减少，屈折等级的变化)，基于阴性第一部分及其他结构类型的-(*e*)*s*-的类比传播以及连接元素的消除和插入转化为标志”②。例如，现代德语中的连接元素-*e*-由古高地德语时期的-*a* 和-*i* 发展而来，-*er*-来源-*ir*，-(*e*)*n*-来源于-*n*③，即后缀式构词语素-*a*、-*i* 和-*ir*、-*n* 发展成了复数变位的屈折语素-*e* 和-*er*、-(*e*)*n*。可见，连接元素在历史演变过程中，有些依然保持着原有的语法语义特征，有些已丧失并发生转化，有些是类比仿照而来，与最初来源相距甚远。由于连接元素发展变化的多样性，可能给德语学习者带来很大的麻烦。因此，想要深入了解并掌握连接元素的使用，探究现代德语中连接元素的功能特性必不可少。

连接元素的功能具有多样性，主要体现在语音-音位学、形态学和语义学三个领域④。首先，通过连接元素能使复合词的发音便利化⑤，使复合词第一部分的发音稳定性增强。诸如 Hochzeitstorte(婚礼蛋糕)中以连接元素-*s*-使发音从 Hochzeit(婚礼)顺利过渡到 Torte(蛋糕)，使其易读易懂⑥；若无连接元素，复合例词 Hochzeittorte 的第一部分既由辅音-*t* 结束，第二部分又以同样的辅音 *t*-开始，要准确地发出两个连续的爆破清辅音 *t*，则不得不造成发音中的停顿。又例如 Geisterstunde 比无连接元素的 Geiststunde 发音容易得多⑦：无连接元素时，复合词的第一部分以辅音组合-*st* 结尾，第二部分以 *st*-开始，形成了多达四个辅音的辅音簇，发音难度可想而知；而加入了连接元素-*er*-，使得复合词 Geisterstunde 减少了每个音节的辅音数量，打破了辅音簇，使复合词的发音连接变得更顺畅。语料库中的偏误实例 Arbeitzeit、Unterrichtprobe、Glückzahl 就是这种情况，加上连接元素-*s*-后，与-*t* 合成固定辅音组合 *ts*[ts]或者与-*ck* 合并成固定辅音组合 *cks*[ks]，使得复合词第一部分的 *Arbeits*-、*Unterrichts*、*Glücks*-分别能够平滑过渡到第二部分的-*zeit*、-*probe*、-*zahl*，便于发音。

其次，从形态学的角度来看，连接元素能够标记复合词组成部分的边界，使复合结

① 请参阅 Heide Wegener: *Das Hühnerei vor der Hundehütte. Von der Notwendigkeit historischen Wissens in der Grammatikographie des Deutschen.* In: Elisabeth Berner et al. (Hrsg.) Ein gross und narhaffthaffen. Festschrift für Joachim Gessinger. Potsdam: Universitätsverlag, 2005, S. 176.

② Jin Zhu, 1999, S. 128.

③ 请参阅 Heide Wegener, 2005, S. 176.

④ 请参阅 Sascha Michel: *Schaden-0-ersatz vs. Schaden-s-ersatz. Ein Erklärungsansatz synchroner Schwankungsfälle bei der Fugenbildung von N+N-Komposita.* In: Deutsche Sprache 37, 2009, S. 337.

⑤ 请参阅 Martin Neef & Susanne R. Borgwaldt, 2012, S. 28.

⑥ 请参阅 Elke Donalies, 2005, S. 45.

⑦ 请参阅 Martin Neef, Susanne R. Borgwaldt, 2012, S. 29.

构更透明①，这也使得复合词的含义更加明晰，如形态上明显二分的 Aktionspreis，Bedeutungsangabe，Wortbildungsbaum。此外，现代德语复合词中的部分连接元素可以通过形态反向推定第一部分的性和数，如作为常见复数标志的辅助性屈折语素-*e* 区别于 Spielzeit 和 Spieleabend，而-*s* 或-*es* 从形态上常暗示复合词隐含的第二格意味，如 Essenszeit，Handlungsspur，Prüfungszeit。

最后，连接元素具备区别语义和标记地理分区的功能。一方面，它可以用来区别复合词词义。如构成复合词 Geschichtsbuch（连接元素-*s*-）与 Geschichtenbuch（连接元素-*n*-）的两部分基础语素大体相同，Geschichtsbuch 中取了不可数名词 Geschichte（历史）的基础语素主体部分，含义为“历史书（ein Buch der Geschichte）”或“历史教科书（ein Lehrbuch des Fachs Geschichte）”，而 Geschichtenbuch 中的 Geschichten 则为复数形态，含义为“（多个）故事”，对应复合词含义为“有很多故事的故事书（Buch mit mehreren Geschichten）”。语料库中通过复数词尾-*n* 更正后的 Familienbild，Gruppenarbeit，Pausenzeit 就明确了复合词的第一部分的复数意涵。另一方面，不同的连接元素也能反映词汇使用的不同地理区域。如南德、奥地利、瑞士的名菜 Schweinsbraten（烤猪肘）在德国其他地区被称为 Schweinebrate，同样的词汇还有 Schweinsfleisch 和 Schweinefleisch，Speisekarte 和 Speisenkarte。

总的来看，连接元素在语音-音位学、形态学和语义学层面的三大功能互相支撑和影响，且从其历史来源和功能特性来看，能够在一定范围内推测出复合词的连接元素。结合出现的偏误实例可见，连接元素的功能属性在很大程度上被忽略了，这也是中国学生复合词构词偏误的主要原因。如偏误词 Unterrichtprobe，Glückzahl 加上-*s*-后不仅在形态和语义上更加透明，还改变了原有的音节划分和韵律节奏而方便发音；而 Geheimszahl 去掉-*s*-、Kochensschule 去掉-*ens*-打破了原有的长辅音簇同样便于发音。偏误词 Familiebild，Gruppearbeit，Pausezeit 加上-*n*-后，不仅未改变原有音节划分，而且在语义上更符合其复数意旨；而 Spielezeit 去掉-*e*-才回归到与其语义上相符的单数基础语素形态。复合词 Fremdsprachkenntnisse②、Krankhaus 偏误的根源则是语义学层面的释义准确度缺失所导致基础语素形态缺失，而语义准确度与语境前后文密切相关：更正后的 Fremdsprachenkenntnisse 释义为“Kenntnisse von fremden Sprachen”，涉及“多门外语（Fremdsprachen）”，而不是某“单一语言（Sprache）”；Krankenhaus 释义为“Gebäude，in dem sich Kranke [über längere Zeit] zur Untersuchung und Behandlung aufhalten”③，其中基

---

① 请参阅 Helmut Glück & Michael Rödel：2016，S. 214-215 和 Elke Donalies，2011，S. 32.

② *Fremdsprachkenntnisse* 仅在 *Leipzig Corpora Collection* 数据库中可检索到 2020 年新收录的 3 条使用源，远低于 *Fremdsprachenkenntnisse*（42 条）；且 *Fremdsprachkenntnisse* 在出现的语境中往往是某单一外语的知识，语义上可被“[deutsche/fränzösoisische/...] Sprachkenntnisse（= Kenntnisse in einer fremden Sprache）”替代。因而 *Fremdsprachkenntnisse* 仍被判定为偏误示例。

③ 参见在线权威词典库 *Duden-Wörterbuch*。

础语素为名词"Kranke(病人)"，且不只一个。偏误词 Sprachegefühl，Trinkenzeit，Vergessenkrankenheit 则是几种情况的混杂：Sprachegefühl 去掉-*e* 后，由同处软后鄂区的摩擦音 *ch* 滑到爆破音 *g*，再向前滑到半闭前置元音 *e*，发音更加顺畅；同时四个音节的 Spra/che/ge/fühl 就变成了三个音节的 Sprach/ge/fühl，发音更加经济。偏误词 Trinkenzeit，Vergessenkrankenheit 去掉辅助性屈折语素-*en* 而保留动词基础语素后，同样使其更符合语音的顺畅经济性原则。

然而规律之下总有例外，如不符合发音经济性原则的 Arbeitgeber，Arbeitnehmer 为什么不添加连接元素-*s*-呢？是否与其内在结构相关？这类词虽然不在语料库范畴内，却常常被误加连接元素，对此将在第四章提出相应建议。

3.2 模仿偏误：合成还是分离

在错误语料库中，总共有六例模仿错误，即最大化合并偏误 Europasprachen，Zweitfremdsprache，最小化分离偏误 gemeinsame Teile，normaler Fall，Sorte der Texte 和 Verständnis des Textes。模仿错误意味着学习者模仿母语或外语的语言习惯，并将其直接应用于目标语言(如通过直译)，从而产生错误①。尽管可以在互联网上搜索到某些复合词或短语，但因其未被权威词典库收录，德语母语者仍将其视为错误，并进行了相应的更正(如 Europasprachen 更正为 europäische Sprachen，Zweitfremdsprache 更正为 zweite Fremdsprache)。

与此同时，在中文里也可以找到与这些错误复合词或者错误分离词等效的复合词或词组(有些是语义对等，有些是形态对等，有些二者兼具②)：

表 3 错误的德语复合词或词组示例及其等效中文结构

	中文词汇	偏误	更正后
1	欧洲语言	*Europasprachen*	*europäische Sprachen*
2	第二外语	*Zweitfremdsprache*	*zweite Fremdsprache*
3	共同的部分/点	*gemeinsame Teile*	*Gemeinsamkeiten*
4	通常的情况	*normaler Fall*	*Normalfall*
5	文章的类型	*Sorte der Texte*	*Textsorte*
6	(对)文章的理解	*Verständnis des Textes*	*Textverständnis*

① 请参阅陈鹤：《中国德语学习者篇章写作中的词汇错误分析——一项基于语料库和三语习得的研究》，北京：北京外国语大学，2014 年，第 68 页。

② 尽管中文的特殊象形字符与德语字母的形态有很大区别，在这里，形态对等表示如下："欧洲语言"是像 Europasprachen 一样的限定复合词(也叫偏正复合词)，其中"欧洲"与"Europa"都是限定词，"语言"是像"Sprache"这样的基础词，这样就形成了语义和形态的对等结构。中文和德语之间的等效对应形态也适用于"Zweitfremdsprache-第二外语"和"Verständnis des Textes-文章的理解"这些词。

接下来将对表中的示例进行分析：偏误词 Europasprachen 释义为“Sprachen für Europa”，尽管 Cichon Mitterauer 使用了形态上为复数形式的“EUROPASPRACHEN”①，但在个体语言特色鲜明的欧洲大陆上，并没有哪一语言可以真正代表整个欧洲，各类语言如法语、德语统归为“europäische Sprachen”；相反，中国人在使用“欧洲语言”作为固定复合词时，指代在整个欧洲区域使用的语言，强调地理区位的统一性，并不特别关注个体国家语言特色。在这个文化认知背景下，中国的德语学习者受到母语的干扰，习惯于将 europäische Sprachen 合并为偏误词 Europasprachen，也就不难理解了。

除了文化认知因素，中国的德语学习者是否也会将母语中的构词习惯延伸到德语学习中，形成反向干扰错误呢？根据中文里语义、形态与偏误复合词 Zweitfremdsprache 均对等的复合词“第二外语”，不难窥见其中文母语习惯的影响。

类似的情况也发生在 gemeinsame Teile、normaler Fall、Sorte der Texte 和 Verständnis des Textes 这些本应合并为复合词的分离性短语之中，试选取 Gemeinsame Teile 和 Verständnis des Textes 作为代表稍作分析。短语 Gemeinsame Teile(正确形式：Gemeinsamkeit)极有可能是从中文直译为德语而产生的错误：在中文里“共同(=gemeinsam)”是一个形容词，经常与“部分(Teil)”，“点(Punkt)”或其他名词性结构组合，因而这个复合词能被作为一个独立的名词使用；而在德语语境中，Gemeinsamkeit 本身就有“共同点，共同部分”的含义，德语中也并无“Gemeinsamteil”，因而 Gemeinsame *Teile* 中的基础语素 *Teil* 应当被删除。短语 Verständnis des Textes(正确形式：Textverständnis)从形态上极有可能直接来源于对等的中文短语“(对)文章的理解”，而“文章理解”在中文语境里则极为少见，甚至被视为语病，与之对应的正确复合词 Textverständnis 被德语学习者忽略也就不足为奇了。

总之，德语的两个基础语素应合成复合词还是分离成短语，还需要进行更多的系统性探究。

3.3 中心词错位偏误和其他

德语和中文复合词是典型的右型中心词(rechtsköpfig)②，因而中国的德语学习者可以像在母语中一样构建对等的右型中心词复合词。然而在德语中偶尔会出现类左型中心词的例外，比如 Pflänzlein-Rühr-mich-nicht-an 或 Film-im-Kopf。③

列表中的错误复合词 Kettenladen，Topfkräuter，Topfblume 均是忽略了左型中心词的

---

① 请参阅 Peter Cichon & Michael Mitterauer (Hg.) : *Europasprachen*. Studien zu Politik und Verwaltung. Wien, Köln. Weimar: Böhlau Verlag, 2011, Deckblatt, S. 7.

② 请参阅 Dieter Wunderlich: *Probleme der Wortstruktur*. Zeitschrift für Sprachwissenschaft 5, 2, 1986, S. 240, S. 248.

③ 请参阅 Jörg Meibauer: *Phrasenkomposita zwischen Wortsyntax und Lexikon*. In: Zeitschrift für Sprachwissenschaft 22. 2. Vandenhoeck & Ruprecht, 2003, S. 159-160.

例外情况。尽管它们在三大词典数据库(Duden，DWDS，Leipzig Corpora Collection)中尚有迹可循，但在实际使用中均会被德语母语者更改为左型中心词复合词 Ladenkette，Blumentopf，Kräutertopf 使用。

以 die Ladenkette(直译“商店连锁”)为例，释义为“Kette(2d) von Einzelhandelsgeschäften(连锁的零售商店)”①，虽然词类和词性依然由右边的 *die Kette*(阴性词，词义“链条，连锁”)决定，但整个词的中心词义由左边的 Laden(商店)决定，右侧的“Kette”仅仅是“Laden”呈现的一种形式，本复合词含义为“连锁商店”。中文里有语义与之对等的复合词“连锁商店”，但无论是语义还是形态层面均属于右型中心词复合词。Blumentopf 和 Kräutertopf 亦如此，作为德语中特殊的类左型中心词复合名词，它们在中文里语义对等的分别是常规性的右型中心词结构复合词“一盆花”和“一盆草药”。总体而言，德语中的类左型中心词复合名词数量不大，但与汉语母语复合词的中心词错位时，学习者容易出现构词偏误。

其他 3 个偏误词各具特色，偏误原因的参考性意义不大。如 Fremdunterricht(更正为：Fremdsprachenunterricht)中缺少基础语素“sprachen”，Gewissenhaft(更正为：Gewissenhaftigkeit)为形容词名词化时缺乏构词后缀“-igkeit”产生的偏误，而 Sprachlernen(更正为：Spracherwerb)则为基础语素选取准确度不够产生的偏误。这些偏误均可通过学习者德语基础知识的充实得到改善和提高。

4. 对中国 DaF 学习者的建议

在这种背景下，针对这些复合词误差语料库中可追溯失误源头的典型实例，提供可行性建议至关重要。针对最大化合成和最小化分离的模仿偏误、中心词错位偏误和其他偏误均需要学习者夯实基础知识，必要时借助词典库选取使用率最高的复合词。而本章将结合现代德语使用习惯，对错误率最高的连接元素的选取给出以下建议：

1)连接元素-(e)s-

*-s-*是复合词中出现频率最高的连接元素②。如果复合词(左边)第一部分基础语素的第二格形式为名词后加*-s-*，并且这部分在名词性复合词中具备所属意涵，则应在复合词中添加连接元素*-s-*③，语料库中更正后的 Essenszeit、Glückszahl、Unterrichtsprobe 均属于这种情况。总之，选择连接元素*-s-*需要两个特征：首先，从形态学的角度来看，连接元素*-s-*与复合词第一部分的第二格形式完全相同；此外，第一部分在复合词中的语义与该部分在第二格中的语义是等效的。

---

① 参见 Duden-Wörterbuch.

② 请参阅 Elke Donalies，2011，S. 32.

③ 请参阅 Franz Rainer，Wolfgang U. Dressler，etc.（Hg.）：*Morphology and Meaning*. Amsterdam & Philadelphia：John Benjamins Publishing Company，2014，S. 197.

但这并不意味着连接元素-*s*-仅在满足这两个要求的情况下才能使用。根据 Becker① 的研究，连接元素-*s*-有时在德语中被认为是错误的第二格形式，如：staatsgefährdend 和 standesgemäß。staatsgefährdend 一词中的连接元素“-*s*”在形态上看起来像第二格所属形式，但该词的意思是“dangerous to the state（对国家危险）”而不是“state‘s dangerous（国家的危险）”；同样，standesgemäß 并不意味着“station’s suited（某个岗位的合适）”，而是“in accordance with one’s rank（符合一个人的等级）”②。此类不规则示例可能导致在使用连接元素-*s*-时具有不确定性，但它们只是形容词复合词中的例外情况，尚未涉及到名词性复合词。

此外，当复合词第一部分（即左侧基础语素）的名词性后缀为-*heit*、-（*ig*）*keit*、-（*l*）*ing*、-*sal*、-*schaft*、-（*t*）*um*、-*ung*、-*ion* 或 -（*i*）*tät* 时，后面始终跟着连接元素-*s*-，如下：

表 4　连接元素为-*s*-的复合词 ③

复合词第一部分名词性后缀示例	连接元素为-*s*-的名词性复合词示例
-*heit*	*Krank**heit**sfall*，*Frei**heit**sliebe*
-（*ig*）*keit*	*Flücht**igkeit**sfehler*，*Heiter**keit**serfolg*
-（*l*）*ing*	*Lieb**ling**sfarbe*，*Her**ing**sbändiger*
-*sal*	*Schick**sal**sschlag*
-*schaft*	*Eigen**schaft**swort*，*Land**schaft**sgärtner*
-（*t*）*um*	*Eigen**tum**swohnung*，*Muse**um**sdirektor*
-*ung*	*Handl**ung**sspur*，*Prüf**ung**szeit*，*Wortbild**ung**sbaum*，*Bedeut**ung**sangabe*
-*ion*	*Akt**ion**spreis*，*Relig**ion**sfreiheit*
-（*i*）*tät*	*Quali**tät**sarbeit*，*Fakul**tät**ssiegel*

不难发现，图表中的复合词第一部分连接-*s*-综合了发音经济性、语义所属格和形态透明化三项功能，并在语言使用过程中发展出了形态呈现上的相对固定性。但列表中的后缀规律也存在着例外情况，如 Kriegführung，Hilfeleistung 无需添加连接元素-*s*-，这 2 例被归为零连接元素复合词。

此外，-*s*-几乎总是紧接在动词不定式之后④，更正后的复合词示例 **Essen**szeit 就符合此规则，即 V+s+N（动词原形+s+名词）。借此规律，德语学习者可以根据此规律构建

---

① Thomas Becker. *Compounding in German*. Rivista di Linguistica，Vol. 4（1），1992，S. 12.

② 请参阅 Thomas Becker，1992，S. 12.

③ 请参阅 canoonet，*Das Fugenelement-s-*：2020；Elke Donalies，2011，S. 32.

④ 请参阅 canoonet，*Das Fugenelement-s-*：2020.

一系列同类型的正确复合词，例如：**Schlafens**zeit，**Lebens**freude，**Wissens**durst，**Essens**pause，**Vertrauens**verlust，**Vermögens**verwaltung 等。然而，在此项规则之外也有少许例外情况，如 Trinkzeit 代替 Trinkenszeit，Essenmarke 与 **Essens**marke 并存，Essengeruch 与 **Essens**geruch 并存。在这种两种可疑性情况（Zweifelsfall）下无法取舍时，建议德语学习者分别在权威词典库中（如 Duden、DWDS、Leipzig Corpora Collection）检索并使用词频更高的复合词。

2）连接元素-(e)n-

根据 Elshorbagy① 和 canoonet② 中的观点，连接元素-(*e*)*n*-常被用做复合词中第一部分的名词复数标记。也就是说，连接元素-(*e*)*n*-通常位于复数形式为-*en*-或-*n*-的复合词第一部分名词之后，Familie-**n**-bild、Gruppe-**n**-arbeit、Pause-**n**-zeit、Fremdsprache-**n**-kenntnisse 均符合此类情况，因此学习者可以根据名词复数的屈折变位规则插入正确的连接元素：当第一部分为以-*e* 结尾的阴性词在复合词中有复数意涵且复数为加-*n* 时，连接元素为-*n*-。另外，当复合词中的第一部分为形容词且此形容词名词化时，应添加连接元素-(*e*)*n*-③，Krankenhaus 便属于此例。除此之外，弱变化阳性名词作为复合词第一部分基础语素与其他基础语素复合时，也应添加-(e) n-，如 Studentenwohnheim、Bärenhunger 等。

3）连接元素-e-和-er-

当复合词第一部分名词复数变位为-(变元音符) *e* 时，连接元素为-*e*-，例如 Tagebuch、Schweinefleisch、Früchteschale、Gästezimmer、Städtebau、Gänsebraten、Sonnenschein 等④，偏误语料库更正后 *Spieleabend* 属于此类。

然而，对于复合词中出现的-*e*-到底是连接元素还是其第一部分的复数屈折变位语素仍有争议。以 Schweinefleisch 为例，当-*e*-在 Schweinefleisch 中仅仅是一个连接元素时，该复合词含义为"Fleisch aus dem Schwein（译：来自那头猪的肉）"。而如果把-*e*-当作 Schwein 的复数变位语素，那 Schweinefleisch 强调的就是"Fleisch mehreren Schweinen（译：来自多头猪的肉）"，即 Schweine 整体作为一个复合词的左侧部分是一种单词（复数）形式⑤，在这种背景下，Schweine 是一个封闭的左侧部分，-*e*-不再是连接元素，即 Schweinefleisch 这个词是零连接元素复合词。两者的区别主要体现在该词的语义理解上，对构词形态并无大影响。

复合词第一部分由动词基础语素加-*e*-构成的情况（如 Wartezimmer）本语料库中未涉

① Fathy Elshorbagy. *Fugenelemente der deutschen Komposita. Inaugural-Dissertation.* Düsseldorf：Heinrich-Heine-Universität Düsseldorf，2007，S. 50.

② 请参阅 canoonet，*Das Fugenelement-en-*，2020.

③ 请参阅 canoonet，*Das Fugenelement-en-*，2020.

④ 请参阅 canoonet，*Das Fugenelement-e-nach Nomen*，2020.

⑤ 请参阅 Elke Donalies，2011，S. 35.

及，暂不展开。同时常见的连接元素*-er*与*-e*的情况类似，均是复合词第一部分复数形式变位为-(变元音符)*er*时使用，如3.1章中的例词*Völkerkunde*。

4)零连接元素

如果“名词性第一部分和第二部分直接相连”，则构成不含连接元素的复合词(即零连接元素)①。据Ortner的语料库统计，无连接元素的名词性复合词比例达到72，8%，在德语复合词中所占比例最大，② 在Elshorbagy的研究估计中，这个比例也超过70%。③

偏误语料库中的Geheimszahl、Sprachegefühl、Spielezeit、Trinkenzeit、Kochensschule和Vergessenkrankheit均因添加了多余连接元素*-s-*、*-e-*或*-en(s)-*成为错误的复合词。更正后的Geheimzahl、Sprachgefühl、Spielzeit、Kochschule、Trinkzeit和Vergesskrankheit④均为零连接元素复合词。

基于Donalies的研究，推测A+N(形容词+名词)形式复合词总以零连接元素复合词形式出现。⑤如Geheimzahl由形容词geheim和名词Zahl组成，形容词geheim在复合词中没有比较级或者最高级的含义，所以无需在其后加上对应的屈折后缀，而是使用其原形，构成零连接元素复合词Geheimzahl。

复合词Sprachgefühl和Spielzeit是否归为零连接元素复合词还是剔除*-e*的复合词仍存在较大争议。从构成形态来看，Sprachgefühl的连接元素并不符合现有既定的规律，属于例外类别；从语义来看Spielzeit中的Spiel具备单数意涵，可从语义层面构建正确复合词。

Kochschule、Trinkzeit及Vergesskrankheit属于V+N(动词词干+名词)形式复合词，其仅取动词词干直接加名词，中间无需连接元素。根据Donalies的研究，V+N类复合词几乎可以囊括所有类型的动词词干。⑥ 是否可以根据此规律将Essenszeit变为*Esszeit*呢？又或采用V+s+N模式将Kochschule构词为Koch[ens]schule呢？虽然根据通用规律看起来是可行的，但Esszeit远不如Essenszeit使用率高，Koch[ens]schule并未被权威字典收纳认可。可见区别这两者仍需依据日常积累。

此外前文提到的*Arbeitnehmer*、*Arbeitgeber*按它们的形态特征可被归为零连接元素复合词，从语义及配价关系来看，属于动宾结构。同样的动宾结构复合词Kriegführung、Hilfeleistung等均无连接元素。

---

① 请参阅Franz Rainer：*Carmens Erwerb der deutschen Wortbildung*. Wien：Verlag der Österreichischen Akademie der Wissenschaften，2010，S. 40.

② Lorelies Ortner etc. *Deutsche Wortbildung. Typen und Tendenzen in der Gegenwartssprache*. Berlin & New York：Walter de Gruyter (= Sprache der Gegenwart 79) (Teil der Habilitationsschrift)，1991，S. 54.

③ Fathy Elshorbagy，2007，S. 140.

④ 请参阅Barbara Hardinghaus：*Diagnose Alzheimer „Papa hat die Vergesskrankheit“*. SPIEGEL Panorama，2017.

⑤ 请参阅Elke Donalies，2005，S. 67-69.

⑥ 请参阅Elke Donalies，2005，S. 69.

5) 连接元素-o-和-i-

均从外来词中借用演变而来，只有当第一部分为 Konfix 语素时才会出现，在复合词中的使用频率低，不作展开。

5. 结语

从复合词框架下的汉德语比较视角出发，由于德汉复合词的部分相关性，如均为右型中心词结构复合词、偏正复合名词均占主要比重，中国的德语学习者可以更好地理解德语的复合词构词规则，实现相关跨语种构词迁移。但是，由于两种语言之间的具体差异，如德语中存在部分左型中心词结构复合词、复合词的聚合习惯与汉语差异较大、德语中存在着其独有的连接元素，学习者从汉语中获得的语言认知也会对其德语学习造成反向干扰，从而可能导致复合词构词错误百出。

尽管复合词构词失误的原因不尽相同，但基于中国德语学习者的构词偏误实例，在不同失误之中总结规律，意义重大。对学习者而言，既有助于其日后避免同类型失误；也可以见微知著，从每一个失误中加深对目的语的认知；于教师层面，考虑到发生的错误类型和比例，教师可以更好地定义他们的教学重点；从研究角度看来，通过分析学习者语料库中的错误，研究人员能够找出代表性的错误现象，从而总结出系统性、针对性的建议①。如对于连接元素的选择通常可以借助于复合词第一部分结构的常规特性来选取，熟悉各类连接元素的分类能大大提高构词的便捷度和正确率。当学习者自行构建新词时，需要结合连接元素的三大功能特性，首先从语义角度分析复合词两部分是否具备所属关系、复数意涵或动宾配价，然后结合常见第一部分形态选取合适的连接元素，最后应用语音经济性原则佐证并完成复合。但是，语言的使用有时会偏离语言系统的普遍规律性，例外情况也屡见不鲜②。针对出现的复合词可疑性情况，学习者可以通过比较在在线词典库(*DWDS*、*Duden*、*Leipzig Corpora Collection-Deutscher Wortschatz*)上的即时单词搜索结果，选择合适的高频复合词。

语言发展不歇，但语言的记录和规律阐释总是在不断更新。尽管一些词汇用法已为当今的人们所认可并被广泛使用，权威词典库中却尚未收录；某些语言用法人们已不再偏好或认为它是一种禁忌，但在词典或文献中未得到更新。所有这些条件都会影响对构词偏误的评估。因此，对以上错误示例的评估在将来可能会引起争议。作为这篇文章的扩展，可以基于更为全面的学习者语料库数据，采用最新的且持续更新的标准评价体系，对当前的构词错误进行研究。

---

① 请参阅陈鹤：2014 年，第 49 页。

② 请参阅 Martin Neef & Susanne R. Borgwaldt，2012，S. 51.

参考文献

[1]张世广. 德汉合成词比较[J]. 外语教学, 1987.

[2]叶蜚声, 徐通锵. 语言学纲要(修订版)[M]. 北京: 北京大学出版社, 2010.

[3]陈鹤. 中国德语学习者篇章写作中的词汇错误分析——一项基于语料库和三语习得的研究[D]. 北京: 北京外国语大学, 2014.

[4]Livio Gaeta & Barbara Schlücker (Hg.). *Das Deutsche als kompositionsfreundige Sprache. Strukturelle Eigenschaften und systembezogene Aspekte.* In: Susanne Günthner, Klaus-Peter Konerding, Wolf-Andreas Liebert, Thorsten Roelcke: Linguistik-Impulse & Tendenzen 46. Berlin & Boston: Walter de Gruyter, 2011.

[5]Jianhua Zhu. *Wortbildung in kontrastiver Sicht: Deutsch-Chinesisch-unter Berücksichtigung der Fachsprachenentwicklung.* In: Fachsprache. *International Journal of LSP.* 14. Jahrgang & Volume Heft 1-2. Braumüller, 1992, S. 132-140.

[6] Jin Zhu. *Wortbildung und Valenz des Substantivs im Deutschen und im Chinesischen.* Frankfurt am Main: Europäischer Verlag, 1999.

[7] Angelika Wöllstein und der Dudenredaktion (Hg.). *Duden-Die Grammatik.* Band 4. Berlin: Dudenverlag, 2016.

[8]Xiaoyan Chi. *Die Feleranalyse im DaF-Unterricht. Untersuchung von Aufsätzen chinesischer Germanistikstudenten.* Norderstedt Germany: GRIN Verlag, 2016.

[9]Barbara Wickles. *Fehleranalyse in wissenschaftlichen Arbeiten deutschlernender Chinesinnen.* Bamberg: Uni Bamberg, 2017.

[10]Gary Libben. *Why study compound processing? An overview of the issues.* In: Gary Libben & Gonia Jarema: *The Representation and Processing of Compound Words* (*Oxford Linguistics*). Oxford University Press, 2007.

[11] Verena Klos. *Komposition und Kompositionalität. Möglichkeiten und Grenzen der semantischen Dekodierung von Substantivkomposita.* Berlin & New York: Walter de Gruyter, 2011.

[12]Elke Donalies. *Grammatik des Deutschen im europäischen Vergleich: Substantivkomposition.* Mannheim: Institut für Deutsche Sprache, 2004.

[13] Stephen Pit Corder. *Error analysis and interlanguage.* Oxford: Oxford University Press, 1981.

[14]Helmut Glück & Michael Rödel. *Metzler Lexikon Sprache.* 5. Auflage. Stuttgart: J. B. Metzler Verlag, 2016.

[15]Wolfgang Fleischer & Irmhild Barz. *Wortbildung der deutschen Gegenwartssprache.* Berlin & Boston: Walter de Gruyter, 2012.

[16] Elke Donalies. *Die Wortbildung des Deutschen.* Ein Überblick. Tübingen: Gunter Narr Verlag Tübingen, 2005.

[17] Elke Donalies. *Basiswissen Deutsche Wortbildung-Ein Überblick.* 2. Auflage. Tübingen. Narr Francke Attempto Verlag, 2011.

[18] Heide Wegener. *Entstehung und Funktion der Fugenelemente im Deutschen, oder: warum wir keine Autosbahn haben.* In: Linguistische Berichte 196. Hamburg: Helmut Buske Verlag, 2003, S. 425-457.

[19] Andrea Krott, Gary Libben, Gonia Jarema usw. *Probability in the Grammar of German and Dutch: Interfixation in Triconstituent Compounds.* Language and Speech 47 (1). Kingston Press, 2004, S. 83-106.

[20] Martin Neef & Susanne R. Borgwaldt. *Fugenelement in neugebildeten Nominalkomposita.* In: Gaeta, Livio, Schlücker, Barbara (Hg.): Das Deutsche als kompositionsfreundige Sprache. Strukturelle Eigenschaften und systembezogene Aspekte. In: Günthner, Susanne & Konerding, Klaus-Peter & Liebert, Wolf-Andreas & Roelcke, Thorsten: Linguistik-Impulse & Tendenzen 46. Berlin & Boston: Walter de Gruyter, 2012.

[21] Jakob Grimm. *Deutsche Grammatik. Teil II.* Berlin: Dümmler, 1878.

[22] Heide Wegener. *Das Hühnerei vor der Hundehütte. Von der Notwendigkeit historischen Wissens in der Grammatikographie des Deutschen.* In: Berner, Elisabeth et al. (Hrsg.) Ein gross und narhaffthaffen. Festschrift für Joachim Gessinger. Potsdam: Universitätsverlag, 2005, S. 176-177.

[23] Sascha Michel. *Schaden-O-ersatz vs. Schaden-s-ersatz. Ein Erklärungsansatz synchroner Schwankungsfälle bei der Fugenbildung von N + N-Komposita.* In: Deutsche Sprache-Zeitschrift für Theorie, Praxis und Dokumentation 37. Berlin: Erich Schmidt Verlag, 2009, S. 334-351.

[24] Peter Cichon & Michael Mitterauer (Hg.). *Europasprachen. Studien zu Politik und Verwaltung.* Wien, Köln, Weimar: Böhlau Verlag, 2011.

[25] Dieter Wunderlich. *Probleme der Wortstruktur.* In: Zeitschrift für Sprachwissenschaft 5, 2. Göttingen: Vandenhoeck & Ruprecht, 1986, S. 209-252.

[26] Jörg Meibauer. *Phrasenkomposita zwischen Wortsyntax und Lexikon.* In: Zeitschrift für Sprachwissenschaft 22. 2. O. O. Vandenhoeck & Ruprecht, 2003, S. 153-188.

[27] Franz Rainer, Wolfgang U. Dressler, Francesco Gardani, Hans Christian Luschützky (Hg.). *Morphology and Meaning: selected papers from the 15th International Morphology Meeting, Vienna, February* 2012. Amsterdam & Philadelphia: John Benjamins Publishing Company, 2014.

[28] Thomas Becker. *Compounding in German. Rivista di Linguistica*, Vol. 4 (1). 1992, S. 5-36.

[29] Fathy Elshorbagy. *Fugenelemente der deutschen Komposita*. Inaugural-Dissertation. Düsseldorf: Heinrich-Heine-Universität Düsseldorf, 2007.

[30] Franz Rainer. *Carmens Erwerb der deutschen Wortbildung*. Wien: Verlag der Österreichischen Akademie der Wissenschaften, 2010.

[31] Lorelies Ortner, Elgin Müller-Bollhagen, Hans-Peter Ortner, etc. *Deutsche Wortbildung. Typen und Tendenzen in der Gegenwartssprache. Vierter Hauptteil: Substantivkomposita* (*Komposita und kompositionsähnliche Strukturen* 1). Berlin & New York: Walter de Gruyter (= Sprache der Gegenwart 79) (Teil der Habilitationsschrift), 1991.

[32] Barbara Hardinghaus. *Diagnose Alzheimer „Papa hat die Vergesskrankheit"*. SPIEGEL Panorama, 2017.

[33] DWDS-Digitales Wörterbuch der deutschen Sprache. URL: https://www.duden.de/

[34] Duden-Wörterbuch. URL: https://www.dwds.de/

[35] Leipzig Corpora Collection-Deutscher Wortschatz. URL: https://wortschatz. uni-leipzig. de/en

[36] canoonet: *Das Fugenelement-s-*. URL: http://www. canoo. net/services/Wordformation Rules/Komposition/WB-Elements/Fuge-s. html? MenuId = WordFormation115516 (Abgerufen am 29. 09. 2020)

[37] canoonet: *Das Fugenelement-en-*. URL: http://www. canoo. net/services/Wordformation Rules/Komposition/WB-Elements/Fuge-en. html? MenuId = WordFormation115512 (Abgerufen am 30. 09. 2020)

[38] canoonet: *Das Fugenelement-e-nach Nomen*. URL: http://www. canoo. net/services/Word formationRules/Komposition/WB-Elements/Fuge-e-N. html? MenuId = WordFormation 115511 (Abgerufen am 30. 09. 2020)

德语中以语素-*ung* 结尾名词的语义剖析①

浙江外国语学院　王继新　李诗祺　黄羽茜

摘要：本文旨在探究德语中以语素-*ung* 结尾的名词的语义。通过一系列运用"局部指示词"(local indicators)的语言测试，我们发现，*ung*-名词在不同的谓词语境显示事件解读、结果状态解读以及物体解读三种内在的语义解读。同时，基于"双述谓结构"(copredication)的验证，我们进一步得出，大量 *ung*-名词具备两种(或以上)的语义解读，因此我们将这类名词定义为复合类型的名词。最后，本文通过对原动词的语义结构的解析，定义了语素-*ung* 可以进行名词化操作的语义条件：-*ung* 允许运用到动词 v，且仅当动词 v 具备延续性、双事件性结构，并且表达特定的状态变化。这一结论反过来也揭示了 *ung*-名词的三种内在解读的本质：事件解读是其根本解读，而结果状态以及物体解读依赖于原动词的事件义，因而是依存解读。对德语 *ung*-名词化现象的研究为高校德语教学提供了一定的理论指导。

关键词：*ung*-名词；语义解读；双述谓结构；复合类型

1. 导论

名词化(nominalization)是屈折语言中重要的构词手段，即将原有的非名词范畴的词(动词、形容词等)通过语素的改变，转化为名词。其中最常见的方法是派生(derivation)，即添加具备名词化功能的后缀。例如英语中，后缀-*ing* 和-*tion* 是动词名词化的显性标记(*walk->walking*；*translate->translation*)。

作为典型屈折语言的德语同样存在着丰富的名词化手段(参见 Meibauer et al., 2015)。本文主要探讨由后缀-*ung* 派生而来的名词(如 *Übersetzung*，*Verarbeitung*)。从构词法看，该后缀只能运用于动词，因而由此派生的名词在其词汇语义上具有事件义的根本解读(the event-reading；E-解读)：它们可以作为动词 *anfangen*，*enden*，*dauern* 的论元；相应的，这些动词只能选择表示事件的名词形成意义合理(semantically well-formed)的句子(Maienborn，2017；Wang，2019)：

① 基金项目：浙江省哲学社会科学规划课题"类型组合逻辑框架下的语义—语用界面研究"(21NDQN268YB)

(1) a. Die Verarbeitung des Aufsatzes fing bereits an.
b. Die Übersetzung endete durch die Kooperation vieler Lehrer.
c. Die Übersetzung/Verarbeitung dauerte lange.
d. ?? {Das Foto, Das Buch, Der Becher…} endete gestern/dauerte lange/fing bereits an.

然而，对于很多这类名词化表达，事件义并非它们的唯一解读：根据不同的谓词语境，我们还可以得到结果状态解读(the result state-reading；R-解读)或事物解读(the object-reading；O-解读)(参见 Ehrich & Rapp，2000；Ehrich，2008；Roßdeutscher & Kamp，2010；Dölling，2013)：

(2) a. [Die Absperrung der Straße]$_E$ wurde behindert.
b. [Die Absperrung der Straße]$_R$ wurde aufgehoben.
c. [Die Absperrung der Straße]$_O$ wurde abgebaut.
d. [Die Überdachung des Platzes]$_E$ erfolgte in zwei Monaten.
e. [Die Überdachung des Platzes]$_O$ hielt zwanzig Jahre lang.
(Dölling，2013)

对德语-*ung* 名词化现象的研究能帮助学生更好掌握德语词汇的构词法规律，为教师教学提供理论指导。然而，国内关于德语名词化的语法教学并未深入探究 *ung*-名词在不同层面的解读以及生成该类名词的(语义)限制：比如我们发现，-*ung* 后缀不能任意派生名词：

(3) *arbeiten* → * *Arbeitung*；*ankommen* → * *Ankommung*；*stehen* → * *Stehung*

此外，允许通过-ung 派生的名词并非一律具备上述三种解读：例如 Übersetzung 兼备 *E*-，*R*-以及 *O*-解读，而 Säuberung 仅有 *E*-解读(具体讨论见第二部分)。本文旨在通过现有的研究，进一步探讨 ung-名词的语义类型，解决下述问题：

- 不同的 *ung*-名词有哪些内在的语义解读？根据这些语义解读的可能性，我们可以如何通过类型(types)将其进行分类？
- 哪些动词(不)允许通过-*ung* 派生为名词？相关的语义限制是什么？

一个有趣的衍生现象是，具备多种解读的 *ung*-名词时常存在于所谓的“双述谓结构”(co-predication)中，即同一个名词存在于两个互不兼容的谓词语境，同时“扮演”不同类型的解读(Pustejovsky，1995；Asher，2011)：

(4) a. Die langwierige [Übersetzung]$_{E\&O}$ brachte mir viel Geld ein.

b. Die lange behinderte [Absperrung]$_{E\&R}$ wurde aufgehoben.

以(4a)为例：形容词 *langwierig* 在语义上需要搭配表示事件的名词，而动词词组 *Geld einbringen* 需选择表示物体的名词作为主语，因此，*Übersetzung* 同时兼备了E-解读和O-解读。基于上述现象，我们认为，区别于单一解读的 *ung*-名词，这类名词在语义类型上构成复合类型(dot-type)，即它们在词汇层面拥有两个(或以上)的语义层面(meaning aspects)。对于双述谓结构语境下的 *ung*-名词的多语义解读问题，Brandtner & von Heusinger(2009)，Dölling(2013)以及Wang(2019)从不同角度进行了分析，然而并未提出双述谓结构和 *ung*-名词的类型之间的语义联系。本文亦旨在从类型角度出发，填补相关研究不足。

最后，我们需要指出，本文所涉及的 *ung*-名词以事件解读为根本语义；换句话说，这类名词从根本上继承了动词的语义，同时可能衍生出其他语义。因此，类似于 *Wohnung*，*Zeitung* 这类不具备事件解读、语义约定俗成的名词不在考察范围。

本文结构如下：第二部分将系统地提出不同解读的语言测试，并基于语义解读将 *ung*-名词进行分类，赋予相应的类型，同时描述在双述谓结构框架下，特定 *ung*-名词的双重语义；第三部分从动词事件结构的角度探讨-*ung* 名词化的语义限制，并分析其与复合类型的联系；第四部分为总结。

2. *ung*-名词的语义解读

ung-名词在特定的谓词语境中表现出不同的语义解读，具体表现为事件解读(E-解读)，结果状态解读(R-解读)以及物体解读(O-解读)：

(5) a. [Die Ausbildung]$_E$ begann erst im Juni.

b. [Seine Zulassung zum Auslandsaufenthalt]$_R$ bleibt bis 2023.

c. [Eine Überschneidung mit symbolischen Tendenzen]$_O$ zeichnet sich in diesem Zusammenhang ab. (Mattie, Christoph: *Gustav von Festenberg*. 2002)

如(5)所示，不同的谓词(predicates)需选择不同类型的论元(arguments)以实现语义的完整性：时体动词 *beginnen* 只能搭配表示事件类型的名词；动词 *bleiben* 则选择状态类型的名词，表达该状态的持续；而动词 *sich abzeichnen* 则指明了某最终形成的(具有内容的)物体呈现于某处。① 显然，特定的谓词具有指示它所选择的论元的类型的功能；

① 本文所谓的"结果物体"，可以是具有物理性质(颜色、大小等)的具体物体，亦可是如(5c)之类具有特定内容的抽象物体。

Brandtner & von Heusinger(2009)将其称之为“局部指示词”(local indicators)。我们将借用局部指示词作为语言测试，来展示 *ung*-名词相应的潜在解读。下表罗列了若干重要的局部指示词，它们分别类属 E-、R-以及 O-解读指示词(参见 Copestake & Briscoe, 1995; Brandtner & von Heusinger, 2009; Wang, 2019):

(6) Local indicators

E-解读指示词	表示事件发展过程的动词	*beginnen, aufhören, enden, anfangen etc.*
	表示持续的动词	*dauern, fortsetzen, weitergehen etc.*
	表示时间的修饰成分	*am 7. Juli, im Jahr 2020, um 7 Uhr, von heute an etc.*
	表示方式/方法的修饰词	*vorsichtig, absichtlich, mit Markus etc.*
	表示重复进行的词	*permanent/ewig dauern, wiederholen etc.*
	表示频率的修饰成分	*dreimalig, oft/häufig, jährlich etc.*
O-解读指示词	表示存在变化的词	*überreichen, erscheinen, zerstören etc.*
	表示所处地点的词	*auf dem Tisch liegen/stehen, vorliegen, links/rechts von etc.*
	描述物体性质的词	*aus 20 Seiten bestehen, rot, lang, schwer, anfassen, berühren, tasten etc.*
R-解读指示词	表示状态保持或改变的词	*aufgehoben werden, bleiben, halten etc.*

依据上表，我们例举如下语言测试，探讨不同类型的名词与某一谓词的兼容性。

(7) E-解读指示词:

a. Sofort begann er eine erbitterte **Auseinandersetzung** mit mir. (Wolfgang, Engler: *Die Ostdeutschen*. 1999)

b. Für Gemälde gilt die vorsichtige **Anwendung** von Samttüchern oder weichen Pinseln (auch für echte Stilrahmen) zum Entfernen von Staub als vertretbar. (Olbrich, Harald: *Lexikon der Kunst*. 1993)

c. Die **Erzählung** seiner Geschichte wurde mehrmals wiederholt.

d. * Der Alkohol dauert 7 Minuten.

e. * Der Stift ging großzügig weiter.

(8) O-解读指示词:

a. Schiller läßt einen Fürsten der Finsternis auftreten, der die **Schöpfung** zerstören will. (Safranski, Rüdiger: *Friedrich Schiller*. 2004)

b. Meine **Übersetzung** von Goethe besteht aus 341 Seiten.

c. Ihre **Kunstsammlung** hat einen Wert von über 10,000 Euro.

d. ?? Die **Studentenbewegung** wurde zerstört.

e. ?? Ihre **Begegnung** lag endlich vor.

(9) R-解读指示词：

a. Wie dem auch sei — die **Belagerung** wurde nicht aufgehoben. (von Siegler, Heinrich: *Archiv der Gegenwart*. 1998)

b. Meine **Enttäuschung** und **Verwirrung** blieben jahrelang.

c. Sie macht eine kleine Pause, um die **Spannung** noch zu erhöhen. (Boehme, Julia: *Conni reist ans Meer*. 2011)

d. ?? Die **Bewertung** wurde bereits aufgehoben.

e. ?? Da wurde die **Aufführung** des Films gehalten.

值得注意的是，很多 *ung*-名词可以拥有两个或两个以上的解读，其中 E-解读是所有 *ung*-名词共有的：

(10) a. [Die Übersetzung]$_E$ dauerte insgesamt zwei Monate.

b. Die auf dem Tisch liegende [Übersetzung]$_O$ war inhaltlich beeindruckend.

c. [Die Schädigung]$_O$ wird noch zunehmen.

d. Die wiederholte [Schädigung]$_E$ führte zu einem sorgfältigen Überprüfung.

e. Diese Botenstoffe erhalten [eine Entzündung]$_R$ aufrecht. (*Nordwest-Zeitung*, 2017)

f. [Die Entzündung des Feuers]$_E$ begann nach der Festrede.

g. [Die Sperrung der Autobahn]$_R$ wurde erst gegen 14.45 Uhr aufgehoben. (*Nordwest-Zeitung*, 2016)

h. [Die Sperrung der Autobahn]$_R$ endete um 19 Uhr.

以 *Übersetzung* 为例，持续体动词 *dauern* 选择的论元类型必定为事件类型，因此在(10a)的语境中，*Übersetzung* 只能被赋予事件解读；而(10b)的语境指明 *Übersetzung* 呈现物体解读，即翻译完结的文本，因为只有具备可触摸性等物理性质的物体才能放置于桌上。[①] 由此我们得出结论，特定的谓词可以有效地消除 *ung*-名词的歧义，从而使其语义解读明确化。Brandtner & von Heusinger(2009)提出另一个有效的消除歧义的测试，即

① Pustejovsky(1995)，Asher(2011)等认为，类似 *Übersetzung* 的 O-解读名词可以进一步分解为表示物品的语义面(可以和 *verbrennen* 等动词搭配)及内容的语义面(可以被 *verständlich* 等词修饰)。本文对 O-解读名词不再作进一步分解。

通过 *und*，*oder* 等连词构成的并列结构：在 *A und B* 的构式中，连词前后的名词必定为同一类型。受 *und* 的语义限制，句子(11a)中的名词 *Einschätzung* 和 *Messung* 同为 E-解读；而句子(11b)不合格，因为 *Überprüfung* 只具备 E-解读，从而导致 *Messung* 被赋予 E-解读，整个结构与谓词 *positiv ausfallen* 不相匹配：

(11) a. Die Divergenz zwischen [Einsch? tzung]$_E$ *und* [Messung]$_E$ könnte unter diesen Umständen also bedeuten: Der Mensch hört allmählich schlechter, aber er merkt es nicht. (= (4) in Brandtner & von Heusinger (2009))

b. ?? [Die Messung]$_E$ *und* [Überprüfung]$_E$ fielen positiv aus.

既然上述的 *ung*-名词可以具备多种解读，那么由此衍生的一个有趣的现象是，同一个名词可以出现在不相兼容的谓词语境中，同时获得两种不同的解读。Pustejovsky (1995)称之为“双述谓结构”(co-predication)，并定义可融入这类结构的名词为 A · B 的复合类型，即该名词的同时具备 A 和 B 两个内在的语义面，可供不同的谓词选择。①例如名词 *book*，既可以指作为书的物体(physical object)，又可以指书里面的内容(information)，因此被赋予 OBJ · INFO 的复合类型。句子(12)的双述谓结构很好地体现了复合类型名词的特性([ ]下标表示名词在该语境的语义解读；{ }下标标示某一谓词需要选择的论元类型)：

(12) John {mastered}$_{OBJ}$ and {burned}$_{INFO}$ three books.

动词 *master* 选择的是表述信息内容的语义层面，即“书”作为所承载的内容，而动词 *burn* 则需要表达物理性质的名词，换句话说，此处“书”被理解为作为信息载体的物品。在该双述谓结构中，*book* 扮演了双重角色，同时满足了不同谓词的语义选择。这就证明了 *book* 一词具有 OBJ 和 INFO 两个内在的语义层面。

依据双述谓结构的语言测试，我们发现，拥有两个(或以上)语义解读的 *ung*-名词满足复合类型名词的特点。如(13)所示，双述谓结构主要通过三种形式实现：由 *und* 等连接的并列结构(13a-c)，形容词或关系从句的修饰结构(13d-f)及代词回指结构(13g-i)。②

(13) a. Die Übersetzung {kostete mich drei Wochen}$_E$ und {lag endlich auf dem Tisch}$_O$.

b. Diese methodologische Erfahrung {ist typisch geblieben}$_R$ für alles inhaltliche

① 关于复合类型名词的进一步探讨可以参见 Asher(2011)及 Maienborn(2017)。

② 双述谓结构的合理性往往还依赖句子结构的变化及篇章内部的语义关系。可参考 Brandtner (2011)，本文在此不作深入探讨。

Erfassen von Kategorien und {hat sich geschichtlich an jedem neuen Versuch wiederholt}$_E$. (Hartmann, Nicolai: *Der Aufbau der realen Welt*. 1940)

c. Mein Wunsch wäre, dass der Gipfel keine einmalige Veranstaltung {bleibt}$_R$, sondern {jährlich wiederholt wird}$_E$. (*Die Zeit*, 2006)

d. Eine {richtig konstruierte}$_O$ Unternehmung {bleibt liquide}$_R$, solange sie mit Erfolg, d. h. mit Gewinn arbeitet. (Rieger, Wilhelm: *Einführung in die Privatwirtschaftslehre*. 1928)

e. Die {oft mit 2000 oder 3000 Euro bezahlte}$_O$ Vermittlung {dauere zwischen einigen Minuten und zwei, drei Stunden}$_E$. (*Die Zeit*, 2011)

f. Die Anordnung, {die hier dargestellt wurde}$_O$, {dauert aber nur einen Moment an}$_E$.

g. Diese Übersetzung {dauerte}$_E$ drei Tage, und Ich habe sie {auf dem Tisch gelegt}$_O$.

h. Die Messung {ist gestern abgeschlossen worden}$_E$. Sie {spricht eine deutliche Sprache}$_O$. (=(8) in Brandtner (2008))

i. Während in weißen Kreisen, in denen das amtlich ermittelte Wohnungsdefizit unter drei Prozent lag, die Preisbindung {aufgehoben wurde}$_R$, {dauerte die in schwarzen Kreisen weiter an}$_E$. (*Süddeutsche Zeitung*, 1987)

通过局部指示词构成的双述谓结构，我们可以有效地证明，类似(13)中涉及的 *ung*-名词是复合类型名词；E-，R-，或 O-解读是其内在固有的语义表现，是其词汇语义的具体化。基于上述分析，我们给出若干 *ung*-名词的类型分类(参见 Wang，2019)：

(14) a. 仅具备 E-解读的 *ung*-名词(Type：E)：

Führung，*Säuberung*，*Bewegung*，*Überprüfung*，*Aufführung* etc.

b. 同时具备 E-解读和 R-解读的 *ung*-名词(Type：E · R)：

Bevorzugung，*Schwächung*，*Verbesserung*，*Isolierung*，*Überforderung* etc.

c. 同时具备 E-解读和 O-解读的 *ung*-名词(Type：E · O)：

Mischung，*Übersetzung*，*Anordnung*，*Beiladung*，*Pflasterung* etc.

d. 同时具备 E-解读，R-解读和 O-解读的 *ung*-名词(Type：E · R · O)：

Bestuhlung，*Absperrung*，*Veränderung*，*Entzündung*，*Überzeugung* etc.

最后，若干 *ung*-名词，如 *Bedienung*，*Regierung*，*Bemannung* 等，表达与原动词相关的人物或机构性质的解读，从广义上看，它们也属于“物解读”。然而，我们不认为这些词类属 E · O 类型的复合名词，其原因是它们无法存在于相应的双述谓结构中：

(15) a. ?? Die Bedienung {war heute sehr aufmerksam}$_E$ und {zog sich anständig an}$_O$.
b. ?? Die {um 17 Uhr abgeschlossene}$_E$ Bemannung {war austrainiert}$_O$.
c. ?? Die feindliche Regierung {dauerte ein paar Jahrhunderte}$_E$ und {wurde zerstört}$_O$.

可见，这些名词所表达的人物或机构解读不同于本文所定义的 O-解读。实质上，它们更多是一种约定俗成的语义，而我们所认为的 O-解读是和原动词所表达的事件义紧密相关的。概括而言，O-解读的产生从语义结构上看源于某一事件的发展或终结而形成的具体结果；O-解读虽是某类 *ung*-名词的内在固有语义，但是依赖于 E-解读(这对于 R-解读同样适用)。第三章我们将从动词的语义结构出发，探究 *ung*-名词形成的语义条件，其结论进一步说明了为何有些 *ung*-名词含有两个(或以上)的语义解读。

3. *ung*-名词形成的语义限制

基于上一章节的分析，我们知道德语中由后缀-*ung* 派生而来的名词可以具备事件(E)，结果状态(R)以及物体(O)三种不同类型的解读。然而，并非所有动词都允许通过-*ung* 派生为名词：* *Schlafung*，* *Bauung*，* *Ankommung*，* *Singung* 等。本章将着重探讨生成 *ung*-名词所需的内在条件。

从构词法角度看，语素-*ung* 只能运用于动词之上，才能实现名词化。因此，若要探究哪些动词(不)可以通过-*ung* 构成相应的名词，应追根溯源，即考察相关动词的内在特点。根据 Roßdeutscher & Kamp (2010)，我们可以将动词按其词根的语法属性分为属性根动词(verbs with property roots；见(16))，类别根动词(verbs with sortal roots；见(17))以及方式根动词(verbs with manner roots；见(18))：

(16) a. weiten，bereiten，wirren，schönen，runden etc.
b. kürzen，stärken，klären etc.
c. bessern，mildern，ändern etc.
(17) bilden，stiften，dämpfen，schätzen，pflastern etc.
(18) helfen，steigen，kommen，tanzen，singen etc.

属性根动词：形容词常用于描述事物的形状、性质和状态等。德语中有不少形容词可以通过规则的变化衍生出相应的动词，例如在形容词后加上代表动词词性的词尾-*en*(16a)；或是在增加词尾的基础上同时改变元音(16b)；部分形容词通过加词尾-*ern* 产生动词(16c)。当然，很多形容词不能仅通过添加词尾动词化，还需借助一定的前缀才

能实现动词化的转换，如添加前缀 *ver-*，*er-*，*be-*等：①

(19) einfach → ＊einfachen → vereinfachen
dünn → ＊dünnen → verdünnen
ruhig → ＊ruhigen → beruhigen
müde → ＊müden → ermüden

类别根动词：顾名思义，这类词根为名词，指称某一物体类别，如(17)中的动词 *stiften*，由名词 *Stift*(慈善机构)与词尾*-en* 结合派生而成，意为“捐赠”。与属性根动词类似，类别根动词的构成有时也需要借助特定的前缀：*bebildern*，*verdampfen*，*untermauern*，*beschriften*，*vergiften* 等。以 *vergiften* 为例，名词 *Gift*(毒药)需借助前缀 *ver-*构成相应的动词 *vergiften*(毒杀)。

方式根动词：该类动词的词根往往描述某一事件和过程(event-describing)，并表明了该事件的发生方式。例如，*tanzen*(跳舞)的词根 *Tanz* 指示了“跳舞”这一具体的事件类型，同时也蕴涵了作为“跳舞”这一种运动区别于别的运动(如跑步，游泳)的进行方式(通常伴有音乐，并且是有节奏的运动)。这类动词在德语动词中占有多数。

基于上述分类，我们进一步探究这些动词的内在语义结构。从本质上看，属性根动词的语义蕴涵了状态的变化，例如有形容词 *kurz* 演化而来的动词 *kürzen* 表达将某一物体的长度缩短，即从长度 l_i转化为 $l_i— x$；而动词 *bessern* 意味状态(如可量化)从程度 Z_i 转变为 $Z_i+ x$。该类动词的共同点在于标识状态变化的标度(scale of change)，因而也被称之为程度达成动词(degree achievements；参见 Piñón(1997)，Beavers(2013)等)。②对于属性根动词，我们发现，语素*-ung* 可无一例外地将其名词化：

(20) rund → runden → Rundung；
kurz → kürzen → Kürzung；
besser → bessern → Besserung
groß → vergrößern → Vergrößerung etc.

其次，类别根动词由指示某一具体或抽象物体的名词词根派生而来，表达将该物体赋予某个其他物体，且通常为该动词支配的宾语。我们认为，类别根动词的本质属性仍然表达特定的状态变化，确切说是主语 *z* 实施某一动作行为(*DO* (*z*))，使得(*CAUSE* (*A*，*B*))宾语表述的物体 *x* 从未占有 *y*(～*POSSESS* (*x*，*y*))的状态变为占有 *y*(*BECOME*

---

① 此外，前缀还具备增添额外的词汇义或改变原词汇义的作用，例如：*weiten—ausweiten*；*breiten—verbreiten*；*wirren—verwirren* 等。该议题不在本文的讨论范围。

② Pustejovsky(1991)亦将其称之为转换型事件(events of transition)。

(*POSSESS* (*x*, *y*)))的状态，其中 *y* 为名词根表述的物体。①举例而言，名词 *Schatz* 意为“珍宝”，派生的动词 *schätzen* 意为“认为……有价值”，其深层含义即为施事者将“价值”赋予受事者的事件，从而引发受事者“占有状态”的变化。②类似的名词化现象有：

(21) Bild → bilden → Bildung
Pflaster → pflastern → Pflasterung
Stuhl → bestuhlen → Bestuhlung
Gift → vergiften → Vergiftung etc.

然而，对于某些类别根动词，其词汇义表达的状态变化并非源于外界，或者说缺乏外在的介入力，而是物体内在自发的改变，语素-*ung* 则不适用于对其进行名词化操作：

(22) Hunger → hungern → * Hungerung
Durst → dursten → * Durstung
Trauer → trauern → * Trauerung etc.

最后考察方式根动词。所谓“方式”，指的是事件发生的方式方法。首先，假如动词描述的事件为单一结构的行为过程，即事件具有动态延续性，但其词汇语义并未蕴涵内在终结点或状态改变(例如动词 *schlafen* 的语义仅包含睡觉的静态过程，因此不具备内在的事件终结点；而 *einschlafen* 的词汇义则显现了事件结束的时间点，即从未入睡的状态变为入睡状态的瞬间，且该时间点即为这两个相反状态的分界。参见 Krifka(1998)等的术语 *telicity*)，且未表达该动作作用到某一受事者(patiens)从而使其发生性质、地点等改变，则该类方式根动词通常无法通过-*ung* 名词化：

(23) arbeiten → * Arbeitung
kommen → * Kommung
spielen → * Spielung
lachen → * Lachung
essen → * Essenung
denken → * Denkung
fahren → * Fahrung etc.

---

① 参见 Dowty(1979)分解词汇语义学(decompositional semantics)的解析。

② 值得注意的是，本文所指的“占有”并非仅仅是“拥有和支配某物”的意思，应当理解为更广义的“占有”，比如“具有某种特质”等。

例如，与(23)中例举的其他动词类似，*arbeiten* 只包含了“工作”这个行为过程，并未表明动作开始或结束等时间语义，也未蕴涵由该动作引发的特定状态变化。试对比动词 *verarbeiten*：该动词含有通过某一行为使得某一物体(受事者)产生形态和性质的改变，因此可名词化为 *Verarbeitung*。

其次，另外一类方式根动词具备更为复杂的内在结构：在表述某一行为方式的同时，也揭示了由该动作行为引发的结果状态。这类动词可以派生出相应的-*ung* 名词：

(24) absperren → Absperrung
mischen → Mischung
übersetzen → Übersetzung
erfinden → Erfindung
aufschneiden → Aufschneidung etc.

例如动词 *absperren* 的词汇义涵盖了“封锁”这一事件、过程以及当事件终结时所形成的“无法通行”这一最终结果状态。另一方面，即便某些方式根动词从语义上看含有结果状态的成分，然而无法通过-*ung* 转化为名词。这类动词的显著特征是非延续性(punctuality)，或者说该动作从发生至结束体现出瞬间性：

(25) sterben → *Sterbung
treffen → *Treffung
ankommen → *Ankommung
fallen → *Fallung etc.

上述基于动词事件结构的分析从本质上指明了动词通过语素-*ung* 转化为名词所需的若干内在条件。不难看出，*ung*-名词所呈现的 E，R，O 三种解读也与原动词的内在语义结构有着紧密的联系。Roßdeutscher & Kamp(2010)称之为“动词的双事件性结构”(bi-eventuality)。简而言之，双事件性体现在动词事件结构的双重语义层面：动词 *v* 表达了施事者 *x* 对受事者 *y* 施行某一动作的同时，也引入由该动作引发的涉及 *y* 的另一事件结构(即导致的特定结果)。例如，*vergrößern* 的双事件性体现在，*x* 对 *y* 实施某一行为动作(*DO* (*x*))，导致其状态的“增大”(*BECOME* (*BIG* (*y*)))，这两个部分事件结构通过语义上的“引发关系”(*CAUSE*)联系在一起：*CAUSE* (*DO* (*x*)，*BECOME* (*BIG* (*y*)))。[①]再如，*erfinden* 的双事件性是，*x* 通过“发明制造”的行为动作导致 *y* 存在：*CAUSE* (*DO* (*x*)，*BECOME* (*EXIST* (*y*)))。

① 动词 do，cause 等被称为“轻动词”(light verbs)，它们所表达的是抽象语义概念，在不同语境下可以被赋予更具体的解读。参见 Dowty(1979)。

最后，我们尝试给出 *ung*-名词形成的语义条件：

(26) -*ung* 名词化的语义条件

一个动词 *v* 可以通过语素-*ung* 构成相应的名词，且适当：

(i) *v* 是在语义结构上具有延续性，且呈现双事件性特征；

(ii) *v* 含有某种特定的状态变化的内在语义，即需满足下列条件之一：

(ii a) *v* 表达(连续的)状态程度的变化，该变化可向标度轴的正反方向发展；

(ii b) *v* 表达一种(抽象的)占有状态改变，该变化仅涉及受事方的占有关系；

(ii c) *v* 表达一种结果状态的产生，该状态的产生由 *v* 所表述的动词引发。

根据(26)定义的语义条件，我们有理由认为，*ung*-名词所呈现的 E-解读是最根本的语义解读：后缀-*ung* 的功能是转换动词的句法范畴(由动词变为名词)，但保留其语义层面的事件性特征(即派生后的名词从本体类型上看仍属于事件)。E-解读存在于由三类动词派生而来的名词之中；而 R-解读和 O-解读依存于相应的 E-解读，且 O-解读和 R-解读往往相互依存。其原因在于，结果状态或物体是由动词表达的事件完结所引发的具体呈现；而结果状态往往体现在某一具体的物体之中，换句话说，物体是这一结果状态的载体(比如考察 *Übersetzung*，翻译完结所形成的结果状态体现在翻译形成的文本之上)。从时间性上看，事件的终结点即为结果状态的开始点；结果状态的始末与相应物体存在的始末重合(参见 Kamp & Reyle，1993)。根据(26)的语义条件，复合类型的 *ung*-名词通常是由方式根动词演化而来的。综上所述，我们定义 E-解读为 *ung*-名词的根本解读(primary reading)，而 R-解读和 O-解读实质上是一种依存解读(dependent reading)；但不可否认的是，这三种解读都是 *ung*-名词内在固有的语义层面。

4. 结语

本文探讨了德语中由词尾-*ung* 派生而来的名词的语义。通过局部指示词的语言测试，我们认为 *ung*-名词具备事件解读(E-解读)，结果状态解读(R-解读)以及物体解读(O-解读)三种语义层面，且这三种解读是相应的 *ung*-名词内在固有的词汇义。同时，根据 Pustejovsky(1995)和 Asher(2011)提出的“双述谓结构”，我们进一步证明，拥有多个语义解读的 *ung*-名词构成 E·R，E·O 或者 E·R·O 的复合类型。通过对原动词的语义结构的分析，我们提出 *ung*-名词形成的语义限制，即当动词 *v* 在语义结构上具有延续性，且呈现双事件性，同时表达特定的状态变化，才能通过-*ung* 派生成名词。这一结论恰恰表明了 E-解读是 *ung*-名词的根本解读，而 R-解读和 O-解读实质上是一种依存解读。

参考文献

[1] Nicholas Asher. *Lexical Meaning in Context: A Web of Words*[M]. Cambridge & New York: Cambridge University Press, 2011.

[2] John Beavers. *Aspectual classes and scale of change*[J]. Linguistics, 2013, 51(4): 681-706.

[3] Regine Brandtner. *Deverbal nominals in context: Meaning variation and co-pradication* [J]. Online Publikationsverbund der Universität Stuttgart, 2011.

[4] Regine Brandtner & Klaus von Heusinger. *Nominalisation in Context — Conflicting Readings and Predicate Transfer.* In: A. Alexiadou & M. Rathert (eds.), Nominalizations across Languagues and Frameworks. Berlin: de Gruyter, 2009: 25-50.

[5] Ann Copestake & Ted Briscoe. Semi-productive Polysemy and Sense Extension[J]. *Journal of Semantics*, 1995(12): 15-67.

[6] David R. Dowty. *Word Meaning and Montague Grammar. The Semantics of Verbs and Times in Generative Semantics and in Montague's PTQ*[M]. Dordrecht: Reidel, 1979.

[7] Johannes Dölling. *Sortale Variation der Bedeutung bei ung-Nominalisierung.* In: C. Fortmann, W. Geuder, A. Lübbe & I. Rapp (eds.), Situationsargumente im Nominalbereich. Linguistische Arbeiten. Berlin & New York: de Gruyter, 49-92, 2013.

[8] Veronika Ehrich. *Coercion and underspecification: Nouns and nominalizations in German.* In: A. Steube (ed.): The Discourse Potential of Underspecified Structures. Walter de Gruyter: Berlin, 2008: 85-108.

[9] Veronika Ehrich & Irene Rapp. *Sortale Bedeutung und Agumentstruktur: ung-Nomiualisierungen im Deutschen* [M]. Zeitschrift für Sprachwissenschaft, 2000: 245-303.

[10] Hans Kamp & Uwe Reyle. *From Discourse to Logic. Introduction to Model-theoretic Semantics of Natural Language, Formal Logic and Discourse Representation Theory* [M]. Dordrecht: Kluwer, 1993.

[11] Manfred Krifka. *The Origins of Telicity.* In: S. Rothstein (ed.), Events and grammar [M]. Dordrecht: Kluwer, 1998: 197-235.

[12] Claudia Maienborn. *Konzeptuelle Semantik.* In: S. Staffeldt & J. Hagemann (eds.), Semantiktheorien. Lexikalische Analysen im Vergleich. Tübingen: Stauffenburg, 2017: 151-188.

[13] Jörg Meibauer, et al. *Einführung in die germanistische Linguistik (3. Auflage)*[M]. Stuttgart: Metzler, 2015.

[14] Christopher Piñón. *Achievements in an event semantics.* Proceedings from Semantics and

Linguistic Theory 7[M]. Ithaca, NY: Cornell University, 1997.

[15] James Pustejovsky. *The Generative Lexicon.* Cambridge[M]. MA: MIT Press, 1995.

[16] James Pustejovsky. *The Syntax of Event Structure*, *Cognition*, 1991(1-3): 47-81.

[17] Antje Roßdeutscher & Hans Kamp. *Syntactic and Semantic Constraints in the Formation and Interpretation of ung-Nouns*. In: A. Alexiadou & M. Rathert (eds.), Nominalisations across Languages and Frameworks. Berlin: de Gruyter, 2010.

[18] Vincent Jixin Wang. *Bedeutungsanpassung bei temporalen Modifikatoren* [M]. Tübingen: Stauffenburg Verlag, 2019.

中德生态园与青岛老街德文语言景观对比分析

青岛科技大学　孟珺捷

摘要：青岛与德国有着深厚的历史渊源，近年来，在“一带一路”倡议的推动下，国家大力发展多领域的对德合作，德文语言景观在城市的一些历史文化街区逐渐形成。本文以场所符号学为理论框架，从类型、功能、语码取向等方面对青岛市老商业街及中德生态园商圈出现的德文语言景观进行质性分析，反映城市德文语言景观建设的现状与问题。

关键词：德文语言景观；场所符号学；语码取向；文化认同

1. 引言

公共空间内的书面语作为日常交流的常见形式，已越来越受到学界的重视，但其所承担的社会功能和社会角色常常被人们所忽视。长期以来，在社会语言学领域人们把更多的目光投向口语研究。近年来，由公共空间形成的“语言景观”(linguistic landscape)迅速成为新兴的研究热点，被社会学、社会心理学、地理学、新闻学、符号学等学科所关注。Landry & Bourhis 最先提出并使用“语言景观”的概念，并将其界定为：出现在公共路牌、广告牌、街名、地名、商铺招牌以及政府楼宇的公共标牌之上的语言共同构成某个属地、地区或城市群的语言景观①。根据定义，不难发现语言景观研究主要关注多语社会公共空间中各类标牌上的语言选择和使用问题。研究者通过分析公共空间中不同形式的语言表征，来考察语言实践背后的选择动机、社会机制、意识形态、身份认同、权势层级等深层次的社会问题②。

国际有关语言景观的研究主要考察多语现象、民族语言活力、英语的国际传播以及语言规划等问题，研究视角日趋多元化③。在国内学术界，尚国文、赵守辉首次对语言

---

① Rodrigue Landry & Richard Bourhis. Linguistic Landscape and Ethnolinguistic Vitality: an Empirical Study. *Journal of Language and Social Psychology*, 16, 1997, S. 25.

② 张天伟，尚国文：《语言景观研究的拓展与创新》，载《语言战略研究》，2020 年第 4 期，第 11 页。

③ 黄小丽：《上海市日文语言景观的立体化建设现状与思考》，载《外语电化教学》，2018 年第 10 期，第 57 页。

景观研究理论与方法进行了较为全面的介绍①。近年来，城市多语现象及少数民族语言的实证性研究遍地开花。此外，早期的语言景观研究重视公共空间内语言符号的量化统计与分析，而最新的语言景观研究往往将重点投向语言景观的质性分析，尤其是针对语言功能，受众的接受度，语言政策以及语言的意识形态等方面。

青岛与德国有着深厚的历史渊源，近年来，在“一带一路”倡议的推动下，国家大力发展多领域的对德合作，德文语言景观在城市的一些历史文化街区逐渐形成。本文以场所符号学为理论框架，通过对青岛市老商业街及中德生态园商圈的德文语言景观的对比分析，展现城市德文语言景观的现状及存在的问题，并试图回答以下问题：

(1)青岛市德文语言景观的类型及功能如何？

(2)青岛市德文语言景观的语码取向及其反映出的权势关系、语言政策如何？

2. 场所符号学理论的分析框架

Scollon & Scollon(2003)在《物质世界中的话语》(*Discourse in Place*: *Language in the Material World*)一书中提出场所符号学理论，由语码取向(code preference)、字刻(inscription)、置放(emplacement)等子系统构成，用以分析环境中的语言符号系统。其中，语码取向是一个重要的分析维度，指的是双语或多语标牌上各种语言之间的优先关系。如果两种或两种以上的语码尺寸相同，在中心包围式中，出现在中心位置的为优势语码；在上下排列式中，上端为优势语码位置；在左右排列式中，优势语码位于左端。如果尺寸不同，尺寸更大的语码为凸显语码。

语言景观研究的一个重要方法论问题是语言景观的分类。语言景观按照其创作主体大致可粗分为官方与非官方两类，官方语言景观由政府或者当地机构设立，与公共语言政策紧密相关，属于自上而下型的语言景观标识。非官方语言景观由私人设立，如商业招牌、广告牌、涂鸦、宣传画等，属于自下而上型的语言景观标识。在这个意义上自下而上型的非官方语言景观标识更能反映一个地区大众对不同语言的接受程度。为了弄清语言景观的创作动机以及构成语言景观的不同要素的功能，Scollon & Scollon(2003)将地理、社会文化、语言政策等因素纳入考虑范围。在场所符号学的研究框架内，构成语言景观的语料可分为四大类，即(1)管制型景观；(2)基础设施型景观；(3)商业景观；(4)越轨型景观。管制型景观的主要功能在于给公众提供有关该地区官方规定的信息，包括道路指示标志、交通标志等。基础设施型景观主要涉及城市的基础设施，例如路牌、警示牌、景点的信息指示牌等。上述两类语言景观都属于自上而下型的语言景观，与之相反，商业景观与越轨型景观则属于自下而上型的语言景观。商业景观主要用于商

① 尚国文，赵守辉：《语言景观研究的视角、理论与方法》，载《外语教学与研究》，2014年第2期，第223页。

业目的，例如广告牌，店铺招牌等。越轨型景观包括匿名的贴画、涂鸦、宣传画等。Scollon & Scollon（2003）的这一分类更充分地考虑了城市语言景观作为社会语言现象的复杂性，因此更有利于开展质性研究。

公共空间中可视性的、物质性的语言是地域文化传播的主要物质媒介。语言景观既直接传递社会生产生活信息，又间接反映地域的历史文脉，是一个社会的重要象征符号。传统的语言景观研究区分了公共空间内书面语的信息功能和象征功能①，信息功能体现在语言景观可以提供信息，帮助观察者了解公共空间内用于交流和沟通的语言种类，以及某个区域内民族语言的构成。语言景观在这里相当于提供语言状况信息的工具②(尚国文，赵守辉，2014：216)。象征功能是指公共空间内的语言文字所体现出的多个语言群体之间的权势关系。某族群的语言出现频率低，象征该族群在这一区域为少数群体或是该族群在人数及影响力上的回落，语言景观因此被认为是反映"区域权势关系的窗口(*window into the power relations in a community*)"③。此外，语言景观的象征性还体现在反映区域内的语言和文化认同等方面。信息功能和象征功能是语言景观的两大基本功能，在此基础上，进一步提出了语言景观的法律功能④，也就是说语言景观反映了语言政策，语言政策决定着公共空间内的语言存在，在这个意义上，语言使用是塑造社会及地理环境的权利工具。

3. 青岛德文语言景观实探

3.1 历史文化背景

青岛曾为德国的殖民地，被称为"德领胶州保护地"。1897 年 11 月德国武力强占青岛，青岛开埠方辟中山路为南起前海栈桥北止大窑沟的一条城市道路。作为曾经与上海的南京路、北京的王府井齐名的老青岛著名商业中心，中山路长约 1500 米，堪称青岛的"母脉"。目前仍是青岛地标式商业街区，保留着几代人的文化记忆。馆陶路(街长约 1000 余米)是旧时中山路繁华的延伸，初建于 1899 年，曾经被誉为"洋行一条街""老青

---

① Rodrigue Landry & Richard Bourhis. *Linguistic Landscape and Ethnolinguistic Vitality: an Empirical Study. Journal of Language and Social Psychology*, 16, 1997, S. 25.

② 尚国文，赵守辉：《语言景观研究的视角、理论与方法》，载《外语教学与研究》，2014 年第 2 期，第 216 页。

③ Thom Huebner. *Bangkok's Linguistic Landscapes as a New Approach to Multilingualism. International Journal of Multilingualism*, 2006(1-6): S. 32.

④ Llorenç Comajoan Colomé & Ethan Long. *The Linguistic Landscapes of Three Streets in Barcelona: Patterns of Language Visibility in Public Space.* In: Durk Gorter, Heiko Marten, Luk Van Mensel: *Minority Langusges in the Linguistic Landscape*. Basingstoke: Palgrave Macmillan, 2012, S. 189.

岛的华尔街”“青岛的外滩”，现为青岛德国风情街所在地，是国务院批复的青岛城市风貌保护区之一。青岛啤酒是青岛的城市名片，啤酒厂前身“日耳曼啤酒公司青岛股份有限公司”于1903年由德国人建立，坐落在今登州路(街长约710米)上，街道两侧分布有各类酒店、啤酒吧、饭店等，并有啤酒博物馆和啤酒宫等设施，啤酒文化特色鲜明，由此得名“青岛啤酒街”。无论是中山路、馆陶路，还是登州路一线，均属于富有德国文化特色的商业街区，与居民区相比其语言景观更为丰富密集。

由于青岛与德国的历史文化渊源，双方在经济、文化等多领域一直保持着良好的合作关系。近年来青岛承办了大量的国际赛事与国际会议，成为名副其实的国际化大都市和多元文化的聚集区。2010年7月，德国总理安格拉·默克尔访华期间，中国商务部与德国经济和技术部签署了《关于共同支持建立中德生态园的谅解备忘录》，确定在青岛经济技术开发区建立中德生态园。中德生态园选址于中国青岛经济技术开发区国际生态智慧城内，吸引了一大批德国企业和德籍人士来此落户，成为德国文化在青岛的新地标。作为国际化新兴工业园区的代表，其周边商圈语言景观呈现多样化特点，德文语言景观别具特色。

鉴于德文语言景观仅在特定区域出现，并非覆盖青岛全市，因此选取德文景观密集的老商业街以及中德生态园商圈进行调研。本研究调研采用数码相机拍摄和观察相结合的研究方法，笔者于2019年9月至11月对研究区域内所有带有德语的可视标牌进行拍照搜集，包括路牌、交通指示牌、商铺招牌、路边宣传牌等。根据 Genoz & Gorter (2006)的研究方法，每个店铺或单位的的标识牌作为一个研究单位①。每个研究单位上出现的字，无论其大小和频率均作为一个研究单位看待。研究者对收集到的德文语言景观进行筛选和分离，将内容有重复或不清晰的语言标识删除；共分离出69处标识牌语作为分析单元，其中中山路馆陶路及登州路路段作为青岛老商业街分离出31个研究单元，中德生态园商圈分离出38个研究单元。

3.2 质性分析与讨论

3.2.1 德文语言景观的类型

按照上文提到的 Scollon & Scollon (2003) 场所符号学的理论，搜集到的69个研究单元首先被分为四类，即(1)管制型景观；(2)基础设施型景观；(3)商业景观；(4)越轨型景观(详见表1)。分析发现，德文语言景观以基础设施型景观为主，其次是商业景观，未见管制型及越轨型景观。青岛老商业街的基础设施型景观21处(占比67.7%)，商业景观10处(占比32.3%)；中德生态园的基础设施型景观23处(占比60.5%)，商业景观15处(占比39.5%)。

---

① Loulou Edelman. *What's in a Name? Classification of Proper Names by Language*. In: Durk Gorter, *Linguistic Landscape: Expanding the Scenery*. New York [u. a.]: Routledge, 2009, S. 147.

表 1　研究区域内的德文语言景观类型

语言景观类型	青岛老商业街(n=31)	中德生态园(n=38)
管制型景观	0(0%)	0(0%)
基础设施型景观	21(67.7%)	23(60.5%)
商业景观	10(32.3%)	15(39.5%)
越轨型景观	0(0%)	0(0%)

根据标识中的语码选择情况，以下将收集到的德文语言景观分为德语单语景观、德汉双语景观、德英双语景观、德英汉三语景观以及德语与其他语种构成的多语景观，并对基础设施型景观及商业景观分别进行质性分析。

3.2.2　基础设施型景观的质性分析

在基础设施型景观领域，青岛老商业街占比最大的是德语单语景观(38.1%)，其次是德汉双语景观(33.3%)、德英汉三语景观(23.8%)，包括德语在内的多语景观仅有 1 处(4.8%)，未见德英双语景观。与之相比，中德生态园商圈的基础设施型景观以德英汉三语景观(47.8%)和德汉双语景观(39.1%)为主，德语单语景观 2 处(8.7%)及德英双语景观 1 处(4.3%)，未见带有德语的多语景观，详见表 2。

表 2　基础设施型景观的语码取向

语码取向	青岛老商业街(n=21)	中德生态园(n=23)
德语	8(38.1%)	2(8.7%)
德语—汉语	7(33.3%)	9(39.1%)
德语—英语	0(0%)	1(4.3%)
德语—英语—汉语	5(23.8%)	11(47.8%)
德语—其他	1(4.8%)	0(0%)

老商业街的德语单语基础设施型景观占比远远超过中德生态园商圈，主要分为两类：一类是殖民时期老建筑外墙上的文字说明，例如德占时期的英国银行旧址(见图 1)，在英国银行旧址的建筑外墙上的德语文字“*Das Gebäude im europäischen Stil wurde* 1917 *gebaut und war die Niederlassung der englischen Bank.*（该欧洲风格的建筑建于 1917 年，曾是英国银行旧址。)”；另外一类是路边的雕塑，如馆陶路路边墙体雕塑上的德语语码“DER DEUTSCHE STIL(德国风情)”(见图 2)。建筑外墙文字及雕塑映射了青岛与德国的历史渊源，具有明显的象征意义。

图 1

图 2

中德生态园商圈可见的的德语单语基础设施型景观仅有一处(见图 3)，园区外路边的雕塑“D-ZONE”本身从拼写上断定“ZONE”一词为德语。但这里的字母“D”恰好是德语单词“Deutschland”(德国)的缩写，而黑红金三色正是德国国旗的颜色，因此推测其为德文而不是英文。

图 3

老商业街德汉双语及德英汉三语的基础设施型景观主要涉及路牌(如图 4)、道路指示牌(如图 5)、汽车站标牌(如图 6)等。同时出现了包括德语在内的多语景观(如图 7)，这处建筑外墙雕塑内容涉及汉语、德语、英语、韩语、俄语、法语等多个语种，围绕汉语字符“爱”展开，汉语语码占有绝对优势地位，语码混用及语言杂糅体现出多种文化的碰撞与融合。路牌及道路指示牌上的文字属于上下排列式，位于上端且尺寸更大的汉语显然是优势语码；汽车站标牌及建筑外墙的文字属于中心包围式，汉语位于中心位置且字体明显大于其他语码，因此也是优势语码。

图 4

图 5

图 6

图 7

中德生态园商圈基础设施型景观以德英汉三语与德汉双语为主，如园区外道路的指示牌(见图 8)以汉语“中德生态园”为优势语言，其次是英语语码“Sino-German Ecopark”，德语语码“Deutsch-Chinesischer Ökopark”排在最下方且字体最小。值得注意的是，此处的“Ökopark”被误写成“Okopark”。同样的错误在收集到的德文语言景观中共出现过三次。

被动式建筑立柱(见图 9)上，汉语语码“被动式建筑”为主导语言，德语语码“Passivhaus”以及“Deutsch-Chinesischer Ökopark”为第一辅助语码，英语“SINO-GERMAN ECOPARK”位于立柱最下方且字体最小，为第二辅助语码。园区周边的德汉双语基础设施型景观，如园区商业街上的道路指示牌(见图 10)均使用德汉双语，且以汉语占主导，以德语为辅助语码。

图 8

图 9

图 10

调查取样的过程中，发现了德英双语的基础设施型景观，如中德生态园被动式建筑健身房（见图 11）。其名称采用了德英双语混用的方式，“Sino-German Ecopark Passivhaus GYM”。

图 11

基础设施型景观属于自上而下型的语言景观，无论是老商业街还是中德生态园商圈的标语牌、地名标牌、告示招牌在语码取向上均以中文为主导，体现出机构的官方意志和政策取向。在德英汉三语标识中，汉语为主导语言，大多以德语为第一辅助语码，英语为第二辅助语码反映出区域范围内，德语作为第一外语，领先于英语的权势地位。城市德文化特色街区建设在兼顾德国文化特色的同时，重视英语作为国际通用语的作用，反映了全球化、国际化背景下，多元文化的碰撞与融合，以及城市未来以对德合作为主，面向全球的发展理念。

3.2.3 商业景观的质性分析

商业景观由私人设立，属于自下而上型语言景观，在语言选择方面多出于经济效益的目的，商家在标牌上使用某种或某几种语言传达产品或服务信息，以吸引顾客前来消费，从而获得经济利益①，与基础设施型景观相比，商业景观表现出临时性和不稳定性，会受到商铺经营情况等外部因素的影响，季节性或临时性出现和变更。被调查的德文商业景观中，德汉双语景观占有绝对优势，青岛老商业街德汉双语的商业景观占60%，中德生态园商圈的德汉双语景观占比高达 86.6%（见表 3）。

表 3 商业景观的语码取向

语码取向	青岛老商业街（n=10）	中德生态园（n=15）
德语	2（20%）	1（6.7%）
德语—汉语	6（60%）	13（86.6%）

① 尚国文：《语言景观的语言经济学分析——以新马泰为例》，载《语言战略研究》，2016 年第 4 期，第 88 页。

续表

语码取向	青岛老商业街(n=10)	中德生态园(n=15)
德语—英语	0(0%)	0(0%)
德语—汉语—英语	2(20%)	1(6.7%)
德语—其他	0(0%)	0(0%)

研究发现，青岛老商业街的德汉双语商业景观如良友青岛菜(德文名：Liangyou Restaurant in der deutschen Straße)(见图 12)以及德缘合茶庄(德文名：Teehaus)(见图 13)的招牌，汉语均作为优势语言出现，德语语码无论从字体大小，位置还是字体的颜色都不及中文醒目。此外，德语翻译普遍存在含糊其词的问题，如良友青岛菜的德文译名翻译过来是“德国街上的良友饭店”，而饭店的特色“青岛菜”并未被翻译出来；德缘合茶庄的德语译名翻成中文是“茶叶店”，德缘合的招牌被省略。

图 12

图 13

老商业街部分店铺的招牌除德汉双语外，添加了英文，如柏斯图德国餐饮(见图 14)上的“Enjoy German Food”，这一店铺招牌上德语(ZUR BIERSTUBE)位于招牌的最上方，处于优先位置。但关键信息，如餐厅的主营特色、餐厅的地址、订餐电话等仍然以中文呈现，反映出餐厅的客户群主要是中国顾客。英语句子虽不惹眼，却体现出区域文化多元化的特点，为不同文化背景的顾客营造了友好型的语言环境。

此外，德语单语的商业景观也占有一席之地，如啤酒街上的酒馆就直接以“Germania-Brauerei”(中文意思是日耳曼啤酒厂)为店名(见图 15)，带有浓厚的德国文化色彩，拉近了与以德文为母语的消费者之间的距离，鉴于街区的顾客主要是当地人口，英语母语国家及德语母语国家的受众较少，因此该德文景观主要功能并非传递信息，而是象征德国啤酒文化。

图 14

图 15

中德生态园商圈的德汉双语商业景观中，德语取代汉语成为优势语言，如德国纯酿啤酒店(Bier aus deutschen Brauerei)(见图 16)以及黑森林手工布谷钟(Kuckucksuhren aus dem Schwarzwald)(见图 17)。有些德国品牌连锁店铺如 ROSSMANN，招牌上仅出现德语(见图 18)。由此推测，该区域的消费者大多具有一定的德语语言知识。

图 16

图 17

图 18

从商业标牌业态分布来看，老商业街使用德语标牌最多的是餐厅、酒吧、咖啡厅。中德生态园作为新工业园区的代表，其德语标牌所属业态的分布范围较广，除餐饮外涉及百货商店、饮品店、炊具、箱包服饰、手工艺品，其中使用德语标牌最多的是百货商店，其次是餐饮行业(详见表 4)。

表 4 商业标牌的业态分布

商业标牌的业态分布	青岛老商业街(n=10)	中德生态园(n=15)
餐厅、酒吧、咖啡厅	7(70%)	4(26.7%)
百货商店	1(10%)	5(33.3%)
饮品店(酒、茶等)	1(10%)	3(20%)
旅馆	1(10%)	0(0%)
炊具	0(0%)	1(6.7%)
箱包服饰	0(0%)	1(6.7%)
手工艺品	0(0%)	1(6.7%)

商业语言景观的呈现方式取决于语言的象征价值、预期受众群、行业定位等多重因素的权衡取舍①。德文语码激活的象征价值及其潜在的经济效应是私人商业标牌制作者优先考虑的因素。生态园商圈周边工作和生活的德籍人士以及掌握德语的商务人士较多，对德国产品的认可度较高，他们的主要消费场首先是餐厅、酒吧、咖啡厅，其次是百货商店及饮品店，由此，不难理解德文以上业态的商业景观中的作为优势语码的地位。

3.3 小结

对德文语言景观的调查研究表明，青岛市老商业街及中德生态园商圈的德文语言景观均以基础设施景观及商业景观两大类为主，未见政府或公共服务部门提供的德文管制型景观。德文语言景观的语码取向以德汉双语景观及德英汉三语景观为主，偶见德语单语、德英双语或带有德文的多语景观。基础设施型景观大多以汉语为优势语言、德语为主要辅助语码，映射德国与青岛的历史文化渊源。商业景观则体现出个性化和差异性，德文在提供商业信息的同时，通过其象征意义影响顾客的购买行为，反映出受众群体对德语语言及文化的认可与接受。德文语言景观主要涉及餐饮行业、老商业街的商业景观以汉语为优势语言，生态园商圈的商业景观则以德语为优势语言。

此外，调研过程中发现德文语言景观译写的规范性仍存在较多问题，如同一专有名词德文译名不统一；德文译文不能完全传递中文信息，翻译模糊；中式德语；德文拼写错误等。反映出青岛市德文语言景观发展在规范化方面的缺失。

---

① 巫喜丽，战菊：《全球化背景下广州市“非洲街”语言景观实探》，载《外语研究》，2017 年第 2 期，第 9 页。

4. 思考与展望

语言标牌上的语言既受官方语言意识形态和语言政策的杠杆调节，同时也与区域政治经济定位，言语群体的语言读写能力，对自我及他者文化身份认同程度，个人偏好等多重因素息息相关①。青岛与德国有着深厚的历史文化渊源，是“一带一路”沿线重要的沿海开放城市，随着中德生态园等国家项目的落地，多领域的对德合作得到进一步发展和推动。来到青岛投资、旅游、学习的德籍人员日益增多，许多国际知名的德国企业纷纷落户青岛，与此同时，市民对于德国文化的认同度日益提升，德文语言景观应运而生，然其规范化发展仍未引起各方重视。

城市语言景观是扩大对外交流的重要手段，同时也展示城市文化底蕴和国际化程度，与城市的生存发展息息相关②。青岛在打造国际化大都市的过程中，应将语言景观与城市语言服务结合起来，加强语言景观建设，提高城市语言服务能力，构建城市和谐的语言生态，从而树立良好的城市形象。

参考文献

[1] Llorenç Comajoan Colomé & Ethan Long. *The Linguistic Landscapes of Three Streets in Barcelona: Patterns of Language Visibility in Public Space* [C]. In: Durk Gorter, Heiko Marten, Luk Van Mensel: *Minority Langusges in the Linguistic Landscape. Basingstoke: Palgrave Macmillan*, 2012, S. 183-203.

[2] Loulou Edelman. *What's in a Name? Classification of Proper Names by Language*[C]. In: Durk Gorter: Linguistic Landscape: Expanding the Scenery. New York [u. a.]: Routledge, 2009, S. 141-154.

[3] Rodrigue Landry & Richard Bourhis. Linguistic Landscape and Ethnolinguistic Vitality: an Empirical Study[J]. *Journal of Language and Social Psychology*, 1997(16), S. 23-49.

[4] Scollon Ron & Scollon Suzie Wong. *Discourses in Place: Language in the Material World* [M]. London: Routledge, 2003.

[5] Thom Huebner. Bangkok's Linguistic Landscapes as a New Approach to Multilingualism [J]. *International Journal of Multilingualism*, 2006(1-6), S. 32ff.

[6] 黄小丽. 上海市日文语言景观的立体化建设现状与思考[J]. 外语电化教学，2018

① 巫喜丽，战菊：《全球化背景下广州市“非洲街”语言景观实探》，载《外语研究》，2017年第2期，第9页。

② 刘丽芬，刘秀娟，鲍雪：《中国境内语言景观俄译考察》，载《中国俄语教学》，2018年第1期，第20页。

(10)：57-63.
[7]刘丽芬，刘秀娟，鲍雪. 中国境内语言景观俄译考察[J]. 中国俄语教学，2018(1)：20-30.
[8]尚国文，赵守辉. 语言景观研究的视角、理论与方法[J]. 外语教学与研究，2014(2)：214-223.
[9]尚国文. 语言景观的语言经济学分析——以新马泰为例[J]. 语言战略研究，2016(4)：83-91.
[10]张天伟，尚国文. 主持人语：语言景观研究的拓展与创新[J]. 语言战略研究，2020(4)：11-12.
[11]巫喜丽，战菊. 全球化背景下广州市“非洲街”语言景观实探[J]. 外语研究，2017(2)：6-11.

基于语料库的批评话语分析探讨中德媒体建国七十周年新闻报道①

中国海洋大学　周奕珺　于雪阳

摘要：2019年是中国和德国建国70周年，两国新闻媒体对此都进行了大量报道。本研究搜集中国和德国影响力最大的报刊建国70周年相关报道自建语料库，从批评话语分析的角度进行对比研究。两国媒体在报道主题、关注内容、情感态度和论述方式上呈现出很大的差异。在报道主题上，德国报道最为关注的是两德统一和《基本法》，除了展现德国建国以来取得的成就，也呈现出发展中的诸多问题，相比之下中国新闻报道激情澎湃地展现出中华人民共和国成立70周年的奋斗历程和取得的成就，歌颂中国人民艰苦卓绝的奋斗，凝练出中华民族团结向上奋发图强的民族精神。德国媒体和中国媒体皆着力在民众中构建积极的国家形象，但是构建的方式和构建的具体形象则迥然不同，这与两国的建国历史、政党制度、国民的民族意识、民众的意识形态和媒体的影响力认知有非常密切的关联。

关键词：《南德意志报》；《人民日报》；建国70周年报道；语料库；批评话语分析

2019年既是中华人民共和国成立70周年，也是德意志联邦共和国建立70周年。在同一时间背景下，研究中国和德国对建国和国家庆典报道的新闻话语特点，分析背后的深层原因，有助于更好地理解两国文化，为之后中国的国家形象构建和对内和对外传播提供新的思路。国家形象是国家软实力的重要组成部分，2013年习近平总书记强调要注重塑造我国的国家形象，重点展示出我国的文明大国、东方大国、负责任大国和社会主义大国形象。② 提高国家文化软实力，要精心构建话语体系，发挥媒体的作用，加强爱国主义、集体主义、社会主义教育，引导我国人民树立正确的历史观、民族观和国家观③。良好的国家形象对内可形成强大的凝聚力，增强民众的自信心、向心力；对外则能够凭借其吸引力、号召力，吸引投资、开拓市场，加强国际合作与交流④。

---

① 本文为中国海洋大学2020年国家级大学生创新创业训练计划“中德两国人民的国家认知”（项目编号202010423140）的阶段性成果。

② 习近平：《习近平谈治国理政》，北京：外文出版社，2018年，第162页。

③ 同上。

④ 郝日红，张清俐：《塑造打动世界的中国国家形象》，载《中国社会科学报》，2014年7月21日第623期。

1. 批评话语分析法与语料库

本研究所使用的研究方法为“语料库批评话语分析法”。批评话语分析集社会学和语言学的话语分析为一体，从社会的角度研究语言应用①，20 世纪 90 年代确立了在人文社会学科中的研究地位，过去三十年中在国内外学界迅速发展②。批评话语分析在德国的代表人物是杜伊斯堡学派的西格弗里德·耶格尔（Siegfried Jäger），在英国的代表人物是社会语言学家诺曼·费尔克劳夫（Norman Fairclough）。耶格尔和费尔克劳夫在具体的分析层面和分析方法上具有重叠之处，如从语言学的多个角度进行文本分析，以及从社会、文化和历史背景深度分析话语产生的社会根源。本研究采用的研究范式主要是耶格尔的历时阶段模型和费尔克劳夫的三元模型。耶格尔的理论基础来源于米歇尔·福柯（Michel Foucault），其分析焦点为分析话语、知识、真相和权力之间的复杂关系③。说话者在使用语言的过程中，不仅在进行信息的传递，同时也在进行社会关系和社会身份的构建，因此话语并非仅仅反映社会真相，而是参与并影响社会真相的构建④。耶格尔将话语定义为“穿越时间和空间的知识河流”⑤，凸显了话语的历时性和阶段性变化，本研究将借助于语料库的方法，统计并描述国庆新闻报道数量和主题在时间上的变化。费尔克劳夫的三元模型包含文本分析、话语实践和社会实践三个维度，从语言学的角度分析篇章的结构和内容出发，进一步分析篇章与其社会影响之间的关联，最终探究深层的社会文化和历史根源。

批评话语分析法分析的往往是研究者根据预设选取的少量样本，因此分析的结果缺乏客观性，选取样本的随意性导致研究结果缺乏普遍性。将语料库和批评话语分析法结合起来，就能很好地弥补这一缺陷，语料库选取的文本数量较多，根据词频统计的方法提取关注的焦点，再以这些焦点为核心深入分析话语中心，最后探究话语产生的根源，这样既能克服选取样本数量太少和过于主观的问题，又能对话语中心进行深入的定性研究。

本研究搜集中德两国媒体建国 70 周年的报道共计 90 篇，其中中国相关报道 64 篇，德国相关报道 26 篇，建立新闻报道话语语料库。德国报道来源《南德意志报》，《南德意志报》是德国的五大主流媒体之一，2005 年德国社会学家 Siegfried Weischenberg 在记者中进行了一项广泛的德国媒体影响力的调查，《南德意志报》位居榜首，35%的记者将

---

① 田海龙：《批评话语分析 阐释、思考、应用》，天津：南开大学出版社，2014 年，第 14 页。

② 李莎莎：《德国主流媒体对中国“一带一路”倡议认知》，载《德国研究》，2019 年第 2 期，第 101 页。

③ 同上。

④ 同上。

⑤ Siegfried Jäger. *Kritische Diskursanalyse*, *Eine Einführung*. Münster: Unrast Verlag, 2004, S. 191.

《南德意志报》视为最有影响力的媒体①。中国报道来源《人民日报》，《人民日报》是中国共产党中央委员会机关报，1992 年被联合国教科文组织评为世界十大报纸之一，其社论被其他报刊广为引用，是中国最具影响力的报刊之一②。

2. 两国建国 70 周年报道的数量和主题分析

在 Lexisnexis 数据库中输入检索词“70 Jahre Bundesrepublik”，将发表时间限定在 2019 年 1 月 1 日至 2019 年 12 月 31 日，同时将出版类型限定为新闻，消息来源限定为《南德意志报》，人工筛选出《南德意志报》建国 70 周年的相关报道 12 篇。因为德国的国庆日 10 月 3 日，庆祝的是东德和西德的统一，1989 年 11 月 9 日柏林墙倒塌，次年东德的 5 个州并入西德建立起新的国家，而 2019 年是柏林墙倒塌 30 周年和德国统一 29 周年，因此本研究进一步以“Deutsche Einheit”“Berliner Mauer”“Nationalfeier”为检索关键词，对发表时间、出版类型、消息来源作出同样的限定，然后人工筛选出《南德意志报》相关报道 14 篇。前后两次共搜集《南德意志报》相关报道 26 篇，构成本研究的德国报道专题语料库(简称“70 JB 语料库”)。中国报道的获取方法为在《人民日报》官网上，以建国 70 周年、70 周年国庆等为搜索关键词，将发表时间限定在 2019 年 1 月 1 日至 2019 年 12 月 31 日之间，搜索相关新闻报道，通过人工筛选获取建国七十周年的相关报道 64 篇，构成本研究的中国报道专题语料库(简称“70 CH 语料库”)。

2.1 中德两国建国 70 周年报道的数量变化

中国关于建国 70 周年的报道数量明显多于德国，主要原因在于中国人更看重集体主义、民族自豪感的宣传和建构，相比之下德国人因为“二战”希特勒的反犹，对民族自豪感非常敏感，而且德国作为“二战”战败国被强国分裂的建国历史比较特殊，因此庆祝联邦德国成立 70 周年的报道相对较少。

表 1　中德建国 70 周年新闻报道数量对比

月份	1	2	3	4	5	6	7	8	9	10	11	12
人民日报					1	2		4	24	33		
南德意志报	2	1	2		7			1	3	6	3	1

从上述可以看出，中国和德国新闻报道的数量全年波动较大，《人民日报》的报道数量以 9 月份和 10 月份为高峰，其他月份的报道较为稀疏零散，明显体现出以 10 月份

① 参见 https：//de. wikipedia. org/wiki/Süddeutsche_ Zeitung#cite_ note-31，访问日期 2020-8-6.

② 参见 http：//bz. zazhi. com/article255，访问日期 2020-8-6.

国庆这一中心事件为核心的趋势。《南德意志报》的报道在5月份和10月份出现两个峰值，因为作为联邦共和国体制基础的《基本法》在1949年5月份颁布，而东德和西德在1990年10月份完成统一，这两个事件是德国媒体广为聚焦的话题。

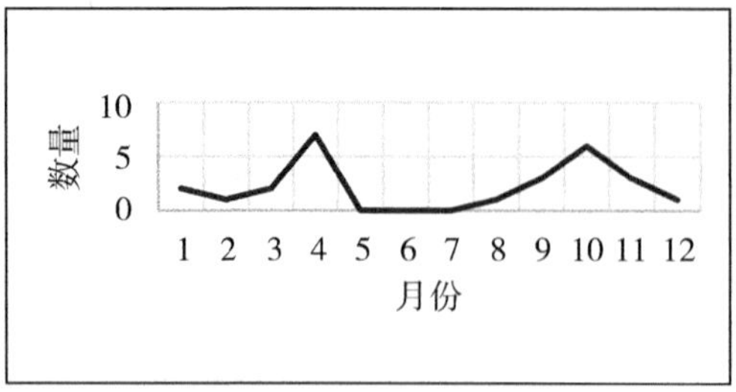

图1 《南德意志报》2019年相关新闻报道每月数量分布

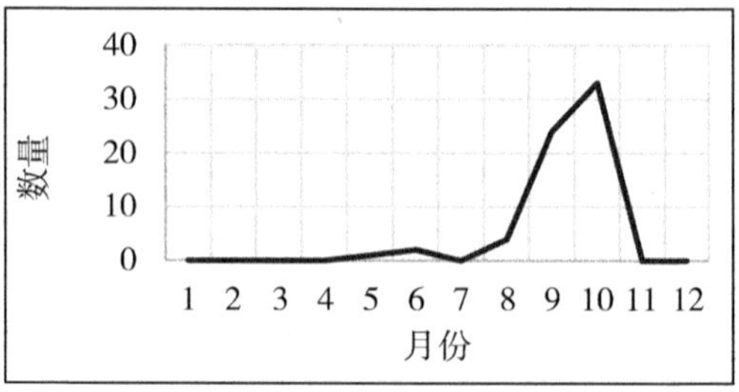

图2 《人民日报》2019年相关新闻报道每月数量分布

2.2 中德两国建国70周年报道的主题统计

通过阅读语料库中的新闻报道发现两国报道的主题差异明显，德国新闻主题集中在政治方面，体现出德国人民极高的参政热情和对政治的关注，具体可大致分为基本法、两德统一的问题和展望、回顾历史、当今问题和未来展望、政党和民主制度、庆祝活动，中国新闻主题则包括共和国发展成就回顾、社会各界庆祝活动报道、习近平讲话精神学习、中国与世界、国庆阅兵纪实、当今问题等，其具体数量见下图：

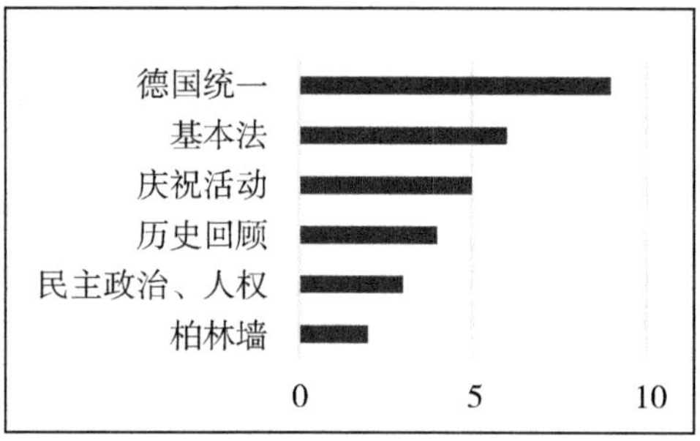

图3 《南德意志报》新闻报道主题

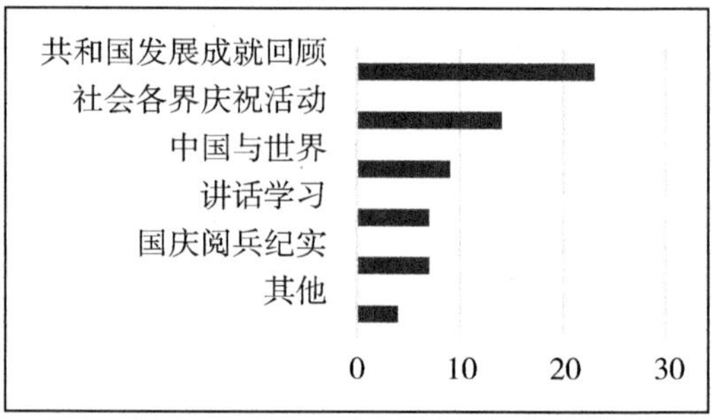

图4 《人民日报》新闻报道主题

在德国的新闻报道中德国统一的报道数量最多，报道中虽然肯定了两德的统一、民主政治制度在德国东部的建立和德国东部经济的发展，但是大部分报道深入分析了两德融合出现的问题，柏林墙虽然倒塌，但德国东部和德国西部人民之间的隔阂却依然存在，原东德人对于以前的社会主义制度依然十分怀念，德国东部的工资平均水平低于德国西部。媒体对基本法的报道排在第二位，基本法是德国民主政治制度的基础，《南德意志报》在《基本法》成立的月份5月建立了一个专栏，详细解读《基本法》是如何形成的、《基本法》取得的成就、《基本法》为什么不叫宪法等问题。《南德意志报》也报道了国内的一些庆祝活动，包括主题为建国70年的讲座、默克尔的参观活动和讲话、犹太中心成立70周年等。民主政治和人权也是德国人关注的焦点，《南德意志报》的报道客观分析了德国民主制度的建立过程并予以肯定。

《人民日报》关于建国70周年的报道中，回顾中国发展成就的报道数量占据首位，回顾了自中华人民共和国成立以来，各行各业取得的巨大成就，科技领域飞速发展、经济建设不断腾飞、人民生活得到很大改善、健康水平显著提高和教育改革波澜壮阔。这些报道不仅展现出新中国70年的发展变迁，同时着重于民族精神的提炼，描绘出中华民族团结向上、艰苦奋斗、不畏艰难、积极乐观、忠诚执着的民族精神。在中国媒体报道中，庆祝活动的报道数量居于第二位，形式包括举行音乐会、酒会、招待会、升旗仪式、出版刊物等。习近平讲话精神的新闻报道数量为18篇，其内容围绕"学习历史""不忘初心""强国强军""改革开放"等主题，强调了习近平讲话精神的重要性。另外多篇新闻报道以中国与世界各国的关系、中国70年来国际地位的变化以及中国为世界所做的贡献为主要内容，体现了中国国际地位的提升以及在和平友好的外交政策下与其他国家日益良好的关系。5篇新闻报道记录了中国阅兵仪式的盛况，阅兵不仅仅是中国军事力量的展现，更点燃了民众的爱国热情，增强了民族自信。对当今问题探讨的报道只有两篇，探讨了中国的教育公平和刑法完善的话题。

总的来说，两国报道在内容上存在明显差异，中国和德国虽然都对庆祝活动进行了报道，但是中国的庆祝活动更为丰富多彩，相关报道数量也远远高于德国相关报道。德国注重对法律、民主和当今问题的探讨，呈现出一种客观、中立的态度；而中国新闻报道多以爱国主义为主基调，展现新中国70年来波澜壮阔的奋斗史诗，歌颂新中国取得的辉煌成就。

3. 中德两国国庆报道中的词频分析

权威媒体在引导社会舆论、加强宣传教育方面起重要作用，某种意义上他们代表着国家的意识形态，其新闻报道话语也必定包含国家利益诉求，同时也是国家意识形态的体现。本章节利用语料库检索工具AntConc软件对70 JB语料库和70 CH语料库进行词频检索，从中反映出两国媒体的关切内容。

3.1 词汇云图

本研究采用语料库检索工具AntConc，统计70 JB语料库所有词的词频，导出关键词表，然后进行人工筛选，着重选择形容词、名词和动词等意义明确且分布较为均匀的词汇，将德语关键词表中代词、介词和冠词去除，并且将具有不同词尾的形容词、单数及复数的名词和复合词都归在其基本的根词类别之下，根据词频表制作出下面的词汇云图。

词汇云图中字体的大小代表其关键度的高低，字体越大，关键度越高。从上面的云图可以看出，德国媒体中最为关注的是西德和东德的统一问题，诸多关键词如 Osten、Westen、Einheit、Mauer 都与两德统一与柏林墙倒塌相关，另外 Sozialismus、Angst 折射出东德统一后的问题。关键词国家 Land、联邦德国 DDR 和德国的 deutsch 在媒体中出现的频率也非常高，这说明德国人非常关注国家和民族的发展。在《南德意志报》德国建国 70 周年的报道中，基本法受到的关注排在第二位，《南德意志报》回顾基本法建立的历史，并深入分析基本法建立的意义。德国人非常关注的政治和民主问题在报道中同样得以体现，关键词民主 Demokratie 和德国新兴的党派 Afd 关键度较高。

使用 AntConc 软件对 70 CH 语料库进行词频检索，形成词表，人工筛选出至少出现 60 次左右即平均至少每篇提及一次的词，然后根据词语意义、价值及语境选取共计 50 个实义词作为最终研究对象，绘制出下面的词汇云图。

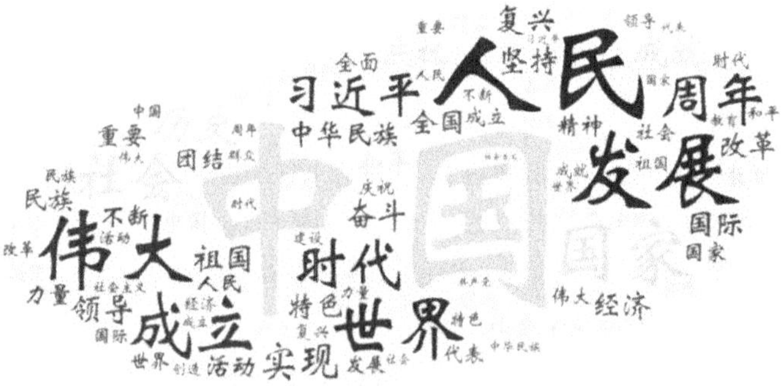

中国是社会主义国家，以习近平主席为核心的党中央始终坚持人民至上、以人民为中心的执政理念，这一点在《人民日报》的报道中有鲜明的体现。中华民族在过去的 70 年中取得了伟大的成就，创造了新的辉煌，走出了一条独特的中国特色的社会主义道路。中国紧跟时代步伐，实现经济腾飞的同时，提出了一系列伟大的构想，如“全面建设小康社会”“中国梦”等。同时《人民日报》的报道着力凝练出积极的民族精神，如民族团结和艰苦奋斗等。

3.2 搭配词分析

对关键词的搭配词和搭配词组进行深入分析，可以发现话语的内在意义，挖掘出媒体对于某一话题深入的观点①。本研究按照主题对关键词进行分类，以 AntConc 提取出的搭配词为基础，深入阅读新闻原文本，提取出该主题的核心观点。对于德语新闻媒体的报道，选取两个核心主题两德统一和基本法，进一步进行细致深入的剖析。

表 2 两德统一主题关键搭配词

主题	关键搭配词
两德统一	Geld，Arbeitslosigkeit und Ausbeutung，Lohnunterschiede，angespannte Atmosphäre，Dialog，Frust，Sehnsucht Sozialismus，Bürger zweiter Klasse，Angst，Freiheit

《南德意志报》虽然客观地展现了两德统一后出现的一些问题，如德国东部和德国西部之间仍然存在裂痕，德国东部和德国西部工资水平存在差异，原西德人认为德国东部成为西部经济发展的负担，不断从西部获得大量经济资助，德国东部的部分公民经历了失业或剥削，原东德人感觉自己是二等公民，喜欢畅想过去缅怀社会主义，但是却通过揭示统一前东德悲惨的状况，凸显原东德人强烈的统一愿望和为统一而做出的巨大努力，深入分析德国东部公民失落的根源，论证其不合理性，从而肯定了两德统一的成功，并大胆畅想人们心中的隔阂不久后将彻底消除。另有报道客观地描述民意调查所得出的积极的和消极的观点，以及持不同观点的两类人的境况，进而深入分析其观点形成的社会根源，最后留下一个开放性的问题引人深思。总而言之，《南德意志报》通过事实的报道和描述，以及深入的根源分析，努力构建积极的统一的德国形象，并引导民众积极看待两德统一问题。

表 3 基本法主题关键搭配词

主题	关键搭配词
基本法	Erfolg，Verfassung，Demokratie，vorläufig，Übergangszeit，Vereinigung，Grundrechte，Stellung des Präsidenten

德国人非常看重民主和法制，而民主和法制的根基则是德国的《基本法》，《南德意

① 刘文宇、毛伟伟：《非洲报纸媒体中中国形象的语料库辅助话语分析》，载《外语研究》，2020年第2期，第10页。

志报》在基本法颁布的5月设立了专栏，回顾《基本法》诞生的历史，介绍《基本法》取得的成就。《基本法》形成于二战结束德国分裂之时，当时的德国政治家和学者致力于将现在的德国与纳粹的德国截然区分开来，这一点在很多条款中得以体现，如民权的相关规定及总统权力的大大削减。《基本法》中规定了公民的基本权利，纳粹统治期间受到严重损害的自由和平等被置于首位，除此以外还包括保护人的尊严、男女平等、言论自由、保护婚姻和家庭等。《基本法》确立了德国资本主义民主的政治体制，规定德国是一个民主国家，从纳粹的历史中吸取经验教训，大幅度削减总统的权利，增强联邦议院以及由联邦议院选出的总理的权力。《基本法》体现出德国人民强烈的统一意愿，序言中明确表示该法案只是过渡时期的基本法则，不能称之为宪法，期待制定宪法时所有的德国人都能参与到法律的讨论与决策中。

下文将选择中国人民以及中国取得的成就这两个核心主题，对《人民日报》相关报道进行深入剖析。分析时以AntConc提取出的搭配词为基础，结合文本细读深入阅读原文本，提取出媒体对于相关主题的核心观点。

表4 中国人民主题关键搭配词

主题	关键搭配词
中国人民	伟大，利益，勇于，勤劳，战胜，开拓，创造，前进步伐，中国共产党，沧桑巨变，坚持，贡献，百折不挠，共同，站，奇迹

《人民日报》的报道体现出国家与人民深度的融合，强调中国共产党对人民的领导，以人民的利益为优先，体现出中国的国家决策代表的是中国人民的意愿。70周年建国相关报道感情上慷慨激昂，浓墨重彩地渲染了伟大的中国人民和中华民族的形象，凝练出中国人民诸多珍贵的品质，如勇于探索、发愤图强、百折不挠和团结友爱。中国人民历经艰难险阻，经历沧桑巨变，勇于创造共同奋斗，开拓出富强民主的新中国，报道中中国人民和中华民族的民族自豪感跃然纸上。

表5 中国取得的成就关键搭配词

主题	关键搭配词
中国取得的成就	伟大，举世瞩目，历史性，辉煌，刮目相看，中华民族伟大复兴，社会主义，和平发展

除了中国人民的面貌，《人民日报》报道最多的就是中国在过去70年取得的伟大的成就。在报道中国取得的成就时，使用了很多饱含感情的形容词，如“伟大”“举世瞩目”“历史性”“辉煌”等，显现出强烈的民族自信。《人民日报》选取了很多具体的方面

进行特别报道，如中国解决了数亿人口的贫困问题，全面迈向小康社会，在能源领域、医疗保障、教育等各个领域发生了翻天覆地的变化，此外还具体报道了诸多偏僻地区的飞速发展，引用这些地区干部的话语，充分表现出人民激动和自豪的心情。随着中国的飞速发展，中国期待在世界上发挥积极的影响，期待为世界提供更多合作发展的平台，报道中多次强调中国将坚定不移走和平发展的道路。

4. 报道差异背后的社会因素

费尔克劳夫认为话语实践是社会实践的一部分，社会实践的性质能够对话语实践做出解释，只有更好地理解社会实践，才能很好地解释话语实践对于社会实践的影响①。深入剖析新闻报道背后的社会文化因素，能够更好地理解和解释中德两国媒体的报道差异。《南德意志报》和《人民日报》对于建国70周年的报道在主题选择、语言风格和论述方式上迥然不同，主要与两国的建国历史、政党制度、爱国教育和民众观念有密切关联，具体分析如下：

4.1 建国历史

第二次世界大战后，德国分别由美、英、法、苏四国占领，1948年6月，美、英、法三国占领区合并。德国基本法1949年5月23日通过，德意志联邦共和国成立。“联邦德国基本法为德国复归统一奠定了法理基础，并提供了一系列制度渠道。”②《南德意志报》在建国70周年的报道中，并未过多回顾德国作为战败国，被强国占领的屈辱的历史，而是聚焦在德国经过努力终于实现和平统一的成就上，报道时虽然呈现了两德统一后仍然存在的问题，但是通过严密的论证和分析在民众中构建出一个统一的积极向上的德国形象。《基本法》建立时，从法律基础上刻意与希特勒等人的政治主张纳粹主义，也称民族社会主义划清了界限，确立了多党并立、互争政权的资本主义民主体制。希特勒所推崇的德意志民族是世界上最优秀的民族的理念以及引发的民族自豪感，“二战”后在德国一度成为非常敏感的话题，因此德国媒体建国70周年的报道中没有任何相关报道，报道的用词和论述非常理性，极少使用感情色彩浓烈的词汇和表达。

中国经历了半殖民地半封建社会、十四年抗日战争和三年国共内战，中国人民经过艰苦卓绝的斗争，终于建立中华人民共和国。1949年10月新中国成立时，中国人民心中的民族自豪感油然升起。建国初期基础薄弱、百废待兴，国际局势动荡不安，但中国人民经过艰苦卓绝的奋斗，人民的生活水平发生了翻天覆地的变化，中国经济和科技实

① 诺曼·费尔克劳夫：《话语与社会变迁》，殷晓蓉译，北京：华夏出版社，2003年，第219页。

② 祝捷：《联邦德国基本法与德国的统一》，载《武汉大学学报(哲学社会科学版)》，2010年第5期，第723-727页。

力飞速发展，综合国力不断提升。中国越来越多参与到国际事务中，国际地位不断提升，期待为全世界更多国家和地区的发展提供发展平台，提出了一系列重要的政治构想，如改革开放、中国梦和“一带一路”倡议等。70周年国庆之际，中国人民回想过去几十年中国的巨变、几辈人生活的巨大改善和社会地位的提高，心中难免激情满怀，感慨万千，《人民日报》充满激情和无比自豪地回顾了中国的发展和取得的成就，歌颂了中国人民锲而不舍的奋斗精神，体现了人民内心的诉求，同时也能够进一步增强中国人民的民族自信心和自豪感。

4.2 政党制度

建立与纳粹德国截然不同的政治体制，是德国《基本法》设立的重要主旨之一。因此《基本法》确立了多党制的资本主义民主体制，由获得议会多数席位的一个或多个政党单独或者联合执政。各个党派之间既有合作也有竞争，各个政党提出的政策并不能完全满足德国各个社会阶层的利益与需求，批评与讽刺时常发生，新闻媒体也成为各派互相竞争的有力工具，因此德国媒体中体现了各个政党不同的诉求，各种不同的声音互相混杂。执政党某些方针政策导致的问题，通常也出现在德国媒体上，成为其他政党和民众讽刺批判的对象。

中国的政党制度是中国共产党领导的多党合作和政治协商制度，中国共产党是中国唯一的执政党，与各民主党派形成了团结合作的新型政党关系。与西方国家的竞争性决策和游说集团决策不同，中国的政党制度最大限度地凝聚了各阶层的智慧。因此中国的新闻报道中不会出现各政党的冲突、游说，而是多以传达领导人的讲话精神和共产党执政所取得的成就为主要内容。

4.3 国民的民族意识

中国历来重视爱国教育，“家国”观念深深印在中国人的脑海中，在家族中中国人看重光宗耀祖，将儿孙的出息视为整个家族的荣耀，在国家内中国人为国家的发展和民族的强大深感自豪。正是这样的民族自豪感支撑着中国经历风雨沧桑，促使各民族紧密团结万众一心，实现了中国的发展强盛。国庆节既是民众表达对祖国热爱之情的节日，也是进行爱国教育的良好契机。因此，中国新闻报刊上激情满怀地歌颂祖国的发展，大篇幅报道了各行各业取得的丰硕成果，颂扬中国人民艰苦奋斗、勤劳勇敢的品格，旨在激起中国人民心中热爱祖国的情怀，以及愿意为祖国发展贡献出自己力量的奉献精神。

德国位于欧洲的所谓“中间地带”，发展中德国历史一再断裂，其特殊的地理位置以及历史发展进程，极不利于民族意识的形成，民众很难形成连贯的具有强大凝聚力的民族认同感。① 在经历了两次世界大战后，民族自豪感和爱国情怀对德国人来说显得尤

---

① 李伯杰：《“一个麻烦的祖国”——论德意志民族的德国认同危机》，载《清华大学学报(哲学社会科学版)》，2010年第2期，第105-123页。

为敏感，爱国主义也鲜有耳闻，他们更多的是对于自己国家的反思，淡化国家情绪，强调全民权力①。因此，德国的新闻报道鲜有报道国家或政党的正确决策，对于德意志民族优秀品质的话题更是避之不及，更多的是对国家发展中现存问题的反思和未来发展的思考，呈现出冷静客观的态度，反映出谨慎的民族特性。

4.4 民众的意识形态

德国民众善于思考，普遍拥有强烈的自我意识，参政意识比较强。《基本法》制定时没有称为宪法，就是因为尚有很多德国人没有参与其中，不能体现出所有德国人的意愿。因此媒体在报道时，充分考虑到民众内心的声音，将普通人内心的一些疑虑和想法一一展现出来，然后通过细致的分析和严密的论述一一破除，最终构建出积极的国家形象。

在漫长的社会历史实践中，集体主义是中国传统文化观念的重要部分。两千多年来，儒家追求“整体至上”的价值取向深深地影响了中国人民的思想意识。许多中国文人的诗词中，都体现出了浓厚的国家情怀，儒家推崇先公后私、先国后家，全局利益高于局部利益，正是这种集体精神孕育了中国人民的爱国热情，为中华民族的进步提供了精神支持。因此媒体在报道时激情满怀地赞扬中国人民的努力奋斗，歌颂国家在各个领域取得的巨大进步，以此激起中国人民心中浓厚的民族自豪感，期待通过中国人民的共同奋斗取得更大的成就。

4.5 媒体的影响力认知

德国媒体在影响力认知方面，是一个矛盾的统一体，一方面媒体努力构建出积极的国家形象，另一方面媒体在宣传德国方面又显得尤为谨慎，害怕回到纳粹时期的口号“Am deutschen Wesen soll die Welt genesen”（世界由德意志衍生），避免过渡宣传德国的文化和过于美好的德国形象。德国现有的文化政策是传播自我批评的自信的德国文化②，这一点在德国媒体的报道中得以充分的体现。

中国媒体渴望充分发挥影响力，对内构建出党领导人民、以人民为核心、各族人民团结向上的繁荣的国家形象，随着中国综合国力不断提升，中国期待能够提高自身的国际地位，提出一系列与世界共同繁荣发展的战略。在文化政策方面中国政府提出中国文化走出去的战略，中国媒体期望促进中国文化的对外传播，让世界更多理解和了解中国文化。中国的战略决策和中国媒体渴望发挥更大影响力的诉求，在中国的对外媒体和对内媒体中都得以充分体现。

---

① 陈平：《几十年爱国小心翼翼》，载《创造》，2017年第10期，第90页。

② https://www.das-parlament.de/2010/08/Themenausgabe/28730866-305992，访问日期 2020-8-6.

5. 结语

在德国媒体建国70周年的相关报道中，德国作为战败国的建国历史有意无意被忽略，报道的焦点在于两德实现和平统一而取得的成就，而中国人民经过艰苦卓绝的斗争建立新中国的历史是中国媒体报道的核心。德国实行的是多党制，各党派冲突不断，在媒体报道中时常会出现彼此攻击、互相嘲讽，而中国是一党执政，中国媒体上多是执政党领导方针和领导人讲话精神的报道，期望全国人民能够团结一致。有史以来深入中国人心中的家国观念和爱国教育，在媒体的报道中同样得到鲜明的体现，激情澎湃地歌颂祖国和中国人民的报道在媒体的报道中占据较多数量，而德国人较缺乏民族意识，纳粹统治的经历更是使其对于民族优越和民族自豪感避之不及。根植在德国民众和中国民众心中的思想意识形态迥然不同，德国民众善于思考，拥有强烈的自我意识，表达内心想法和参政的意愿较为强烈，而中国的儒家文化推崇的国家至上、整体至上的价值取向，已经深入中国民众的思维，民众意识形态的不同导致两国媒体报道的论述方式和报道内容出现较大差异。

参考文献

[1]诺曼·费尔克劳夫. 话语与社会变迁［M］. 殷晓蓉译. 北京：华夏出版社，2003.
[2]陈平. 几十年爱国小心翼翼[J]. 创造，2017(10).
[3]郝日红，张清俐. 塑造打动世界的中国国家形象[J]. 中国社会科学报，2014.
[4]李伯杰. "一个麻烦的祖国"——论德意志民族的德国认同危机[J]. 清华大学学报(哲学社会科学版)，2010(2).
[5]李良荣. 新闻学概论[M]. 上海：复旦大学出版社，2018.
[6]李莎莎. 德国主流媒体对中国"一带一路"倡议认知[J]. 德国研究，2019(2).
[7]刘文宇，毛伟伟. 非洲报纸媒体中中国形象的语料库辅助话语分析[J]. 外语研究，2020(2).
[8]露丝·沃达克，保罗·希尔顿：(批评)话语分析的新议程——理论、方法与跨学科研究[M].(苗兴伟导读)北京：北京大学出版社，2016.
[9]田海龙. 批评话语分析 阐释、思考、应用[M]. 天津：南开大学出版社，2014.
[10]习近平. 习近平谈治国理政[M]. 北京：外文出版社，2018.
[11]杨解朴. 德国碎片化政党格局的表现、成因及影响[J]. 德国研究，2019(3).
[12]詹姆斯·保罗·吉. 话语分析导论：理论与方法[M]. 杨炳钧译. 重庆：重庆大学出版社，2011.
[13]祝捷. 联邦德国基本法与德国的统一[J]. 武汉大学学报(哲学社会科学版)，2010(5).

[14] Gillian Brown，George Yule：*Discourse Analysis* [M]. 北京：外语教学与研究出版社，2000.

[15] Jäger，Siegfried. *Kritische Diskursanalyse*，*Eine Einführung* [M]. Münster：Unrast Verlag，2004.

[16] Thomas Niehr. *Einführung in die linguistische Diskursanalyse* [M]. Darmstadt：WBG，2014.

人文研究

试论荷尔德林的中国接受

[德]图宾根大学　顾正祥

摘要：本文以历史的眼光、务实的笔触和丰富的史料，全面而系统地回顾了百年来德国诗人荷尔德林的在华接受史。文章分"起始""过渡""繁荣"三个时段，审视、梳理、阐述和诠释各个历史阶段荷尔德林在华译介的代表人物及其代表作，旨在为从事荷尔德林翻译和研究的中国学人和热爱荷尔德林的中国读者提供一份翔实而可信的文献和参考资料。

关键词：荷尔德林；诗歌翻译；翻译研究；接受史；传播史

1. 引言

随着国际交往的日渐频繁，每个国家的文化和文学或多或少会受到外国文化和文学的影响。20世纪以来中国新文学、即白话文学的发育、成长和成熟也证实了这条基本规律。

与歌德、海涅、格林兄弟等几位大作家一样，堪称德国乃至世界最杰出诗人之一的荷尔德林(Friedrich Hölderlin，1770—1843)也于20世纪初涉足中华古国。所不同的是，各自走过的路不很一样。回眸这部译介史，或许可分成三个时期①：(1)起始时期(1907—1957)，(2)过渡时期(1958—1993)，(3)繁荣时期(1994以来)。

2. 起始时期(1907—1957)

荷尔德林的中国接受，起始于先贤王国维。他在1907年《教育世界》总第145期、第147期上首次提到荷尔德林，将荷诗之美与德国戏剧家海别尔(Friedrich Hebbel，1813—1863)的著作相提并论②，开了荷尔德林在华译介的先河。从此，这股西学东渐

① 不同的视角会有不同的分期法。如 Liu，Han：*Die Position des Übersetzers in der Rezeption. Eine Studie über die Übersetzung und Rezeption der Dichtung Friedrich Hölderlins in China*. Münster：readbox unipress in der readbox publishing GmbH，2019. Zugleich：München，Univ.，Diss.，2018. 他将荷尔德林的中国接受分成"清末和民国时期""新中国成立至90年代末"以及"90年代末至今日的繁荣"三个时期。

② 原文为："以诗歌言，则与海迭林【荷尔德林】相颉颃。其对纯美之感情，仿佛海氏"。摘自姚铭、王燕编：《王国维文集》，北京：中国文史出版社，1997年，第379页。

之波，既与世界文学其他作家的汉译和研究汇合，又与我华夏本土文学交融，由一泓涓涓溪水，渐成滚滚洪流，滋养了 20 世纪以来中国的现代文学。

起初，荷尔德林的译介姗姗来迟。在长达五十年的时间里，被翻译成中文的荷诗只有三首：命运歌（*Hyperions Schicksalslied*），冯至译（1925 年）/季羡林译（1934 年）；给玫瑰（*An eine Rose*），碧三译（1928 年）；大橡颂歌（*Die Eichbäume*），李长之译（1943 年）。中国学者写的论文也仅三篇：季羡林二篇：现代才被发现的天才——德意志诗人薛德林（清华周刊，1933 年 4 月 19 日）；近代德国大诗人薛德林早期诗的研究（文学评论，第一卷第一期）；李长之一篇，仅千余字，谈他自己读了荷诗《大橡颂歌》后的感悟和他用白话和文言两种文体翻译《大橡颂歌》的由来。

除此之外，还有些介绍荷尔德林生平著作的零星记录，或三言两语，或一笔带过，散见于：

辞书（四部）：新文化辞典，唐敬杲编纂，商务印书馆，1921 年；哲学辞典，樊炳清著，商务印书馆，1926 年，第 486 页；文艺辞典，孙俍工编纂，民智书局，1928 年，第 853 页；中外人名辞典，刘炳藜等主编，中华书局，1940 年，第 1042 页。

文学史（四部）：德国文学史大纲，张传普著（中华书局，1926 年）；德国文学 ABC，李金发、黄似奇著（丛书社，1928 年）；德意志文学史，余祥森著（商务印书馆，1933 年）；德国文学大纲，刘大杰著（中华书局，1934 年）。

文艺杂志（八家）：教育世界（总第 145 期、第 147 期，1907 年）；东方杂志（第 19 卷第 6 期，1922 年）；学艺（第四卷第五号，1922 年 11 月 1 日）；小说月报（第 17 卷第 9 期，1926 年）；《山雨》半月刊（第 1 卷第 5 期，1928 年）；清华周刊（第 34 卷第 5、6 期合刊，1933 年）；文学评论（第一卷第二期，1934 年 10 月）；大公报（1936 年 5 月 29 日）。

文艺论著（三部）：欧洲近代文艺思潮，吕天石著（上海书店，1931 年）；德国的古典精神，李长之著（东方书社，1943 年）；文化与人生，贺麟著（商务印书馆，1947 年）。

在华夏文化的不同平台、以各种方式参与荷尔德林译介的作者、译者和编者，堪称荷尔德林译介的第一代人，据不完全统计，总共不到 20 人，他们是：王国维、胡愈之、余祥森、张传普/张威廉、李金发、黄似奇、孙俍工、季羡林、刘大杰、李长之、碧三、吕天石、樊炳清、刘炳藜、郑振铎、刘盛亚、贺麟等。

3. 过渡时期（1958—1993）

这个时期最值得一提的有功之臣、荷尔德林译介的代表性人物想必是德语界泰斗冯至（1905—1993）、杨业治（1908—2003）和钱春绮（1921—2010）等。关于这三位前辈的功绩，我在拙著《荷尔德林诗新编》（商务印书馆，2012 年）的“新编感言”中作过一些介绍，这里再做点补充。

先说北大教授冯至（1964 年调社科院）。毋庸讳言，冯的研究重点并非荷尔德林而是歌德（如专著《论歌德》，上海文艺出版社，1986年；译著《维廉·麦斯特的学习时代》，人民文学出版社，1988年）。他主编的《德国文学简史》（人民文学出版社，1958年），乃中华人民共和国成立后第一部德国文学史①，称荷尔德林为“德国的伟大的诗人”（140页）“18世纪末期、19世纪初期歌德席勒以外最优秀的抒情诗人”（169页）。虽说冯对该书不甚满意，但对荷氏的这个评价不失公允。冯又将荷尔德林与歌德、席勒相提并论，说“杜甫之外还有李白和王维，歌德之外还有席勒和荷尔德林”②；又说“我从德国文学，尤其是从歌德、荷尔德林、海涅、里尔克（这几位性格很不相同的诗人）的创作里吸取了可贵的精神养分，得到过不少启发”③。他对荷尔德林的身世遭遇深表同情，曾曰“我爱的还是那几位少见的薄命诗人 Hölderlin，Lenau，Heine…”④，尤在散文名篇《涅卡河畔》里留下了浓重的一笔（载《世界文学》1981年第2期；《冯至选集》（第2卷），1985年；《悠悠莱茵河·德国书话》，1999年）。

同是北大教授的杨业治也是荷学大咖。杨翻译过荷氏原创诗四首⑤和匈牙利文艺批评家卢卡契（1885—1971）的论文“荷尔德林的《于沛里昂》”⑥，而他最主要的贡献还在于学术研究。他为《中国大百科全书》（外国文学卷，1982年10月第一版）撰写的“荷尔德林”条目，以最简洁的文字，概括了荷氏的生平创作，扼要而精确地阐述了荷诗的思想内涵和艺术特征，是国人认识、理解荷尔德林的标杆，至今仍不失其指导意义。他撰写的论文《“啊，给我们翅膀”——荷尔德林的古典格律诗》⑦，是深度探讨荷尔德林诗学的一篇论文。该文与德国学界接轨，对荷氏作了明确定位，称“荷尔德林是世界闻名的诗人，可与歌德并立为德国最伟大的抒情诗人”。杨另有德语国际学术会议比较文学论文 Natur und Naturbegriff bei Hölderlin und Tao Yuanming（荷尔德林与陶渊明的自然与自然概念）面世⑧。

同样值得推崇的还有大翻译家钱春绮⑨。钱毕生致力于德语诗汉译，从中世纪的《尼伯龙根之歌》（*Nibelungenlied*）到古典派的歌德、席勒、海涅和浪漫派的诺瓦利斯

---

① 后两部同类文学史的出版要晚三十余年，它们是余匡复著的《德国文学史》（上海外语教育出版社，1991年）和高中甫、孙坤荣合著的《德语文学简史》（上、下册）（海南出版社，1993年）。

② 转引自叶隽：《另一种西学》，北京：北京大学出版社，2005年，第289页。

③ 在慕尼黑歌德学院歌德奖章颁发仪式上的讲话，原载《冯至全集》第5卷第187页。此处转引自叶隽：《另一种西学》，北京：北京大学出版社，2005年，第277页。

④ 《冯至全集》，第12卷，致杨晦信（1925年4月19日），第57页。

⑤ 致命运女神（*An die Parzen*），海岱山（*Heidelberg*），怀念（*Andenken*），生命的半途（*Hälfte des Lebens*），载王秋荣、翁长浩主编：《西方诗苑揽胜》，北京：语文出版社，1986年。

⑥ 范大灿编：《卢卡契文学论文选》，北京：人民文学出版社，1986年，第339-366页。

⑦ 《西方诗苑揽胜》，第53-66页。

⑧ Chinesisch-deutsches Germanistentreffen. *Dokumentationen der Tagungsbeitraege*. Bonn：DAAD Dokumentationen und Materialien，1989. S. 117-130.

⑨ 钱老主译德国经典作家歌德、席勒、海涅、施托姆、尼采和尼伯龙根之歌等，功勋卓著，与翻译了大量中国明清小说经典的德国大汉学家弗朗茨·库恩（Dr. Franz Kuhn）殊途同归。

(Novalis, 1772—1801)、布伦坦诺(Clemens Brentano, 1778—1842)、艾兴多尔夫(Joseph von Eichendorff, 1788—1857),从施托姆(Theodor Storm, 1817—1888)、尼采(Friedrich Nietzsche, 1844—1900)到20世纪的格奥尔格(Stefan George, 1868—1933)、贝恩(Gottfried Benn, 1886—1956)和黑塞(Hermann Hesse, 1877—1962),大有一网打尽的势头。在荷诗翻译领域,钱也不甘示弱,不愧为我国较早和较多翻译荷诗的一位前辈①。钱译荷诗初见于曾独步文坛数十载的《德国诗选》(上海文艺出版社1960年初版,上海译文出版社1982年重印),译诗七首②,1993年重版时增译三首③。初版时的《引言》仅短短几行,称荷尔德林为"本世纪以来,他的声誉渐增,被尊为德国最伟大的诗人之一"。重版时,引文的篇幅增加了很多,详化了对荷氏生平和著作的介绍。这期间,钱又出版《德国浪漫主义诗人抒情诗选》(江苏人民出版社,1984年),内含新译荷诗11首④。至此,钱以21首的记录,夺得该时期所译荷诗量之冠。

除冯杨钱三师的著译以外,顾正祥翻译荷诗17首,载《德国抒情诗选》(陕西人民出版社,1988年)8首⑤,载《世界诗库》第4卷(花城出版社,1994年)9首⑥。还有台

---

① 笔者此生倾心荷诗,也曾得益过钱老启蒙。每念及此,感激之情油然而生。

② 钱春绮译:《德国诗选》,上海:上海译文出版社,1960年。荷尔德林:给年轻的诗人们(*An die jungen Dichter*),第162页;献给命运女神们(*An die Parzen*),第163页;德国人的歌(*Gesang des Deutschen*),第164页;故乡(*Die Heimat*),第167页;许贝利翁的命运之歌(*Hyperions Schicksalslied*),第169页;尼喀河(*Der Neckar*),第170页;回忆(*Andenken*),第173页。

③ 橡树林(*Die Eichbäume*),第125页;海德尔堡(*Heidelberg*),第126页;德国人之歌(*Gesang des Deutschen*),第130页。

④ 钱春绮译:《德国浪漫主义诗人抒情诗选》,南京:江苏人民出版社,1984年。荷尔德林:为祖国而死(*Der Tod fürs Vaterland*),第2页;男子的欢呼(*Männerjubel*),第4页;希腊(*Griechenland — an Gotthold Stäudlin*),第7页;狄奥提玛(*Diotima „Lange tot und tiefverschlossen“*),第11页;谢罪(*Abbitte*),第17页;〈悼词〉(*„Wohl geh´ ich täglich“*),第18页;美因河(*Der Main*),第19页;漂泊者(*Der Wanderer*),第21页;漂泊(*Die Wanderung*),第25页;在我的童年时代(*Da ich ein Knabe war*),第32页;浮生的一半(*Hälfte des Lebens*),第34页。

⑤ 钱春绮、顾正祥译:《德国抒情诗选》,西安:陕西人民出版社,1988年。荷尔德林(顾正祥译):莱茵河(*Der Rhein*),第109页;爱的颂歌(*Hymne an die Liebe*),第118页;什么是神(*Was ist Gott?*),第120页;致齐默尔一家(*An Zimmern*),第121页;生命的一半(*Hälfte des Lebens*),第121页;献给敬爱的祖母(*Meiner verehrungswürdigen Großmutter*),第122页;归乡(*Heimkunft. An die Verwandten*),第123页;斯图加特(*Stutgard. An Siegfried Schmidt*),第130页。

⑥ 飞白主编:《世界诗库(第4卷):德国、奥地利、瑞士、北欧》,广州:花城出版社,1994年。荷尔德林(顾正祥译):生命过半(*Hälfte des Lebens*),页124;献给我敬爱的祖母(*Meiner verehrungswürdigen Großmutter*),第125页;橡树林(*Die Eichbäume*),第126页;贺奥古斯塔·封·洪堡公主(*Der Prinzessin Auguste von Homburg*),第127页;德意志人的歌(*Gesang des Deutschen*),第128页;故乡吟(*Die Heimat*),第131页,还乡曲(*Rückkehr in die Heimat,*),第132页;乡间行(*Der Gang aufs Land. An Landauer*),第133页;海德尔堡(*Heidelberg*),第134页;内卡河之恋(*Der Neckar*),第136页;流浪者(*Der Wanderer*),第137页;斯图加特(*Stutgard. An Siegfried Schmidt*),第141页;归乡(*Heimkunft. An die Verwandten*),第145-149页。

湾译者王家鸿翻译荷诗 6 首①和李魁贤翻译荷诗 6 首②(皆德汉对照)。唯因那时候两岸隔绝，彼此互不知情。

在拙译《荷尔德林诗选》(北京大学出版社，1994 年)的“译序”中，笔者曾慨叹“在拥有 11 亿人口的东方文明古国中国，他的名字还鲜为人知，他的诗被译成中文的还寥若晨星，既无(译)诗选问世，更谈不上全集出版，这不能不说是我国翻译界、文化艺术界的一大缺憾”。③“就总体而言，荷诗在我国的翻译乃至研究，虽历经 70 余年④，仍停留在起步阶段，荷诗的最高成就，尚未在汉译中得到反映。”⑤

这是笔者当年对荷尔德林在华译介现状的总体认知。

4. 繁荣时期(1994 年以来)

随着改革开放的大好形势，特别是从 21 世纪初开始，这种局面已得到了奇迹般的改变。近二十年来，荷尔德林的译介已取得长足的进展。荷尔德林在华译介的滞后状况才得到根本改变。这个时期的主要特征是，告别了只能在部分外国文学选本里占一席之地的局面，结束了持续八九十年零译本的状况，开始以出版整本荷尔德林译著或论著为主要标志的新时期。与此同时翻译与研究全面铺开。以下笔者试着从“翻译”和“研究”这两个层面分别介绍新时期荷尔德林译介的成果、德语翻译界和学术界的代表人物及其代表作。

4.1 荷尔德林翻译

荷尔德林诗选译本，按编年史顺序排列，以彰显近四分之一世纪以来荷尔德林在华译介的历史演变。

---

① 里德(Ried, Georg)著，《德国诗歌体系与演变——德国文学史(*Wesen und Werden der deutschen Dichtung: von den Anfängen bis zur Gegenwart*)》，王家鸿译，台北：台湾商务印书馆，1970 年，第 156-160 页；荷尔德林（多为节译）：人群欢呼(*Menschenbeifall*)，第 156 页；海彼利翁命运之歌(*Hyperions Schicksalslied*)，第 157 页；寄巴森（司命运女神）(*An die Parzen*)，第 158 页；日暮玄想(*Abendphantasie*)，第 158 页；德意志歌(*Gesang des Deutschen*)，第 159 页；生命的一半(*Hälfte des Lebens*)，第 160 页。

② 李魁贤译：《德国诗选》，台北：三民书局，1970 年(三民文库；120)，1977 年再版。贺德林[荷尔德林]：命运之歌(*Hyperiens Schicksalslied*)，第 31 页；黄昏的幻想(*Abendphantasie*)，第 34 页；致命运(*An die Parzen*)，第 37 页；日落(*Sonnenuntergang*)，第 39 页；中年(*Hälfte des Lebens*)，第 40 页；收获季(*Erntezeit*)，第 42 页。

③ 顾正祥译注：《荷尔德林诗选》，北京：北京大学出版社，1994 年，译序，第 1-2 页。

④ 少算了。确切地说，应该是 87 年。

⑤ 同上，译序，第 3 页。

出版年份	出版社	译者	书名	备注
1994 年	北京大学出版社	顾正祥	荷尔德林诗选	我国第一部荷尔德林诗选译本①。由德国外交部所属 Inter Nationes 资助
2004 年	同济大学出版社	先刚	塔楼之诗	同济·德意志文化丛书，译诗 35 首
2009 年	华东师范大学出版社	刘皓明	荷尔德林后期诗歌（文本卷）	文本卷(德汉对照)一卷，616 页；研究卷二卷，共 1014 页
2010 年	四川文艺出版社	林克	追忆	刘皓明书评：直译者的任务②；芮虎书评：谈林克的荷尔德林译作③
2012 年	商务印书馆	顾正祥	荷尔德林诗新编	由德国外交部所属歌德学院(Goethe-Institut)资助
2013 年	华东师范大学出版社	刘皓明	荷尔德林后期诗歌集	精装本。删去了初版中的异文、德语原文和注释
2014 年	上海文艺出版社	林克	浪游者	
2016 年	人民文学出版社	林克	浪游者	
2016 年	人民文学出版社	王佐良	荷尔德林诗集	译诗 167 首，兼顾各创作期代表作。号称“国内最全的荷尔德林诗集”
2018 年	人民文学出版社	王佐良	狄奥提玛：荷尔德林诗选	
2018 年	四川人民出版社	林克	荷尔德林诗选	

就总体而言，跨入 21 世纪以来，特别是近十年以来，荷尔德林作品的出版频率明显加快。就上述诗选而言，第二本与第一本之间相隔十年，第三本与第二本之间相隔五年，速度较前者加快了一倍。而在此后的十年中，几乎每隔一二年就另出一本，有不少是改版、重版或重印。

荷尔德林诗选译本(按译者排列)：

顾正祥译本

译者	出版年份	出版社	书名	备注
顾正祥	1994 年	北京大学出版社	荷尔德林诗选	译诗 40 首，按题材分栏目
顾正祥	2012 年	商务印书馆	荷尔德林诗新编	译诗 62 首，按编年史顺序排列

---

① 脱销十七八年后，一本 7.2 元的小册子曾在孔夫子网站以几百元的价格拍卖。

② 原载：东方早报，2011 年 11 月 6 日，上海书评。

③ 芮虎：谈林克的荷尔德林译作(书评)，《中华读书报》，2011 年 3 月 16 日。

刘皓明译本

译者	出版年份	出版社	书名	备注
刘皓明	2009 年	华东师范大学出版社	荷尔德林后期诗歌（文本卷）	德汉对照。书评六则（顾正祥、缪哲、白谦慎、雷武铃、程炜、霍夫曼）
刘皓明	2013 年	华东师范大学出版社	荷尔德林后期诗集	删去德语原文和译者注释

林克译本

译者	出版年份	出版社	书名	备注
林克	2010	四川文艺出版社	追忆	刘皓明书评：直译者的任务；芮虎书评：谈林克的荷尔德林译作
林克	2014 年	上海文艺出版社	浪游者	巴别塔诗集
林克	2016 年	人民文学出版社	浪游者	巴别塔诗典
林克	2018 年	四川人民出版社	荷尔德林诗选	

王佐良译本

译者	出版年份	出版社	书名	备注
王佐良	2016 年	人民文学出版社	荷尔德林诗集	刘皓明书评两则
王佐良	2018 年	人民文学出版社	狄奥提玛：荷尔德林诗选	

不仅译诗，其他题材的译作也陆续面世：

荷尔德林书信译本（一种）：

译者	出版年份	出版社	书名	备注
张红艳	2001 年	经济日报出版社	烟雨故园路·荷尔德林书信选	大师私人话语，66 封信，占总数 1/3 强
张红艳	2018 年	中华工商联合出版社	荷尔德林书信选	名人传世信札

荷尔德林综合文选译本(一种)

译者	出版年份	出版社	书名	备注
戴晖	1999 年	商务印书馆	荷尔德林文集①	含小说《许佩里翁或希腊的隐士》(*Hyperion oder der Eremit in Griechenland*)、美学散论、诗剧断片《恩培多克勒斯之死》(*Der Tod des Empedokles*)、文艺理论类书信 42 封，长诗《帕特默斯——献给洪堡侯爵》(*Patmos — Dem Landgrafen von Homburg*)等的译文
戴晖	2000 年	商务印书馆	荷尔德林文集	
戴晖	2003 年	商务印书馆	荷尔德林文集	
戴晖	2006 年	商务印书馆	荷尔德林文集	

综上所述，荷尔德林译介，从翻译层面来看，涵括了他创作的诗、小说、戏剧、文艺理论、书信等各种题材，此时的荷尔德林译介已声势浩大。中国读者对荷尔德林的渴望日渐强烈，荷尔德林的诗正悄悄走进中国读者的心灵。没有被顾及的只有他翻译索福克勒斯(Sophokles)的两部悲剧《奥狄浦斯王》(*Ödipus. Der Tyrann*)和《安提戈涅》(*Antigone*)以及他翻译的古希腊诗人荷马(Homer)和品达(Pindar)的诗作。

容笔者先在这里汇报几个本该回避、于本文却不得不据实汇报的数据：在荷尔德林汉译史和接受史上，笔者竟阴错阳差地蝉联了两个“第一”：同在 1994 年，既成了华夏第一本、也是 20 世纪唯一的一本《荷尔德林诗选》(北京大学出版社)的译者，又成了第一部探讨荷尔德林汉译与研究之博士论文(德国图宾根大学)的华裔作者。比北大版晚了 18 年的拙译《荷尔德林诗新编》(商务印书馆)，又跻身 2012 年 6 月“公民阅读好书榜”②，九个月内售罄，2013 年二印、2016 年三印，总印数逾万。在上述两部诗选中，有近 20 首拙译承蒙选家厚爱，陆续被编入全国多家出版社的诗选③。无独有偶，译者在国外——诗人的故乡德意志所受到的鼓励、尊重和荣誉也难尽述。这里略举数例：去国伊始，刊登在《德国抒情诗选》④里的那几首荷诗就引起学界关注。经“荷尔德林协会”

① 刘皓明：“可怜的荷尔德林”——评戴晖译《荷尔德林文集》(书评)，《南方周末》，2006 年 8 月 17 日。

② 系中央宣传部，中央文明办，中国文明网举办的网易“公民阅读”活动，拙译《荷尔德林诗新编》由廖伟棠推荐，其文曰：因为海子和海德格尔，荷尔德林曾经是十多年前文青哲青的必读诗人，今天重读荷尔德林其实具有更大的意义：即使摈除其神性光环，仍能感到其卓绝超越的诗歌对凡俗生存的警醒，他的诗歌证实了尼采的话：人，是必须超越的。此话、此诗我们已经在娱乐化和犬儒的今天全然遗忘了。

③ 它们是《世界诗库》第四卷(花城出版社，1994 年)、《外国题赠诗精选》(百花文艺出版社，1994 年)、《新世纪中学生通才读本》(山西教育出版社，2002 年)、《人间的诗意——人生抒情诗读本》(商务印书馆，2003 年)、《世界诗词精华品读》(石油工业出版社，2003 年)、《外国诗歌经典 100 篇》(人民文学出版社，2003 年)、《外国名家诗歌》(光明日报出版社，2005 年)、《外国诗歌鉴赏辞典》第 2 册(上海辞书出版社，2010 年)、《中外诗歌研究》(2016 年第 4 期)等。

④ 参见里德(Ried, Georg)著，《德国诗歌体系与演变——德国文学史(*Wesen und Werden der deutschen Dichtung: von den Anfängen bis zur Gegenwart*)》，王家鸿译，台北：台湾商务印书馆，1970 年。

主席 Prof. Dr. Gerhard Kurz 举荐、由 Bad Homburg 市市长 Wolfgang Assmann 邀请，译者于 1989 年仲夏荣任该市“荷尔德林故居”开放后的第九位客人，受到德国大小媒体的广泛报道。时隔十余年，译者又忝为中德两国联手举办的南京“德中同行”Deutschland und China-Gemeinsam in Bewegung 活动的“学术顾问”①，拙译荷诗《内卡河之恋》和《故乡吟》被德国女作曲家 Susanne Hinkelbein 谱曲后由南京大学交响乐团和南京大学师生演唱。新近，译者又蒙柏林“诗之家”(Haus für Poesie)之邀，加盟国际荷尔德林诗歌翻译家视频、音频的录制和 2020 年 12 月 7 日晚荷尔德林主题会 Der Hölderlin-Welt-Ton. Friedrich Hölderlin und seine ÜbersetzerInnen 的现场直播。

以上经历，虽不乏个人的努力，却离不开祖国和人民、特别是笔者供职了十年整的原杭州大学外语系慈母般的培养，是她选送我赴德深造，沐浴友邦恩泽，磨砺学术功底。舍此，个人的努力仅无本之木、无源之水。为此，笔者毫无居功自傲的理由，并常告诫自己，对外界的评论，无论褒贬都要泰然处之：是褒，力戒沾沾自喜；是贬，万勿垂头丧气甚至鸣冤叫屈。勉励自己“闻过则喜”，宁可把发言权留给读者。净说好的，不合常理，反倒有刻意吹捧之嫌。请听我的真诚表白：“我对《荷尔德林诗选》中的译诗既有满意，也有不甚满意的地方……有些诗译来近乎得心应手，译意能尽情表述；有些诗的迻译却举步维艰，也有的推敲不够，译得比较生硬。”②同时我想说的是，倘若上苍垂怜假我时日，我愿余生重修古典诗词，以弥补先天之不足，再向翻译界同仁取经，将他们的译文精品认真钻研一番。

近年来，最令人刮目相看的荷诗译者要数旅美学者刘皓明。他的《荷尔德林后期诗歌》“文本卷”译风严谨，敢于出德汉对照版，是要有勇气的，起码得自信经得起读者检验；“文本卷”另有两大“研究卷”配套，可见功底之深，没有经年的投入和深厚的积累是很难想象的。但说实话，我钦佩刘君的治学和造诣，却不太习惯于他批评的严厉。他的批评文章总是那么激烈，如对王佐良君《荷尔德林诗集》的书评③，批评王译荷诗为“出版事故”“灾梨祸枣”“错误百出，昏天黑地”“它连最最基本的翻译要求，即能够胜任翻译工作的外语水平，也没能达到：翻译中随处可见的低级德语错误造成译文整段整段地译错，译者因德语不过关读不懂原文而常常胡编”。情况果真有那么严重、那么糟糕吗？窃以为每篇译文都免不了这样那样的失误和不足，德语界同仁理当相互切磋和鼓励才是。

刘评他人，他人评刘。刘译的《荷尔德林后期诗歌》(文本卷)也引发热议。仅笔者

---

① 南京，2007.10.19-2007.10.27.

② 顾正祥：《荷尔德林诗新编》，(新编感言)北京：商务印书馆，2012 年，第 7 页。

③ 刘皓明：失控的文化生产过程——评人民文学出版社 2016 年版《荷尔德林诗集》(书评)，《文汇读书周报》，2016 年 6 月 3 日，第 6 版；薪樵的滥用：再评王佐良译《荷尔德林诗集》(书评)，《文汇报 · 文汇学人》，2016 年 6 月 17 日，第 14 版。

所见，就有中文书评五则：顾正祥①、缪哲②、白谦慎③、雷武铃④、程炜⑤。缪、白、雷三家以褒为主，程、顾之评褒贬兼备；德文书评两则，作者为顾正祥⑥和德国汉学家霍夫曼(Hoffmann，Hans Peter)⑦。霍氏主评刘译，兼评顾译与戴译，挺刘而抑顾戴，其实质是20世纪初以来外国诗直译与意译之争的延续。

比之于刘王之争的激烈，刘顾之争则温和得多。顾的书评是和风细雨的。先摆出刘君的观点："刘君在《后期诗歌》的'导论'中，对他所遵循的翻译原则和体系作了十分详尽的阐释(139-163页)。归纳起来，在结构上应是'字对字、句对句、行对行'的直译，在选词上是以《圣经》和合本为代表的西典汉化所使用的白话文与古汉语中最本原的语义和词法为基础，'试图把荷尔德林建立在德语语源乃至句法上面的诗，强行移入中文'。译者自己承认，这样一来，译文就难免'有悖于汉语语感和阅读习惯'，并预感到读者在阅读时会有'陌生感'"。接着，既肯定刘"译者的勇气和他所作的独辟蹊径的尝试"，又提出质疑："而这种尝试的实际效果如何？是否有必要和是否能够改造中国读者的阅读口味？最终能否被他们所认同、所接受呢？"末了又坦承："至于笔者本人，仍崇拜先贤严复"信达雅"的遗训。在荷诗的翻译中，在尽量忠实原文的基础上偏重神似，不以形似伤神似，从不刻意追求格律的吻合，从不去数诗行的音节，因为那样不是削足适履，便会画蛇添足。"⑧

健康的批评与反批评是学术繁荣的催化剂，在荷尔德林翻译和研究领域，这样的批评还不是太多，而是需加强。

与上述聚焦于一人一书的书评不同，刘晗的博士论文 Die Position des Übersetzers in der Rezeption. Eine Studie über die Übersetzung und Rezeption der Dichtung Friedrich

---

① 顾正祥：资料丰富，学养深厚——评刘皓明的《荷尔德林后期诗歌》(书评)，《文汇读书周报》，2010年5月21日，第9版书评。

② 缪哲：德意志使命的领受者——读《荷尔德林后期诗歌》(书评)，《南方周末》，2010年5月27日。

③ 白谦慎：刘皓明谈荷尔德林(书评)，《东方早报》，2009年11月29日，上海书评。

④ 雷武铃：让人惊异的书(书评)，《世界博览》2010(5)，第73页。

⑤ 程炜：制造语文学——评刘浩明《荷尔德林后期诗歌》(书评)，《中国学术》2017年第38期，第248-275页。

⑥ Gu，Zhengxiang. *Liu*，*Haoming*：*Die späte Dichtung Hölderlins*. Germanistik，Band 50（2009），Heft 3-4，S. 801-802.

⑦ Hoffmann，Hans Peter. „'Nah ist/ und schwer zu fassen der Gott'— einige Bemerkungen zu Liu Haomings Übersetzungen der späten Gedichte Hölderlins". In：Hefte für Ostasiatische Literaturen，55/Nov. 2013，S. 97-125；Arcadia. Internationale Zeitschrift für literarische Kultur，2016，51(1)，S. 161-193. 期间，由唐伟译成中文，题为"近了/且难以容纳，是那神"——刘皓明的荷尔德林后期诗歌翻译简评(书评)，《新诗评论》2015年第1期，第177-214页。

⑧ 参见顾正祥：资料丰富，学养深厚——评刘皓明的《荷尔德林后期诗歌》(书评)，《文汇读书周报》，2010年5月21日，第9版书评。

Hölderlins in China（译介中译者的地位：论弗里德里希·荷尔德林在中国的译介）是对荷诗译介之演变和现状的一次总体评介。该论著按年代先后划分章节，逐一分析冯至、季羡林、李长之、钱春绮、杨业治、顾正祥、戴晖、先刚、林克、刘皓明等荷诗译者的功过得失。并以几首诗的若干诗句为例，将刘皓明与钱春绮、顾正祥编为一组①，又将刘皓明与戴晖、顾正祥编为另一组②，继而将二刘(刘皓明与刘小枫)再编一组③，以表格形式将汉语译文的表达与德语原文相比对，逐字逐句地辨析译文的异同、成败和效应。

瓜熟蒂落，能将荷诗的翻译成就写成整部专著，是荷诗翻译较为成熟的标志之一。反之，"巧妇难为无米之炊"，他能有什么可写的呢？

然而，一部百年翻译史的梳理，群星灿烂的荷氏翻译家的科学定位和评估，绝非一己之力所能胜任的。刘君的梳理、评估也未必无懈可击而一锤定音④。但无论如何刘著是一次有益的尝试和一个良好的开端。倘有学界同仁受刘君启发，借鉴刘著经验，对华夏荷氏译介史作进一步考证和修订，不仅用德语在欧洲德语区、也用中文在中国国内出版发行，定能促进荷氏作品翻译研究的进一步繁荣。

4.2 荷尔德林研究

荷尔德林原创作品的翻译成就，必然推动作家荷尔德林及其作品的学术研究。在这个领域，从零敲碎打的单篇散论，到整部头的论著频频问世，也是新时期荷尔德林研究日趋成熟的标志之一。权且将这些成果如一桌桌盛宴展示如下，以飨读者：

4.2.1 荷尔德林生平介绍(德国学者)

Zweig，Stefan（Verf.）：*Der Kampf mit dem Dämon*：*Hölderlin*，*Kleist*，*Nietzsche* / 与魔鬼作斗争：荷尔德林、克莱斯特、尼采，茨威格著，徐畅译，北京：西苑出版社，1998年，265页，1000册。

Zweig，Stefan（Verf.）：*Der Kampf mit dem Dämon*：*Hölderlin*，*Kleist*，*Nietzsche* / 与魔搏斗的人，茨威格著，潘璐、何世平、郭颖杰译，合肥：安徽文艺出版社，2000年，239页，5000册。

Zweig，Stefan（Verf.）：*Der Kampf mit dem Dämon*：*Hölderlin*，*Kleist*，*Nietzsche* / 与魔鬼作斗争：荷尔德林、克莱斯特、尼采，茨威格著，徐畅译，南京：译林出版社，2013年初版，2015年重印。

---

① 参见第135、138、139、140页。

② 参见第151、155、157页。

③ 参见第171-172、175-176、178-179页。

④ 如他在评论时将笔者与冯至、钱春绮、杨业治编为一组(37-40)是否得当还有待商榷(无论年龄和学识，他们都是我的前辈)；又如他介绍和分析的侧重面是荷诗的译介，对其他题材的译者则鞭长莫及，如《荷尔德林书信选》的译者张红艳、茨威格传记《与魔鬼作斗争》的译者徐畅、海德格尔《荷尔德林诗的阐释》的译者孙周兴等。

Härtling, Peter (Verf.): *Hölderlin. Ein Roman* / 荷尔德林传：精神导师与精神病人，彼得·黑尔特林著，陈敏译，南京：江苏人民出版社，2009年，第393页。

Foucault, Michel, u. a. (Verf.): *Wahnsinnige Komposition: Von Hölderlin, Nietzsche, van Gogh bis Antonin Artaud* (1896—1948) / 疯狂的谱系：从荷尔德林、尼采、凡·高到阿尔托，米歇尔·福柯等著，白轻编，孔锐才等译，重庆：西南师范大学出版社，2019年。

Jaspers, Karl (Verf.): *Strindberg und van Gogh: Versuche einer pathographiphischen Analyse unter vergleichender Heranziehung von Swedenborg und Höldertlin* / 斯特林堡与凡·高：与斯威登堡、荷尔德林作比较的病理学案例试析，卡尔·雅斯贝斯著，孙秀昌译，北京：中国社会科学出版社，2020年，第19，191页。

短短六七年内，茨威格传记先后由三家中国出版社出版，有一家出版社还重版了一次。如此热销，恐怕与原著作家的知名度不无关系。海德格尔的论著《荷尔德林诗的阐释》也是(见下)。

4.2.2 荷尔德林作品研究(德国学者)

Heidegger, Martin (Verf.) 海德格尔著：*Erläuterungen zu Hölderlins Dichtung* / 荷尔德林诗的阐释，孙周兴译，北京：商务印书馆，2000年、2002年、2009年、2014年。

Dilthey, Wilhelm (Verf.) 狄尔泰著：*Das Erlebnis und die Dichtung: Lessing, Goethe, Novalis, Hölderlin* / 体验与诗：莱辛、歌德、诺瓦利斯、荷尔德林，胡其鼎译，北京：三联书店，2003年，第390页，5000册(现代西方学术文库)。

Heidegger, Martin (Verf.) 海德格尔著：*Gesamtausgabe, Bad. 39: Hölderlins Hymnen Germanien und Der Rhein* / 海德格尔文集，第39卷，孙周兴、王庆节主编：荷尔德林的颂歌《日耳曼尼亚》与《莱茵河》，张振华译，北京：商务印书馆，2018年，第387页。

Binder, Wolfgang (Verf.) 宾德尔著：*Hölderlin-Aufsätze* / 论荷尔德林，林笳译，北京：华夏出版社，2019年，第408页(西方传统·经典与解释·德意志古典传统丛编)

4.2.3 荷尔德林作品研究(中国学者)

(1)博士论文(四部)：

Gu, Zhengxiang 顾正祥：Deutsche Lyrik in China. Studien zur Problematik des Übersetzens am Beispiel Friedrich Hölderlin. Tübingen, Univ., Diss., 1994 / München: iudicium Verlag, 1995.(图宾根大学哲学博士论文，1994年7月8日通过；慕尼黑iudicium出版社1995年出版。)

Ge, Tibiao 葛体标：法则的暴力及克服之途：从荷尔德林到阿甘本 Possible resolutions to the violence of law: from Hölderlin to Agamben. 中国人民大学文学院比较文学与世界文学博士论文，2011年。

Liu, Han 刘晗：Die Position des Übersetzers in der Rezeption. Eine Studie über die Übersetzung und Rezeption der Dichtung Friedrich Hölderlins in China. München, Univ.,

Diss., 2018. Münster: readbox unipress in der readbox publishing GmbH, 2019.

Ouyang, Fan 欧阳帆：荷尔德林与存在史的另一开端——海德格尔的荷尔德林阐释，复旦大学哲学博士论文，2020 年。

(2)其他学术论著(四部)：

Liu, Haoming 刘皓明：荷尔德林后期诗歌（评注卷，上、下卷），上海：华东师范大学出版社，2009 年，刘小枫主编，第 5、1014 页。

Cai, Xinle 蔡新乐：翻译哲学导论：荷尔德林的赞美诗《伊斯特》的阴阳之道观，南京：南京大学出版社，2016 年，第 304 页。

Hu, Jihua 胡继华：浪漫的灵智，北京：北京大学出版社，2016 年(诗学与美学研究丛书)，第 217-275 页。

Zhao, Leilian 赵蕾莲：弗里德里希·荷尔德林和谐观研究，北京：中国人民大学出版社，2017 年(外国语言文学学术论丛)xvi, 16, 第 447 页。

除了上述博士论文和学术专著以外，硕士论文以及为数众多的辞书、手册、文学史中的荷尔德林章节或条目，高校学报、文艺杂志和论文集里的学术论文①不胜枚举。这些文字，涉及荷尔德林生平和著作的方方面面。题材和篇幅有大有小，小到某辞书或手册中只有“荷尔德林”这个小标题另加几行字介绍②，也可能是对荷尔德林某一首诗的解读③，或是中国读者献给荷尔德林的一首诗④；大到阐述某个艰深的论题⑤。更多的是探讨荷氏美学思想和观点的某个侧面⑥。但不管是大是小，都为荷尔德林的中国接受推波助澜。

如果说当年的荷氏译介曾“寥若晨星”，那如今的荷氏译介已是“繁星满天”。

这么个大语境，催生了一个“荷尔德林的新神话”⑦，那便是国人对荷尔德林诗句“诗意地栖居”(Dichterisch wohnet der Mensch auf dieser Erde)的“膜拜”：那年头，神州大地，言必称“诗意地栖居”，各行各业都想跟它、也跟诗人扯上关系。于是，奢谈“诗

① 特别推荐刘小枫、李永平、赵蕾莲、张祥龙、余虹、李双志、莫光华等学者的论文。

② 如刘炳藜等主编：《中外人名辞典》，北京：中华书局，1940 年，第 1042 页；又如王伯恭主编：《中国百科大辞典》，2000 年，第 2138 页：“荷尔德林”。

③ 如陈杰：荷尔德林诗歌《阿喀琉斯》形式与内容分析，《北方文学》2015 年第 10 期，第 32-33 页；又如：郑家栋：“只有上帝能救渡我们”——荷尔德林《莱茵颂》，《读书》2003 年第 6 期，第 29-38 页。

④ 如苍城子：当你拥抱这没有吻的世界——献给荷尔德林，《诗刊》2003 年 2 期，第 77-78 页；又如钱春绮：荷尔德林，载刘新民选编：《诗篇中的诗人》，北京：人民文学出版社，2004 年，第 258-259 页.

⑤ 如余虹：《中国文论与西方诗学》，北京：三联书店，1999 年，第二章：生存论立场与二元紧张，第二节：庄子非文与荷尔德林忧诗，第 118-231 页。

⑥ 如毛萍：何谓诗意地栖居——兼论诗的存在论意义，《广东社会科学》2007 年第 3 期。

⑦ 这个说法最初见诸一论文集的标题(刘小枫、陈少明主编：《荷尔德林的新神话》，北京：华夏出版社，2004 年)，较为贴切地概括了荷氏译介的现状。

意地栖居”的“论文”铺天盖地。有一本题为《对话绿色：为了荷尔德林的梦》的书，乍看还以为是一本研究荷尔德林的专著，岂料是写房地产和绿色环保的。但不管怎么说，这也算是一种“荷尔德林热”吧，与荷氏最初在华的译介状况形成鲜明的反差。对这部荷尔德林学术史的研究，将是中国德语界的又一新课题。

(3)荷尔德林汉学总书目(一部)：

Gu, Zhengxiang 顾正祥：*Hölderlin in chinesischer Übersetzung und Forschung seit hundert Jahren.*

Analysen und Bibliographien：荷尔德林的汉译与研究——百年回眸. *Berlin/Heidelberg*：*Springer-Verlag/J. B. Metzler-Verlag*, 2020, 312 S.

该书由“引言”二则统领全书，概述中国文化传统和荷尔德林的中国接受。主体部分由“论述卷”(德语)和“文献卷”(德汉对照)两卷组成，并以附录“我与荷尔德林”殿尾。“文献卷”为全书之精髓(约占全书2/3)，又分成“译文卷”(131-171)和“研究卷”(172-309)。从第一位译者冯至及他的第一首译诗《许贝利翁的命运之歌》(1925年)，从第一位学者王国维及他主编的《教育世界》(1907年)，直至截稿付梓(2020年春夏之交)，按编年史顺序编列。“论点摘录”“编者提示”“编者附注”安插其间①。每栏末尾又附作者、译者和编者索引及报刊名和出版社名索引供检索。

以下为入编书目的类别和数量：

书目类别	序目数	作者、译者和编者	辞书	文学史	报纸杂志	出版社	编者提示、论点摘要或附注等
译文卷书目	93条	96位	1部	2部	10家	56家	9条
研究卷书目(中国学者)	459条	443位	66部	20部	174家	117家	95条
研究卷书目(外国学者)	62条	41+81位	9部	4部	8家	32家	5条
合计	614条	661位	76部	25部	192家	205家	109条

之所以称之为汉译“总书目”，是因为它是百余年来中华德语界荷尔德林译介成果

① 其必要性由条目《莱茵河的涛声——旅欧散记》的“编者附记”可见一斑：赵鑫珊先生是位资深学者兼多产作家，涉猎哲学、美学、音乐等人文科学的诸多领域，笔者甚慕其才，不过，在谈到“诗意化地栖居在这块大地上”这一句诗的时候，他写道：“当然，荷尔德林并不是为了他人，并不是为了开导自己的同胞他才写诗，而是为了自身的暂时解脱，为了发愤闷于诗歌，最后结果反而获得了广泛共鸣。”写诗仅仅是“为了自身的暂时解脱”，换句话说，仅仅是为了发泄个人的“愤闷”，这似乎有曲解荷尔德林诗之嫌。

的首次总检阅，也是荷尔德林中国接受的首个文献资料库。跟拙著《歌德汉译与研究总目，1878—2008》及其《续编》(中央编译出版社，2009年及2016年)一样，笔者集20年之心血，披肝沥胆，钩沉索隐，在调查、搜集和梳理的基础上，评估和总结荷尔德林在华百年学术史，编制成本书目，有幸在纪念诗人250周年诞辰的“荷尔德林年”，由德国老牌资深学术出版社 J. B. Metzler 出版社(始创于1682年)隆重推出，基本实现了德、奥、瑞三国大学图书馆和州图书馆入编的全覆盖。也希望销售渠道畅通，在不久的将来，也去中国大陆和港澳台安家落户。

参考文献

[1] *Chinesisch-deutsches Germanistentreffen. Dokumentationen der Tagungsbeitraege* [C]. Bonn: DAAD Dokumentationen und Materialien, 1989.

[2] Gu, Zhengxiang. *Hölderlin in chinesischer Übersetzung und Forschung seit hundert Jahren. Analysen und Bibliographien* [M]. Heidelberg: J. B. Metzler Verlag, 2020.

[3] Kreuzer, Johann (Hrsg.). *Hölderlin-Handbuch. Leben-Werk-Wirkung. Heidelberg: J. B. Metzler Verlag* [M]. 2020 (2. revidierte und erweiterte Auflage).

[4] Liu, Han. *Die Position des Übersetzers in der Rezeption. Eine Studie über die Übersetzung und Rezeption der Dichtung Friedrich Hölderlins in China* [D]. Münster: readbox unipress in der readbox publishing GmbH, 2019. Zugleich: München, University, Diss., 2018

[5] 范大灿编. 卢卡契文学论文选[M]. 北京: 人民文学出版社, 1986.

[6] 飞白主编. 世界诗库(第4卷): 德国、奥地利、瑞士、北欧[M]. 广州: 花城出版社, 1994.

[7] 顾正祥. 资料丰富，学养深厚——评刘皓明的《荷尔德林后期诗歌》[N]. 文汇读书周报, 2010-05-21.

[8] 顾正祥. 荷尔德林诗新编[M]. 北京: 商务印书馆, 2012.

[9] 顾正祥译注. 荷尔德林诗选[M]. 北京: 北京大学出版社, 1994.

[10] 里德著. 德国诗歌体系与演变——德国文学史[M]. 王家鸿译. 台北: 台湾商务印书馆, 1970.

[11] 李魁贤译. 德国诗选[M]. 台北: 三民书局, 1977.

[12] 刘皓明. “可怜的荷尔德林”——评戴晖译《荷尔德林文集》[N]. 南方周末, 2006-08-17.

[13] 刘皓明. 失控的文化生产过程——评人民文学出版社2016年版《荷尔德林诗集》[N]. 文汇读书周报, 2016-06-03.

[14] 刘皓明. 薪樵的滥用: 再评王佐良译《荷尔德林诗集》[N]. 文汇报·文汇学人, 2016-06-17.

[15]钱春绮、顾正祥译. 德国抒情诗选[M]. 西安：陕西人民出版社，1988.
[16]钱春绮译. 德国诗选[M]. 上海：上海译文出版社，1960.
[17]钱春绮译. 德国浪漫主义诗人抒情诗选[M]. 南京：江苏人民出版社，1984.
[18]芮虎. 谈林克的荷尔德林译作[N]. 中华读书报，2011-03-16.
[19]王秋荣、翁长浩主编. 西方诗苑揽胜[M]. 北京：语文出版社，1986.
[20]姚铭、王燕编. 王国维文集[M]. 北京：中国文史出版社，1997.
[21]叶隽. 另一种西学[M]. 北京：北京大学出版社. 2005.

莎士比亚在德国的经典化历程

西南交通大学　孙芳颐

摘要：文学层面的"经典"必指那些已经载入史册的优秀文学作品，而"经典化"则是其在社会制度、社会机构及其他因素的共同参与下，被确立为权威和标准最终变为社会集体认同的过程，具有明显或强调的文化与时代特征。被奉为经典的莎士比亚及其作品之所以能在德国声名大振，首先基于其自身的独特性，其次要归功于德语学界建立民族文学的紧迫性以及德国作家持续了一个世纪的创新性阐释。在莱辛和维兰德、赫尔德和歌德、席勒以及德国浪漫派文学家的共同努力下，莎士比亚及其戏剧最终确立了其在德语界的权威，而德国也借此唤醒了民族意识，推动了民族文学的迅猛发展。本文以莎剧进入德国的时间为线索，以对莎剧及其本人的接受为关注重点，通过梳理德国文学家对其的阐释，加深对发轫于18世纪至19世纪德语文学界诸如市民悲剧、浪漫主义等一系列独特思想主张的理解，寻找德国文学理论与莎士比亚的关系。

关键词：莎士比亚；德国；经典化；德意志民族文学

经典化(Kanonisierung)概念(经典Kanon一词起源于希伯来语，后作为外来词进入希腊语，原意为芦苇杆reed，后发展出尺度rule、法规law之意)描述了一系列符号、文章、行为或艺术品被确立为权威和标准的过程，而对日常关系、狂热和虔诚行为以及道德观念的书写使其在上百年的发展中成为传统。① 该词最早被用于宗教领域，指宗教典籍的形成，是认知、记忆的记载，包含理论与实践在内的跨越几代人的集体认同。直至后来，经典化一词才发展出文化和文学含义。"所谓经典必指那些已经载入史册的优秀文学作品"，因此它涉及文学史以及"对以往的文学经典作品的重新审视甚至质疑"②，它"产生于人们反复阅读和不间断的接受实践中，受到明显或强调的文化象征式的关注与现代阐释"。③法国著名学者布尔迪厄(Pierre Bourdieu，1930—2002)曾指出，作品的经典化与文学上的等级制度是共生的。社会制度(例如管理、出版、赞助、收藏)、社

---

① Von Stuckrad，Kocku (ed.). *The Brill Dictionary of Religion.* Translated from the German by Robert R. Barr. Boston：Leiden. 2006，hier S. 250.

② 王宁：《经典化、非经典化与经典的重构》，载《南方文坛》，2006年第5期，第30-34页，此处第30页。

③ 彭建华：《17世纪莎士比亚的经典化过程》，载《外语与外语教学》，2013年第3期，第74-79页，此处第74页。

会机构(例如博物馆、经典认可机构、学院、评判委员会)和别的因素(例如美学、体裁的特性、持久革命)共同分享了文学场的权力。① 而被奉为经典的莎士比亚及其作品无疑如此，其在德国声名大振的过程首先基于自身的独特性，其次要归功于德语学界建立民族文学的紧迫性以及德国作家持续了一个世纪的创新性阐释。作为欧洲文艺复兴时期最重要、最伟大的作家之一，莎士比亚(William Shakespeare，1564—1616)因其作品中包含着深刻的人文主义思想、丰富的人物刻画以及广阔的社会现实，在400多年的流传中实践并证明着“经典化”。他抛却法国新古典主义所宣称的“三一律”的创作教条，秉承亚里士多德所坚持的“自然”与“真实”，力图将最广阔的生活图景搬上舞台。莎士比亚戏剧如今已被译成90多种语言，而对作者本人及其文本、剧场表演等方面的研究文献更是不计其数，欧洲各国由此产生的所谓“文学考古研究”，也只为证明其自身与这位伟大作家具有共同之处。

如今享誉世界的莎翁在其剧作发表之初的16世纪，似乎并未受到应有的重视，因为现今人们所赞扬的莎士比亚并非首先被英国所推崇，而是在德语文学界几近“神圣化”的接受与阐释下为世界所知，崇拜莎翁的歌德(Johann Wolfgang Goethe，1749—1832)曾说：“德国人对莎士比亚的赏识，不是其他国家所能比，恐怕连英国人也有所不及。我们德国人对待他，极尽公正和爱护的能事。连对本国人也没有那样慷慨。”②莎士比亚对德国的影响可从莱辛(Gotthold Ephraim Lessing，1729—1781)算起，经维兰德(Christoph Martin Wieland，1733—1813)、歌德、施莱格尔兄弟(August Wilhelm Schlegel，1767—1845；Friedrich Schlegel，1772—1829)对其作品的阐释、改编，在不到一百年的时间中，莎翁及其剧作经历了其在德国经典化历程中的第一个阶段，这也是德国莎士比亚接受的最重要的奠基时期。当时正值德意志民族意识觉醒、民族文学勃兴的魏玛古典时期，因此，本文将以莎士比亚进入德国的时间为线索，聚焦莎士比亚戏剧，探寻其受到德国文学家推崇的原因，以对莎剧及其本人的接受为关注重点，通过梳理德国文学家对其的阐释，加深对发轫于18世纪至19世纪德语文学界诸如市民悲剧、浪漫主义等一系列独特思想主张的理解，寻找德国文学理论与莎士比亚的关系。

1. 莱辛和维兰德等人对莎剧的早期接受与译介

莎剧最初以戏剧表演的形式为民众所知，由英国江湖艺人于17世纪初带入德国。1626年6月24日，《哈姆雷特》(*Hamlet*，1601)第一次在德累斯顿(Dresden)上演，当时被称为“Tragedy of Hamlet，Prince of Denmark”。③ 为让更多观众理解戏剧，演员一

---

① 彭建华：《17世纪莎士比亚的经典化过程》，载《外语与外语教学》，2013年第3期，第76页。

② 歌德：《歌德文集》(第05卷〈诗与真〉下)，刘思慕(译)，北京：人民文学出版社，1999年，第512-513页。

③ Schmidt-Ihms. Shakespeare in the german speaking world with special reference to “Hamlet”. *A Journal of Social and Political Theory*，1964(23)，S. 21-34，hier S. 26.

改使用英文的习惯，开始尝试使用德文。但这些所谓的“演员”均来自非正规小剧团，未受过高等教育，其文化素养、语言能力皆处于较低水准，所以实际演出效果依然不理想。为维持生计、养家糊口，艺人们便将全部精力放在吸引眼球的肢体表演上，他们随意篡改戏剧内容，以音乐、舞蹈等各种形式演出莎剧，以营造欢乐的喜剧气氛。《仲夏夜之梦》(1595/1996)、《威尼斯商人》(1596)等戏剧皆以此种方式搬上舞台。① 因此，相较于“神话”“英雄悲剧”等正统戏剧，莎剧早期被贴有“欢乐”“市民”等标签，只能活跃在底层民众所处的集市中，真正掌控文学和文化的贵族阶层对其根本不屑一顾。

17 世纪的德国正遭受“三十年战争”(1618—1648)及后果的折磨：13 世纪以来，除路德翻译的《圣经》外，德国文学界并未产生过任何重要著作，在身心处于双重动荡的“空窗期”，人们渴望安定感，各邦国争相效仿法国以建立君主专制体制，随之而来的便是对法国宫廷文化的接受；尽管此时的德语学界已开始使用德语进行创作，但其思维方式深受法式思维的影响；后来的普鲁士创立者腓特烈大帝(Friedrich der Große，1712—1786)更以法语写诗、探讨哲学，其在柏林经营的剧团所招募的演员也均是法国人。② 崇尚法国文学的结果，就是德国戏剧对法国戏剧近乎全面的接受，法国新古典主义秉承的“三一律”(drei Einheiten)、亚历山大体(Alexandriner)皆被引入德国的文学创作，一度成为德国戏剧的统治纲领。18 世纪德国剧作家、文学理论家戈特舍德(Johann Christoph Gottsched，1700—1766)欲将莱比锡打造成巴黎，将法国戏剧视为“正统”并全面推行其创作规则。他本人于 1727—1740 年间所创作的 27 部“正统”戏剧，部分直接译自法语，部分是对法国戏剧纯粹的模仿。③ 第一部莎剧德文译本《裘力斯·凯撒》(1599—1601)，于 1741 年由普鲁士驻伦敦外交官博尔克(Kaspar Wilhelm von Borcke，1704—1747)译出。译本虽选用了亚历山大体，作为对公众舆论的让步，但仍遭到戈特舍德的批驳：“这种由藐视规则而造成的、莎士比亚在其戏剧中以令人反感的方式所引起的混乱，对任何一个喜欢理性作品的人来说都是无法忍受的。”④作为信奉法国新古典主义的纯粹理性主义者，戈特舍德反对一切不遵照“三一律”创作规则的戏剧，反对一切含有“鬼魂”等毫无逻辑的情节安排，他认为这类作品既不能描绘现实，也不能体现道德教化功能。而这一“全盘否定”的无情批判，却恰恰引起了文学家的关注，引发文学界对莎士比亚的争论。

第一次为莎士比亚辩护的，是两位讲德语的瑞士学者博德默尔(Johann Jakob

---

① Schmidt-Jhms. Shakespeare's Influence on German Drama. *Journal of Social and Political Theory*. 1950(3), S. 74-87, hier S. 74.

② Ebenda. S. 75.

③ Ebenda. S. 76-77.

④ McNamee, Laerence F. The Secret of Shakespeare's Power in Germany. *Educational Theatre Journal*, 1962(14), S. 297-301, hier S. 298.

Bodmer, 1698—1783)和布赖丁格尔(Johann Jakob Breitinger, 1701—1776)。他们虽然仅停留在“支持”层面，并未对莎剧形式进行开创性讨论，却也是莎士比亚接受过程中的良好开端。[①] 德国文学史上第一个提出要向莎士比亚学习的人是德国评论家、剧作家莱辛，他在阅读《诗学》原文后极力推崇亚里士多德的思想，并指出，自以为继承了亚里士多德诗学的法国新古典主义和流行于当时文学界的戈特舍德正统戏剧，均是对亚里士多德思想的错误解释，[②] 反观莎士比亚对社会现实的描写，对丰满的人物性格的刻画，与古典戏剧所要宣扬的“真实”“自然”更加契合。1749 年 10 月，在《论历史与戏剧接受》(*Beiträge zur Historie und Aufnahme des Theaters*)的前言中，莱辛第一次提及莎士比亚，并表示后者值得尊敬;[③] 1757 年 11 月，在一封写给好友尼科莱(Christoph Friedrich Nicolai, 1733—1811)的信中，莱辛赞扬另一好友门德尔松(Moses Mendelssohn, 1729—1786)对哈姆雷特经典台词“生存还是毁灭”(To be or not to be)的翻译;[④] 随后，莱辛又在多个作品中提及莎士比亚的名字或其剧作，如在《现代德意志文学通讯》(*Briefe, die neueste Literatur betreffend, auch: Literaturbriefe*, 1759—1765)的第 17 封信中，他在开头批判了戈特舍德、伏尔泰、法国学派，而后推荐名篇——索福克勒斯的《俄狄浦斯王》(约公元前 429—425)，莎士比亚的《奥赛罗》(1604)、《李尔王》(1605)、《哈姆雷特》;[⑤] 他还在自己的诗学杰作《拉奥孔》(1766)第 23 章引用了《李尔王》《理查三世》(1593)中的台词等。[⑥] 但这些散见于信件和评论的“提及”，只能代表二者“确有接触”，而莱辛对于莎剧更为密集的开创性讨论，主要出现在包含其美学、戏剧思想的重要论著《汉堡剧评》(1766—1769)中。[⑦] 虽然莱辛出版这部论著的本意是推崇亚里士多德，所以他将最接近亚氏“模仿说”基本精神的莎剧作为例证来辅助自己对“市民悲剧”的论述，同时批判盲目追随法国的德国文坛。《汉堡剧评》并未详细分析莎士比亚任何一部戏剧，但这并不影响莱辛对莎剧的肯定。在面对魏塞先生《理查三世》的“剽窃”问题上——这种“剽窃”何尝不代表着德国剧坛的现状——莱辛写道：“莎士比亚的作品只能研究，不能劫掠。如果我们有才能，莎士比亚作品之于我们，当犹如暗箱之于风景画家；多往里瞧瞧，可以学习自然在各种情况下时怎样投射到一个平面上的，但他从里面什么也拿不出来。”[⑧]除此之外，他“从莎剧中的贵族社会和宫廷矛盾斗争中看到隐藏在背后的东西，

---

① Schmidt-Ihms: 1964, S. 21.

② Schmidt-Jhms: 1950, S. 77-78.

③ Meisnest, F. W. Lessing and Shakespeare. *PMLA*, 1904(2), S. 234-349, hier S. 236-237.

④ Ebenda. S. 237.

⑤ Ebenda.

⑥ Ebenda. S. 238.

⑦ Ebenda. S. 238-239.《汉堡剧评》中第 5、7、11、12、15、73、74、80、81、93 篇等均有提到莎士比亚或其剧作，所引论文对此进行过详细列举。

⑧ 莱辛：《汉堡剧评》，张黎译，上海：上海译文出版社，1981 年，第 374 页。

即普遍的人性”,① 他将底层民众从“永远遭人讥笑的喜剧角色”中带入“只能描写王公贵族”的悲剧。这一转变不仅代表着“市民悲剧贴近现实生活”外，也反映着新兴资产阶级与贵族的矛盾；他反对新古典主义中抽象化、概念化的人物塑造，理智道德高于一切的创作理念，强调突出真实的人物性格，一如受到鬼魂催促的哈姆雷特，不再将复仇仅仅视作“崇高的道德使命”，他表现出的犹疑和挣扎恰恰是一个普通人面临该抉择时做出的内心拷问，理性与感性的结合才是完整的人物性格。“莎剧在我们今天所理解的现实主义和典型性格上所达到的美学高度，在莱辛看来正是德国戏剧所欠缺和应该效仿的”②，这无不表明二者在美学主张上具有一致性。而在莱辛的戏剧创作中也不难看到莎剧的影子：《费罗塔斯》(1759)受到《哈姆雷特》《奥赛罗》《李尔王》的影响；《明娜小姐》(1766)中留有《威尼斯商人》的痕迹；从《爱米莉亚·迦略蒂》(1772)中则更能看到莎剧的写作技巧。③

莱辛发表《汉堡剧评》时，莎剧的德译本已经出现：开创了德国莎士比亚翻译的维兰德自1761年起已着手进行翻译。1762年至1766年间，他共译莎剧22部④，收录于8卷本的《戏剧作品集》(*Theatralische Werke*)。虽然维兰德本人热爱英国文学并深受其影响，但由于语言问题，缺少翻译模板、对应词典和相应的语言学知识，该译本的准确性遭到质疑。他常曲解、误释某些名词和短语的历史用法，如只将“hind”解释为“鹿(deer)”而忽视其古义“仆人(servant)”⑤，或将《仲夏夜之梦》中多幕合译成一幕，删去其中不入流的笑话和“令人厌恶的表达”⑥。《维兰德的莎士比亚翻译》⑦一文详细讨论过其翻译得失，并查证他使用过的参考文本。即使狂飙突进时期的德国作家认为该译本缺少活力，缺少对原著的忠诚度，就连维兰德本人都公开承认其译作中的确存在翻译缺陷⑧，这却丝毫不影响他为莎士比亚进入德国所做的贡献。1755年维兰德首次提到莎士比亚时，便对他大加赞赏⑨；针对伏尔泰对莎士比亚的斥责，他在1758年的通讯信件

---

① 李伟民：《莎士比亚戏剧：一种艺术创作原则——莱辛对莎剧审美价值的认知》，载《外语与外语教学》，2012年第2期，第82-85页，此处第82页。

② 同上，第85页。

③ Schmidt-Jhms, 1950, S. 243-245.

④ 22部剧作参见 http://www.shakespearealbum.de/en/biographies/christoph-martin-wieland.html，检索于2019年11月11日。

⑤ Theisen, Bianca. The Drama in Rags: Shakespeare Reception in Eighteenth-Century Germany. *MLN*, 2006(3), S. 505-513, hier S. 507.

⑥ Orlick, Manfred. *Wie William Shakespeare zum Gemeingut der deutschen Literatur wurde.* https://literaturkritik.de/wie-william-shakespeare-gemeingut-deutschen-literatur-wurde-250-geburtstag-august-wilhelm-schlegels, 23631.html, abgerufen am 18.12.2019.

⑦ Meisnest, F. W. Wieland's Translation of Shakespeare. *The Modern Language Review*, 1914(1), S. 12-40.

⑧ Thesisen, 2006, S. 508.

⑨ Meisnest, 1914(1), S. 13.

中曾进行过强有力的辩驳①；作为正式介绍莎剧进入德国的领袖人物之一，他不仅唤醒德国对莎士比亚的兴趣，将莎剧带入德国舞台，例如1761年，他指导了在比伯拉赫(Biberach)剧院上演的《暴风雨》(1611)——该剧基于他自己的译本(*Der erstaunliche Schiffbruch*，现已丢失)，同时他也让莎剧翻译变成一项能够实现、更是值得实现的工作。② 反观其翻译过程中的艰难，维兰德表现出了惊人的毅力，这也为后来继续译注莎剧工作的学者铺平道路，例如，埃申堡(Johann Joachim Eschenburg，1743—1820)对维兰德的翻译进行了修改；伦茨(Jakob Michael Reinhold Lenz，1751—1792)译注了《科利奥兰纳斯》(*Coriolan* 1775)；比格尔(Gottfried August Bürger，1747—1794)译注了《麦克白》(*Macbeth* 1783)，③ 并为后来莎士比亚词典的编纂奠定基础。

至此，可以说莎士比亚才真正出现在德国，在这一译本不全、译文质量参差不齐、新古典主义戏剧还没有被完全摒除的背景下，身处18世纪70年代狂飙突进运动前期的作家掀起了“莎士比亚崇拜”(Shakespeare Kult)的浪潮，此前戈特舍德对莎剧的批判再次陷入争论。简言之，18世纪60年代德国对这个英国剧作家的争议焦点是：莎剧这一明显违反了主流戏剧(法国新古典主义)规范的艺术，到底能不能被称为艺术，能不能被称为戏剧。

2. 赫尔德和歌德、席勒对莎剧接受的有力推进

赫尔德(Johann Gottfried Herder，1744—1803)进一步推进了德国莎士比亚研究，他那篇被收入狂飙突进代表作《德意志的本性与艺术》(1773)的论文《莎士比亚》(*Shakespeare*)，被看作德语界最有理论建树的莎士比亚评论之一④，他开创了评价莎剧的新的价值尺度和法则。他的关注点在于，“莎士比亚怎么把一则不幸的传奇故事、一部小说，或者一段虚构出来的历史改编成一个活生生的整体世界”。⑤ 在论文中，赫尔德阐述了其对文学艺术的基本看法，解释了不能用古希腊悲剧作家的标准、亚里士多德“三一律”来衡量莎士比亚成就的原因，凸显了莎士比亚的北欧地缘和历史因素；后来，学界查证该文曾有两篇草稿和一篇定稿，经过对比研究后发现，赫尔德对《莎士比亚》一文的修定揭开了他本人哲学思想亦即历史主义的序幕。⑥ “历史主义的目标是一种内

---

① Meisnest，1914(1)，S. 13.

② Ebenda，S. 38-39..

③ Orlick，2019.

④ 冯庆：《莎士比亚的“世界历史”——赫尔德的“狂飙突进”剧论与激进启蒙》，载《文艺理论研究》，2018年第6期，第106-113页，此处第106页。

⑤ 周宁：《西方戏剧理论史》，福建：厦门大学出版社，2008年，第371页。

⑥ Gjesdal，Kristin. Literature，Prejudice，Historicity：The Philosophical Importance of Herder's Shakespeare Studies. In：Kottman，Paul A. (Hrsg.)：*The Insistence of Art. Aesthetic Philosophy After Early Modernity*. New York：Fordham University，2017：91-115.

在的理解，而不是一种建立在后来某个时代判断标准之上的理解"[①]，因此对莎剧的评价尺度要着眼于当下，而非使用已经逝去的亚里士多德的诗学标准，他所代表的北欧传统迥异于索福克勒斯的古希腊传统，莎剧没有"歌队"，因此也不需要遵守"三一律"。该文最重要的贡献就在于此：赫尔德从哲学角度质疑此前学界对莎剧的争论，从文艺美学角度阐释对艺术的看法，进一步从民族角度创立德意志民族戏剧，从历史进程的角度看来，历史主义这一全新视阈更是启迪了后来发源于德国的阐释学，这"不仅帮助我们理解后来关于莎士比亚的争论，同时它也是一种阐释学的理论和实践"。[②]

在建立民族戏剧的道路上，赫尔德对歌德寄予了厚望，他认为歌德能够像莎士比亚创造出代表英国的戏剧一样，创造出专属于德意志民族的德语戏剧，正如其在《莎士比亚》结尾处所提出的愿望。与歌德本人著作的声誉相比，与莱辛、赫尔德等人对莎士比亚的创造性论述相较，歌德的莎评成就似乎不够显著[③]。受莎剧影响的表现主要散见于其作品中，可以说，《铁手骑士葛兹》(1773)是从莎士比亚历史剧中汲取营养的结果，《少年维特之烦恼》(1774)的主人公维特这一不同于贵族和底层市民的"新兴阶层"身份，似乎是在莎剧对社会各阶层广泛描写的影响下才创作出的，而哈姆雷特的身影则隐现于《威廉·麦斯特的学习时代》(1795—1796)中。歌德还在1771年10月于法兰克福举办的莎士比亚纪念会上激情澎湃地赞扬莎士比亚"天才般的创造力"；他认为，莎剧中迸发的情感、广阔的现实描写，更贴近于现代文学；他在早期作品中使用散文体(Prosa)进行创作、无视"三一律"，忽略情节编排，将所有戏剧事件加在主人公一人身上并安排其走向死亡，且不真正关心主人公是否实现其人生目标[④]，甚至借莎剧来宣扬狂飙突进运动的理念。经历了思想转变之后，歌德一改年轻时极具激情、强烈情感的创作风格，转而秉承更有规则、深沉的古典艺术主张，并认为莎士比亚是更贴近古典的戏剧诗人，他坦言"艺术作品中的历史人物与真正的历史人物是有着根本的区别的，这正说明歌德对艺术作品中的历史人物的塑造符合'诗的真实'的重视，也就是说，歌德后期的史剧观念已经很接近莎士比亚了"。[⑤] 此外，在歌德管理魏玛宫廷剧院期间的1791—1817年间，在剧院上演的莎士比亚作品数量激增；[⑥] 1811—1812年，歌德曾尝试根据施莱格尔的译本改编《罗密欧与朱丽叶》，减少情节和演员，并亲自上场指导，但观众反馈并不

---

① 希尔贝克，N. 伊耶：《西方哲学史——从古希腊到二十世纪》，童世骏，郁振华，刘进译，上海：上海译文出版社，2004年，第395页。

② Gjesda：2017，S. 93.

③ Diamond，William. Wilhelm Meister's Interpretation of Hamlet. *Modern Philology*，1925(1)，S. 89-101，hier S. 92.

④ Schmidt-Jhms：1950，S. 81.

⑤ 叶庄新：《从歌德到莎士比亚——郭沫若的史剧理论与实践》，载《福建师范大学学报(哲学社会科学版)》，2007年第2期，第124-131页，此处第125页。

⑥ Lee，Charlotte. „Durch Wunderkraft Erschienen"：Affinities between Goethe's Faust and Shakespeare's The Tempst. *The Modern Language Review*，2012(1)，S. 198-210，hier S. 198.

理想；歌德在其1813年《说不尽的莎士比亚》专论中，围绕“一般意义作家”和“剧作家”概念，再次对莎士比亚及其戏剧进行讨论，认为莎剧的“可读性”高于“可演性”。歌德还曾与席勒一同区别古希腊悲剧与莎式悲剧，认为二者应当分别定义为命运悲剧与性格悲剧。席勒也在《论素朴的诗与感伤的诗》(1795)中以莎士比亚为例表述何为素朴的诗人。《歌德谈话录》(1836/1848)中收集了歌德的莎剧观点；后来的研究也比较论述了《浮士德》与《暴风雨》的相似性①。值得一提的是歌德在《威廉·麦斯特的学习时代》借主人公传达了“哈姆雷特是软弱、缺乏行动力的人”的看法。对于这一表述到底是否属于歌德本人，学界多有争论，但该评价从为人所知的那一刻起，几乎立即被施莱格尔、蒂克以及德国其他文学家所接受，其中也包括全盘接受德国浪漫主义戏剧理论的英国文学家柯勒律治(Samuel Taylor Coleridge，1772—1834)②。事实上，这种对哈姆雷特的误读长期以来一直存在，并未因文学发展而有所减弱。至此我们需要思考，“哈姆雷特”的形象如此深入人心究竟得益于谁，不管是因为莎士比亚在德国受到越来越多的欢迎，还是因为借助了歌德的名望，抑或是由此引申出的后代文学家对哈姆雷特角色的辩护，至少它表明了歌德与莎剧密不可分的关系，他的诸多作品很难摘除莎士比亚的因素。在歌德时代，德国文学与莎士比亚相互影响相互推动的事实，也越来越清晰地体现出来。

3. 德国浪漫派对莎士比亚的重译和崇拜以及20世纪的接受概况

维兰德之后的德国文学界一直坚持不懈地译注莎剧，但似乎并未取得引人注目的成绩，直到1788年至1789年冬天，奥古斯特·施莱格尔(August Wilhelm Schlegel，1767—1845)与比格尔共同翻译《仲夏夜之梦》后，莎剧译注领域再次浪花翻涌。1797年至1801年间，施莱格尔翻译了14部莎剧，并于1796年、1797年在席勒主办的杂志《时序》(*Die Horen*)上分别发表了两篇关于莎作翻译的论文：《论威廉·迈斯特小说系列中的莎士比亚》(*Etwas über William Shakespeare bei Gelegenheit Wilhelm Meisters*)、《论莎士比亚的〈罗密欧与朱丽叶〉》(*Über Shakespeares Romeo und Julie*)。他的翻译已不再仅局限于原文内容的复述，而是更加注重诗性的模仿，将莎剧中富有韵律的对话以亚历山大体诗进行重现，试图塑造德国的莎士比亚。此时德国的文学与艺术已走入浪漫主义时期，以费希特(Johann Gottlieb Fichte，1762—1814)、施莱格尔兄弟为中心的浪漫派也在耶拿应运而生，随同出现的还有施莱格尔兄弟的浪漫主义莎评。德国浪漫主义相较于同期的英法两国，以强烈的“民族性”为显著特征，注重诗人主观的情感和想象力，强调内在性和主体性，向往田园自然，推崇中世纪的欧洲生活，并且“唯诗是尊”。他们认为，莎剧具有“田园抒情和浪漫情调”，是对“人生意义的哲理探求”，剧中描写的为

---

① Lee, Charlotte. „Durch Wunderkraft Erschienen“: Affinities between Goethe's Faust and Shakespeare's The Tempst. *The Modern Language Review*, 2012(1), S. 198-210, hier S. 198.

② Diamond: 1925, S. 92.

古典主义所贬斥的情欲，其实是最富有生活气息的刻画，它表现着人最真实的情感，反映着时代精神，批判着社会丑恶。① 那些曾经反对莎剧的种种理由，已然变成浪漫派所维护并推崇的重要论点，莎剧理所应当地被抬至"诗"的高度，"施莱格尔兄弟所代表的浪漫主义莎评毫不留情地剥掉了古典主义加在莎士比亚身上的非难之词，这是他们对浪漫派莎评的主要贡献"。② 毫不夸张地说，这种近乎"神化"的推崇将莎士比亚在德国的形象描绘得完美无缺，也刷新了德国文坛对莎剧的接受度。事实上，与其说是施莱格尔利用浪漫主义为莎剧辩护，不如说是他们从莎剧中发掘了浪漫派理论，正因为奥·施莱格尔通过翻译莎剧而进行的文本细读，才有了他们对文学翻译、莎剧内容的思考，对民族文学的思考，他们也因此才能为莎士比亚走到世界文学顶端铺平道路。

继续将浪漫主义莎评推至高峰的人是德国浪漫派诗人的海涅（Heinrich Heine，1797—1856），他在《莎士比亚笔下的少女和妇人》（1839）中详细表达了对莎士比亚及其剧作的观点，评述莎士比亚在德国的接受；为创作悲剧《阿尔曼梭》（1821—1822），海涅认真研读《罗密欧与朱丽叶》，观看莎剧演出通读莎剧全集。③ 他同其他浪漫派作家一样对莎士比亚满怀崇敬，但与之不同的是，海涅首先反对施莱格尔等人对莎士比亚的神化，并认为德国浪漫派对中世纪和基督教神秘主义的盲目崇拜是思想上的倒退，不符合时代要求也根本不符合莎剧所提倡的精神。海涅从莎剧中读出了"对人的尊严、权利和幸福的不懈的讴歌"④，找到了"文艺必须具有反映现实的充分依据"⑤，这种追求生活、历史和事物运动发展的真实恰恰是莎士比亚作品的最大特点，也促使海涅的浪漫主义美学观更具有行动性和现实性。此外，海涅还重视莎剧的舞台演出，与普及莎剧的其他方法相比，演出比评论家的文字阐释有效得多；他推崇莎士比亚的语言成就，认为语言不仅能够表现它本身的力量，还可以成为刻画人物性格的手段，但同时他也认为莎剧语言的缺陷在于"语言的浮华辞藻、夸饰的风雅、造作的用字、机智的绮丽"。⑥ 这种对莎剧的批判性接受与此前浪漫派作家的做法大相径庭，海涅对莎士比亚的独到见解突破了浪漫主义莎评的局限，形成并阐述了自己的美学观念，也开启了 20 世纪莎士比亚研究的新方向。

至此，德国对莎士比亚"紧密锣鼓"的接受暂时告一段落，经过莱辛的辩护、赫尔德的评论、维兰德与施莱格尔的译介、歌德与席勒的推崇，以及浪漫主义文学家的升华，莎士比亚及其剧作在德国生根发芽。而海涅之后的莎评已不仅仅局限于探讨其文学

---

① 李伟民：《施莱格尔兄弟对莎士比亚的解读》载《外国文学研究》，2005 年第 2 期，第 54-59 页，下转第 172 页。

② 同上，第 54 页。

③ 李伟民：《论海涅的浪漫主义莎评》，载《外语与外语教学》，2006 年第 10 期，第 42-45 页，此处第 42 页。

④ 同上，第 43 页。

⑤ 同上，第 44 页。

⑥ 同上，第 44 页。

价值，论者的阐述视角变得越来越广泛，如马克思与恩格斯，他们虽无莎剧的针对性评论，但在其著作中大量援引莎剧，譬如提及货币、鸦片战争等问题时，他们不仅赞扬莎剧体现着思想性和艺术性的高度统一，而且还“以无产阶级的立场、观点和方法，历史地肯定莎士比亚”，① 并提出极为著名的“莎士比亚化”与“席勒式”。我国学者曾在1982年就目前我国出版的《马克思恩格斯全集》作过统计，马克思的著作和信件中(不包括恩格斯的著作)，涉及莎士比亚及其作品的就有147次之多。莎士比亚创作的37部剧作中，马克思援引过的有21部(仅就著作而言，不包括通信)。② 德国著名文学批评家冈多夫(Friedrich Gundolf，1880—1931)在《莎士比亚与德意志精神》(1911)中对莎士比亚的阐释虽未超越前人，但也明确指出未来的德国诗歌和戏剧很有可能会继续受其影响，并将产生与时代相关联的优秀作品等。德国对莎士比亚的研究并未因“二战”而停滞不前，成立于1864年的“德国莎士比亚学会”(die Deutsche Shakespeare-Gesellschaft)在德国遭遇政治分裂时也随之分裂成两个——东德保留其在魏玛的总部，西德新设总部于波鸿。1986年英、德、美的莎研组织在西柏林举办了“世界莎士比亚大会”，我国学者发回了以《西柏林世界莎士比亚大会》为题的信件并被发表。③ 信中记录了本次会议的主要内容，并指出80年代世界莎士比亚研究已不再局限于文本，而是转向表演等艺术领域，开始探讨如何在舞台上念台词、如何生动地塑造莎士比亚创立的人物形象，如何在学校讲授莎士比亚；同时，剧作家已经不满足于单纯地将莎剧搬上舞台，而是以莎士比亚本人及其作品为原型进行创造性改编；学界也开始考究与莎士比亚有关的事实，诸如调查莎士比亚的肖像和塑像，研究形式与方向呈现多样化和多元化的特征。信中还称，该会议安排与会者游览东西柏林，两德分别举行歌剧、戏剧等演出，虽然“东西柏林的对立情绪到处可见”，但从学术文化层面说，两德通过莎士比亚研究仍然保持交流，这在战后政治紧张的背景下，实属一件罕事。

莎士比亚及其戏剧经过“莱辛和维兰德等人的早期接受与译介”“赫尔德和歌德、席勒的有力推进”“德国浪漫派对莎士比亚的重译和崇拜”三个粗略的时间划分确立了其在德语界的权威性，而对莎剧的接受不仅表现在维兰德等人的译介、剧院演出这一最基本的方式，莎剧所提倡的“丰富的人物性格”“真实的社会图景”，破除“三一律”和“生动诗意的语言”一度成为包含市民悲剧、德国浪漫派等理论主张在内的创作标准，而接受莎剧这一过程本身也促进了赫尔德“历史主义”哲学观的诞生。莱辛的《汉堡剧评》、赫尔德的《莎士比亚》、席勒的《论素朴的诗与感伤的诗》以及海涅的《莎士比亚笔下的少女和妇人》等论著不仅仅记录着德国对莎剧的接受，从另一层面上说，它们也是借莎士比

---

① 程凯华：《马克思恩格斯论莎士比亚》，载《邵阳学院学报(社会科学版)》，2009年第5期，第67-72页，此处第68页。

② 周士琳：《马克思与莎士比亚》，载《外国语(上海外国语学院学报)》，1982年第2期，第60-65页，此处第60页。

③ 天章：《西柏林莎士比亚大会》，载《外语教学与研究》，1986年第3期，第71-74页。

亚建立属于德意志民族本身的文学，这或许就是德式的“经典化”，在不间断阅读和接受莎剧的过程中将其“化为已用”，建立不可复制的原创性理论制度，并反过来为莎剧阐释赋予新的活力。

4. 结语

本文梳理了从启蒙运动时期至浪漫主义文学时期莎士比亚为德国接受并走向经典化的历程。莱辛作为德国文学史上首个为其辩护的文学家，在以戈特舍德为代表批判莎剧的背景下，赞扬莎士比亚才是真正继承亚里士多德诗学理论的剧作家，借助莎剧中丰富的人物刻画、真实的社会图景阐述其“市民悲剧”理论。赫尔德开创了评述莎剧的哲学新视角，指出评价莎剧必须依照其独有的地缘历史等因素，并由此逐渐发展出自己的“历史主义哲学”，启示了后来源起于德国的阐释学。歌德和席勒代表的狂飙突进时期产出大量深受莎剧影响的闻名著作，尤其是该阶段歌德对哈姆雷特角色的阐述一度左右了德国文坛的莎剧解读。浪漫派文学家将莎士比亚作为其文学理论的代表，完全剔除了古典主义的贬斥，将其抬至前所未有的高度，德国也因此成为整个西欧浪漫主义戏剧理论的真正故乡。经过维兰德的开创性翻译和施莱格尔等人力求再现诗韵的特色译注，莎剧最终得以普及并走向大众。从全面崇尚法国的时代，到摒弃法国文学推出德意志民族文学的阶段，再到影响英国文艺理论的浪漫主义时期，莎士比亚及其戏剧几乎贯穿了一个世纪的德国文学史。尤其重要的是，莎士比亚在德国的接受和经典化历程恰好伴随着德意志民族意识的觉醒，推动了德国民族文学的迅猛发展。完全可以说，是德国重新发掘了莎士比亚，并将其推向世界，同时也是莎士比亚唤醒了德国文学，助力于德意志民族的崛起。

参考文献

[1]歌德. 歌德文集(第05卷《诗与真》下)[M]. 刘思慕译. 北京：人民文学出版社，1999.

[2]莱辛. 汉堡剧评[M]. 张黎译. 上海：上海译文出版社，1981.

[3]G. 希尔贝克，N. 伊耶. 西方哲学史——从古希腊到二十世纪[M]. 童世骏，郁振华，刘进译. 上海：上海译文出版社，2004.

[4]程凯华. 马克思恩格斯论莎士比亚[J]. 邵阳学院学报(社会科学版)，2009(5)：67-72.

[5]冯庆. 莎士比亚的“世界历史”——赫尔德的“狂飙突进”剧论与激进启蒙[J]. 文艺理论研究，2018(6)：106-113.

[6]李伟民. 莎士比亚戏剧：一种艺术创作原则——莱辛对莎剧审美价值的认知[J]. 外语与外语教学，2012(2)：82-85.

[7]李伟民. 施莱格尔兄弟对莎士比亚的解读[J]. 外国文学研究，2005(2)：54-59.

[8]李伟民. 论海涅的浪漫主义莎评[J]. 外语与外语教学，2006(10)：42-45.

[9]彭建华. 17 世纪莎士比亚的经典化过程[J]. 外语与外语教学，2013(3)：74-79.

[10]天章. 西柏林莎士比亚大会[J]. 外语教学与研究，1986(3)：71-74.

[11]王宁. 经典化、非经典化与经典的重构[J]. 南方文坛，2006(5)：30-34.

[12]叶庄新. 从歌德到莎士比亚——郭沫若的史剧理论与实践[J]. 福建师范大学学报(哲学社会科学版)，2007(2)：124-131.

[13]周宁. 西方戏剧理论史[M]. 福建：厦门大学出版社，2008.

[14]周士琳. 马克思与莎士比亚[J]. 外国语(上海外国语学院学报)，1982(2)：60-65.

[15]Diamond, William. Wilhelm Meister's Interpretation of Hamlet[J]. *Modern Philology*. 1925(1): 89-101.

[16]Gjesdal, Kristin: Literature, Prejudice, Historicity: The Philosophical Importance of Herder's Shakespeare Studies. In: Kottman, Paul A. (Hrsg.): *The Insistence of Art. Aesthetic Philosophy After Early Modernity*. New York: Fordham University, 2017: 91-115.

[17]Lee, Charlotte. Durch Wunderkraft Erschienen: Affinities between Goethe's Faust and Shakespeare's *The Tempst*[J]. *The Modern Language Review*, 2012(1): 198-210.

[18]McNamee, Laerence F. The Secret of Shakespeare's Power in Germany[J]. *Educational Theatre Journal*, 1962(14): 297-301.

[19]Meisnest, F. W. Lessing and Shakespeare[J]. *PMLA*, 1904(2): 234-349.

[20]Meisnest, F. W. Wieland's Translation of Shakespeare[J]. *The Modern Language Review*, 1914(1): 12-40.

[21]Orlick, Manfred: *Wie William Shakespeare zum Gemeingut der deutschen Literatur wurde*. https://literaturkritik.de/wie-william-shakespeare-gemeingut-deutschen-literatur-wurde-250-geburtstag-august-wilhelm-schlegels,23631.html,abgerufen am 18.12.2019.

[22]Schmidt-Jhms, M. Shakespeare's Influence on German Drama[J]. *Journal of Social and Political Theory*, 1950(3): 74-87.

[23]Schmidt-Ihms, M. Shakespeare in the german speaking world with special reference to "Hamlet"[J]. *A Journal of Social and Political Theory*, 1964(23): 21-34.

[24]Theisen, Bianca. The Drama in Rags: Shakespeare Reception in Eighteenth-Century Germany[J]. *MLN*, 2006(3): 505-513.

[25]Von Stuckrad, Kocku (ed.). *The Brill Dictionary of Religion*[J]. Translated from the German by Robert R. Barr. Boston: Leiden, 2006.

张德彝《航海述奇》中的旅德浙商田阿喜家族

湖北科技学院　陈从阳

摘要：鸦片战争后，一些沿海华人走向海外。张德彝在《航海述奇》中记载了浙江人田阿喜幼年出洋卖艺，后转而赴德经商而致富的传奇人生，多侧面展示了多元文化背景下近代旅欧华人的生活经历和生存状态。

关键词：张德彝；《航海述奇》；田阿喜；生存状态

1. 引言

张德彝(1847—1918)，又名德明，字在初，祖籍福建，后迁盛京铁岭(今辽宁铁岭)。自同治五年(1866)随斌椿出洋考察，至光绪三十二年(1906)在驻英大使任辞职归国，张德彝一生先后八次出洋，在国外生活了17年。出使期间，张氏留下了颇为详细的日记，这些日记依次辑录为《航海述奇》《再述奇》《三述奇》，直至《八述奇》(名为《八述奇》，实际上第七部述日本之行未成稿)，共70余卷，凡200余万言，叙“泰西风土人情”“所叙琐事”“不嫌累牍连篇”，① 成为研究19世纪末20世纪初期中外关系史的重要资料。

在《航海述奇》系列日记中，张德彝叙述了不少海外华人奋斗历程和生存状态，这在其他历史记载中是很难看到的。本文主要是以书中所记旅德浙商田阿喜家族的事迹为例，结合相关史料，以个案形式揭示旅外华商独特的人生境遇和生存状态。

2. 田阿喜其人和家庭

据相关研究：西方史籍中明确提及留居欧洲的中国人最早出现在16世纪中叶。1552年葡萄牙著名文学家、史学家若奥·德·巴罗斯的《十年》一书出版，他在书中曾言“购买了”一名“会阅读和书写我们的文字，并且精于阿拉伯数字”的“中国奴隶”。② 从16世纪末到18世纪末，德国商船频繁往来于广东、汉堡之间。最早有关在德国的中国人的正式官方记载是1792年，是年中国人乘坐装载中国茶叶、瓷器的一艘德国商船，

① 刘锡鸿，张德彝：英轺私记 随使英俄记，长沙：岳麓书社，1986年，第273页。

② 李明欢：欧洲华侨华人史(增订版)，广州：暨南大学出版社，2019年，第64-65页。

从广州抵汉堡。到19世纪早期，在汉堡栈桥(Landungsbrucken)登陆的中国人日益增多，部分人分散到其他城市经营小本生意，留居德国。① 1821年，来自广东的冯亚生(Assing)、冯亚学(Haho)辗转来到德国，他们展示中国服装、表演二胡乐器、传授汉语知识，与当时的普鲁士国王相处甚欢，轰动一时。② 据统计，1880年1月留驻德国的中国人为63人(其中男性44人、女性19人)，1890年1月、1900年1月这一数字分别上升到104人和150人。③ 1890年，柏林是德国仅次于汉堡、中国人位居第二的大都市，至少有30名中国人生活在此，他们主要由外交官、士兵(在院校与军队受训)、商人和手艺人(洗衣工)、挨户叫卖的小贩、学生等群体组成。④ 田阿喜是最早出现在柏林的中国商人。⑤

张德彝与田阿喜家族相知20余年。同治七至八年(1868—1869)，张德彝以译员身份，随蒲安臣使团访问美、英、法等国，第二次踏上出洋的旅途。同治八年五月二十六日(公历1869年7月5日)，张德彝在巴黎探望宁波商人王承荣(子显)，偶遇来巴黎观光的田阿喜的英国妻子，获悉田阿喜在欧洲卖艺等情况。事隔7年，光绪二年(1876)冬，清廷遣使驻扎西洋，张德彝随郭嵩焘、刘锡鸿出使英国，任翻译官；光绪四年(1878)底，张德彝随崇厚往俄国议界修约。六年(1880)初，他销差抵巴黎，是年一月二十五日(公历3月5日)在马赛停留期间，田阿喜特来拜望张德彝，进一步加深对田阿喜家庭生活的了解。光绪十三年至光绪十六年(1887—1890)间，张德彝作为出使俄德奥荷国大臣洪钧的随员，第五次出洋，出使德国。碰巧田阿喜已改行在德国经商，在柏林，张德彝与田阿喜，特别是与田阿喜的两个孩子有了更多交往，在《五述奇》中留下了田阿喜家族更多记载。

田阿喜(1834—1890⑥)，浙江人。⑦ “七岁因发逆之乱(注：疑有误)离家，既而出

① 王异虹：德国中国移民的历史演变及类别构成，华侨华人历史研究，2009年第4期，第28页。

② 李明欢：欧洲华侨华人史(增订版)，广州：暨南大学出版社，2019年，第72-73页。

③ Erich Gütinger. *Die Geschichte der Chinesen in Deutschland*：*Ein Überblick über die Ersten* 100 *Jahre ab* 1822. Münster：Waxmann，2004，S. 119.

④ Ebenda：S. 113.

⑤ Ebenda：S. 176.

⑥ 关于田阿喜出生日期，在1880年田阿喜拜望张德彝叙述中，有如下表述：“夫田，浙江人也，善杂技，年近五旬。”见刘锡鸿，张德彝：《英轺私记 随使英俄记》，1986年，第793页。另光绪十六年二月四日(公历1890年2月22日)张德彝日记中有：“此地之华商田阿喜……现年五十六岁。”依此推知，田阿喜出生于1834年。见张德彝：《五述奇》下册，长沙：岳麓书店，2016年，第405页。

⑦ 张德彝对田阿喜籍贯有不同表述。1869年张德彝与田妻交谈，得知田阿喜是“浙江钱塘籍”人。见林鍼，斌椿，志刚，张德彝：《西海纪游草 乘槎笔记 诗二种 初使泰西记 航海述奇 欧美环游录》，长沙：岳麓书店，1985年，第794页。在光绪十六年二月四日日记中，张德彝说田阿喜是“浙江金华府永康人”。见张德彝：《五述奇》下册，2016年，第405页。1899年6月20日宋恕在《致孙仲恺书》中，认定田阿喜、田合通原籍是浙江温州永嘉人。见胡珠生：《宋恕集》下册，北京：中华书局，1993年，第690页。

洋谋生”,① 善杂技,“以抛刀接刀为戏,在欧罗巴各国卖艺,获利颇多”。② 19世纪50年代,田阿喜辗转于法、英、意等国马戏园、剧场等,表演“魔球”“神奇魔幻”“丝带娱戏”“铜球秀”“不滴水”等杂技,名噪一时。③ 据田阿喜自述:“曾周历各国,获利甚巨,且得有宝星赏号”,获得了勋章和封号。④

1860年前后,田阿喜娶英女为妻,⑤ 并育有二子。⑥ 长子田合通,次子田喜子。⑦ 田合通后与荷兰女成家,生有5名子女;⑧ 次子喜子年近而立之年时,尚单身一人。⑨ 19世纪80年代,因年老力衰,田阿喜决定不再卖艺,举家在德国开铺,出售中、日杂

---

① 另说,田阿喜“六岁离国,在外五十年”。见张德彝:《五述奇》下册,2016年,第448页。此外,田阿喜出身于1834年,他七岁时还未发生太平天国运动,张德彝此表述恐有误。参见张德彝:《五述奇》下册,2016年,第405页。

② 林鍼,斌椿,志刚,张德彝:《西海纪游草 乘槎笔记 诗二种 初使泰西记 航海述奇 欧美环游录》,长沙:岳麓书店,1985年,第794页。

③ 罗仕龙在研究基础上,列举了这一时期田阿喜在法国各处的杂技表演,包括在巴黎圣马丁门剧院(1854年4月—5月)、巴黎大马戏园(1854年4月—5月)、里昂塞莱恩廷剧院(1854年)、巴黎拿破仑马戏园(1864年1月)、巴黎著名歌厅“黄金国度”(1867年1月)、拿破仑马戏园(1867年4月)、巴黎水堡剧院(1872年10月)的演出活动。1872年巴黎水堡剧院邀请来自意大利、由田阿喜担纲的“莫兀尔鞑靼”戏团表演,演员阵容中还出现了田阿喜儿子的身影,因其身手矫健、会多门外语而备受关注。参见罗仕龙:19世纪下半叶法国戏剧舞台上的中国艺人,戏剧研究,2012年第10期,第8-15页。另外田阿喜在伦敦萨里剧院(Surrey Theatre)(1857年5月)、伦敦蒂奇伯恩街的伦敦馆音乐厅(The London Pavilion Music Hall)(1861年10月)、伦敦馆(1862年6月)等进行娱乐表演。参见 *Times*, 1857-5-18(1);1861-10-10(1);1862-6-11(1);1862-6-19(1);1862-06-20(1);1862-06-21(1);1862-6-25(1)。

④ 刘锡鸿,张德彝:《英轺私记 随使英俄记》,1986年,第793页。

⑤ 1869年7月张德彝与田妻的交谈中,得知田妻,“嫁彼九年”。此外,1863年2月28日《泰晤士报》报道:因发生一桩案件,“在英国待过很多年的来自中国的著名的杂耍艺人田·阿尔伯特·阿喜(Taen Albert Arr Hee)宣誓解释证据”,证实1863年田阿喜已与英国女子成家。见 *The Times*, 1863-02-28(11)。

⑥ 关于田阿喜的孩子,有不同说法。1869年7月张德彝与田妻的交谈中,得知田妻“已生二子一女”。见林鍼,斌椿,志刚,张德彝:《西海纪游草 乘槎笔记 诗二种 初使泰西记 航海述奇 欧美环游录》,1985年,第794页。

⑦ 关于田阿喜两子出生时间,张德彝有不同的记载。在1880年3月与田阿喜会面后,张德彝写道:田阿喜有两子,长子27岁,次子23岁。依此推算,田合通应生于1853年,田喜子生于1857年。见刘锡鸿,张德彝:《英轺私记 随使英俄记》,1986年,第793页。另在《五述奇》中张德彝光绪十六年二月四日(公历1890年2月22日)的日记中,张德彝则写道:田阿喜生有两子,长子合通,年31岁,次子喜子,年29岁。田合通生于1859年,田喜子生于1861年。见张德彝:《五述奇》下册2016年,第405页。综合考虑,笔者认为后一种说法较为稳妥。

⑧ 光绪十六年二月四日,张德彝记载田合通娶荷兰女为妻,生有二子,见张德彝:《五述奇》下册2016,第405页。光绪二十四年十一月二十二日,张德彝在日记中记:田合通娶西女为妇,生子女五人,盖居室已九年矣。见张德彝:《六述奇(附七述奇未成稿)》下册,长沙:岳麓书社,2016年,第360页。推知田合通与荷兰女成婚大约在1889年前后。

⑨ 张德彝:《五述奇》下册,2016年,第405页。

货。据1884年柏林姓名地址簿(Berliner Adressbuch)记载，田阿喜与M. 劳克斯(M. Laux)太太在柏林西区马克格拉芬大街60号(Markgrafenstrasse 60)一楼经营“真正中国人店铺”。后来田阿喜逐渐将柏林店交给两个儿子打理，1889年店铺搬迁到柏林西区波茨坦大街123号(Potsdamer Strasse 123)，田合通、田喜子两兄弟在柏林经营，田合通的私人通信地址在波茨坦大街，而田喜子则居住在柏林西区的林克大街23号(Linkstrasse 23)。① 田阿喜夫妇搬迁至德累斯顿做生意，“每年通记，亦颇获利也”。②

田阿喜出洋谋生，从未回归故土。光绪十六年二月十五日(公历1890年3月5日)，田阿喜携次子田喜子由不来梅搭乘德船回国，因年老多病，旅途劳碌，是年四月十日(公历1890年5月28日)田阿喜在上海殁，享年56岁。③

田阿喜亡故后，张德彝对其后代记载不多。据相关资料：1900年，田氏兄弟合营的店铺再次迁移到柏林南区奥拉宁大街141号(Oranienstrasse 141)，但两人的私人通信地址没变，并继续从事日本和中国进口商品的批发和寄送业务。1903年，柏林姓名地址簿最后一次提到田阿喜商号，但它已移迁到柏林西南区的里特大街76号(Ritterstrass 76)，商号的法人代表是田合通。田喜子移居到柏林南区的塞巴斯蒂安大街17号(Sebastianstrasse 17)，不再与田阿喜商号有涉，想必已自立门户。纳粹统治时期，1938年至1943年在柏林注册登记簿上再次出现了“田氏”的信息。④

3. 作为商人的田阿喜家族

作为近代较早出国的华人，田阿喜充分体现了浙江人肯吃苦、独立性强等特点。他“幼来泰西卖艺”，凭一技之长周游欧洲列国，不仅站稳脚跟，还娶得洋妻，建立家庭，繁衍了子孙。晚年他另起炉灶，重新创业，投身商业活动。田阿喜不仅是一位成功的民间杂技艺人，而且是一位成功的浙商。

1871年德国在俾斯麦的“铁血政策”下完成统一大业，第二次科技革命方兴未艾，德国正经历着前所未有的工业化进程和社会变革，一跃而为欧洲乃至世界经济强国；德国人口众多，需求旺盛，处处充满商机。田阿喜为两个儿子在柏林莱比锡街第122号租有门店，自己和妻子则在德累斯顿班克巷(Prager Strassen，现译为布拉格大街)第1号另开一店。⑤ 当时柏林人流稠密、异常热闹的大街共有4条，分别是波茨坦街、莱比锡街、弗里德里希大街、菩提树下大街等。莱比锡街东自斯比台市场(Spittel)，西到波茨

---

① Erich Gütinger. *Die Geschichte der Chinesen in Deutschland*：*Ein Überblick über die Ersten* 100 *Jahre ab* 1822. 2004，S. 177.

② 张德彝：《五述奇》上册，2016年，第35页。

③ 张德彝：《五述奇》下册，2016年，第448页。

④ Erich Gütinger. *Die Geschichte der Chinesen in Deutschland*：*Ein Überblick über die Ersten* 100 *Jahre ab* 1822. 2004，S177-178.

⑤ 张德彝：《五述奇》上册，2016年，第35页。

坦广场，铺房宏敞，多出售上等货物。① 每年春秋两季柏林还举行商品交易会。1888 年春季商品交易会(光绪十四年二月二十七日，西历 4 月 8 日开幕，延续了 25 天)时，通城商家汇集于莱比锡街，瑞士、奥地利、荷兰、丹麦等国商人纷纷来此采购商品。② 田阿喜家族还善于抓住商机。光绪十六年五月十九日(1890 年 7 月 5 日)，德国第 10 届射击大会在柏林城北举行，③ 田家在班高(Pankow，现译为潘科)枪厂附近租有门店，立小房一间，出售中国产品。④

田阿喜店结合自身情况，以出售中、日杂货为主，打造经营特色。因日货出口税率较轻或可免税，田阿喜所出售的货物，日货居多，除了瓷器、漆器外，还出售围屏、画轴、手帕、牙散、灯笼、刀扇、弓箭、风筝、各种竹器等，工皆精美。⑤ 如竹篮、蒲帽单价均为 50 芬呢。虽然柏林物价较高，房租昂贵、税收繁重，但利润率依然相当可观：在田阿喜铺中，一个价值为 10 马克的日本围屏，售与外国人，索价达 40~50 马克。⑥

田阿喜善于谋财。田阿喜从中国运来的芭蕉扇与凉席，去夏后还剩 1/3。田阿喜设法将其制成新式茶几：以竹竿为架，以蕉叶或凉席作面，一二三层不等，或方或圆，或斜放三层，架面能分，并可卸下，形式不一，便于收藏携带。工艺精细。虽然价格在 15 马克至二三十马克不等，但仍深受德国人的欢迎，来采购的人络绎不绝。⑦

浙商历来重富也重贵，善于与官府周旋。1880 年在马赛巡回演出的田阿喜主动拜访清外派官员；在德国柏林经商后，清驻德公使馆官员不时光顾田阿喜店铺，并在店铺中采购物品。如光绪十五年十二月二十七日(公历 1890 年 1 月 17 日)，承伯纯乘车往田阿喜铺中购物。⑧ 光绪十四年九月三十日(公历 1898 年 11 月 3 日)，清驻英参赞李伯行(经方)拜望德公使洪钧等官员，并顺步往会田阿喜。⑨ 田阿喜决定回国探亲，驻德公使馆不仅颁发护照，而且让他捎上给上海文报局的信，以便照顾。公使馆又托请浙江绍兴府经历贝达夫等人相机照应。田阿喜去世后，田合通给公使馆送讣告，张德彝特将外洋名片下书 PC 两字寄送田合通，以表吊唁。⑩

---

① 张德彝：《五述奇》上册，2016 年，第 87 页。

② 同上，第 89-90 页。

③ 张德彝：《五述奇》下册，2016 年，第 465 页。

④ 同上，第 472 页。

⑤ 张德彝对田阿喜多年经营日本杂货进行了分析：“因日本出口税轻，货价亦廉，运此出售较易。”，他对海外华人也深感忧虑：“华人若不设法谋生，仅坐用他国之物，是将来出口无货，惟有金银而已，谚云：“坐吃山坍海要空”，诚哉是言。”见张德彝：《五述奇》上册，2016 年，第 78-79 页。

⑥ 张德彝：《五述奇》上册，2016 年，第 48 页。

⑦ 张德彝：《五述奇》下册，2016 年，第 397 页。

⑧ 张德彝：《五述奇》上册，2016 年，第 390 页。

⑨ 同上，第 195 页。

⑩ 按张德彝解释，P. C. 二字，乃法言布勒、光兜蕾二字之减笔，亦吊唁之义也。见张德彝：《五述奇》下册，2016 年，第 448 页。笔者考 P. c.，系法语 pour condoleance，意即谨唁，在重要人物逝世时，表示慰问。

田阿喜经商获得巨大成功。田氏在柏林的店铺一直开在柏林大街向阳的一面，其家族成员居住在柏林高档的中区和蒸蒸日上、富裕的西区；在1900年电话还不普及的时代，他们甚至还拥有电话(号码：IV. 2407)。① 他在柏林的店铺的租价每年高达21000马克，税款一年共30000马克，零费一年合40000马克。② 铺中有包括戴安卿、沈五等在内的男女佣工共六人，③ 瓷货极多，装饰壮观华丽，德人前来买货者，川流不息。1896年田合通到日本办货，羁留上海，他曾与近代启蒙思想家，号称“浙东三杰”之一的名士宋恕晤谈，据田氏所言，他的生意每年多者有10万左右，利息约有五六千金左右。④

4. 多元文化背景下的田阿喜家族

置身于欧洲文明和德国文化的土壤中，田阿喜家族的经营活动、思维方式、日常生活等无不受到欧洲工业文明、社会环境、价值观念、生活习俗和习惯的深刻影响。

19世纪末期德国开始向垄断资本主义过渡，为扶植民族工业，保护容克贵族利益，1879年德国开始推行保护关税政策。德国物价保持高位运行，拉高了房屋租金。田阿喜在柏林的店铺包括地面房一层，临街一大间，后两小间，地下存货房一间，每年租价21000马克。德国统一后，帝国实现统一税收，政府统一征收关税和大宗消费税(如烟草、食盐、糖类、烧酒、啤酒等)。由于暂时禁止帝国增加直接税，帝国政府只得通过向各邦政府摊派税收和增加间接税种类，满足增加的财政需求。1893年普鲁士财政大臣冯·米克威尔引入普遍所得税制度，规定收入在900马克免税额之上的纳税人需缴纳0.6%至4%的所得税。⑤ 德国税收繁多，张德彝记载：商店进款，每入一百，官抽六分。至开铺税，每年又在进款中抽取十分之一。其他又有房税、地税、人数税等。连同运输费原值1马克的货物，再加上各种税费，须值至五六马克。出售时，则价至七八马克才有微利。⑥ 田合通因存货不得出售，按年空纳货税，不得不照本拍卖，虽明知亏损2/10，但总体权衡，按年税各款计算，亏损较小，于是他在菩提树下大街租房一间，按时拍卖。其房共租35天，租价1650马克，合银350余两；此外又加人工费、报官费、灯火费等，共400余马克，统计2100余马克，一月费用四百数十两白银，深感房租、

① Erich Gütinger. *Die Geschichte der Chinesen in Deutschland : Ein Überblick über die Ersten* 100 *Jahre ab* 1822. 2004, S177.

② 张德彝：《五述奇》上册，2016年，第47-48页。

③ 张德彝：《五述奇》下册，2016年，第406-407页。

④ 胡珠生：《宋恕集》下册，北京：中华书局，1993年，第690页。

⑤ 汉斯-乌尔里希·韦勒：德意志帝国，邢来顺 译，西宁：青海人民出版社，2009年，第121页。

⑥ 张德彝：《五述奇》上册，2016年，第48页。

税款、人工、货物之贵。①

德国是世界上最早建立社会保障制度的国家。19 世纪 80 年代以降，德国开始逐步对有组织的劳工实现疾病、意外事故、老年和残疾等近代社会保险。总体来看德国整个社会参保面还不太广，1885 年，共有 470 万被保险者，占总人口的 10%。到 1900 年底，包括国家发给死者家属的抚恤金在内，国家大约发放了 598000 份年金。② 对下层贫民，德国政府也采取了一系列帮扶措施。在柏林建立了数所医院，“凡贫民染病之不能延医者，即可往彼求医”。③ 这些医院医药免费，须留院治疗的病人，医院提供病床和看护，医生量给饮食。一等饮食费每人每天收 5 马克，二等每人每天 3.5 马克。另外还有专车接送费。田阿喜铺中的伙计沈五，因肺症痰喘，入吕祖街(Levetzow Strasse)医院求治。沈三住院 24 天，收费 89 马克，按二等者 24 天，应负 84 马克，又外加车费 20 马克，统计 109 马克，折合近 25 两白银。医院虽名“便医院”“可医院”，但治疗效果有待提高，沈五出院后将近一月，病始终未痊愈。④

德国没有进行彻底资产阶级革命，存在浓厚专制主义传统，自由民主思想较淡薄；加上德国又是联邦制国家，1871 年德意志帝国宪法中没有写上基本权利的条款，而是制定了一系列保障基本权利的帝国法律。⑤ 德国统一时间较短，整个社会缺乏较长时期的整合和磨合。与英、法社会对外族移民相对宽松、平等的环境相比，德国仍存在不同程度地对其他落后民族、包括华人的种族歧视、偏见和不公正对待。光绪十六年七月二十一日(公历 1890 年 9 月 5 日)，驻德公使馆随员与翻译去德国治水厂参观时，德国村民竟举起铁锨，抛掷铁铲，高呼“割辫子”⑥；驻德公使洪钧的寄件，常常遭到暗中检查；⑦ 东方人、包括清驻英参赞搭乘德船头等舱，却不能享受与西洋人同样的待遇；⑧ 德国巡捕在华人与商家因商品质量问题，商家拒接调换发生争执时，反纵容店主恶语相加，将华人推出门外；⑨ 德国饭店(如波茨坦广场大饭店)、戏院(如冬园)、咖啡馆等向华人提供服务时，暗中加价，多算食费的现象也并非个别；至于柏林动物园咖啡馆蔑视华人，游客欺侮华人。⑩ 托德国人办事遭到反复索费等现象，也不鲜见。⑪ 在婚姻问题上经常可见：外国人娶华人，妻无权，生有子女，子女被送回外国读书，财产也归子

---

① 张德彝：《五述奇》下册，2016 年，第 447 页。

② 汉斯-乌尔里希·韦勒：德意志帝国，邢来顺 译，2009 年，第 117 页。

③ 张德彝：《五述奇》下册，2016 年，第 407 页。

④ 张德彝：《五述奇》下册，2016 年，第 406-407 页。

⑤ 蒋劲松：《德国代议制》第二卷，北京：中国社会科学出版社，2009 年，第 775 页。

⑥ 同上，第 502-503 页。

⑦ 同上，第 439 页。

⑧ 同上，第 429 页。

⑨ 同上，第 396 页。

⑩ 同上，第 314 页。

⑪ 张德彝：《五述奇》上册，2016 年，第 250 页。

女。华人如娶了外国妻子，子女归妻子管辖，既不穿华装，更不能说华语。子女作为华人的身份已毫无把握，一切财产当然也不能携回中国。对此，张德彝感叹："中西公私大小事务之不平也如此"。① 光绪十九年九月（公历1893年10月），清驻俄、德、奥、荷四国公使许景澄致函总理衙门总办，华商田阿喜的铺伙伴、广东人容斡三在萨克森邦分店病故，德国外交部竟未有知照。②

在欧洲流落多年，不少华人出现了西化趋势。张德彝注意到：华人中已有"吸洋烟、着洋鞋，甚至娶洋妻，着洋服，留发不剃而剪，以剃发为丑观者"，田阿喜父子对故乡的印象已相当模糊，甚至对母语相当生疏。田姓为大族，田阿喜长期漂泊，虽有亲叔，但已是仅记其名而忘其形；田阿喜剃发编辫，虽服饰未改，但华语已不甚通。田合通虽能会英、法、德、意、葡五国语言，但华语一句不解；次子田喜子能英、法、德三国语，也只微晓华语。③ 宋恕谈对田合通的印象：田已入德国籍，但不识汉文，仅能说官话；粗通数国文字，足敷经商之用而已，更谈不上讲士大夫之学，宋恕认为田合通只不过是欧洲一平常商人。④

东西方不同文化与文明背景下信仰、价值观等的差异，造成了生活方式和生活习惯的不同，甚至出现摩擦，这一点在田阿喜家中时有表现。与中国传统"夫唱妇随"传统形成鲜明对照，当田阿喜1869年在瑞典卖艺养家时，其英国妻子却侨居巴黎，游历名胜。⑤ 1888年签署的《中德人民互相嫁娶归夫治管辖章程》，按中国传统"男尊女卑"规定：在中国境内中国妇女嫁与洋人，男方须报知当地官员取得合法性，中国妇女凡嫁与洋人者则"应归其夫治管辖"；若中国男子娶洋女，"亦应援女嫁从夫之例，归其夫治管辖"。⑥ 田合通的妻子却颇为自主、强势：田合通与其荷兰妻子钱裴氏围绕缠足、剪辫发生口角：田认为钱裴氏既然已经嫁给了华人，例应缠足。其妻则回应：田是德国人，而不是华人。田答道：他的父亲是华人，他自己乃是英国人（因田合通的母亲是英国人）侨居在德国。裴接着表示：如果田是英国人，那么田就应该剪辫。田辩称："我父命我编之，我父不在，当早已剪去矣"。⑦ 1896年田合通回华游历，回德后看见妻子与相好交往的私信，追问这是怎么回事，他的妻子满腹怨言，回答说：你去外国，我在家中所干的事情与你没有关系。田合通大为不悦，双方发生争执，最终离婚，他们的五个子女都被荷兰妻子带走。⑧ 由于田合通家庭成员间价值观和生活方式的巨大鸿沟，最终

① 张德彝：《五述奇》下册，2016年，第419页。

② 许景澄，朱家杰：《许景澄集》第二册，杭州：浙江古籍出版社，2015年，第304页。

③ 刘锡鸿，张德彝：《英轺私记 随使英俄记》，1986年，第793页。

④ 胡珠生：《宋恕集》下册，1993年，第690页。

⑤ 林鍼，斌椿，志刚，张德彝：《西海纪游草 乘槎笔记 诗二种 初使泰西记 航海述奇 欧美环游录》，1985年，第794页。

⑥ 王铁崖：《中外旧约章汇编》第一册，北京：生活·读书·新知三联书店，1957年，第535页。

⑦ 张德彝：《五述奇》下册，2016年，第418页。

⑧ 张德彝：《六述奇》（附七述奇未成稿）下册，长沙：岳麓书社，2016年，第360页。

难以避免家庭破裂的悲剧。

中国传统社会是一个以男性为主导的社会，在跨国婚姻的情况下，中国男子在家庭中的绝对权威受到挑战，在田合通的心目中，母亲的重要性早已超过了父亲。张德彝甚至鸣不平，认为：田合通顺母背父之心，早已有之。田合通的妻子在丈夫外出之际，竟然另觅新欢，还振振有词争抗辩，这在传统中国道德下是难以想象的。与此同时，男子对子女的抚育管理权和财产所有权也受到限制。田阿喜晚年多病，叶落归根，携次子回国，希望拜祖扫墓，以认同族，竟在刚踏上故乡之际撒手人寰。① 其在欧洲的财产和事业由其在德国萨克森邦分店的铺伙容斡三料理。田合通因为家庭破裂，在西方法律框架和习俗下，丧失了对全部5个小孩的监护权。张德彝分析：按西方婚姻惯例，男女未婚生有子女，不管其是否达到法定结婚年龄，子女仍属本国国籍；如女子嫁给外国男子则注销本籍，若女子在嫁前生有子女，当其嫁时如达到法定年龄，其子女保留女方国籍，如没有达到法定结婚年龄则注销本籍；凡私生子女，不论生在何处，其母为何国人其子女则属何国人。按此例：则婚姻而生子女随夫籍，私奔而生之子女随母籍；母若因嫁改籍，而不知其父者，则子女不改籍。② 对田阿喜的遭遇，张德彝感喟："田阿喜六岁离国，在外五十年，虽云故在本国，惜非故土。初卖艺，继贸易，所获万金之产，竟遗弃于外洋。盖伊虽有子，岂认中华为本国耶?"③这在一定程度上道出了当时侨居在外华侨的遭遇和内心的隐痛。④

更引人注目的是：田阿喜家族的际遇两度与中、德两国外交关系和德意志民族的命运紧密联系在一起。1901年夏，清醇亲王载沣赴德进行"义和团运动"后的"谢罪外交"，9月8日醇亲王在驻德使馆接见了田氏兄弟，这种打破常规的外交举动，体现了清政府对海外华人的关心，轰动一时。⑤ 纳粹统治时期，田喜子(其妻为艾丝黛拉 Estella TEAN，本姓德尔莫特 Delmotte)的后代、电影技术员田阿尔伯特(1897—1967)(Albert

---

① 据《五述奇》记载，当时德国公司"萨克森"轮船光绪于十三年九月十四日(公历1887年10月30日)从上海出发，十月二十七日(公历12月11日)抵德国不来梅港，共用时43天。见张德彝：五述奇上册，2016年，第20-21，34页。田阿喜、田喜子父子在光绪十六年二月十五日(公历1890年3月5日)由不来梅港乘德公司船回中国，光绪十六年四月十日(公历1890年5月28日)田阿喜殁于上海。见张德彝：《五述奇》下册，2016年，第405，448页。从田氏父子从德国动身到田阿喜去世，共84天。笔者推测，田阿喜可能在行前，或在途中即身患重病，硬撑至上海后辞世，他很有可能没有回到浙江故土。

② 张德彝：《六述奇》(附七述奇未成稿)下册，2016年，第360页。

③ 张德彝：《五述奇》下册，2016年，第448页。

④ 光绪二十九年四月九日(公历1903年5月5日)，钱单士里以无锡一远嫁俄人女子蔡林(彩林)经商致富后，回归内地，遭到官绅欺压，财产不保，重游不再归的事例，联想到德国之浙江人田阿喜的遭遇，表达了同样对田阿喜失去财产的不平。见康有为，梁启超，钱单士厘：《欧洲十一国游记两种 新大陆游记及其他 葵卯旅行记 归潜记》，长沙：岳麓书社1985年，第715页。

⑤ Erich Gütinger. Die Geschichte der Chinesen in Deutschland：Ein Überblick über die Ersten 100 Jahre ab 1822. 2004，S178-179.

TAEN)及其弟因纳粹推行种族迫害政策，被押往柏林布赫医院(Krankenhaus Berlin buch)，后被投入纳粹集中营。田阿尔伯特侥幸生还，其弟却惨死在集中营。第二次世界大战后，田阿喜家族一部分迁往英国；而田阿尔伯特与其第二任妻子田格特鲁德(Gertrud TAEN)一直生活在慕尼黑附近，直到阿尔伯特1967年辞世。①

参考文献

[1]刘锡鸿，张德彝．英轺私记 随使英俄记[M]．长沙：岳麓书社，1986.

[2]李明欢．欧洲华侨华人史(增订版)[M]．广州：暨南大学出版社，2019.

[3]王异虹．德国中国移民的历史演变及类别构成[J]．华侨华人历史研究，2009(4).

[4]罗仕龙．十九世纪下半叶法国戏剧舞台上的中国艺人[J]．戏剧研究，2012(10).

[5]林鍼，斌椿，志刚，张德彝．西海纪游草 乘槎笔记 诗二种 初使泰西记 航海述奇 欧美环游录[M]．长沙：岳麓书店，1985.

[6]张德彝．五述奇[M]．长沙：岳麓书店，2016.

[7]胡珠生编．宋恕集 下册[M]．北京：中华书局，1993.

[8]汉斯-乌尔里希·韦勒．德意志帝国[M]．邢来顺 译．西宁：青海人民出版社，2009.

[9]蒋劲松．德国代议制 第二卷[M]．北京：中国社会科学出版社，2009.

[10]王铁崖．中外旧约章汇编(第一册)[M]．北京：生活·读书·新知三联书店，1957.

[11]许景澄，朱家杰．许景澄集(第二册)[M]．杭州：浙江古籍出版社，2015.

[12]张德彝．六述奇(附七述奇未成稿)下册[M]．长沙：岳麓书社，2016.

[13]Erich Gütinger. *Die Geschichte der Chinesen in Deutschland*：*Ein Überblick über die Ersten* 100 *Jahre ab* 1822[M]. Münster：Waxmann Verlag GmbH，2004.

[14]*The Times*，1857，1861，1862，1863.

① Erich Gütinger. Die Geschichte der Chinesen in Deutschland：Ein Überblick über die Ersten 100 Jahre ab 1822. 2004，S179-180.

Eine Toposanalyse der Bundestagsdebatten über die Hartz-Gesetze (2002-2021)①

Jilin International Studies University, Zheng Qinan

摘要：哈茨改革被认为是德国战后历史上最具争议性的劳动力市场改革，自 2002 年启动以来，引发了强烈的争议。本文对施罗德政府(2002—2005 年)和默克尔政府(2005—2021 年)时期联邦议院关于哈茨法的辩论在论证层面上进行了定量和定性分析。结果显示，哈茨法包含五个论证模式：经济利益论式、就业论式、原则论式、心理健康论式和社会融合论式。这表明，各方关于哈茨法的论述在一定程度上发生了变化。这些话语的变化首先可以用经济和劳动力市场形势、个人和社会问题以及各方之间的分歧和竞争来解释。

关键词：哈茨；话语；联邦议院辩论；论证；论式

Abstract: The Hartz reforms are considered to be the most controversial labor market reforms in post-war German history and have provoked fierce controversy since they were launched in 2002. In this article, the Bundestag Debates on the Hartz laws at the time of the Schröder's government (2002-2005) and the Merkel's government (2005-2021) are quantitatively and qualitatively analyzed on the argumentative level. As a result, five superordinate topoi are abstracted to the Hartz laws: economic benefit topoi, employment topoi, principles topoi, mental health topoi and social integration topoi. It shows that the discourses of the parties about the Hartz laws have changed to a certain extent. The change in the discourses can be explained above all by the economic and labor market situation, individual and social problems as well as differences and competition between the parties.

Key Words: Hartz; discourse; Bundestag debates; argumentation; topoi

1. Einleitung

Zu Beginn des 21. Jahrhunderts litt Deutschland unter einer anhaltenden Wachstumsschwäche,

---

① 基金项目：吉林省教育厅"十三五"社会科学项目，项目名称：话语分析视角下的德国治理模式研究及启示(编号：JJKH20190401SK)。

einem schrumpfenden Bruttoinlandsprodukt und andauernd hoher Massenarbeitslosigkeit bei einem sich abzeichnenden demografischen Wandel. Hinzu kommt, dass der Vermittlungsskandal das Vertrauen in die Bundesanstalt für Arbeit erschütterte. Vor diesem Hintergrund wurde eine Kommission „Moderne Dienstleistungen am Arbeitsmarkt“ am 22. Februar 2002 unter Leitung des VW-Personalvorstands Peter Hartz gegründet, deren Hauptziele es waren, die Strukturen der Bundesanstalt für Arbeit zu erneuern und die Arbeitslosenzahl zu halbieren. Die Hartz-Reformen wurden nach Vorschlägen der Kommission von der Regierung Schröder auf den Weg gebracht. Insbesondere die Hartz IV genannte Reform, die Zusammenlegung der Arbeitslosen- und Sozialhilfe unter Sanktionsandrohung bei Zuwiderhandlung,① ist seit ihrer Einführung umstritten und ihre Auswirkungen werden bis heute noch heftig debattiert.

Da der Deutsche Bundestag die Hauptarena für die Parteien bei den Debatten um die Hartz-Gesetze darstellt, wurden für diese Arbeit die Bundestagsdebatten als Forschungsgegenstand ausgewählt. Die Einstellungen und Positionen der politischen Akteure manifestieren sich insbesondere in Topoi, die sie in den Bundestagsdebatten verwenden. Deswegen untersucht diese Arbeit die im Bundestag zu den Hartz-Gesetzen verwendeten Topoi der Parteien und analysiert deren Wandel im Hinblick auf deren wirtschaftliche, soziale und politische Hintergründe.

2. Theorie, Methodik und Korpus

Die Argumentationstheorie ist ursprünglich auf die antike Rhetorik zurückzuführen. Im politischen Diskurs versuchen Politiker, strittige Sachverhalte mit verschiedenen rhetorischen Mitteln bzw. Argumentationsstrategien darzustellen, die eigenen Positionen argumentativ zu stützen und gleichzeitig die gegnerischen Positionen abzuwerten, um Zuhörer zu überzeugen, Ansehen zu gewinnen und vor allem, um politische Ziele zu erreichen. Unter Argumentation versteht man eine Schlussfolgerung zu einer strittigen These, die durch Argumente auf der Basis einer logischen Schlussregel begründet wird, und die dabei die kausalen bzw. konklusiven Beziehungen darstellt.② In dieser Arbeit wird Argumentationsmuster mit Topos gleichgesetzt. Topos wird als immer wiederkehrendes Muster in den Argumentationen definiert.③

---

① Gemäß § 31a SGB II wird bei der ersten Pflichtverletzung das Arbeitslosengeld II (Hartz IV) um 30 Prozent gekürzt. Kommt es zu einer erneuten Verletzung der Pflichten, erfolgt eine Kürzung um 60 Prozent. Bei mehrfacher Wiederholung der Pflichtverletzung entfällt das Arbeitslosengeld II vollständig.

② Stephen Toulmin. *The Uses of Argument*. Cambridge: Cambridge University Press, 1958, p. 94.

③ Martin Wengeler. *Topos und Diskurs: Begründung einer argumentationsanalytischen Methode und ihre Anwendung auf den Migrationsdiskurs* (1960-1985). Tübingen: Max Niemeyer Verlag, 2003, S. 204.

Um die Mustergültigkeit komplexer Argumentationen herauszufinden und die Topoi vom jeweiligen Diskurs abzuleiten, haben die Forscher verschiedene Ansätze und Methoden entwickelt. Kienpointner (1992) hat eine eigene Typologie von 60 kontextabstrakten Topoi der Alltagsprache entwickelt. Klein (2000) hat ein komplexes, fast universelles topisches Muster zur legitimierenden Stützung politischen Handelns herausgearbeitet. Wengeler (2000) hat Argumentationsmuster in den Bundestagsdebatten zum Thema Asylrecht abstrahiert, die auf einem niedrigeren Abstraktionsniveau als Kleins liegen. Plitsch (2014) hat die Legitimationstopoi über den Afghanistan-Einsatz der Bundeswehr in den Bundestagsdebatten und die in der darauf Bezug nehmenden Medienberichterstattung verglichen. Niehr (2017) verweist darauf, dass Schlagwörter und Metaphern als Mittel der Argumentationen und Computersoftware für die Suche nach Argumentationen bzw. Argumenten dienen könnten. Die typische Hartz-Sprache hat Klein (2016) aus politolinguisitischer Perspektive untersucht. Allerdings sind die Diskurse der Parteien über die Hartz-Gesetze sowie deren Wandel bisher relativ wenig erforscht. Diese Forschungslücke soll mit der folgenden Untersuchung in Teilen geschlossen werden, in der die Toposanalyse als Forschungsmethode herangezogen wird.

Die im Diskurs vorkommenden Topoi lassen sich hauptsächlich in zwei Phasen unterteilen: Topoi der Parteien während der Schröder-Regierung (2002-2005) und Topoi seit der Merkel-Regierung (2005-2021). Als Untersuchungskorpus dieser Arbeit werden 21 Plenarprotokolle zu Bundestagsdebatten ausgewählt, die sich auf den Zeitraum von 2002 bis 2021 beschränken und das Suchwort *Hartz* im Tagesordnungspunkt beinhalten oder *Hartz* zum Hauptthema haben (siehe Tabelle 1). Als Auswahlkriterium sollte in den einzelnen Protokollen das Wort *Hartz* mindestens 30-mal vorkommen. Alle Bundestagsdebatten werden von den Stenografinnen und Stenografen protokolliert und stehen der Öffentlichkeit online zur Verfügung. Somit werden für die Korpuserstellung die Kriterien *Relevanz*, *Repräsentativität* und *Machbarkeit* erfüllt.

Tabelle 1 Das Untersuchungskorpus über Hartz-Gesetze①

Nr.	Zeitpunkt	Tagesordnungspunkte der Plenarprotokolle
1	07. 11. 2002	Erste Beratung des Entwurfs eines Ersten Gesetzes für moderne Dienstleistungen am Arbeitsmarkt; Erste Beratung des Entwurfs eines Zweiten Gesetzes für moderne Dienstleistungen am Arbeitsmarkt (15/8)
2	15. 11. 2002	Zweite und dritte Beratung des Entwurfs eines Ersten Gesetzes für moderne Dienstleistungen am Arbeitsmarkt; Zweite und dritte Beratung des Entwurfs eines Zweiten Gesetzes für moderne Dienstleistungen am Arbeitsmarkt (15/11)

① https://www.bundestag.de/protokolle.

Fortsetzung

Nr.	Zeitpunkt	Tagesordnungspunkte der Plenarprotokolle
3	11. 09. 2003	Erste Beratung des Entwurfs eines Dritten Gesetzes für moderne Dienstleistungen am Arbeitsmarkt und eines Vierten Gesetzes für moderne Dienstleistungen am Arbeitsmarkt (15/60)
4	17. 10. 2003	Zweite und dritte Beratung des Entwurfs eines Dritten Gesetzes für moderne Dienstleistungen am Arbeitsmarkt und eines Vierten Gesetzes für moderne Dienstleistungen am Arbeitsmarkt (15/67)
5	06. 04. 2006	Antrag: Für Selbstbestimmung und soziale Sicherheit — Strategie zur Überwindung von Hartz IV; Antrag: Hartz IV weiterentwickeln — Existenzsichernd, individuell, passgenau (16/32)
6	01. 06. 2006	Beschlussempfehlung und Bericht des Ausschusses für Arbeit und Soziales — zu dem Antrag: Für Selbstbestimmung und soziale Sicherheit — Strategie zur Überwindung von Hartz IV — zu dem Antrag: Hartz IV weiterentwickeln — Existenzsichernd, individuell, passgenau (16/37)
7	09. 11. 2006	Aktuelle Stunde: Zur Frage der Praxistauglichkeit der Hartz-Gesetze und der Erforderlichkeit einer Generalrevision (16/63)
8	22. 03. 2007	Große Anfrage: Resultate und gesellschaftliche Auswirkungen der Gesetze für moderne Dienstleistungen am Arbeitsmarkt — Hartz-Gesetze —, insbesondere von Hartz IV (16/88)
9	25. 02. 2010	Antrag: Weg mit Hartz IV — Für gute Arbeit und eine sanktionsfreie, bedarfsdeckende Mindestsicherung (17/24)
10	06. 05. 2010	Beschlussempfehlung und Bericht des Ausschusses für Arbeit und Soziales zu dem Antrag: Weg mit Hartz IV — Für gute Arbeit und eine sanktionsfreie, bedarfsdeckende Mindestsicherung (17/40)
11	26. 04. 2012	Antrag: Hartz-IV-Sonderregelung für unter 25-Jährige abschaffen (17/175)
12	06. 06. 2014	Antrag: Sanktionen bei Hartz IV und Leistungseinschränkungen bei der Sozialhilfe abschaffen (18/40)
13	19. 12. 2014	Antrag: Gute Arbeit und eine sanktionsfreie Mindestsicherung statt Hartz IV (18/77)
14	01. 10. 2015	Beschlussempfehlung und Bericht des Ausschusses für Arbeit und Soziales — zu dem Antrag: Sanktionen bei Hartz IV und Leistungseinschränkungen bei der Sozialhilfe abschaffen — zu dem Antrag: Gute Arbeit und eine sanktionsfreie Mindestsicherung statt Hartz IV (18/127)

Fortsetzung

Nr.	Zeitpunkt	Tagesordnungspunkte der Plenarprotokolle
15	29. 04. 2016	Beratung der Beschlussempfehlung des Petitionsausschusses: Sammelübersicht 289 zu Petitionen（18/168）
16	02. 02. 2018	Antrag: Sanktionen bei Hartz IV und Leistungseinschränkungen bei der Sozialhilfe abschaffen（19/12）
17	28. 06. 2018	Beschlussempfehlung und Bericht des Ausschusses für Arbeit und Soziales — zu dem Antrag: Sanktionen bei Hartz IV und Leistungseinschränkungen bei der Sozialhilfe abschaffen-zu dem Antrag: Soziale Teilhabe und Selbstbestimmung in der Grundsicherung statt Sanktionen und Ausgrenzung（19/42）
18	07. 06. 2019	Antrag: Sozialstaat stärken — Hartz IV sofort auf 582 Euro erhöhen Antrag: Hartz IV entbürokratisieren und vereinfachen（19/105）
19	07. 11. 2019	Antrag: Hartz IV überwinden — Für gute Arbeit und soziale Garantien（19/124）
20	14. 11. 2019	Antrag: Für soziale Garantien ohne Sanktionen Antrag: Liberales Bürgergeld einführen — Einstiegs-und Aufstiegsdynamik im Arbeitsmarkt verbessern — Hartz IV reformieren（19/127）
21	14. 01. 2021	Antrag: Garantiesicherung statt Hartz IV — Mehr soziale Sicherheit während und nach der Corona-Krise（19/204）

Im Folgenden werden die konkreten Analyseschritte der Topoi vorgestellt:

1. Identifizieren, Definieren und Kategorisieren der Topoi bezüglich der Hartz-Gesetze. Zur Identifizierung der Argumentationen dienen vor allem strukturelle und inhaltliche Hinweise. Strukturelle Hinweise beziehen sich insbesondere auf sprachliche Indikatoren für die Argumentationen, die sich häufig auf kausale, finale oder konsekutive Beziehungen stützen, z. B. weil, wegen, aufgrund. Bei inhaltlichen Hinweisen handelt es sich um den konkreten Inhalt der Argumentationen, wobei nur mittels Durchlesens der Argumentationen und des Sprachkontextes festgestellt werden kann, ob sie von den Diskursakteuren für oder gegen die Hartz-Gesetze verwendet werden. Jedes vorgekommene Argument wird mit der Analysesoftware MAXQDA kodiert, kategorisiert und den einzelnen Parteien zugeordnet. Bei immer wiederkehrenden Argumenten werden Topoi hergeleitet, woraus sich die zentralen Topoi für die Analyse ergeben.

2. Quantitative Analyse der Topoi. Sie sollen Hinweise dafür liefern, von welchen Denk- und Handlungsmustern der Parteien der Diskurs bezüglich der Hartz-Gesetze geprägt ist.

3. Qualitative Analyse der Topoi. Sie zielt darauf ab, die Einstellungen und Positionen der

jeweiligen Parteien zu den Hartz-Gesetzen zu ermitteln und zu interpretieren.

4. Mithilfe der Kombination der quantitativen und qualitativen Toposanalyse lassen sich die Einstellungen und Positionen der Parteien hinsichtlich der Hartz-Gesetze sowohl im synchronen als auch im diachronen Vergleich erkennen. Schließlich werden die Topoi mit wirtschaftlichen, sozialen und politischen Faktoren interpretiert.

Beispiel: Topos von Fördern und Fordern

(1) „Durch die Umsetzung des Hartz-Konzeptes haben wir damit begonnen. Mit den Projekten, über die wir jetzt reden, gehen wir die nächsten Schritte. Hierin stecken Fördern und Fordern." (Franz Müntefering, SPD, 2003)

Argument: Hierin stecken Fördern und Fordern.

Schlussregel: Weil das Prinzip des Förderns und Forderns eine höhere Geltung hat, sollte eine bestimmte Maßnahme, die nach diesem Prinzip ausgerichtet wird, ausgeführt werden.

Konklusion: Das Hartz-Konzept soll durchgeführt werden.

In dieser Arbeit werden insgesamt fünf zentrale Topoi aus den Bundestagsdebatten über die Hartz-Gesetze abstrahiert. Sie lassen sich inhaltspezifisch in Subtopoi gliedern. Zur Definition und Kategorisierung der Topoi werden die wirtschafts- und sozialpolitischen Dimensionen bzw. Indikatoren als Kriterien berücksichtigt.① Da sich die Argumentation auf kausale bzw. konklusive Beziehungen stützt, lassen sich die Argumentationstopoi als weil- oder wenn-dann-Formulierungen definieren. Die Definitionen und die Kategorien der zentralen Topoi bzw. Subtopoi sowie ihre Verteilung werden in Tabelle 2 detailliert dargestellt.

Tabelle 2 Definitionen und Kategorien der Topoi über Hartz-Gesetze

Topoi	Definitionen
Wirtschaftsnutzen	Wenn eine bestimmte Maßnahme zum Wirtschaftswachstum oder zur Armut führt, sollte sie ausgeführt/nicht ausgeführt werden.
Beschäftigung	Wenn eine ungünstige Arbeitsmarktlage herrscht bzw. eine bestimmte Maßnahme die Arbeitsmarktlage (nicht) verbessert, sollte sie ausgeführt/nicht ausgeführt werden. Sie umfassen Topos von Lohnnebenkosten, Arbeitslosenzahl, Arbeitslosigkeitsdauer, Quantität der Arbeitsplätze, Effizienz der Arbeitsvermittlung, Qualität der Arbeitsplätze, Zahl der Hartz-IV-Sanktionen.

① Zu Definitionen und Kategorien der Topoi siehe auch David Römer. *Wirtschaftskrisen: Eine linguistische Diskursgeschichte*. Berlin & Boston: De Gruyter, 2017, S. 162-178. Auf diesen Grundlagen werden Topoi in dieser Arbeit weiterentwickelt und spezifischer kategorisiert.

Fortsetzung

Topoi	Definitionen
Prinzipien	Wenn ein bestimmtes Prinzip eine höhere Geltung und einen allgemeinen Wert hat, sollte eine bestimmte Maßnahme, die nach diesem Prinzip ausgerichtet wird/gegen dieses Prinzip verstößt, ausgeführt/nicht ausgeführt werden. Sie umfassen Topos von Fördern und Fordern, Gerechtigkeit, Humanität, Solidarität, Sozialstaat, Soziale Marktwirtschaft, Verantwortung, Wettbewerb.
psychische Gesundheit	Wenn eine bestimmte Maßnahme den Hartz-IV-Empfängern in psychischer Hinsicht hilft/psychische Belastungen wie Demütigung, Depression, Unsicherheit, Resignation, Selbstzweifel, Vereinsamung, Existenzängste und Abstiegsängste bringt, sollte sie ausgeführt/nicht ausgeführt werden.
soziale Integration	Wenn eine bestimmte Maßnahme zur gesellschaftlichen Integration/Isolation der Hartz-IV-Empfänger beiträgt, sollte sie ausgeführt/nicht ausgeführt werden.

3. Topoi über die Hartz-Gesetze in den Bundestagsdebatten in der Regierungszeit von Schröder (2002-2005)

Nach der Wiederwahl von Rot-Grün bei der Bundestagswahl im September 2002 stand die Bundesregierung vor vielen wirtschaftlichen und sozialen Problemen. Schon am 29. Oktober 2002 verkündete Bundeskanzler Gerhard Schröder in seiner Regierungserklärung, dass die Hartz-Reformen eine der dringendsten Aufgaben der neuen Legislaturperiode seien. Am 14. März 2003 stellte Schröder in seiner Regierungserklärung die „Agenda 2010“ vor, wobei Hartz IV den Kern der Reformen bildet. In dieser Phase waren die Fraktionen von SPD und BÜNDNIS 90/DIE GRÜNEN als Regierungskoalition und CDU/CSU und FDP als Oppositionsparteien im 15. Bundestag vertreten. Hinzu kam die PDS, die nur durch die direkt gewählten Abgeordneten vertreten war, ab 2007 durch Fusion aus PDS und WASG als Partei DIE LINKE.

Nach der quantitativen Toposanalyse werden drei übergeordnete Topoi abstrahiert: Wirtschaftsnutzen-Topoi (16,3%), Beschäftigungs-Topoi (46,7%), Prinzipien-Topoi (35,9%) und Topoi der sozialen Integration (1,1%), die sich wiederum nach wirtschafts- und sozialpolitischen Dimensionen in untergeordnete Subtopoi aufteilen.

3.1 Die Untersuchungsergebnisse

3.1.1 Wirtschaftsnutzen-Topoi

In der Regierungszeit von Schröder kommen die Wirtschaftsnutzen-Topoi in den

Bundestagsdebatten häufig vor. Die Wirtschaftsnutzen-Topoi können für oder gegen Hartz-Gesetze verwendet werden. Mit den Pro-Argumenten begründen die Hartz-Befürworter, dass die Hartz-Gesetze Langzeitarbeitslose vor Armut schützen sollen. Im Gegensatz dazu verwenden die Hartz-Kritiker, vor allem die PDS, häufig Contra-Argumente. Damit versuchen sie zu begründen, dass die Hartz-Gesetze sozial schwache Menschen belasten und Armut schaffen würden. Die Leistungskürzungen stellten für die betroffenen Arbeitslosen und ihre Angehörigen Kaufkraftverlust und Armutsverschärfung dar, insbesondere im Osten.

(2) „Wesentlicher aber ist, dass den Empfängern von Arbeitslosenhilfe das genommen wird, was ihnen bislang zustand. Dadurch wird massenhaft Armut geschaffen, ja erzwungen." (Petra Pau, PDS, BT-PlPr 15/60, 11.09.2003, S. 5131 D)

3.1.2 Beschäftigungs-Topoi

In der Regierungszeit von Schröder werden die Beschäftigungs-Topoi am häufigsten verwendet und spielen eine dominierende Rolle in den Bundestagsdebatten. In dieser Phase verwenden die Hartz-Befürworter den Topos der Arbeitslosenzahl, Topos der Quantität der Arbeitsplätze, Topos der Effizienz der Arbeitsvermittlung, Topos der Lohnnebenkosten und Topos der Arbeitslosigkeitsdauer, um die Hartz-Reformen zu legitimieren. Sie begründen, dass die Reformen in erster Linie zum Ziel haben, Arbeitsplätze zu schaffen, Arbeitsplätze effizienter zu vermitteln und Arbeitslosigkeit zu reduzieren. Um diese Ziele zu erreichen, sind Hartz-Reformen durchzuführen, die sich vor allem im Umbau der Bundesanstalt für Arbeit (Hartz III) und der Zusammenlegung von Arbeitslosen- und Sozialhilfe (Hartz IV) niederschlagen. Hinter diesen Topoi steht das Paradigma der Aktivierung des Arbeitsmarktpotentials.

(3) „Wir müssen weg von der Administration und der Finanzierung von Arbeitslosigkeit und hin zur Vermittlung in Arbeit kommen. Das ist die Aufgabe und der Sinn dieser Reform. Deshalb führen wir mit dem Gesetzentwurf, der Ihnen vorliegt, die Bundesanstalt hin zu einer Konzentration auf die Vermittlung in Arbeit. Deshalb bauen wir die Personal- und Organisationsstrukturen in der Bundesanstalt um, die in Zukunft ‚Bundesagentur für Arbeit' heißen wird." (Wolfgang Clement, SPD, BT-PlPr 15/67, 17.10.2003, S. 5737 C)

3.1.3 Prinzipien-Topoi

Die Prinzipien-Topoi dienen als Orientierung der Parteien an bestimmten Werten und Leitbildern, in denen bestimmte politische Hochwertwörter oder Fahnenwörter verortbar sind. Sie stellen sich als Gegenstände des Begriffebesetzens und semantischen Kampfs der Parteien dar, so dass fast alle politischen Akteure versuchen, diese Topoi im eigenen Interesse zu besetzen und zu semantisieren. In der Regierungszeit von Schröder nehmen die Prinzipien-Topoi eine wichtige Stellung ein. Sie lassen sich wiederum in acht Subtopoi unterteilen: Topos von Fördern und Fordern, Gerechtigkeits-Topos, Wettbewerbs-Topos, Sozialstaats-Topos, Solidaritäts-Topos, Verantwortungs-Topos, Marktwirtschafts-Topos und Humanitäts-Topos.

Bemerkenswert ist auch, dass die Prinzipien-Topoi häufig eng miteinander verknüpft werden. Im Folgenden werden die drei am häufigsten verwendeten Subtopoi detailliert dargelegt:

Topos von Fördern und Fordern

Der Topos von Fördern und Fordern stellt das Leitprinzip der Hartz-Reformen dar und wird in den Debatten häufig verwendet. Dieses Grundprinzip wird im SGB II (§ 1 Aufgabe und Ziel der Grundsicherung für Arbeitsuchende, § 2 Grundsatz des Forderns, § 14 Grundsatz des Förderns) verankert.[①] Die Hauptzielsetzung dieses Prinzips besteht in einer Wiedereingliederung von Langzeitarbeitslosen in den Arbeitsmarkt. Darin besteht der Grundgedanke „Hilfe zur Selbsthilfe“, „keine Leistung ohne Gegenleistung“. Durch die qualitative Toposanalyse wird festgestellt, dass über das Prinzip des Förderns und Forderns grundsätzlich ein Konsens zwischen Regierung und Opposition besteht. Allerdings argumentieren die Politiker der CDU/CSU und FDP mit diesem Topos, dass die Reformmaßnahmen der rot-grünen Regierung nicht weit genug gehen und die Reformalternativen von ihrer eigenen Partei durchgeführt werden sollten.

Gerechtigkeits-Topos

Der Gerechtigkeits-Topos zählt zu den Leitprinzipien für die Hartz-Reformen. Fast alle politischen Akteure versuchen den Begriff „Gerechtigkeit“ zu besetzen, um Entscheidungen ihrer eigenen Parteien zu legitimieren und andere zu delegitimieren. In den Bundestagsdebatten sieht man einen Paradigmenwechsel in der SPD: Die SPD ist von ihren traditionellen sozialdemokratischen Werten abgewichen und hat den Begriff der Gerechtigkeit neu semantisiert. Die SPD konzentriert sich statt ihres traditionellen Verteilungsgerechtigkeits-Topos nun auf den Leistungsgerechtigkeits-Topos, den Generationengerechtigkeits-Topos und den Chancengerechtigkeits-Topos. Über die Zusammenlegung von Arbeitslosen- und Sozialhilfe besteht grundsätzlich ein Konsens zwischen Regierung und Opposition, so dass sie sich im Allgemeinen über die Gerechtigkeitsprinzipien einig sind. Nur die PDS ist prinzipiell gegen die Reformen und versucht sie zu delegitimieren mit dem Argument, dass die Hartz-Reformen dem Prinzip der sozialen Gerechtigkeit und somit den sozialdemokratischen Werten widersprechen. Die Contra-Argumente gehen vor allem von dem Prinzip der Verteilungsgerechtigkeit aus und beinhalten häufig Negationsausdrücke.

Wettbewerbs-Topos

Der Wettbewerbstopos beinhaltet das Argument, dass eine bestimmte Maßnahme dann ausgeführt werden sollte, wenn sie dazu beiträgt, die wirtschaftliche Wettbewerbsfähigkeit Deutschlands zu erhöhen. Er lässt sich wiederum in den Topos vom Wettbewerb in Europa und dem Wettbewerb in der Welt unterscheiden. Der Wettbewerbs-Topos wird vor allem von der

---

① https://www.sozialgesetzbuch-sgb.de/.

SPD verwendet, um die Reformen durchzusetzen, gefolgt von der CDU/CSU, die an den Maßnahmen der Regierung kritisiert, dass sie nicht weit genug gehen. Der Wettbewerbs-Topos enthält häufig bestimmte Schlagwörter, zu denen z. B. *Wettbewerbsfähigkeit* gehört. Dieser Topos wird manchmal mit Adjektiven im Superlativ ausgedrückt, z. B. *Deutschland zur wachstums- und innovationsstärksten Region der Welt machen*.

3.2 Zwischenfazit

Durch die Toposanalyse ist vor allem festzustellen, dass ein Paradigmenwechsel in der SPD stattfand. So versuchte Schröder mit den Hartz-Reformen einen neuen Mittelweg, „den Dritten Weg“, als neue Ausrichtung der Sozialdemokratie und den Neoliberalismus in Deutschland zu realisieren. Allerdings wurde der SPD vorgeworfen, sich mit den Reformen von ihren Parteitraditionen und Parteiprinzipien verabschiedet und ihre Identität verloren zu haben. Auch innerhalb der SPD gab es heftige Kontroversen über die Reformen, die durch Debatten im Bundestag und Abstimmungsergebnisse zu beobachten sind. Die Reformen haben zur Spaltung innerhalb der SPD und Austrittswelle aus der SPD sowie einer Niederlage der rot-grünen Regierung bei der Bundestagswahl am 18. September 2005 geführt. Im Gegensatz dazu hat die CDU/CSU stark von den Reformen profitiert und die Reformen seit 2005 fortgesetzt. Die Ablehnung der Reformen bescherte der PDS, die später mit der WASG zur Partei „DIE LINKE“ fusionierte, größere Zustimmung in der Wählerschaft.

4. Topoi über die Hartz-Gesetze in den Bundestagsdebatten in der Regierungszeit von Merkel (2005-2021)

In der Regierungszeit von Merkel debattieren die Parteien im Bundestag vor allem, ob Hartz IV korrigiert bzw. abgeschafft werden sollte. Fast alle Bundestagsdebatten über Hartz IV werden von der Fraktion DIE LINKE angestoßen.

Die quantitative Toposanalyse zeigt, dass in dieser Phase die Prinzipien-Topoi (54,2%), Wirtschaftsnutzen-Topoi (12,2%), Beschäftigungs-Topoi (19,8%), Topoi der psychischen Gesundheit (7,7%) und Topoi der sozialen Integration (6,1%) vorkommen. Die häufige Verwendung dieser Topoi legt den Schluss nahe, dass die politischen Akteure immer mehr Wert auf die Folgen der Reformen bzw. auf deren sozialen und humanitären Aspekte legen. Der Topos von Fördern und Fordern spielt weiterhin eine dominierende Rolle. Zudem kommen neue Topoi vor wie Topoi der Zahl der Hartz-IV-Sanktionen und der psychischen Gesundheit.

Durch die Häufigkeitsverteilung der Argumentationsmuster einzelner Parteien kann festgestellt werden, dass DIE LINKE und CDU/CSU die Beschäftigungs-Topoi am häufigsten verwenden. Im Vergleich dazu spielen die SPD, FDP und AfD eine untergeordnete Rolle. Die

Prinzipien-Topoi finden sich am häufigsten in den Hartz IV-befürwortenden Redebeiträgen der CDU/CSU. DIE LINKE präferiert die Topoi des Wirtschaftsnutzens, der Beschäftigung und der psychischen Gesundheit, um gegen Hartz IV zu argumentieren. Bemerkenswert ist zudem, dass DIE GRÜNEN die Topoi der sozialen Integration am häufigsten verwenden. Im Weiteren werden die Untersuchungsergebnisse detailliert vorgestellt.

4. 1 Die Untersuchungsergebnisse

4. 1. 1 Wirtschaftsnutzen-Topoi

Im Vergleich zur ersten Phase ist der Anteil der Wirtschaftsnutzen-Topoi contra Hartz IV gestiegen. Die Vertreter der Contra-Argumente gehen davon aus, dass mit der Zusammenlegung von Arbeitslosen- und Sozialhilfe zu „Hartz IV" einhergeht, dass sich zukünftige Leistungen auf dem Niveau der bisherigen Sozialhilfe bewegen werden, das in den meisten Fällen unter dem der alten Arbeitslosenhilfe liegt. Damit wird dem Hartz-System vorgeworfen, dass die Hartz-Gesetze mehr Armut schaffen, schlecht bezahlte und atypische Beschäftigung verursachen und den Hartz-IV-Empfängern letztlich existenzielle Not droht, der Niedriglohnsektor dramatisch ausgebaut und die Spaltung zwischen Arm und Reich vergrößert werde. Die Hartz-Gesetze werden von den Hartz-Kritikern auch Armutsgesetze genannt. Mit den Pro-Argumenten begründen die Hartz-Befürworter, dass die Reformen zum Wirtschaftswachstum in Deutschland beitragen und Menschen vor Armut schützen. Rückwirkend betrachtet, hätten sie sich als erfolgreich und notwendig erwiesen.

(4) „Denn Hartz IV ist immer noch Armut per Gesetz. Die Armutsquote in der Bevölkerung ist deutlich höher als noch vor 20 Jahren…Erwerbslose und Alleinerziehende sind besonders betroffen. Aber Armut macht auch vor Menschen in Arbeit nicht halt. Mittlerweile ist ein Drittel der Armen erwerbstätig, also arm trotz Arbeit." (Susanne Ferschl, DIE LINKE, BT-PlPr 19/105, 07.06.2019, S. 2926 C)

4. 1. 2 Beschäftigungs-Topoi

In der Regierungszeit von Merkel ist zunächst zu beobachten, dass der Anteil der Beschäftigungs-Topoi signifikant gesunken ist. So scheinen der Topos der Lohnnebenkosten, der Topos der Quantität der Arbeitsplätze und der Topos der Effizienz der Arbeitsvermittlung nicht mehr in den Fokus der Bundestagsdebatten zu rücken. Dies liegt vor allem an der guten Konjunktur auf dem Arbeitsmarkt. Stattdessen kommt der Topos der Zahl der Hartz-IV-Sanktionen am häufigsten vor.

Topos der Arbeitslosenzahl

In dieser Phase wird der Topos der Arbeitslosenzahl vor allem von der CDU/CSU pro Hartz IV verwendet. Sie betrachtet die Arbeitsmarktreformen als erfolgreich und notwendig. Seit 2006 war die Arbeitslosigkeit, auch die Sockelarbeitslosigkeit und die Jugendarbeitslosigkeit, weiter gesunken. Ebenso wie in der Regierungszeit von Schröder stützt sich der Topos der Arbeitslosenzahl auf Zahlen und Fakten, allerdings zeigt der Inhalt des Topos in dieser Phase das Gegenteil, nämlich Erfolg der Arbeitsmarktreformen, z. B. *mit der geringsten Zahl an Arbeitslosen*, *die niedrigste Arbeitslosigkeit*, *die Arbeitslosigkeit/Arbeitslosenquote sinken/zurückgehen* usw.

Topos der Zahl der Hartz-IV-Sanktionen

In dieser Phase kommt der Topos der Zahl der Hartz-IV-Sanktionen vor, der sowohl pro als auch contra Hartz IV verwendet wird. Die CDU/CSU und FDP unterstützen Hartz-IV-Sanktionen mit den Pro-Argumenten, die häufig bestimmte Adverbien wie *nur*, *lediglich*, *überhaupt* oder Adjektive wie *gering* enthalten, um hervorzuheben, dass die Quote der Hartz-IV-Empfänger, die von Sanktionen betroffen sind, sehr niedrig ist. Im Gegensatz dazu argumentieren DIE LINKE und DIE GRÜNEN mit den Contra-Argumenten, dass es sich um eine große Zahl von Hartz-IV-Empfängern handelt, die nicht ignoriert werden sollte. Sie enthalten häufig Adverbien wie *sogar* oder Adjektive wie *enorm*, um die Dringlichkeit des Problems hervorzuheben.

Topos der Qualität der Arbeitsplätze

In dieser Phase fokussieren die politischen Akteure wenig auf die Quantität, sondern vielmehr auf die Qualität der Arbeitsplätze, die durch das Hartz-System angeboten werden, z. B. prekäre und atypische Beschäftigung, schlechte und unterbezahlte Arbeitsverhältnisse, niedrige Löhne, schlechte Arbeitsbedingungen, ungünstige Arbeitszeiten. Die Hartz-Kritiker, vor allem DIE LINKE, verwenden den Topos der Qualität der Arbeitsplätze, der bestimmte Schlagwörter oder Metaphern enthält. Die Schlagwörter in diesem Topos sind häufig Substantive wie *Arbeitsbedingungen*, *Arbeitsstandards*, *Arbeitsverhältnisse*, *Löhne*, *Arbeitszeiten*. Hinzu kommt, dass häufig eine militärische Metaphorik in diesen Topos eingebettet ist, z. B. *Angriff auf*, *kämpfen für/gegen/bekämpfen*. Allerdings *kämpfen* die politischen Akteure in dieser Phase weniger *gegen* die Arbeitslosigkeit, sondern vielmehr *gegen* die schlechten Arbeitsstandards.

(5) „Menschen sind eher bereit, schlechte Arbeitsbedingungen in Kauf zu nehmen. Und deswegen ist Hartz IV auch ein Angriff auf die Arbeitsstandards. Auch deswegen gehört es abgeschafft.“ (Katja Kipping, DIE LINKE, BT-PlPr 19/12, 02.02.2018, S. 971 A)

4.1.3 Prinzipien-Topoi

In der Regierungszeit von Merkel machen Prinzipien-Topoi immer noch den Löwenanteil in den Bundestagsdebatten aus. In dieser Phase kommen der Topos von Fördern und Fordern, der Gerechtigkeits-Topos, der Humanitäts-Topos, der Solidaritäts-Topos, der Sozialstaats-Topos, der Verantwortungs-Topos und der Marktwirtschafts-Topos vor. Im Folgenden werden drei Subtopoi detailliert dargelegt, die eine besonders wichtige Rolle im Diskurs spielen.

Topos von Fördern und Fordern

In dieser Phase stellt der Topos von Fördern und Fordern immer noch das Leitprinzip für den Arbeitsmarkt dar und wird vor allem von der CDU/CSU verwendet, um Hartz IV zu unterstützen und zu verteidigen. Aus ihrer Sicht soll an dem Prinzip des Förderns und Forderns festgehalten werden. Das Hartz-System setze auf dieses Prinzip und dürfe nicht infrage gestellt werden. Hartz-IV-Sanktionen seien im Sinne des Förderns und Forderns ein geeignetes Instrument, wobei es nicht nur um Rechte, sondern auch um Pflichten gehe. Man könne nicht Rechte geltend machen und gleichzeitig die Pflichten außer Acht lassen. Es ist bemerkenswert, dass es insbesondere in der SPD dagegen grundsätzliche Bedenken gibt. Viele Sozialdemokraten finden, dass dieses Prinzip in eine immer größere Schieflage gerate. Vielmehr gehe es um das Fordern und nicht um das Fördern. Die SPD fordert, im SGB II eine Balance zwischen Fördern und Fordern zu schaffen. Der Schwerpunkt müsse dabei auf dem Fördern liegen. Deshalb versucht die SPD, Hartz IV durch das Bürgergeld zu ersetzen. DIE GRÜNEN verweisen darauf, dass das Verhältnis zwischen Fördern und Fordern im Laufe der Jahre aus den Fugen geraten sei und der Gleichklang wiederhergestellt werden solle. DIE LINKE argumentiert mit dem Topos von Fördern und Fordern ausschließlich gegen Hartz-IV-Sanktionen. Sie begründet ihre Haltung damit, dass die Regierungsparteien ihre Forderungen häufig genug mit Sanktionen durchgeführt haben.

Gerechtigkeits-Topos

Wie in der ersten Phase kann der Gerechtigkeits-Topos sowohl pro als auch contra Hartz IV verwendet werden. Auffällig ist, dass sich die Argumentationen der Parteien im Zeitverlauf verändert haben: In der Regierungszeit von Merkel verwendet die CDU/CSU den Gerechtigkeits-Topos, bzw. Leistungsgerechtigkeits-Topos und Chancengerechtigkeits-Topos, um Hartz IV zu unterstützen, während die SPD damit Hartz IV korrigieren bzw. abschaffen will. Die CDU/CSU hält an Hartz-IV-Sanktionen fest, weil sie für gerecht hält, dass es keine Leistung ohne Gegenleistung gibt. Die SPD versucht den Gerechtigkeitsbegriff wieder zu besetzen und neu zu semantisieren: *Sozial* sei nicht, Arbeit zu schaffen, sondern gute Arbeit zu schaffen. Die SPD plädiert für einen sozialen Arbeitsmarkt und setzt sich für mehr Gerechtigkeit ein. DIE LINKE und DIE GRÜNEN verwenden diesen Topos generell contra Hartz-IV-Sanktionen, weil sie ungerecht seien.

Humanitäts-Topos

In dieser Phase kommt der Humanitäts-Topos vor, welcher vor allem auf den Grundrechten und der Menschenwürde beruht. So ist die Menschenwürde im Artikel 1 des Grundgesetzes verankert: „Die Würde des Menschen ist unantastbar." Außerdem ergibt sich aus Art. 20 Abs. 1 „Die Bundesrepublik Deutschland ist ein demokratischer und sozialer Bundesstaat" das Grundrecht auf Gewährleistung eines menschenwürdigen Existenzminimums. Einen weiteren Grund für die Abschaffung der Sanktionen sehen die politischen Akteure in der Verletzung von

Art. 2 Abs. 1 „Jeder hat das Recht auf die freie Entfaltung seiner Persönlichkeit“ und von Art. 12 Abs. 1 „Alle Deutschen haben das Recht, Beruf, Arbeitsplatz und Ausbildungsstätte frei zu wählen“. Hinzu kommt, dass das Humanitäts-Prinzip im SGB II verortet ist: „Die Grundsicherung für Arbeitsuchende soll es Leistungsberechtigten ermöglichen, ein Leben zu führen, das der Würde des Menschen entspricht“ (§ 1 Satz 1 SGB II). DIE LINKE und DIE GRÜNEN verwenden diesen Topos gegen die Hartz-IV-Sanktionen mit den Argumenten, dass die Leistungskürzungen gegen das Grundgesetz verstoßen und somit die Menschenwürde der Hartz-IV-Empfänger verletzen. Eine Kürzung führe zu existenziellen Notlagen der Menschen und ein menschenwürdiges Existenzminimum sollte nicht gekürzt werden. Schlagwörter sind Substantive wie *Existenzminimum*, *Existenzsicherung*, *Grundrecht*, *Grundgesetz*, *Menschenwürde* sowie Militärmetaphorik wie *Hartz IV ist ein Angriff auf die Menschenwürde*, die in diesen Topos eingebettet sind.

(6) „Ich kann Ihnen versichern: Ich werde nicht eher Ruhe geben, bis wir die Hartz-IV-Sanktionen abgeschafft haben; denn Hartz IV ist ein Angriff auf die Menschenwürde. Dieser Angriff muss gestoppt werden.“ (Katja Kipping, DIE LINKE, BT-PlPr 19/12, 02.02.2018, S. 971 A)

4.1.4 Topoi der psychischen Gesundheit

In der Regierungszeit von Merkel nehmen die Topoi der psychischen Gesundheit eine wichtige Stellung ein. Die häufige Verwendung dieser Topoi zeigt, dass die politischen Akteure immer mehr Wert auf die breiteren Auswirkungen des Hartz-Systems legen, bzw. auf die psychischen Probleme, die bei Hartz-IV-Empfängern festgestellt werden. Bei Hartz IV geht es nicht nur um den sozial- und wirtschaftspolitischen Aspekt, sondern auch um den humanitären Aspekt. Die Contra-Argumente enthalten häufig Schlagwörter wie *Arbeitsdemotivation*, *Bedrohung*, *Demütigung*, *Depression*, *Resignation*, *Selbstzweifel*, *Stigmatisierung*, *Unsicherheit*, *Verunsicherung*, *Vereinsamung*, (*Existenz*) *Ängste* und begründen, dass das Hartz-System psychische Belastung verursacht und sogar den psychischen Gesundheitszustand der Hartz-IV-Empfänger beeinträchtigt. Die Sanktionen hingen wie ein Damoklesschwert über den Hartz-IV-Empfängern. Des Weiteren würden durch Hartz IV insbesondere bei der Mittelschicht der Gesellschaft Statusunsicherheiten und Abstiegsängste ausgelöst. Dagegen behaupten die Pro-Argumente, dass das Hartz-System die Menschen nicht in Angst und Schrecken versetzte, sondern versuchte, ihnen zu helfen. Die Topoi hinsichtlich der psychischen Gesundheit werden vor allem von den Parteien DIE LINKE und DIE GRÜNEN gegen Hartz IV verwendet. Auch die SPD verwendet diese Topoi gegen bestimmte Teile von Hartz IV, z. B. gegen die harten Sanktionsregeln für unter 25-Jährige.

(7) „Ja, Hartz IV hinterlässt Spuren, nicht nur auf den Rentenkonten, sondern auch auf den Seelen der Menschen. Deswegen müssen wir Hartz IV mit seinem Sanktionssystem, dem

Konstrukt der Bedarfsgemeinschaft und den kleingerechneten Regelsätzen endlich überwinden." (Katja Kipping, DIE LINKE, BT-PlPr 19/204, 14.01. 2021, S. 25681 C)

4. 1. 5 Topoi der sozialen Integration

In der Regierungszeit von Merkel spielen die Topoi der sozialen Integration ebenso eine große Rolle für die Bundestagsdebatten. Sie argumentieren mit dem Ziel, Menschen gesellschaftlich nicht auszugrenzen und ihre Integration in die Gesellschaft zu fördern. Auffällig ist, dass sie häufig bestimmte Schlagwörter enthalten z. B. *das soziale/gesellschaftliche Umfeld/Leben*, (*gesellschaftliche*, *soziokulturelle*, *selbstbestimmte*) *Teilhabe*, *Integration*, *Isolation*, *Ausgrenzung*, *Rückzug*. Außerdem stehen sie in sehr engem Zusammenhang mit den Wirtschaftsnutzen-Topoi und den Topoi der psychischen Gesundheit. In dieser Phase werden sie am häufigsten von den GRÜNEN gegen Hartz IV verwendet, gefolgt von SPD und DIE LINKE. DIE GRÜNEN plädieren insbesondere für eine inklusive Gesellschaft, in der niemand ausgegrenzt wird und jeder Mensch ein Recht auf selbstbestimmte gesellschaftliche Teilhabe hat.

(8) „Vor allem führen Sanktionen häufig zu einem Rückzug aus dem sozialen Umfeld. Gesellschaftliche Isolation macht etwas mit den Menschen; es entstehen Selbstzweifel, Unsicherheit, Ängste. All das ist nicht förderlich für eine Integration in den Arbeitsmarkt. Das sollten Sie endlich einmal bedenken." (Beate Müller-Gemmeke, BÜNDNIS 90/DIE GRÜNEN, BT-PlPr 18/168, 29.04.2016, S. 16597 C)

4. 2 Zwischenfazit

Durch die Analyse der Toposverwendung der Parteien im untersuchten Korpus wird festgestellt, dass in der Zeit der Merkel-Regierung die politischen Akteure immer mehr auf die negativen Auswirkungen der Reformen fokussieren. Zwar zeigen die Reformen positive Effekte auf die Flexibilität des Arbeitsmarktes und die sinkende Arbeitslosenquote, allerdings ist dieser Beschäftigungsanstieg nach den Hartz-Kritikern vor allem auf prekäre und atypische Beschäftigung zurückzuführen. Während DIE LINKE, DIE GRÜNEN und die SPD vor allem mit Wirtschaftsnutzen-Topoi, Topos der Zahl der Hartz-IV-Sanktionen, Gerechtigkeits-Topos, Humanitäts-Topos, Topos der Qualität der Arbeitsplätze, Topoi der psychischen Gesundheit und Topoi der sozialen Integration gegen Hartz IV argumentieren, profilieren sich die CDU/CSU, die FDP und die AfD mit dem Topos von Fördern und Fordern, Solidaritäts-Topos, Verantwortungs-Topos usw. als Hartz-IV-Verteidiger. Die Bundestagsdebatten über Hartz IV haben jedoch keine wesentlichen Fortschritte erzielt. Aus den namentlichen Abstimmungen ist ersichtlich, dass die Anträge der Fraktionen DIE LINKE und DIE GRÜNEN zu Hartz IV im Bundestag abgelehnt wurden.

5. Erklärungsfaktoren für den Diskurswandel

In diesem Kapitel wird versucht, den Wandel der Diskurse über Hartz-Gesetze zu erklären, die unter dem wirtschaftlichen, sozialen und politischen Aspekt zu betrachten sind.

5.1 Wirtschaftliche Faktoren

Der Diskurswandel über Hartz-Gesetze ist zunächst auf wirtschaftliche Faktoren zurückzuführen. Das liegt vor allem an der guten Konjunktur auf dem Arbeitsmarkt. Die Hartz-Reformen haben dazu beigetragen, dass die Arbeitslosigkeit stark gesunken ist, was sich insbesondere in den Beschäftigungs-Topoi widerspiegelt. Während die Anteile des Topos der Quantität der Arbeitsplätze stark sinken, weisen die Anteile des Topos der Qualität der Arbeitsplätze und des Topos der Zahl der Hartz-IV-Sanktionen eine steigende Tendenz auf.

Prekäre und atypische Beschäftigung

Die Hartz-Reformen haben zu einer dauerhaft prekären und atypischen Beschäftigung wie Leiharbeit, Teilzeitbeschäftigung, Minijobs, und befristeter Beschäftigung geführt, was durch den Topos der Qualität der Arbeitsplätze sichtbar wird. Infolge der Hartz-Reformen hat sich die Zahl der geringfügig Beschäftigten nach einer anfänglich deutlichen Zunahme auf hohem Niveau konsolidiert. Aus Tabelle 3 wird ersichtlich, dass der Anteil der atypischen Beschäftigten inzwischen auf ca. 21 Prozent aller abhängig Beschäftigten gestiegen ist.

Tabelle 3 Kernerwerbstätige nach einzelnen Erwerbsformen von 2000 bis 2020, Ergebnisse in 1000

Jahr	Insgesamt	Selbstständige	Abhängig Beschäftigte		
			zusammen	Normalarbeitnehmer/innen①	Atypisch Beschäftigte
2000	33530	3418	29862	23850	6012
2001	33714	3411	29941	23828	6114
2002	33433	3429	29670	23620	6050
2003	32937	3502	29133	22903	6229
2004	32544	3608	28613	22436	6177
2005	33116	3795	28992	22138	6854
2006	33879	3832	29747	22173	7574
2007	34480	3838	30338	22554	7785

① Laut dem Statistischen Bundesamt bezieht sich das Normalarbeitsverhältnis auf ein abhängiges Beschäftigungsverhältnis, das in Vollzeit oder in Teilzeit ab 21 Wochenstunden und unbefristet ausgeübt wird.

Fortsetzung

Jahr	Insgesamt	Selbstständige	Abhängig Beschäftigte		
			zusammen	Normalarbeitnehmer/innen	Atypisch Beschäftigte
2008	34910	3820	30825	22981	7845
2009	34802	3877	30755	23057	7699
2010	35145	3917	31076	23131	7945
2011	35109	3919	31042	23185	7857
2012	35444	3917	31391	23682	7709
2013	35631	3810	31701	24063	7638
2014	35879	3744	32021	24515	7506
2015	36155	3688	32367	24832	7534
2016	37051	3653	33296	25641	7655
2017	37159	3590	33475	25757	7718
2018	37282	3473	33724	26214	7509
2019	37665	3433	34159	26825	7333
2020	36574	3081	33406	26425	6981

Quelle: Statistisches Bundesamt, https://www.destatis.de/DE/Themen/Arbeit/Arbeitsmarkt/Erwerbstaetigkeit/Tabellen/atyp-kernerwerb-erwerbsform-zr.html. (18.11.2021)

Zahl der Hartz-IV-Empfänger

Laut dem Statistischen Bundesamt ist die jahresdurchschnittliche Arbeitslosenzahl von knapp 5 Millionen im Jahr 2005 auf ca. 2,7 Millionen im Jahr 2020 deutlich zurückgegangen (Arbeitslosenquote 2005: 11,7%; 2020: 5,9%).① Im Jahr 2005 gab es in Deutschland noch ungefähr 4,75 Millionen Hartz-IV-Empfänger, während die Zahl im Jahr 2020 3,89 Millionen betrug, was insgesamt eine sinkende Tendenz zeigt.②

Zahl der Sanktionen und Sanktionsquote

Seit der Einführung von Hartz IV werden Sanktionen bzw. Sanktionsquote immer mehr in

① https://www.bpb.de/nachschlagen/zahlen-und-fakten/soziale-situation-in-deutschland/61718/arbeitslose-und-arbeitslosenquote (18.11.2021).

② https://www.bpb.de/nachschlagen/zahlen-und-fakten/soziale-situation-in-deutschland/162674/arbeitslosengeld-ii-alg-ii; https://de.statista.com/statistik/daten/studie/1396/umfrage/leistungsempfaenger-von-arbeitslosengeld-ii-jahresdurchschnittswerte/ (18.11.2021).

Betracht gezogen, was sich auch im Topos der Zahl der Hartz-IV-Sanktionen niederschlägt.① Die Sanktionsquote hat sich von 2,4% im Jahr 2007 auf 3,1% im Jahr 2019 erhöht. So ist die Zahl der neu festgelegten Sanktionen von 2007 bis 2019 von 783000 auf über 807000 gestiegen.②Aufgrund der Corona-Pandemie ist die Zahl der Hartz-IV-Sanktionen im Jahr 2020 wiederum gesunken.③

Die negativen wirtschaftlichen Folgen der Hartz-Reformen lassen sich insbesondere durch Wirtschaftsnutzen-Topoi erkennen. Die Contra-Argumente liegen vor allem im Ausbau des Niedriglohnsektors, der Ausweitung der Armut sowie der Vergrößerung der Kluft zwischen Arm und Reich.

5.2 Soziale Faktoren

Neben den wirtschaftlichen Faktoren spielen soziale Faktoren eine immer wichtigere Rolle und erhalten immer mehr Aufmerksamkeit. Die Hartz-Reformen haben soziale Probleme verursacht, die sich vor allem in Topoi der psychischen Gesundheit und Topoi der sozialen Integration niederschlagen. Die Hartz-IV-Sanktionen treffen insbesondere sozial Schwache und haben zu Demütigung, Depression, Resignation, Selbstzweifel, Stigmatisierung, Verunsicherung, Vereinsamung, Existenz- und Abstiegsängsten geführt und sogar die psychische Gesundheit der Hartz-IV-Empfänger beeinträchtigt. Viele Hartz-IV-Empfänger leiden unter psychischen Belastungen und sind sozial ausgegrenzt.④

5.3 Politische Faktoren

Schließlich haben die Hartz-Reformen die deutsche Parteienlandschaft grundlegend verändert. Der Diskurswandel der einzelnen Parteien schlägt sich insbesondere in den Prinzipien-Topoi nieder und lässt sich vor allem durch Parteiendifferenzen und Parteienwettbewerb erklären. Die Parteiendifferenzen liegen grundsätzlich in ihren Werten und Leitbildern und sind in ihren Grundsatzprogrammen sowie konkreten Reformmaßnahmen

---

① Die Sanktionsquote misst das Verhältnis der erwerbsfähigen Leistungsberechtigten mit mindestens einer Sanktion an allen erwerbsfähigen Leistungsberechtigten.

② Bundesagentur für Arbeit, https://de.statista.com/infografik/16630/zahl-der-hartz-iv-sanktionen/; https://aktuelle-sozialpolitik.de/2019/11/05/sanktionsquote-und-sanktionsverlaufsquote/; http://www.sozialpolitik-aktuell.de/tl_files/sozialpolitik-aktuell/_Politikfelder/Arbeitsmarkt/Datensammlung/PDF-Dateien/abbIV80.pdf (18.11.2021).

③ https://www.arbeitsagentur.de/presse/2021-14-zahl-der-sanktionen-im-letzten-jahr-stark-gesunken-hauptgrund-war-die-corona-pandemie (12.04.2021).

④ https://www.deutschlandfunk.de/psychisch-kranke-im-hartz-iv-system-im-dschungel-der-100.html (26.12.2020).

verankert. Ein wichtiger Grund für eine Abkehr der SPD von ihren Reformen ist, dass die SPD sich nicht mehr mit der Rolle des Koalitionspartners der Union zufriedengibt und mehr Wählerstimmen zur Bundestagswahl gewinnen will. Im Parteienwettbewerb rückt sie wieder mehr nach links und grenzt sich von der CDU/CSU ab. DIE LINKE profiliert sich seit der Gründung als Reformgegner und fordert die Abschaffung von Hartz IV und stattdessen eine sanktionsfreie Mindestsicherung. Im Parteienwettbewerb muss sich DIE LINKE im politischen Spektrum links von der SPD positionieren, um Wähler für sich zu gewinnen. Die CDU/CSU hat von den Hartz-Reformen profitiert und verteidigt nun eine Beibehaltung der Hartz-IV-Sanktionen. Sie neigt wirtschaftlich dem marktliberalen Lager zu, was sich in ihren Diskursen niederschlägt. DIE GRÜNEN trugen die Einführung von Hartz IV als Koalitionspartner mit. Nun sind sie zu Konkurrenten der SPD geworden und sprechen sich gegen die Hartz-IV-Sanktionen aus. Sie wollen sich mit neuen Konzepten profilieren und Wählerschaft gewinnen, indem sie für Gerechtigkeit und Menschenrechte stehen und sich als eine soziale Partei profilieren. Die neoliberale Richtung der Reformen entspricht prinzipiell der wirtschaftspolitischen Orientierung der FDP, was sich auch in ihrem Diskurs niederschlägt. Die AfD kritisiert vor allem, dass Ausländer das deutsche Sozialsystem belasten, was zur grassierenden Armut führe.

6. Zusammenfassung und Ausblick

Diese Arbeit untersucht anhand der Toposanalyse der Bundestagsdebatten die Denk- und Argumentationsmuster der politischen Akteure über die Hartz-Gesetze. Es wurde gezeigt, dass insgesamt fünf übergeordnete Topoi über die Hartz-Gesetze abstrahiert werden können: Wirtschaftsnutzen-Topoi, Beschäftigungs-Topoi, Prinzipien-Topoi, Topoi der psychischen Gesundheit und Topoi der sozialen Integration. Die Ergebnisse der Toposanalyse zeigen, dass im untersuchten Zeitraum von 2002 bis 2021 die Anteile der Topoi der Qualität der Arbeitsplätze, der Zahl der Hartz-IV-Sanktionen, der Humanität, der psychischen Gesundheit und der sozialen Integration gegen Hartz IV eine steigende Tendenz aufweisen.

Der Diskurswandel der politischen Akteure über die Hartz-Gesetze lässt sich vor allem durch Wirtschafts- und Arbeitsmarktlage, individuelle und soziale Probleme sowie Parteiendifferenzen und Parteienwettbewerb erklären. Dies impliziert die positiven und negativen Auswirkungen der Hartz-Reformen. Einerseits haben sie dazu beigetragen, dass die Arbeitslosigkeit massiv gesunken ist. Der deutsche Arbeitsmarkt ist flexibler und leistungsfähiger geworden. Andererseits wird ihnen vorgeworfen, zum Ausbau des Niedriglohnsektors, einer dauerhaft prekären und atypischen Beschäftigung, Vergrößerung der Kluft zwischen Arm und Reich, psychischer Belastung und sozialer Ausgrenzung der Hartz-IV-Empfänger sowie Niedergang der SPD geführt zu haben.

Hartz IV ist immer noch ein wichtiges und umstrittenes Thema. Die Auswirkungen der Hartz-Reformen sowie die Weiterentwicklung von Hartz IV lösen heute noch heftige Kontroversen aus. Allerdings sind die untersuchten Diskursausschnitte in dieser Arbeit aus forschungspraktischen Gründen noch relativ beschränkt. Die Einschätzung zur Veränderung der Diskurse über Hartz IV bzw. damit verbundene weitere Reformen könnte durch weitere Studien ergänzt werden. Hinzu kommt, dass in Zukunft Medien als Ergänzung zur politischen Arena sowie weitere Analysemethoden herangezogen werden könnten. Diese Arbeit kann für die zukünftige Forschung Aufschluss über Diskurse zu Arbeitsmarktreformen geben.

Literaturverzeichnis

[1] Kienpointner, Manfred. *Alltagslogik: Struktur und Funktion von Argumentationsmustern* [M]. Stuttgart-Bad Cannstatt: Frommann-holzboog, 1992.

[2] Klein, Josef. Komplexe topische Muster: Vom Einzeltopos zur diskurstyp-spezifischen Topos-Konfiguration. In: Thomas Schirren & Gert Ueding (Hrsg.): *Topik und Rhetorik* [M]. Tübingen: Niemeyer, 2000, S. 623-649.

[3] Klein, Josef. *Von Gandhi und al-Qaida bis Schröder und Merkel: Politolinguistische Analysen, Expertisen und Kritik* [M]. Berlin: Frank & Timme, 2016.

[4] Klein, Josef. *Politik und Rhetorik: Eine Einführung* [M]. Wiesbaden: Springer VS, 2019.

[5] Niehr, Thomas. *Einführung in die Politolinguistik: Gegenstände und Methoden* [M]. Göttingen: Vandenhoeck & Ruprecht, 2014.

[6] Niehr, Thomas. Argumentation in Texten. In: Kersten Sven Roth, Martin Wengeler, Alexander Ziem (Hrsg.): *Handbuch Sprache in Politik und Gesellschaft* [M]. Berlin & Boston: De Gruyter, 2017, S. 165-186.

[7] Plitsch, Alexander. *Parlament und Medien. Eine linguistische Analyse der Berichterstattung über die Bundestagsdebatten zum Afghanistan-Einsatz der Bundeswehr* [M]. Bremen: Hempen Verlag, 2014.

[8] Römer, David. *Wirtschaftskrisen: Eine linguistische Diskursgeschichte* [M]. Berlin & Boston: De Gruyter, 2017.

[9] Toulmin, Stephen. *The Uses of Argument* [M]. Cambridge: Cambridge University Press, 1958.

[10] Wengeler, Martin. Argumentationsmuster im Bundestag. Ein diachroner Vergleich zweier Debatten zum Thema Asylrecht. In: Armin Burkhardt/Kornelia Pape (Hrsg.): *Sprache des deutschen Parlamentarismus. Studien zu 150 Jahren parlamentarischer Kommunikation* [M]. Wiesbaden: Westdeutscher Verlag, 2000, S. 221-240.

[11] Wengeler, Martin. *Topos und Diskurs: Begründung einer argumentationsanalytischen Methode und ihre Anwendung auf den Migrationsdiskurs (1960-1985)* [M]. Tübingen: Max Niemeyer Verlag, 2003.

[12] Zheng, Qinan. *Eine Diskursanalyse der Bundestagsdebatten über die Agenda 2010 in Deutschland* [M]. Göttingen: Cuvillier, 2020.

翻译研究

张爱玲作品在德国的译介与接受研究

上海外国语大学　李婉婉

摘要：文章系统梳理张爱玲作品在德国的译介与传播情况，探究张爱玲作品在德国出版的原因，并以德国主流报刊文评为依据，分析张爱玲作品在德国的接受情况。张爱玲作品在德国的译介历经50余年的沉寂期，借着《色·戒》影视化改编的东风迎来回暖期。而在张爱玲作品译介过程中，赞助人和译者的意识形态以及中西合璧的译介模式发挥着举足轻重的作用。总体来讲，张爱玲作品在德国汉学界和文学批评界有着非常高的接受度和认可度，在他们的推介下，张爱玲作品才能走进德国普通读者的视野。

关键词：张爱玲；德国；译介；接受

1. 引言

学界对于张爱玲及其作品的研究始于20世纪40年代，至今已有70多年历史。20世纪80年代以来，张爱玲研究打破区域空间的阻隔，在海峡两岸以及海外广泛展开，“张学”遂逐渐成为显学。① 近年来，其作品更是不断被译为英语、德语、法语、日语、意大利语和波兰语等多种语言在海外传播，然而，关于张爱玲作品的海外传播和译介研究主要集中于英语世界。② 张爱玲作品在德国的译介和接受研究，尚未受到学者的足够关注。因此，探究张爱玲在德语国家的译介和接受，有益于拓宽和深化海外张爱玲研究的外延和内核。本文首先以德国卫礼贤翻译中心(Richard-Wilhelm-Übersetzungszentrum)、《东亚文学杂志》(*Hefte für ostasiatische Literatur*)和德国国家图书馆(Deutsche Nationalbibliothek)等三大数据库为基础，试图梳理张爱玲作品在德国的译介状况；进而以勒弗维尔的操纵翻译理论为指导，剖析赞助人、诗学和意识形态以及译介模式等在张爱玲作品的德语译介中扮演的角色，探究张爱玲作品在德国译介出版的原因；最后以德国主流报纸杂志评论为依据，进一步挖掘张爱玲作品在德国的接受状况。

---

① 文娟：《新世纪十年以来张爱玲研究综述》，《中国现代文学论丛》2015年第1期，第182页。

② 如高璐夷《张爱玲作品在西方的传播研究》(2017)、张英《张爱玲接受史论》(2005)、许石君、韩江洪《张爱玲小说在英语世界的传播现状探究》(2010)等。

2. 张爱玲作品在德国的译介概述

张爱玲作品在德国的译介史最早可追溯至1956年，德国译者加布里埃・埃克哈德(Gabriele Eckehard)将《秧歌》从英文版转译成德语，由西德的奥伊根・迪德里希斯出版社(Eugen Diederichs Verlag)推出。奥伊根・迪德里希斯出版社是20世纪初德语文学界最著名的出版社，曾出版过卫礼贤翻译的中国典籍系列丛书。然而，出人意料的是，自此张爱玲作品的德语译介骤然坠入长达五十年之久的沉寂期。2007年导演李安将张爱玲的小说《色・戒》改编为同名电影，并荣获台湾电影金马奖、威尼斯影展金狮奖等重大奖项。《色・戒》的成功上映再次引发"张爱玲热"，促使张爱玲及其作品聚焦在世界各国文学的镁光灯下。

随着《色・戒》的影视化改编，张爱玲作品的德语译介也进入回暖期，逐渐呈现繁荣之态。2008年4月张爱玲短篇小说集《色・戒：短篇小说集》由乌尔斯坦出版社(Ullstein Buchverlag GmbH)的子公司科拉盛出版社(Claassen Verlag)推出精装本。小说集收录《色・戒》《倾城之恋》《留情》《封锁》《等》五篇短篇小说以及洪素珊撰写的一篇后记。其中《色・戒》《倾城之恋》《留情》由德国汉学家洪素珊(Susanne Hornfeck)和中国学者兼译者汪珏合译完成。《封锁》和《等》由包惠夫(Wolf Baus)完成。2009年5月转由乌尔斯坦出版社的另一子公司利斯特袖珍书出版社(List Taschenbuch Verlag)出版了平装本短篇小说集《色・戒：短篇小说集》。2009年8月科拉盛出版社出版德语版《秧歌》，由洪素珊移译自英文版《秧歌》，并在翻译过程中参考了中文版本。"洪素珊在这里有意以英文版为原文，英文版《秧歌》结局更残酷，语言直接明了，不似汉语那般华丽繁复，洪素珊的德语译文句子也是简短明快。"①2011年9月乌尔斯坦出版社出版了精装本《金锁记：短篇小说集》，包含《金锁记》《红玫瑰，白玫瑰》《桂花蒸阿小悲秋》《沉香屑：第一炉香》《浮花浪蕊》等五个短篇。其中乌尔夫・贝格里希(Wulf Begrich)翻译《金锁记》，马海默(Marc Hermann)和小利・格罗斯-胡肯(Xiaoli Grosse-Ruyken)共同翻译《红玫瑰，白玫瑰》，包惠夫翻译《桂花蒸阿小悲秋》和《沉香屑：第一炉香》，洪素珊和汪珏共同翻译《浮花浪蕊》。次年，德国国家广播电台文艺台(Deutschlandfunk Kultur)在《一月图书推荐》中向读者推荐了张爱玲的《金锁记》。2017年4月乌尔斯坦出版社发行《色・戒：短篇小说集》《秧歌》《金锁记：短篇小说集》电子书。2020年6月乌尔斯坦出版社推出单行本《同学少年都不贱》(精装本)，同时发行电子书，作品由洪素珊和汪珏合译完成。

此外，张爱玲还有多篇译文散见于《东亚文学杂志》和《袖珍汉学》(*minima sinica: Zeitschrift zum chinesischen Geist*)等专业汉学和东方学杂志。《东亚文学杂志》分别于1997年第23期、1999年第25期和2014年第56期刊登张爱玲的《年轻的时候》《封锁》

① Anja Hirsch. *Und immer wieder verdunkelt sich die Welt*. *Frankfurter Allgemeine Zeitung*, 2009-10-17.

《天才梦》。杂志《东方》(*Orientierungen: Zeitschrift zur Kultur Asiens*)于1995年在文学特辑中刊登了乌尔夫·贝格里希翻译的《金锁记》，后收录于2011年出版的《金锁记：短篇小说集》中。《袖珍汉学》1992年刊登《茉莉香片》，2001年刊登《公寓生活记趣》，2005年刊登马恺之(Kai Marchal)翻译的《谈音乐》，2013年刊登马海默和小利·格罗斯-胡肯合译的《年轻的时候》，2014年刊登马海默翻译的《自己的文章》。

截至2021年，张爱玲作品共有单行译本4部(含重复译本)被译为德语，短篇小说集2部，译文9篇(含重复译作)。虽然在数量上不占优势，但这并不意味着张爱玲在德国汉学界不受重视。顾彬就曾言，"《袖珍汉学》每一期都会介绍一位民国作家，张爱玲作品很少有德译本，我和我的学生从90年代初把她最有名的小说都翻成德文，但是我们都有困难，翻译不出她的味道，没有办法。虽然我们翻译了不少，但是都没有成功"①。就连张爱玲作品的主要译者洪素珊也在《色·戒：短篇小说集》的后记中直言，"张爱玲的语言风格极具画面感，充满暗示；色彩、气味和声音的通感使用在这一风格中有着特别作用，难以翻译"②。中德语言之间巨大的文化差异，以及张爱玲细腻的文笔和"很难由译文传达的风格"③，给译者的翻译活动带来了巨大挑战，成为阻碍张爱玲作品进入德国图书市场的一大障碍，进而造成张爱玲其人早已声名德国汉学界和文学批评界，而其作品译介却颇为滞后的现状。

鉴于张爱玲作品德语译介历经长达半个世纪的遇冷期，除了1956年的德语版《秧歌》外，其他单行本及个人文集译介始于2007年，在这短短13年的译介期内已有如此硕果，实属不易，可见张爱玲及其作品被德国汉学界和出版界重新发掘，再现光芒，走进更多德语读者视野。

3. 张爱玲作品在德国译介出版的原因

安德烈·勒弗维尔是翻译文化学派的主要代表之一。他认为，翻译是译者在意识形态、诗学和赞助人的操纵下对源文本的一种改写。意识形态、诗学和赞助人是影响译者翻译活动的三个主要因素。在译介活动中，译者既受自身的意识形态及诗学观的局限，同时也受到赞助人的意识形态的影响。下面从赞助人、诗学和意识形态、译者模式等方面来探析张爱玲作品在德国译介出版的原因。

3.1 赞助人

根据勒弗维尔翻译理论，赞助人是指"促进或阻止文学阅读、写作或改写的各种权

---

① 盛韵：《顾彬：阿城太传统 余秋雨不够勇敢》，《东方早报》2008年10月19日。

② Chang, Eileen. *Gefahr und Begierde: Erzählungen*. Susanne Hornfeck, Wang Jue und Wolf Baus. Berlin: List, 2008, S. 247ff.

③ 顾彬：《二十世纪中国文学史》，范劲等译，上海：华东师范大学出版社，2008，第227页。

力(人或机构),诸如宗教集团、阶级、政府部门、出版社、大众传媒机构,也可以是个人势力”①。在张爱玲作品德译中扮演赞助人角色的主要是出版社和报纸杂志。张爱玲作品在德国主要是由乌尔斯坦出版社发行,前文所述的科拉盛出版社和利斯特袖珍书出版社均为乌尔斯坦出版社旗下子公司。乌尔斯坦出版社是一家历史悠久的传统出版社,成立于1877年,过去贯彻右翼保守主义路线方针,2003年之后致力于成为反映“首都文化和政治生活的一面镜子”,并从2007年开始再次加强文学作品的出版力度,为了突出文学作品的多样性,推出世界各国知名作家如瓦西里·格罗斯曼(Wassili Grossmann,苏联),琼·狄迪恩(Joan Didion,美国),阿提克·拉希米(Atiq Rahimi,阿富汗)以及张爱玲等人的作品,促进世界文学在德国的传播。

除了出版社外,期刊杂志也是张爱玲译介作品的重要载体,主要有《东亚文学杂志》《东方》《袖珍汉学》三种。《东亚文学杂志》于1983年由包惠夫、吕福克(Volker Klöpsch)、乌尔夫冈·沙莫尼(Wolfgang Schamoni)和罗兰·施耐德(Roland Schneider)创立,前两位是汉学家,后两位是日本学家。该杂志早年间每年发行一期,1992年起成为半年刊,主要译介中国、日本和韩国等东亚国家的文学作品。《东方》《袖珍汉学》的主编均为德国著名汉学家顾彬(Wolfgang Kubin),均创刊于1989年,半年刊。《袖珍汉学》以中国思想史为研究对象,主要探讨中国哲学、文学、宗教、美学等,同时译介中国优秀作家的作品。《东方》主要介绍亚洲文学,以中国和印尼的当代文学为主,兼及日本、韩国等亚洲国家的文学作品。这三种杂志至今仍是德国境内译介中国文学的重要平台。

整体而言,张爱玲作品从初期杂志的单篇零散译作到单行译本或短篇小说的结集出版,有一定的偶然性。首先得益于导演李安对《色·戒》的影视化改编,张爱玲作品获得了世界范围内的知名度和关注度;其次适逢乌尔斯坦出版社改变文学作品的出版方针,大力引进世界文学,促进文学作品的多样性。出版社一方面为了迎合图书市场,另一方面亟需落实出版社内部的改革方针,在这一内一外两大因素的影响下,张爱玲作品由此被纳入出版计划内,在赞助人出版社的推动下得以进入德国市场。

3.2 诗学和意识形态

首先,译者的诗学观和意识形态是作品译介的重要考量因素。目前张爱玲作品在德国的译介主要由洪素珊、汪珏、马海默和包惠夫操刀执笔。洪素珊是德国汉学家和翻译家,先后译介过白先勇、张贤亮、张大春、林海音和张爱玲等知名作家的作品,译作获得过瑞士儿童与青少年图书奖、慕尼黑贝克出版社非虚构类翻译家奖等诸多奖项。汪珏祖籍江苏灌云,曾在中国香港、台湾地区以及德国接受教育,先后在德国汉堡亚洲文物研究所、慕尼黑巴伐利亚州立图书馆东方藏书部、美国西雅图艺术博物馆亚洲分馆图书

---

① Levefere, André. *Translating, Rewriting and the Manipulation of Literary Fame*. Shanghai: Shanghai Foreign Language Education Press, 2004, S. 17ff.

部等处任职，学养深厚，集翻译家、作家和古籍善本专家于一身。马海默是德国汉学家和翻译家，其博士论文即是以张爱玲作品为研究主题。包惠夫是波鸿语言中心的汉语教师，翻译家，也是《东亚文学杂志》的创办者，将残雪、沈从文、贾平凹、徐志摩、王小波等众多中国作家的作品译介入德国。这些译者除了汪珏外，均为德国汉学家或学汉学的职业译者，充分发挥作为译者的语言优势和作为汉学家的职业优势，带着对中国文化和文学作品的浓烈兴趣和热爱，用译作搭建起沟通中德文化交流的桥梁，推介更多中国作品进入德国读者视野，从而促进中德文化交流。

其次，赞助人的意识形态也左右着翻译题材的选择和取舍。张爱玲译介作品的选取主要是由赞助人乌尔斯坦出版社和译者洪素珊以及汪珏共同商定。出版社负责人莫妮卡·柏斯(Monika Boese)在细读了市面上买得到的一两篇德译和几种英译张爱玲作品后，认为张爱玲的著作值得郑重介绍给读者，因为“它们是文学!”。① 按照出版社和洪素珊以及汪珏 2006 年制定的出版计划，先出版短篇小说集《色·戒》。两年后成功推出《金锁记：短篇小说集》，而《怨女》和《半生缘》的出版计划搁浅，取而代之的是《同学少年都不贱》。《色·戒》《秧歌》《同学少年都不贱》都属于张爱玲后期作品。《秧歌》是张爱玲 1952 年离沪赴港，供职于美国新闻处期间所出版，因小说以“土改运动”为背景，充满了政治意识形态，在海内外学界遭遇两极争议。《色·戒》和《同学少年都不贱》是张爱玲定居美国期间发表，创作于 20 世纪 70 年代。张爱玲创作于这一时期的《色·戒》《浮花浪蕊》《同学少年都不贱》等作品都不同程度地融入了自己真实的人生际遇，作者与作品中的人物视点也有了一定程度的重合。② 此外，《色·戒》也是一部备受争议的作品，关于《色·戒》是否是歌颂汉奸的文学，学界对此也莫衷一是，评价截然不同。可见，赞助人的意识形态催生了张爱玲作品德译的想法，从出版社对张爱玲作品的译介选题可以看出，它们除了选择张爱玲最知名、最优秀的作品如《色·戒》《金锁记》外，还青睐有“争议”的作品，尤其是充满政治意识形态的作品。

3.3 译介模式

中国文学“走出去”的三种主要译介模式分别为中国本土译介主体模式、海外华人译介主体模式、海外汉学家译介主体模式。③ 其中，海外汉学家群体是中国文学走出去的最理想的译者模式，因为他们既熟悉中国文学的历史与现状，又了解海外读者的阅读需求与阅读习惯，同时还能熟练使用母语进行文学翻译，并善于与国际出版机构与新闻

---

① 汪珏：《在德国译介〈色·戒〉，张爱玲真的“几乎不能被翻译”吗》，《澎湃新闻》2019 年 1 月 7 日。

② 王珞：《繁华落尽，苍凉依旧——以〈同学少年都不贱〉为例谈张爱玲后期小说的风格变迁》，《华文文学》2004 年第 5 期，第 53 页。

③ 鲍晓英：《中国文学“走出去”译介模式研究——以莫言英译作品美国译介为例》，上海外国语大学博士论文，2014 年，第 44 页。

媒体及学术研究界沟通。①

张爱玲作品在德国的译介主要是以德国汉学家和中国学者为译介主体的中西合璧译介模式。近年来，张爱玲作品的每部德译本几乎都有洪素珊和汪珏的印记。洪素珊和汪珏分别作为德国汉学家和中国学者，多年来合作无间，陆续将中国作家沈从文、白先勇、莫言和张爱玲等人的作品介绍至德语世界。以德语为母语的汉学家洪素珊对汉语以及中国文化也不陌生，而中国学者汪珏也有多年的留德经历和工作经历，通晓德语，熟谙德国文化。汪珏在著作《流光徘徊》中讲述了二人的合作模式：首先由汪珏将张爱玲作品译为德语，之后再由洪素珊进一步打磨、修改，使之更加贴近德语文化，符合德语习惯。她们这种合作互助的译介模式不仅充分发挥了西方汉学家的母语优势，保障了译作在德语世界的可接受性，而且在中国学者的辅助下，尽量保留了原作中的中国元素和中国风味。同时确保了译作的精确性，消解了张爱玲作品中语言的不可译性。二人的译作在德国汉学界和文学评论家那里享有很高的接受度和认可度。汉学家史迪曼对此盛赞道，“汉学家顾彬曾说，张爱玲几乎是不能翻译的，但是洪素珊、汪珏、包惠夫做到了。这值得喝彩”。②

4. 张爱玲作品在德国的接受情况

张爱玲的《色 · 戒：短篇小说集》德译本尚未面世，德国《日报》就已在2007年发文预告，“2008年2月科拉盛出版社将要发行张爱玲首部短篇小说集，2009年重新翻译《秧歌》，2010年将出版第二部短篇小说集”。③ 2008年短篇小说集《色 · 戒》一经推出，就受到了德国文学批评界的一致好评，次年便推出《秧歌》。《秧歌》甫一出版，就被德国《明镜》周刊(2009年8月26日)评为“本周最重要图书之一”④。《法兰克福汇报》也宣称：“一个被遗忘多年的中美文学之星将被发现”⑤。2009年10月张爱玲作品德译本亮相法兰克福书展，被推介给更多读者。同时，《时代》周报在文章《哪些作家亟待人们阅读?》中向德国读者介绍了五位中国作家，分别是陈江洪(法籍华裔画家兼图画书创作者)、李洱、张爱玲、杨炼和阎连科。⑥ 张爱玲赫然在列，并被称为“亚洲的弗吉尼亚 · 伍尔芙和中国的葛丽泰 · 嘉宝”⑦。

---

① 参见胡安江：《中国文学“走出去”之译者模式及翻译策略研究——以美国汉学家葛浩文为例》，《中国翻译》2010年第6期，第11页。

② Tilman Spengler. *Gegen alle Konvention*. *Die Zeit*, 2008-07-31.

③ Marc Hermann. *längst fällige Würdigung*. *Tageszeitung*, 2007-10-27.

④ Ulrich Baron, Daniel Haas. *Die wichtigsten Bücher der Woche*. *Speigel-Online*, 2009-08-26.

⑤ Anja Hirsch. *Und immer wieder verdunkelt sich die Welt*. *Frankfurter Allgemeine Zeitung*, 2009-10-17.

⑥ Susanne Mayer, Iris Radisch und Ursula März. *Literatur aus China: Welche Autoren sollte man dringend lesen? Die Zeit*, 2009-10-12.

⑦ Susanne Mayer, Iris Radisch und Ursula März. *Literatur aus China: Welche Autoren sollte man dringend lesen? Die Zeit*, 2009-10-12.

从2008年到2020年，针对张爱玲的四部作品(两部单行译本，两部短篇小说集)共有17篇文学评论发表。纵观这些文评，主要出自德国主流报刊和广播评论，如《法兰克福汇报》(*Frankfurter Allgemeine Zeitung*)、《明镜》周刊(*Der Spiegel*)、《时代》周报(*Die Zeit*)和《德国国家广播电台文艺台》(*Deutschlandfunk Kultur*)。其中，《法兰克福汇报》是德国境内影响力最大的报刊，其所刊登的文学评论均出自专业文学批评家之手，内容颇有深度和水准；《明镜周刊》自称是"德国最重要的且在欧洲发行量最大的新闻周刊"；《时代周报》也是一份覆盖全德、受众较广的周报。下面主要针对主流报刊对张爱玲作品所发表的文评做一概述，从而一窥张爱玲作品在德国的接受情况。

4.1 失败的爱情和异化的女性

正如苏珊·梅斯默(Susanne Messmer)在文评《感情是无情的》中所说，张爱玲讲述的爱情故事总是"失败而令人不悦的爱情——其萌芽被扼杀于社会习俗，日常不幸或是私欲利益中"①。张爱玲作品从来不是关于"正面的女主人公或者只是失败的或受压迫的女性"，"她们常常沦为腐朽传统或令人厌恶的阶级制度或性别等级制度的受害者"。②《时代周报》记者、文学评论家乌苏拉·梅尔茨(Ursula März)的文评《爱恨交织的情侣》也直接从标题点明，张爱玲的《色·戒：短篇小说集》中的每篇小说都以爱恨交织的情侣为中心。然而，"不自由和物质匮乏进一步凸显了人性的消极面，尤其是在男女关系上"。③ 卡塔琳娜·博尔夏特(Katharina Borchardt)也在文评《重新发现作家张爱玲：一位现代女性》中提到，张爱玲作品中"几乎每个故事都是以女性为主"，她用令人震惊的现实主义方式成功塑造了这些受挫的女性。④《金锁记》中的曹七巧在分家产时的粗鄙无理，"使人不自觉地想到童话中的恶皇后和继母"⑤。而张爱玲充满"宿命论"的小说《秧歌》中的人物在饥饿、穷困交加的情况下，……"最终呈现自我异化。⑥

4.2 创伤体验与文学书写

多数文评在评介张爱玲的作品时，都不可避免地提及张爱玲的童年创伤和流离乱世中的坎坷情路，将小说中人物的惨淡经历与现实中作者的曲折流年互为观照。文评《重新发现作家张爱玲：一位现代女性》就指出张爱玲的个人经历在其多部作品中都有所投

① Susanne Messmer. *Die Gefühle sind gnadenlos*. *Tageszeitung*, 2008-06-07.

② Susanne Messmer. *Die Gefühle sind gnadenlos*. *Tageszeitung*, 2008-06-07.

③ Ursula März. *Paare in Hassliebe verbunden*. *Deutschlandfunk Kultur*, 2008-05-15.

④ Katharina Borchardt. *Schriftstellerin Eileen Chang wiederentdeckt*: *Eine moderne Frau*. *Tageszeitung*, 2012-01-23.

⑤ Katharina Borchardt. *Schriftstellerin Eileen Chang wiederentdeckt*: *Eine moderne Frau*. *Tageszeitung*, 2012-01-23.

⑥ Ursula März. *Hunger*, *Gewalt und Unterdrückung*. *Deutschlandfunk Kultur*, 2009-10-14.

射。“张爱玲很早就经历过，个人经历如何在社会变革中化为虚无。”①《倾城之恋》描述的轰炸中的香港，张爱玲也亲身经历过；鉴于张爱玲曾于1943年到1947年与胡兰成交往过，《色·戒》也必然融入了她的个人经历。②《浮花浪蕊》中的洛贞背井离乡，乘船奔赴日本，希冀可以谋得工作，洛贞“孤身一人，在异国他乡中被打量，推搡——或许是张爱玲本人的化身吧”③。在《同学少年都不贱》中也“很容易辨认出，张爱玲即是主人公赵珏的原型，赵珏和张爱玲一样出身富裕家庭，在30年代的上海就读女子教会寄宿学校”④。乌苏拉·梅尔茨认为《色·戒：短篇小说集》中的“民众身处亚洲传统文化和西方现代文化碰撞和撕裂下的中国，丢失了价值观”，而张爱玲有着因循守旧的父亲和追求独立自由的母亲，在原生家庭的双重阴影笼罩下，其童年也处在这种撕裂状态中。⑤

4.3 精湛的语言技巧和细微的心理描写

德国汉学家和作家史迪曼(Tilman Spengler)在发表于《时代》周报的文评《反对一切传统》中对张爱玲极力赞扬，并称“如果张爱玲在纽约，她早就闻名世界了。张爱玲的小说闪耀着机敏和精湛技巧”⑥。他认为，张爱玲的字里行间“既呈现中国古典语言范式又富含现代西方短篇小说的精湛技巧，似乎她早先同时浸淫于多种文学传统”⑦。乌苏拉·梅尔茨认为张爱玲在《色·戒》中“以现代学者的冷静勾勒并分析了颓废的社会心理症状”，张爱玲作为叙事者的眼光是“无情的，任何虚伪的语气，做作的手势和身体的不完美都无法逃脱她的笔墨”⑧。《法兰克福汇报》也称赞张爱玲的《秧歌》将“诗意的画面和明了的内容完美结合在一起”⑨。书评《在流亡中逐渐疏远》称赞了《同学少年都不贱》中的对话描写，认为张爱玲对赵珏和恩娟之间的对白描写堪称典范，张爱玲用高超的写作技巧呈现二人之间冷淡的对话，小心翼翼地探问和轻微的指责。但同时作者也指出不足之处，这部作品太短了，只有80页，张爱玲对主人公赵珏多年来的成长历程描述得有些简洁，复杂的心理分析和政治历史背景也未用足够的篇幅去展开。

通过以上文评可以看出，张爱玲作品受到德国主流媒体和文学评论家的一致认可和高度评价，他们对张爱玲的认识是成熟而深刻的。而对于张爱玲的作品能够译介至德

---

① Katharina Borchardt. *Schriftstellerin Eileen Chang wiederentdeckt: Eine moderne Frau. Tageszeitung*, 2012-01-23.

② Katharina Borchardt. *Schriftstellerin Eileen Chang wiederentdeckt: Eine moderne Frau. Tageszeitung*, 2012-01-23.

③ Sandra Richter. *Party im subtropisch schwülen Weihrauchkessel. Frankfurter Allgemeine Zeitung*, 2012-01-13.

④ Katharina Borchardt. *Langsame Entfremdung im Exil. Deutschlandfunk Kultur*, 2020-06-16.

⑤ Ursula März. *Paare in Hassliebe verbunden. Deutschlandfunk Kultur*, 2008-05-15.

⑥ Tilman Spengler. *Gegen alle Konvention. Die Zeit*, 2008-07-31.

⑦ Tilman Spengler. *Gegen alle Konvention. Die Zeit*, 2008-07-31.

⑧ Ursula März. *Paare in Hassliebe verbunden. Deutschlandfunk Kultur*, 2008-05-15.

⑨ Anja Hirsch. *Und immer wieder verdunkelt sich die Welt. Frankfurter Allgemeine Zeitung*, 2009-10-17.

国，也是持期待欢迎的态度，苏珊·梅斯默就曾言，“吟诗的嘉宝——张爱玲在美国早已备受推崇，现在她的作品终于有了德译本”①。

5. 结语

总体而言，张爱玲作品德译开始时间较早，但却始终反响平平，只在德国汉学界和专业读者群中受关注。历经50余年的遇冷期后，借着2007年李安电影《色·戒》的东风，张爱玲作品德译再次开启了新征程，单行译本和小说集的出版扩大了受众群体覆盖面，吸引了更多普通读者。张爱玲作品之所以能够在德国得到译介和接受，其原因主要有以下几个方面：首先，张爱玲作品的文学性符合赞助者德国乌尔斯坦出版社的出版方针和意识形态；其次，张爱玲作品的德语译介是以洪素珊和汪珏这一对中外译者为主力军携手发力的典范，德国汉学家素洪珊和中国翻译家汪珏的通力合作将张爱玲作品成功译为既合乎德语规范又不失中国风味的德语，二人的中外互助合作译介模式是值得借鉴和推广的译介模式；最后，张爱玲德译作品的传播离不开主流期刊和文学评论者的大力推介，他们使作品走进更多德国读者的视野，提高了张爱玲作品在德国的关注度和接受度。这几个因素环环相扣，最终有效地推进张爱玲作品在德国的译介，使其为更多德国读者所接受。

参考文献

[1]鲍晓英．中国文学“走出去”译介模式研究[D]．上海外国语大学，2014.

[2]顾彬．二十世纪中国文学史[M]．范劲等译．上海：华东师范大学出版社，2008.

[3]胡安江．中国文学“走出去”之译者模式及翻译策略研究——以美国汉学家葛浩文为例[J]．中国翻译，2010，31(6)：10-16+92.

[4]盛韵，顾彬．阿城太传统 余秋雨不够勇敢[N]．东方早报，2008. 10. 19.

[5]汪珏．在德国译介《色·戒》，张爱玲真的“几乎不能被翻译”吗？[N]．澎湃新闻，2019-01-07.

[6]王珞．繁华落尽，苍凉依旧——以《同学少年都不贱》为例谈张爱玲后期小说的风格变迁[J]．华文文学，2004(05)：52-56+45.

[7]文娟．新世纪十年以来张爱玲研究综述[J]．中国现代文学论丛，2015，10(01)：182-190.

[8] Anja Hirsch. Und immer wieder verdunkelt sich die Welt. Frankfurter Allgemeine Zeitung，2009-10-17.

[9]Chang，Eileen. *Gefahr und Begierde*：*Erzählungen*[M]. Susanne Hornfeck，Wang Jue

① Susanne Messmer. *Die Gefühle sind gnadenlos. Tageszeitung*，2008-06-07.

und Wolf Baus. Berlin: List, 2008.

[10] Katharina Borchardt. Langsame Entfremdung im Exil. Deutschlandfunk Kultur, 2020-06-16.

[11] Katharina Borchardt. Schriftstellerin Eileen Chang wiederentdeckt: Eine moderne Frau. Tageszeitung, 2012-01-23.

[12] Levefere, André. *Translating, Rewriting and the Manipulation of Literary Fame*[M]. Shanghai: Shanghai Foreign Language Education Press, 2004.

[13] Marc Hermann. längst fällige Würdigung. Tageszeitung, 2007-10-27.

[14] Sandra Richter. Party im subtropisch schwülen Weihrauchkessel. Frankfurter Allgemeine Zeitung, 2012-01-13.

[15] Susanne Mayer. Iris Radisch und Ursula März: Literatur aus China: Welche Autoren sollte man dringend lesen? Die Zeit, 2009-10-12.

[16] Susanne Messmer. Die Gefühle sind gnadenlos. Tageszeitung, 2008-06-07.

[17] Tilman Spengler. Gegen alle Konvention. Die Zeit, 2008-07-31.

[18] Ursula März. Paare in Hassliebe verbunden. Deutschlandfunk Kultur, 2008-05-15.

[19] Ulrich Baron, Daniel Haas. Die wichtigsten Bücher der Woche. Speigel-Online, 2009-08-26.

[20] Ursula März. Hunger, Gewalt und Unterdrückung. Deutschlandfunk Kultur, 2009-10-14.

《德语语法》序言

——致柏林枢密院法官阁下萨维尼教授

[德]雅各布·格林(著)　广东外语外贸大学　陆玲怡　程　林(译)

亲爱的萨维尼，我内心是多么渴望把所有美好又合适的话语拿来赞美您一个人啊！上天知道并总是给我以最好的安排。当年我父亲早逝，如今尚在世的亲属也不多了，我那已故的慈爱母亲为我们兄弟五人的前途满怀忧虑，此时我孑然一身来到马尔堡，虽然错过了不少东西，但还是充满了诚心求学的愿望。机缘巧合之下，我成了您课堂上的听众，在您的指导下学会了觉察和理解，我想要读书，无论是读法律还是其他科目。在学术理想被唤醒之后，我又更进一步认识了您，您从一开始就对我十分亲切，那种态度令我至今难忘。此后我与您的交流越发密切，自当时至今日，您对我的教育和辛勤工作的态度都带来了不可磨灭的影响。回顾往事，如果没有您当初的引见，我们就不会与阿尼姆①结识并相熟，也不会有因这场结识而带来的一切收获，这对我的兄弟们而言也定是改变人生的有益收获。在上天将我们放逐、使我们孤立无援之后，又派来他人予我们以指引和关爱，这是连我们父母也没能料到的。

一直以来，我都在向您汇报并与您交流我的工作，而您也常常参与其中，这些工作对我来说显得微不足道，或者不过仅是一堆原始材料的堆积，其重要性只能留待后世去发现和评估，它们与我对您的感激敬爱之情实在无法比拟。我亦不会隐瞒这本书的瑕疵所在，但现在我还是要多给予它一些褒奖，因为它耗费了我不少心血，亦因本书迄今为止探究了一个新的领域，要在其中有所发现，既有便利也有不易之处。对第一枚采摘下的半野生果实，人们能够容忍其不足，因为它终归来自一个意料之外的世界，而这果实大概能看到，我带着它走过的那条未有前人涉足的路途是多么的崎岖。倘若您对此持有不同意见，那便是我先前自作主张地假定您愿意让我进行这项具有突破意义的德意志古典研究，并且批准了我的想法：在语法研究中，历史的神圣性及必要性必须要得到肯定。

我们不妨想想，该怎么去评价如今对古德语文学热切而不片面的追求所获得的成功，好的方面一定比坏的更为明显和持久，特别是自上次被敌人征服之后，它成了许多

---

① 阿尼姆(Achim von Arnim)，德国浪漫派著名作家，他在德意志民族史中留名的作品是他与布伦塔诺合作搜集整理的德国民歌集《儿童的奇异号角》(*Des Knaben Wunderhorn*：*Alte Deutsche Lieder*，1805)。格林兄弟参与了民歌搜集工作。但在对待古代文献的方式上，格林兄弟与阿尼姆、布伦坦诺存在重大差异，后者(特别是布伦塔诺)并未完全忠于民歌的历史真实性，而是进行了大量改编和再创作——译者注。

人慰藉和振奋的来源(这个良好的开头自然不能被忘却)。那些不成熟的、使人过分喜悦的溢美之词渐渐消退，某些批评责备亦然。那些批评者在接受希腊文化以及其他古典文化样本无可否认的优秀之处的同时却不愿将我们自己貌似土气的昔日存在列为经典，甚至连谈到都要觉得羞愧。现如今这种批评已不能把任何理智之人吓退。我始终坚信，即便我们本国风物、古迹和习俗的价值委实要低于我们公正而谦逊的评估，本民族的知识对我们而言仍是最有裨益，而且优于所有外国学问的。我们在祖国的土地上受着大自然的指引，这是我们与生俱来的才能，只有这样的天赋才能让我们变得广博并笃定地学习。我们本国诗学和语言的历史目前仍显得贫乏和不足，但将来总有一天它会有更加深厚的根基和更丰硕的成果，甚至在希腊和拉丁学界也能产生有益的影响，当然这种影响很可能进行得比较缓慢。到目前为止它就像一所位置优越的房子，窗外能看到美丽的风景，但屋内缺少桌椅，还不能让人舒适地入住。而我们需要做的，自然不必多说。被拯救和夺回的古迹应得到谨慎的维护；我们并不想纯粹为了满足好奇而心急火燎地将其付梓，而是应该为还原并保持它们的原有模样而努力。前人给我们留下的东西不能为了迎合今天的眼光和需要被随意使用。相反，今天的人们必须尽最大努力确保它们忠实地经过自己的手、未经篡改地留给后世。去寻找一首连 17 世纪的大众都能阅读的古诗，对我们并没有什么帮助。①

不仅是我有此主张，还有几位同仁也已用值得赞许的严肃态度对待我们德国古文学的源头。此举在新时代自然显得不合时宜，因为新时代意欲将最新的科学和诗歌置于中心地位，并倾注全力地充实它们。这就像是学着外国人的式样编织闪亮的衣料，其实质却不过是将我们自己的旧衣服进行翻新和拼接，这样一来，不仅异国或古老事物的真正价值会因为其诗歌中紧密联系、不可分割的形式与内容被强行割裂而惨遭损失，同时当今以及本土事物带给人的快乐也被剥夺了。我们如今的诗人们生活在材料和形式的喧嚣中，许多人根本无法从中摆脱，只有少数人默默坚守内心，不受其影响。② 在语言方面，人们已经察觉到外来词引入这一旧日弊端的可疑回潮，并对此提出了公正的批判；同时我们的诗歌本身也在遭遇德译外来词的侵袭，德语词的本质被强行扭成外来词的样式，旧体德国诗的革新已然刻不容缓。当然也不可否认，有一些必要的、正确的引入的确是大有裨益的。《圣经》中崇高而简洁的章句已经融入所有的语言中，我时常想，基督教带来了多么美妙的影响啊：一本《圣经》就可以让世界各地的语言互相对照。假如没有哥特语版本，也没有虔诚之人在接下来数百年里为了在本国点燃福音之光所做出的努力，我们德国的历史将会是怎样？路德翻译的德文版《圣经》已是每个人弥足珍贵的宝物，也是教会中神圣的一部分(其中一字都不可改动)，它给予高地德语以富有男子气概的力量和意志。对《圣经》的翻译因而在此是一项鼓舞人心的工作，是属于全体人

---

① 正如霍夫曼斯瓦尔道(Hoffmannswaldau)(《忠实的牧羊人》序言，*Vorrede zum getreuen Hirten*)对奥特弗里德(Otfried)的作品进行的当代化尝试——作者注。

② 如赫贝尔(Hebel)——作者注。

民的，自然也要用人民的母语向他们诉说。① 然而我们当代的文学明显呈现出一种教育与书籍不相称的状况，教育无法触及民众，而太多的翻译书籍既无法接近人民，也无法使受过教育的群体免遭恼人的烦闷。一门来自遥远地方的语言甚至会让最有学问的人发愁犯难，在这种情况下直接引用外来词确实有一定的好处。形式上越是保持谦虚，就越稳妥。另一方面，对于欧洲其他国家的一切优秀作品，我们的学者和知识分子都习惯于阅读原文，在将其译成德语时就会僵硬无比地模仿原文的形式，这种做法在我看来是该受谴责的，对许多人求而不得的德语韵律而言，这样的翻译在根本上也有害，仿佛我们的文学就必须把一切都全盘纳入，而德国人只要稍做些处理和准备，就可以舒舒服服地在家里迎接外国的知识。外国作品可以独立于德语加工继续存在，而德国古代的历史遗产相比之下却不受我们喜欢，因为它离我们太近，就像同类色调搭配的效果和相差较远的色调间比起来并不好看一样，尤其在如今世界色彩的影响下，它就更不令人感到舒适了。在我看来，祖国的古老传说即便存在一定程度上的不足，也仍具有其独特的魅力，人民的信仰就是建立在此基础之上的，因为感觉告诉人们，谎言想要填满并延伸进一切。我们十三世纪最高尚的作品真是拥有最精妙的创想和表达，连最新时代的诗人都要从中撷取精华。如果非要把那些诗歌编进新的诗行，把它当成一首完整的诗加以润色，那么高特弗里德(Gottfried von Straßburg)笔下可爱纯洁的《特里斯坦》(*Tristan*)将会变成什么样子？我们英雄之书中的歌谣岂不都丧失了质朴的趣味吗？阿里奥斯托(Ariosto)和塔索(Tasso)的作品让我受益无穷，因为我感受到了他们作品语言的绚丽和情感的丰富，古老民间诗歌的本质在其中都不见了踪影。太多的满足终会归于空虚。真正的诗歌带来的感受就像一个人看着树叶青草生长和日出日落一般欣喜万分，而虚假的诗歌就像一个人来到异国他乡，想象着自己升上了瑞士的高山、意大利的天空和海上。可假如他现在就站在这些地方，他内心的满足大概也远远比不上那些呆在家里，年复一年看着家中庭院里苹果树开着花、雀儿在树上打转的人。我们的画家也不太喜欢从古老的宗教和骑士故事里取材绘画，这些东西未被他们所见，也走不进他们心里。他们应该多看、多把握既不属于古希腊也不属于古德意志模式的当代生活。古体诗和浪漫诗之间也没有什么真正的区别。我们的绘画、语言和诗歌史可以教导我们避开很多弯路，因为它告诉我们，只有那些远离人世教条、追随自然脚步的人才能与真理相伴前行。尽我的绵薄之力，让人们源源不断地从祖国历史中汲取自然的智慧养料，是我最热切的希望。

最后还请继续多多关照！

您忠实的雅各布·格林

---

① 为了实现理想且忠实的翻译，我们的语言，即译入语言必须与被翻译的外语保持平衡，这种平衡不仅体现在形式上，还要求智性发展的对等，但如此理想的情形几乎从未出现过。不过若是两种语言相似，翻译的效果会更好，比如德语版的莎士比亚作品要比法语译本好得多。同时我们也能得出结论，那些古老的叙事作品，比如民歌，是无法被翻译的。因为一个处于受教育时代的人与自然时代，即这些诗歌产生的年代已然相距甚远，这种差距让翻译工作无法成功。——塞万提斯在《唐·吉诃德》第一卷第六章借谈阿里奥斯托(Ariosto)之契机对翻译表示反对。——作者注。

雅各布·格林《德语语法》献辞之意

广东外语外贸大学　陆玲怡　程　林

雅各布·格林(Jacob Grimm)，即格林兄弟(Brüder Grimm)中的兄长。格林兄弟不仅搜集和整理了《儿童与家庭童话》，也是总耗时178年的《德语辞典》编纂工作的发起者。此外，雅各布还从事语言史、德语语法等方面的梳理工作，威廉则在英雄史诗、民间诗歌等古代文本的搜集整理方面做出了成绩，因此两人均被视为德语文学的“创始之父”或“创始英雄”①。

1819年，在与弟弟威廉·格林合作出版了《儿童与家庭童话集》第一辑(1812)后，雅各布·格林在哥廷根独自出版了他影响深远的学术专著《德语语法》(*Deutsche Grammatik*)。对于立志推广德意志民族语文学的格林兄弟来说，同时也对于萌芽中的日耳曼语言文学来说，这都是一部至关重要的著作。在《自然界的精灵》中，诗人海因里希·海涅在法国读者面前写道，“仅一个雅各布·格林为语言学所作的贡献就超过你们自黎塞留以来整个法国科学院的贡献。他的《德语语法》是一部鸿篇巨制，是一部科特式的大教堂。在其中，所有日耳曼的民族都提高了他们的嗓音，就像巨大的合唱团一样，每个民族都用自己的方言说话”；海涅打趣道，在建造《德语语法》这座“庞大的语言学建筑物”时，格林“或许把他的灵魂交给了魔鬼，以便魔鬼向他提供那些资料，并且作为帮手为他服务”。② 显然，帮助雅各布·格林完成宏大研究事业的不是要求交易灵魂的魔鬼，而是他本人孜孜不倦的严谨工作，而且他也从未因一时的成绩而满足以至于喊停工作。幸运的是，格林获得了当时不少同行的支持。他们从全国甚至国外寄来资料，协助他完成了“这庞大的语言学建筑物”。这种团结协作的精神促进了19世纪德国学术的迅速发展，直至19世纪末和20世纪初，德国人文学界已经靠着组织严密的精诚合作完成了众多在当今看来都不易完成的庞大语文学项目。

雅各布·格林将《德语语法》题献给了德国法律史学家萨维尼(Friedrich Carl von Savigny，1779—1861)。这篇献辞出现在《德语语法》的首版中。雅各布·格林是德国19世纪上半叶的著名学者和德国浪漫派代表性人物，而萨维尼是德国历史上最伟大的历史学家之一。萨维尼仅比雅各布大6岁，他的法律课是雅各布求学时代最喜欢的课程，雅

---

① Lothar Bluhn. Die Brüder Grimm und die Wissenschaft. Anmerkungen aus philologischer und kulturwissenschaftlicher Sicht. *Neuphilologische Mitteilungen*, 2005. Vol. 106. Nr. 4. S. 469.

② Heinrich Heine. Elementargeister, in *Heinrich Heine. Sämtliche Werke* (Bd. 3). Hg. Von Klaus Briegleb. München: Hanser, 1997. S. 646.

各布对萨维尼本人也非常崇拜。只是在浪漫派作家布伦坦诺、阿尔尼姆等浪漫派诗人的影响下，格林兄弟的爱好从法学和法律史转向了德意志古代文学文化，但格林兄弟正是通过萨维尼才有机会认识到这两位浪漫派诗人，从而走向了自己的终身志业。这篇献辞有两点看起来并不完完全全合乎普通读者的预期，一是这本书献给了既不是语言学家也不是格林兄弟语言学导师的萨维尼。但雅各布之所以将《德语语法》献给萨维尼，“不是因为萨维尼促进了格林的语法知识，而是因为萨维尼这个名字代表着一种特定的研究方式：在萨维尼的学说中，雅各布学会了‘想要研究意味着什么’。‘勤奋’和‘深思熟虑’以及‘忠诚’和‘严谨’。”①可见，当读者认识到萨维尼是格林走向学术世界的领路人，格林将其学术作品献给萨维尼也就很容易理解了。二是在这同时也是《德语语法》序言之一的献辞中，雅各布·格林除了谈论关于德语本身和外来语影响的看法，还呈现了他关于古代诗歌、传说以及外国文学翻译的观点等其他内容，这造就了这篇献辞的附加价值，因为读者从中可管窥雅各布的三点治学思想，而它们则贯穿了雅各布·格林的整个职业生涯：

一是学无止境的研究作风。在写给同行、著名语文学家卡尔·拉赫曼的信中，他说道，“在我尝试着出版语法书之后，而且自从我不断学习以来，我现在感觉到，我的知识和我的著作多么不完美，多么欠缺不足。但是，我并不后悔写了这本书，因为我在急需前行的道路上了解我自己”。②雅各布·格林深知语言、历史和法律等研究需要在不足甚至错误中不断进步，这在他 1846 年在首届日耳曼学大会上的发言《不精准科学的价值》中又得到印证。

二是忠于历史的治学态度。正如他在这篇献辞中所言，“前人给我们留下的东西不能为了迎合今天的眼光和需要被随意使用。相反，今天的人们必须尽最大努力确保它们忠实地经过自己的手、未经篡改地留给后世”。“经过我手、未经篡改”可谓是雅各布严谨治学的准则。正是格林兄弟等德国语文学家这种严谨的治学作风造就了 19 世纪语文学的黄金时代，从而让德国在 19 世纪末成为世界范围内的人文领域学术中心。

三是热爱祖国的学者使命。雅各布·格林不仅是一位学者，也是一位爱国者。他非常认同古代民族文化对于当时德意志民族认同感构建的作用，这才有了他在这篇献辞中的真挚宣言：“尽我的绵薄之力，让人们源源不断地从祖国历史中汲取自然的智慧养料，这是我最热切的希望。”这可以说是他毕生的追求，而他也的确用从未停止的学术耕耘践行了自己的宣言。雅各布·格林曾写道：“编写德语历史语法的念头完全吸引了我。在认真阅读德国古代文献资料的时候，我每天都能发现这样的完美形式：它完全能够同那种引起我们对希腊人和罗马人产生妒忌的东西相媲美。”③此时，在德国知识界和学术界

---

① 斯特芬-马尔图斯：《格林兄弟》，赵蕾莲译，北京：人民出版社，2013 年，第 289-290 页。

② 斯特芬-马尔图斯：《格林兄弟》，第 287 页。

③ 盖尔曼·盖斯特涅尔：《格林兄弟》，刘逢棋译，长沙：湖南人民出版社，1985 年，第 133-134 页。

最受关注的是古典语文学，即古希腊和古罗马流传下来的古代文化财富，而格林兄弟的工作显然希望、事实上也的确提高了属于德意志民族的语文学（即德意志古代文献文化）的地位。

这些品质，特别是超越了国家和民族界限的前两点，足以让雅各布·格林成为日后日耳曼语言文学研究者的榜样。此外，需要注意的是：本文在1819年版《德语语法》中原标题为《致柏林枢密院法官阁下萨维尼教授》，而在 Walther Killy 出版的《德国文学：文本与见证》（1965）中，这篇献辞被命名为"《德语语法》的序言——致柏林枢密院法官阁下萨维尼教授"（*Vorrede zur „Deutschen Grammatik" — An Herrn Geheimen Justizrath und Professor von Savigny zu Berlin*）。为表述准确起见，后者被选为译文标题。

西方话语下的中国文学认知
——以葛禄博《中国文学史》中的唐诗审美观为例①

华中科技大学　周正芷　肖　颖

摘要：德国汉学家葛禄博（Wilhelm Grube）所著《中国文学史》（*Geschichte der chinesischen Litteratur*）（1902）是德国现代汉学发端时期的里程碑式成果，其中对唐诗的探索十分深入。葛禄博尤其对唐诗的音韵、格律、对仗等诗歌元素进行了精彩的分析，同时将其与西方诗歌进行比较，并强调汉字、书法与中国诗歌的关系，由此来分析中国人的审美观。总结葛禄博在阐释与评析唐诗特别是李白诗作时所呈现的认知特点，有助于我们了解世纪之交德国文学中"唐诗热""李白热"背后的文化内涵、审美差异、认知转型，掌握1900年前后德国汉学界在西方中心主义思想下对中国文学的认知。

关键词：葛禄博；《中国文学史》；跨文化；唐诗；李白

19世纪末20世纪初，随着资本主义的蓬勃发展，欧洲社会矛盾不断激化，由此在科学、社会和文化层面上产生了严重的危机，有识之士开始反思现代文明和工具理性。在世纪之交的德语文学转折时期，文学流派呈现出多元化、创新化的发展趋势。在此背景下，德语作家们开始从东方文化中寻找新的寄托。老子、李白、杜甫成为德国知识分子与作家群体喜闻乐道的中国文化代言人。② 德国汉学家们也转换对中国认知的范式，改变以往随机拾取的模式，开始对中国诗歌展开系统的阅读与译介，并将以学术考察为依托的文学翻译与中国文学史的书写相配合，更深入、更全面地了解中国的精神生活。③ 与此同时，在尼采"酒神精神"、道家"无为"思想盛行的时代语境下，不少德国诗人及汉学家对中国文学的探索聚焦于"唐诗"——尤其是李白的诗作，对其进行西方语境下的阅读、译介、解读与再创造。由此在德国文学界掀起了一股"唐诗热"④。

德国汉学家葛禄博（Wilhelm Grube）所著《中国文学史》（*Geschichte der chinesischen Litteratur*）作为诞生于世纪之交西方文学概念深刻变化之时的德语著作，被公认为德国

---

① 基金项目：湖北省大学生创新研究项目"《中国文学史》翻译与研究"（S202110487284）研究成果。葛禄博（又译顾路柏，顾威廉，1855—1908）。

② 李双志：《德国对中国文化的认知的现代重构——以"诗歌中国"的发现及译介为例》，《德国研究》2018年第4期，第107页。

③ 同上，第114页。

④ 张小燕，谭渊：《世纪之交德国文坛中的"李白热"》，《德国研究》2020年第2期，第116页。

现代汉学肇始期的里程碑式成果①。与世纪之交的“唐诗热”相呼应的是，葛禄博将唐朝看作诗歌创作的全盛期，将以唐诗为代表的唐朝文学看作“中国文学史的顶点”②。在《中国文学史》有关唐诗的章节中，葛禄博将李白称为排名第一的诗人，重点介绍了李白的生平和诗作，并对其诗歌特点进行了细致分析。

1.《中国文学史》的编写策略与译介视角分析

葛禄博在前言中指出，其编写的指导思想是“通俗易懂地描述中国文学”，并“试图满足读者的兴趣和需要”(*Geschichte*：XII)③。由此可以看出，葛禄博在其对中国诗歌的解读方面，呈现以下两个方面的特征：一方面，葛禄博注意到在跨文化文学研究中调整“自我”与“他者”身份的重要性。他指出，欧洲人要想正确评价远离其艺术视野的中国艺术创作，就必须用中国人的眼光来观察，必须先领悟中国审美观。中国诗歌在文字之外蕴含丰富的民族文化也让葛禄博不得不承认，译诗或多或少都带着缺陷，因为披着陌生的翻译外衣，中国诗歌始终只能有限地绽放其魅力(*Geschichte*：276)。另一方面，葛禄博十分重视目标读者的语言、文学和文化，争取“将原文移向读者”(*Geschichte*：263)。

在《中国文学史》第八章“唐朝——中国诗歌的盛世期”中，葛禄博“以读者为导向”的译诗策略和“自我”与“他者”相结合的解读视角也体现得尤为精妙。与此同时，为了帮助读者更快地了解唐诗的构造及其精妙之处，葛禄博在此章节选择着重介绍唐诗的结构艺术和语言艺术，争取在减轻读者理解困难的同时，带领读者领略中国艺术“不可言说”的独特魅力。但这不仅仅是一种以读者为导向的翻译策略，同时也带有深刻的西方中心主义印记，在这种思想的影响下，西方学者的跨文化研究往往会不可避免地带有民族中心主义的偏见以及自身的个性化理解，即在对“他者”文学的理解中加入本民族文化背景下的“自我”理解的延伸。

2. 从唐诗和李白领悟中国人的审美观

2.1 外部节奏：诗歌格律与汉字书法

在介绍唐诗格律时，葛禄博以西方读者能理解和接受的方式，全面而又细致地介绍

---

① 范劲：《“文学中国”的内在结构：德国的中国文学史书写》，《文学评论》2018 年第 6 期，第 137 页。

② Wilhelm Grube. *Geschichte der chinesischen Litteratur*. Leipzig：C. F. Amelangs，1902. S. XII. 后文出自同一著作的引文，将随文标出该著作名称首词和引文出处页码，不再另注。

③ 朱志瑜：《类型与策略：功能主义的翻译类型学》，《中国翻译》2004 年第 3 期，第 8 页。

了中国诗歌的精妙之处。在他看来，中国的诗歌文学须通过眼睛和耳朵接受，二者缺一不可，均为评价中国诗歌的决定性因素（*Geschichte*：276）。可见，葛禄博将诗歌的“视听感受”作为评判诗歌的第一要素，由此，我们可以在“唐诗”一章中看到他有关诗歌韵律、句式结构、汉字书法艺术等的精彩介绍，借此也得以一窥西方学者眼中的中国审美观。

葛禄博首先强调了汉语在诗歌表现上所带来的独特的“听觉感受”。通过对比，他向读者解释了单音节汉字与以多音节为主的西方语言在发音、音节、重读等“听觉感受”上的差异。德语诗歌中的丰富节奏来自重音节与非重音节、长元音与短元音的交错切换，但汉字是单音节词，一个字便是一个整体。对此，葛禄博举出“ein Mann，ein Wort”（君子一言，驷马难追）（*Geschichte*：264）等由单音节词构成的德语俗语，帮助德国读者形成有关单音节汉字在诗歌韵律上的初步印象。紧接着葛禄博以李白的《静夜思》一诗为例，具体分析了唐诗中的平仄格律。“这些格律使得音调有了变化，声音有了转折，在诗歌节奏上形成了如旋律中不同节拍所带来的效果。”（*Geschichte*：266）

在葛禄博看来，汉字、书法是传达诗歌视觉效果的重要部分。早在前言中，葛禄博便对汉字的独特结构进行了介绍。他强调，以象形文字为主的汉字，其内涵已蕴含在字的偏旁、字形之中。在此章节中，他将汉字与诗歌联系在一起，认为汉语作为孤立语，一个字便可以代表一个独立的意象。但他也认为，汉字限制了诗歌创作，“中国诗歌会用真实情感打动人，用高尚情操感动人，但无法用想象来震撼人心”（*Geschichte*：XIII）。葛禄博还十分重视汉字书写在诗歌表达中所带来的视觉效果。在唐诗一章中，葛禄博对中国人推崇书法的现象进行了介绍和强调，“我们的书写习惯普遍较差，与此不同的是，中国的文人们都追求有一手好字”，“与字母相比，汉字在书写上有着高得多的视觉价值”（*Geschichte*：273）。透过汉字的独特结构、中国人对书法的推崇，葛禄博对中国人的审美意识和审美追求有了新的观察和理解——对称法则。他认为，无论是美术、诗歌还是写作，对称法则主导着整个艺术创作过程，作为方块字的汉字本身以及汉字在句中的排列都具有对称性。此外，无论是中国的城市布局、花纹样式、建筑排列，还是中国人对“成双成对”的偏爱，这些都体现了建立在对称法则之上的中国审美追求，其艺术的核心原则是：风格上的统一（*Geschichte*：274）。

2.2 内在节奏：诗歌内容与画面

除了以上的“外部节奏”外，葛禄博将唐诗与《诗经》等古诗的另一大差异总结为：唐诗对诗歌创作的内容和思想也有“节奏要求”，即对仗规则、整体结构以及画面想象。

在介绍对仗规则时，葛禄博以魏晋诗人杨方的《合欢诗》为例，强调了对仗规则对诗歌每部分内容在关联性上的要求。同时，为了减少德国读者对此的陌生感，他还引用了歌德的诗歌，将中国诗歌中的对仗与德国诗歌中的平行修饰手法（Parallelismus）进行类比，但他也指出了两者的差异：“德国诗人可以自由决定是否使用平行修饰，而中国诗歌是将对仗作为诗歌艺术的根本性要求”（*Geschichte*：270）。葛禄博对中国民俗有着深入研究，在此他也特别提到了中国的对联，“在中国，房子大门的两侧几乎都贴着写有对仗句子的红纸条，我们可以从中看出中国人对这种诗歌表达形式的狂热喜爱”（*Geschichte*：273）。

在诗歌结构上，葛禄博认为唐诗的“整体结构建筑”是一种美学要求，这往往分为四个部分：引子、发展、过渡和结论（*Geschichte*：276）。他举出李白的《静夜思》作为例证：第一节“月亮照进我的床”属于环境描写，构成了引子；随后在第二节“覆盖着冰霜般苍白的光芒”有了进一步的发展；第三节“我抬起头来，仰望着明亮的月亮”，对月亮的观察构成了对思乡情绪的过渡；在最后一节中，情绪得到了表达，从而构成了整个诗篇的结尾。由此，我们可以说，葛禄博注意到了唐诗在内部结构上的关联要素，即我们所说的“起、承、转、合”四步。

此外，诗歌画面和读者想象也被视为诗歌魅力的重要因素。葛禄博以李白的诗歌《姑孰十咏·丹阳湖》为例，具体介绍了唐诗是如何将诗句中的单个形象连接为对称的“词画”（Wortbilder）。在理解诗歌的过程中，读者不仅是接受者，同时也是给予者，需要通过自身想象在画面中找到和谐感，由此对诗歌产生深刻印象。

葛禄博认为，唐诗完成了从《诗经》式民间诗到艺术诗的转变，他将唐诗的这种艺术性概括为外部节奏和内部节奏两个方面。他从西方文学和美学视角出发来比较研究唐诗在各方面的特点以及其与其他民族诗歌的差异，称其是眼睛和耳朵的艺术，是对称和整体的艺术。由此可见，唐诗为汉学家或者说为西方人带来的艺术审美享受，是不同于传统中国审美下“重意境轻形式、强调语轻情深”①特点的，在其本土既定的诗歌研究影响下，作为西方汉学家的葛禄博更加重视诗歌中的外部形式、内在形式连接所呈现的视听维度之下的艺术性。

3. 西方视角下李白诗歌中的“酒”“侠”“情”

3.1 饮酒诗：及时行乐观与酒神精神

《中国文学史》第八章第二节“唐代抒情诗及其对现代诗歌的影响”将李白的饮酒诗概括为两个特点：一是“酒醉后的欢愉之情”，其实是一种带有悲观厌世感的自我麻痹式情绪（*Geschichte*：186）。例如葛禄博分析《将进酒》是李白为消除忧患而借酒麻醉自己，从而忘掉忧愁。与此同时，葛禄博认为，李白诗歌中反复提到了主题词——“Ergo bibamus”。“Ergo bibamus”来源拉丁语，字面意思为“让我们喝酒吧”，这一词汇还与歌德有着微妙的关联。1810年歌德与友人约翰·伯恩哈德·巴瑟多（Johann Bernhard Basedow）展开了一段愉悦的拉恩河-莱茵河之旅，并写下了一首名为《Ergo bibamus》的

① 徐安琪：《〈唐诗三百首〉的审美价值取向》，《湘潭大学学报（社会科学版）》2000年第3期，第68页。

诗歌。而巴瑟多是当时一位颇具影响力的教育学家，值得一提的是，此人正是一位重度嗜酒者①。不过，由于民族特征、酒神传说等的不同，中西方饮酒诗中的饮酒之因及背后的文化意义也不尽相同，中国诗人喝酒多是缘于愁，是个人化的；而西方诗人喝酒则是缘于快乐本身，是大众化的。“Ergo bibamus”所展现的也是一种与友人一起或是在盛宴之时的狂欢饮酒，与李白大部分的饮酒诗借酒消愁、追求自我遗忘与麻痹的形式有所不同。但不可否认的是，葛禄博在此处借用西方语境下的词汇“Ergo bibamus”来类比李白之饮酒诗，这便于德国读者迅速理解李白主要的诗作形式——饮酒诗，也在这样的类比中展现了中西诗歌文化中的共鸣感。

二是葛禄博认为李白热衷于将“及时行乐”与生命的短暂性联系起来。此处，作者使用了拉丁语词汇“Carpe Diem”。古罗马时代诗人贺拉斯在《短歌》(*Odae*)中主张将享乐作为人生第一要义，因此提出了著名词汇“Carpe Diem”——意为“抓住时间”。作者将西方语境下的“抓住时间”与李白饮酒诗中所展现的“快乐主义生命观”联系起来，一是由于东西方诗人对于饮酒享乐的观点确有相似性，二是由于当时尼采文化悲观主义哲学的盛行，其“酒神精神”与李白的自我遗忘之境界在客观上有着巧妙契合之处。尼采在古希腊酒神精神中看到了遗忘过去、搁置未来、享受当下的人生观，“即使面对那些所谓的宇宙的混乱、无秩序，或者人生的无常、悲苦，人仍然有能力去面对它，与意志融为一体，一起创造和毁灭”②。而李白在诗中流露出人生在悠悠宇宙中的无力感，宇宙永恒而人生短暂，“君若不饮酒，昔人安在哉”，不如饮酒作乐，注重现世享受。尼采和李白的人生观均重在一个“忘”字，“忘”代表着自我遗忘、超越现实、及时行乐，享受短暂的生命本身。因此，葛禄博在尼采哲学盛行背景下，极其关注李白诗作中与“酒”有关的部分，并将其与西方文化中的享乐主义结合，分析李白“酒仙”之形象，实乃巧妙。

3.2 叙事诗：任侠精神与骑士精神

葛禄博将李白之怀古咏史诗《侠客行》定义为可类比德国叙事谣典(Ballade)的一种叙事诗。他认为，总的来说，中国文学中缺少民谣和史诗，与日本相比，骑士精神之浪漫于中国人而言是陌生的(*Geschichte*：282)。李白叙事诗中提及的“侠客”实际上是一种用无害职业掩饰自己的流浪骑士。“他们是冒险家也是强盗，生活在黑暗中，为事业不择手段”(*Geschichte*：282)。

显然，这位德国汉学家对中国“侠客”形象的理解有失偏颇，“侠客”虽与其目的语语境下的“骑士”有所不同，但也绝非负面形象。德国骑士精神起源于蛮族传统、依附于君主领导、依赖于宗教狂热，在其制度化、模式化的发展模式影响下，骑士的品质主要有：正面作战、不畏牺牲、冒险、忠诚、服从等。因此，在葛禄博作为德国学者的视

① Reinhold Steig. Ergo bibamus [C]// Ludwig Geiger. *Goethe-Jahrbuch*, 1895, Vol. 16: *Mit dem Zehnten Jahresbericht der Goethe-Gesellschaft*. London: Forgotten Books, 2019: 186-188.

② 黄国钜：《尼采——从酒神到超人》，香港：中华书局，2014年，第134页。

角下，“信陵君窃符救赵”故事中的重点在于“窃”字，展现的是“狡猾”与“阴谋”，与其本国的骑士精神相背离。与之相反，“侠”文化作为中国封建专制社会的特殊文化产物，“侠客”代表着替天行道、脱略小节、重恩义、不以礼法为义的“反叛性”，是一种受尽官方打压的民间隐性文化①。因此，故事在中国文化背景下的重点在于“救”字，展现了信陵君礼贤下士、救人之危，门客豪爽侠义、有胆有识之品质。李白在此诗中的本义也是表达自己对侠客的倾慕，和对拯危济难、入世立功的生活的向往。唐诗中的侠客精神具有其独到的美学精神，“它象征着一种富有开拓精神的性格、富于展望的清醒信念、直面现实的斗争意识以及敢于动作的豪爽意气”②。

在东方民族文化背景下孕育的“任侠精神”，乃是西方语境下较难发掘和理解的地方，故葛禄博在其中加入自己的“骑士精神”式的理解，将“计谋”视为“阴谋”，忽略了其本土文化意义，从而对“侠客”形象产生了误解与偏见。

3.3 李杜比较：“豪情”与“忧思”

除却从饮酒诗、叙事诗两种诗歌形式进行分析外，葛禄博还采用比较研究方法，通过对比李白、杜甫两人的性格特征、诗歌特征来分析两者的诗中“情”。

首先，葛禄博强调了杜甫在唐代文学中的重要性，认为他是唯一能与李白比肩的诗人（*Geschichte*：291）。葛禄博认为整个唐诗是完全同质的风格统一体，不同诗人的个体性只能造成细微级差，既然同质，就可以简化为一两个经典作家，即“李杜”二人。其次，葛禄博分析了二者诗作在艺术表现手法上的差异，他认为李白善于将直观感受转变为诗中意象，而杜甫则多半借助历史经验来解释眼前印象。最后，葛禄博认为，虽然两人都察觉到了生命的短暂和个人的局限性，但李白能借酒消愁，杜甫却无以解忧。葛禄博从性格差异着手，对此进行了分析：“李白能以‘酒倾无限月’来忘记一切；杜甫面对世上疮痍，似乎彻底忘却了人生乐趣”③。

综合来看，葛禄博认为李白是通过全身心地投入“自我遗忘”的方式抒发其豪情，而杜甫则是通过描绘历史与现实寄托其哀思，前者醉于“酒”、梦于“侠”，豪情有宣泄之处；后者则拒绝陶醉、沉溺忧思，无处表达。

4.《中国文学史》的影响及其局限性

葛禄博的《中国文学史》第一次真正实现了中国文学史纂“从传统到现代的转化”④。

① 许建楼：《中国侠义与西方骑士精神之比较》，《黄山学院学报》2006年第2期，第67页。

② 钟元凯：《唐诗的任侠精神》，《北京大学学报（哲学社会科学版）》1984年第4期，第57页。

③ 方维规：《领悟中国精神世界和审美观——葛禄博〈中国文学史〉要义》，《北京大学学报（哲学社会科学版）》2020年第6期，第67页。

④ 方维规：《领悟中国精神世界和审美观——葛禄博〈中国文学史〉要义》，《北京大学学报（哲学社会科学版）》2020年第6期，第62页。

与早期的世界文学史类型相比，如硕特(Wilhelm Schott)的《中国文学述稿》(*Entwurf einer Beschreibung der chinesischen Litteratur*)，葛禄博的文学史不再仅仅只是对古代文学著作进行罗列，忽略文学史的中心线索和发展动能，而是更充分淋漓地展现了德国学术传统的影响，特别是在20世纪初职业化背景下汉学专业研究所要求的系统性和博学性(Gelehrsamkeit)。因此我们可以看到，在第八章中，葛禄博对音韵格律、诗句对仗、汉字书法等诗歌元素有着极为精彩而广泛的介绍，同时他还将中国古典诗歌韵律与西方诗歌韵律进行比较分析，为诗歌解读提供了新的视角。作为第一部公认的“专业”中国文学史，葛禄博《中国文学史》在承袭世界文学史家和英法汉学家见解和研究方法的基础上，为德国汉学界后世的中国文学研究奠定了一个坚实的起点。

此外，葛禄博对中国诗歌的系统性介绍和译介为西方提供了“丰富多元的中国文化全景图”①。正如葛禄博所言，中国的政治事件和悠久文化早已受到关注，而文学作为精神生活的一个实质性因素还未被重视(*Geschichte*：7)。葛禄博强调，其著书描述中国文学史的目的是呈现“中国的精神生活史”，以及“展示民族特性的变迁过程”(*Geschichte*：8)。可见，葛禄博编写《中国文学史》正是欧洲知识分子重构对中国认知的一次典型尝试。欧洲学界感知异国文化的广度和深度在这一过程中得到提高，中国文化也通过这一特殊的解读途径有了新的对外传播，促成了特定历史时期的文化交流盛况。

但是无疑，作为一个接受过系统化西方学术训练的学者，葛禄博在20世纪德国专业汉学初创时代所撰写的《中国文学史》仍“带着西方人的偏见”②。首先，葛禄博关于中国文学的总体判断是：“古代的顽强延续吞噬了新的活力，传统的神圣纽带成为精神的枷锁”(*Geschichte*：4)。他强调中国文学的“古代性”，即中国文学以过去为导向，此后则陷入了漫长的停滞，这顺应了当时盛行于欧洲的以“停滞的帝国”为中心的刻板印象。由此可见，在世纪之交的视角下，他对中国的判断“依然带着浓重的欧洲中心主义”③。其次，他在西方视角下对李白及其诗歌的分析有其精妙之处，但与此同时也因文化的不可通约性以及对中国文化的误读而产生了一些理解上的偏差，例如在本土骑士精神文化影响下，葛禄博对李白诗歌中的“侠客”形象产生了误解。最后，葛禄博在比较李杜时，总体上认为李杜是唐诗的总代表，但是对杜甫及其诗作的评价也存在一定的偏见。他认为，“杜甫的诗歌往往是根据历史经验来解释客观事物，鲜活的景象往往被僵化为纯粹的象征或死板的譬喻，即使是简短的绝句，他也在其中堆砌着历史典故和神话隐喻，人

---

① 李双志：《德国对中国文化的认知的现代重构——以“诗歌中国”的发现及译介为例》，《德国研究》2018年第4期，第107页。

② 方维规：《领悟中国精神世界和审美观——葛禄博〈中国文学史〉要义》，《北京大学学报(哲学社会科学版)》2020年第6期，第68页。

③ 方维规：《绝无仅有的本土轮转——西方早期中国文学史纂中的稽古与守旧话题》，《文化与诗学》2020年第1期，第3页。

们只有借助大量注释才能心领神悟"(*Geschichte*：286)。但他对"诗圣"的这种主观色彩也并非一家之言，世纪之交时，德语国家在道家思想大热的时代背景下掀起"李白热"，"彼时李白对欧洲人的吸引力远高于杜甫"①，这在很大程度上影响了汉学家们对于李杜的评价，展现了中西方学者不同的审美趣味。

5. 结语

葛禄博在西方话语维度下，坚持以读者为导向，结合本国文化背景、诗歌体裁、内涵精神等元素，系统分析了以李白为代表的唐诗。葛禄博推崇"语言优先论"，认为文字是精神形态的载体。因此，他将汉语的特殊性作为文学创作的前提来重点介绍。除了对语言差异的强调之外，葛禄博对唐诗的分析也破除了陈旧的中国认知，从西方美学视角来解读中国诗歌。与中国诗学传统中的"意境论"不同的是，德国汉学家从语言表达、诗歌形式、精神内涵等方面重新发展和展示了中国诗歌的美学价值。受享乐主义、尼采"酒神精神"、德国骑士精神、"道家思想热"等西方思想内核及时代背景的影响，葛禄博着重分析了李白及其诗作，在西方视角下解读了诗仙李白的"酒""侠""情"。尽管由于欧洲中心主义的主导性，葛禄博对于中国诗歌的解读有其局限性，但其系统地编写中国文学史，这在20世纪初仍具有重要的里程碑意义。除此之外，从西方视角认知中国文学、解读中国诗歌、探索"诗仙"形象，以积极的求知精神了解中国文化，客观上也为中西方文化交往提供了便利，对后世具有深远的启示意义。

参考文献

[1] Reinhold Steig. Ergo bibamus [C]// Ludwig Geiger. *Goethe-Jahrbuch*, 1895, Vol. 16: *Mit Dem Zehnten Jahresbericht der Goethe-Gesellschaft*. London: Forgotten Books, 2019: 186-188.

[2] Wilhelm Grube. *Geschichte der chinesischen Litteratur*[M]. Leipzig: C. F. Amelangs, 1902.

[3] 范劲. "文学中国"的内在结构：德国的中国文学史书写[J]. 文学评论，2018(6).

[4] 范劲. 德语区的李杜之争[J]. 文学评论，2020(5).

[5] 方维规. 领悟中国精神世界和审美观——葛禄博《中国文学史》要义[J]. 北京大学学报(哲学社会科学版)，2020(6).

[6] 方维规. 绝无仅有的本土轮转——西方早期中国文学史纂中的稽古与守旧话题[J]. 文化与诗学，2020(1).

[7] 黄国钜. 尼采——从酒神到超人[M]. 香港：中华书局，2014.

---

① 范劲：《德语区的李杜之争》，《文学评论》2020年第5期，第207页。

[8]李双志. 德国对中国文化的认知的现代重构——以“诗歌中国”的发现及译介为例[J]. 德国研究, 2018(4).
[9]徐安琪.《唐诗三百首》的审美价值取向[J]. 湘潭大学学报(社会科学版), 2000(3).
[10]许建楼. 中国侠义与西方骑士精神之比较[J]. 黄山学院学报, 2006(2).
[11]钟元凯. 唐诗的任侠精神[J]. 北京大学学报(哲学社会科学版), 1984(4).
[12]张小燕, 谭渊. 世纪之交德国文坛中的“李白热”[J]. 德国研究, 2020(2).
[13]朱志瑜. 类型与策略: 功能主义的翻译类型学[J]. 中国翻译, 2004(3).

唐代：诗歌的鼎盛时期

——《中国文学史》(*Geschichte der chinesischen Litteratur*)节译[①]

[德]葛禄博(Wilhelm Grube)　著

华中科技大学　周正芷　肖　颖　译

1. 唐代的抒情诗及其绵延至今的影响

1.1　表达诗意的外在手段

谈及唐代，中国人会首先想到这是一个抒情诗的黄金时代。“唐诗”，即唐代的诗歌，的确已成为这个民族的精神瑰宝，所以几乎每个受过教育的中国人都能背出许多首唐诗。即使在今天，唐诗作为抒情诗典范的地位依然无可撼动，毕竟除了少数特例外，后世的中国诗歌完全是以唐诗为基础，沿着唐诗的内涵发展下去的。因此，此后一千多年里的中国诗歌在韵味上都难逃其影响。

不过，与之前几个世纪的诗歌相比，即便前人之作还不够完善，唐代的诗歌在本质上仍旧是沿袭传统，革新不足。唐诗的特别之处并不在于体裁的新颖性——体裁本身也不可能被改变——而在于对诗歌形式的娴熟掌控。诚然，前几个世纪的诗歌作品已明显受到外在形式的影响，不再像《诗经》等古老的诗歌那样有着自然的民间歌谣的格调；但我们完全可以说，只有在唐朝，原来的民间诗歌才完全而彻底地转变为艺术诗歌。至此，诗歌被要求需遵循特定的句式和其他规定等诗歌创作的前提要求：诗歌成了技能意义上的艺术。所以只有粗略地介绍一下诗歌的结构技术之后，读者才有可能正确地理解唐诗的本质内涵，毕竟这个时期的艺术创作已或多或少地依赖于这种技能规定。或许我可以说，这些规定不仅在诗歌形式上留下痕迹，而且也对诗歌作品的内核产生了影响。

每个民族的诗歌都是诗人将个人的创造性灵感和民族精神相结合的产物。作为个人观点和思想的集合，诗歌在民族语言中得到了充分表达，它还将分散的家庭、宗族和部

---

① 基金项目：湖北省大学生创新研究项目“《中国文学史》翻译与研究”(S202110487284)研究成果。根据 Wilhelm Grube. *Geschichte der chinesischen Litteratur*. Leipzig：C. F. Amelangs，1902，S. 262-287 译出。

落聚合成一个不可分割的民族统一体。这就好比土壤和气候，种子的生存和蓬勃发展都有赖于此。有经验的农民会改良土壤来提高产量，他还可以有目的地利用气候条件，或者想办法保护自己免受其害，但他无法从根本上去改变土壤和气候。换句话说，诗歌的内涵和形式都深受语言形式和结构的影响。作家和诗人可以去丰富母语，用自己与生俱来的高雅气质去改变其中粗鄙的部分，去增加语言的表现力和创造力，但他离不开母语。每个民族的文学都会受到其民族语言的束缚，因此，我们又回到了诗歌创作的决定性因素，而这些因素已经在前言中被重点介绍过了，所以现在我们要通过具体的例子来阐释那些不易被觉察和捕捉到的内核。

节奏和韵律是德语拟态的基本要素，在汉语也是如此；但尽管这两种语言在韵律方面比较相似，它们在节奏上却有明显的差异。大部分以多音节为主的语言，比如德语，不仅会区分重音和非重读音节，还会区分长元音和短元音，重音和数量自然而然地促成了丰富的节奏。但汉语不同，汉语中只有单音节字，也不分音节重音，每个单音节字都是一个独立的整体，其发音中的重音被保留下来，可以说，句子中的每个字都有分量。德语中的一些谚语，如“留心你所信任的人”(Trau，schau，wem)，“君子一言既出，驷马难追”(ein Mann，ein Wort)，“眼不见，心不烦”(was ich nicht heiß，macht mich nicht heiß)，“幸福和玻璃一样易碎”(Glück und Glass，wie leicht bricht das)等，这些都能帮助人们建立起对完全由单音节组成的中国诗句的音律效果的大致印象。汉语中很少有非重音节字，字之间的区别在于重音节的多或少，因此每个词或每个单独的音节都能构成诗句中的一个片段。诗句的长度也各不相同，在《诗经》中，基本要求是四音节或我们所说的四五音节，但那时候并没有对音节的强制规定，可以在 2 个到 8 个之间选择。尽管此时也十分流行七言诗，但自枚乘(见上文，第 224 页)以来，五言诗逐渐兴起，并在唐朝成为诗歌的主要形式。这时并没有对诗句数量的要求；不过，唐朝时期的抒情诗人倾向于选择两节、四节或八节。偶数句诗始终押韵，比如说第二句、第四句、第六句和第八句等，而不存在对奇数句的要求；但四言诗中的第一句和第二句、第四句需要有相同的韵脚。在此之前，特别是在《诗经》中，人们对韵律的处理十分随意，《诗经》中的部分诗歌甚至重复叠加相同的韵脚(参见第 56 页及后几页的歌曲)。鉴于汉语中有许多字发音相同或相似，而汉字又缺少词重音和多音节，于是人们试着在押韵上做足功夫——况且，近代的一位诗词艺术家已经成功地在一首诗中使用了两百次相同的韵律！在五言诗中，第三个音节后有一个尾音，在七言诗中，第四个音节后有一个尾音；前一种情况中的主音落在尾音前的最后一个字上，后一种情况中的主音落在尾音后的第一个字上。如果用短勾表示重音较弱的词，用长勾表示重音较强的词，我们就可以得到五言诗的韵律规则：–◡–́‖◡–和七言诗的韵律规则：–◡–◡‖–́◡–。因此，可选节奏被限制在一个极其狭小的范围内；在这一点上，除了节奏元素之外，中国诗歌在韵律方面还有另一个因素需要考虑，笔者将其称之为旋律元素。正如在前言中所提到的那样，每个汉字的声调都被规定好了，不可以被去除或忽视。声调有两类：平声和仄声。平声的声调相同，不升不降，只在声调的高低上有所不同。声调有三种，它们被分别称作为上声、去声、入声。正如其名字所示，前两种声调的特点是提高声音和降低声音；而所谓的“入声”，即省略了原本构成该字的尾音 k、t 或 p，是一种短促而简洁的发音方式。汉字的声调在发音上有了用武之地，它使得诗词在音律上有特定规则，这些规则使得音调的变化和声音的转折在节奏上形成如旋律中不同节拍所带来的效果，汉语在这方面的独特性是其他任何语言都无法重现或贴近的。因此，在七律和五律中，诗人可以随意选择奇数音节(即第一、第三、第五和第七节)的音调，而其间的偶数音节在音调上必须相互交替。如果第二个音节的音调是平声，那么第四个音节必须有一个仄声，第六个音节又是平声，反之亦然，不过，还必须注意，在第二和第三、第四和第五、第六和第七节中，对应的平声字的音调要一致。第八节在音调上的顺序要和第一节保持一致。由此我们可以看出，如果中国诗人要满足其在诗歌艺术上的全部追求，他必须克服巨大的技术困难。如果我们用一个圆圈○来表示诗人选择的音律，用横向的笔画 — 来表示平声，用希腊语的圆括号 ∽ 来表示仄声，我们就可以得到以下有关七律和五律的两种方案：

方案一：
○ ∽ ○ — ○ ∽ ○
○ — ○ ∽ ○ — ○
○ — ○ ∽ ○ — ○
○ ∽ ○ — ○ ∽ ○
○ ∽ ○ — ○ ∽ ○
○ — ○ ∽ ○ — ○
○ — ○ ∽ ○ — ○
○ ∽ ○ — ○ ∽ ○

方案二：
○ — ○ ∽ ○ — ○
○ ∽ ○ — ○ ∽ ○
○ ∽ ○ — ○ ∽ ○
○ — ○ ∽ ○ — ○
○ — ○ ∽ ○ — ○
○ ∽ ○ — ○ ∽ ○
○ ∽ ○ — ○ ∽ ○
○ — ○ ∽ ○ — ○

在五言诗中，诗人只能自由选择每节的第一个音节，它们可以是如下两种形式中的任意一种：

方案一：
○ ∽ — — ∽
○ — ∽ ∽ —
○ — — ∽ ∽
○ ∽ ∽ — —

方案二：
○ — — ∽ ∽
○ ∽ ∽ — —
○ ∽ — — ∽
○ — ∽ ∽ —

为了具体说明，笔者给出了一首李太白的绝句作为例子。在此笔者必须说明的是，高音平声为一声(1)，低音平声为二声(2)，上声为三声(3)，去声为四声(4)，所谓的平声用一个尾音 h 来表示。笔者在每个字的旁边都备注了它的意思，并根据汉语规定在竖线处写出各自的发音，来让对应音节的变化显得更加明显：

一
Chuang，床，卧处
ts´ien 2，前(即 在上一个字之上)
ming 2，明，亮
yüeh，月亮
kuang´，光，发光
二
i，看起来，就像，
shi 4，是
ti 4，大地
shang 4，在……之上(指在上一个单词的上面)
shuang 1，霜。
三
Kiü 3，举，
tou 2，头，
wang 4，仰望
ming 2，明，亮
yüeh，月亮，
四
Ti 1，垂下，
tou 3，头，
sog´，回忆，
ku 4，旧的，
hiang 1，村庄，家乡。

在尽可能符合原义并保留原文韵律的前提下，笔者对这首诗的翻译如下：

月亮在我的床上明亮地照耀着，覆盖着苍白的光泽，像霜冻般的雨水。
我抬起头仰望明亮的月亮，然后再次将头垂下，并想起我的故乡。

从这个例子可以看出，即使是唐朝最著名的诗人，他在个别字的音调方面也允许自己有些许变通。但严格来说，字的韵律(在上面的示例中为：光、上、乡)应该在音调上相互保持一致。

这似乎还不算太难，但中国的诗人们想出了别的办法，人为地加大攀登高山的难度。本书在前文中便已指出，在中国最古老的诗歌中，人们十分喜爱重复或相似的表达，例如《诗经》的歌曲和《书经》的韵律部分：这种现象乍一看十分熟悉，但在本质上却与我们在此提到的诗歌截然不同。笔者指的是诗歌表达的特殊形式，与更多的外部音调节奏相比，它可以被称为思想脉络上的内部节奏，其中包括这样一种要求，即每两个连续的诗句都以思想或意象上的平行作为特征，它们通常有着相似和类比的关系或相对的关系。在前一种情况下，相同的想法由两个类似的形象或比较来表达，而在后一种情况下，两个相反的形象组合起来共同形成了整体效果。我们通过前文已经看到，在杨方的双联诗中，几乎到处都是这种效果；只是，我们要记住，汉语原文中的每一节在德文译本中都是用联句(Verspaar)来表达的。有时，一对恋人的相互吸引被通过两种喻象直观呈现出来：吸引铁针的磁铁和捕捉火焰的燃烧镜，有时，他们的统一性被比作同时响起的声音或身体和影子的不可分离，如此等等。因此，(杨方的)诗是这样写的：

齿轮的音调和谐统一，
相似的力会相互吸引；
所以我也被爱所吸引
我爱的人。

被磁石所吸引，
针很容易移动；
燃烧镜中望见，
烟雾从纸上升起。

当影子从未离开，
制造他们的身体；
我不能离开我的爱人，
期待他的呼唤。

两个音符若是和谐，
听起来明亮而纯净；
两种生物若是和谐，
彼此牵连，相互影响。①

然后，上面通过类比平行所表达的思想，在下面的诗句中通过对偶的平行句表现了出来：

当我的丈夫在家时，
我坐拥他的怀中，
当他将匆匆远行时，
愿携手随其前行。②

高温炙热，
摇扇解凉；
比肩同坐，
共褥驱寒。③

对我们来说，这种句式平行结构绝非陌生事物——笔者只需提醒读者回想一下歌德那首著名的套曲(Doppellied)，其中的每对诗句都有着和谐的平行性，或者对立的平行，其中“Ihm”和“Ihr”在发音上有关联性：

---

① 译自杨方的《合欢诗五首 其二》：“磁石引长针，阳燧下炎烟。宫商声相和，心同自相亲。我情与子合，亦如影追身。”

② 译自杨方的《合欢诗五首 其二》：“来与子共迹，去与子共尘”。

③ 译自杨方的《合欢诗五首 其二》：“暑摇比翼扇，寒坐并肩毡”。

Es rauschet das Wasser	Es rauschen die Wasser
Und bleibet nicht stehn;	Die Wolken zergehn;
Gar lustig die Sterne	Doch bleiben die Sterne,
Am Himmel hin gehn;	Sie wandeln und stehn.
Gar lustig die Wolken	So auch mit der Liebe,
Am Himmel hin ziehn;	Der treuen, geschicht:
So rauschet die Liebe	Sie wegt sich, sie regt sich,
Und fähret dahin.	Und ändert sich nicht.

(译文：流水潺潺，一去不返；星光璀璨，划过天际；
云潮翻涌，漂浮不定；爱亦如此，永不停步。
流水潺潺，云潮飘散；但无论运行停留，群星恒久。
爱亦如此，忠诚恒久，无论奔腾涌动，永不改变。)①

对于我们来说，唯一的区别在于诗人能自行决定是否使用平行句，中国人将句子之间的平行视为诗歌艺术的关键。中国韵律并没有止步于此，而是更进一步，将内容上的平行进一步发展为语法，或更确切地说是句法。现在，这已彻底成为一种基于汉语结构特殊性的并行化形式，所以我们无法用任何其他语言来精确地复制它，因此需要对不熟悉汉语的人进行详细解释。

读者们应该还记得，汉语并不以语音形式(词缀、元音和缩略语)区分语篇和语法功能，而是依靠句法来表达语法关系。他们尽管对语言结构的分析仍处于起步阶段，但已经建立了单独的词汇类别，这在某些方面与我们的语法类别相对应。中国人一方面区分“满”和“空”，另一方面区分“活”和“死”。他们认为“活”字是动词，“死”字是名词；“满”是在描述内容，“空”是在介绍形式。所以句法的平行性只取决于：在两个连续的诗句中，各个词在类别上以及在句子中的位置上都是完全对应的，因此，如果我们用我们的语法类别代替中国的语法类别，第一节的名词性、属性、时态等都必须在下一节的相同位置上有语法上的对应。为了理解这种句法平行的效果，我们必须明白，由于单个汉字的发音已固定不变，它比多音节语言，特别是转折语中的单个词更能唤起独自的整体效果的印象，因为后者会根据其语法功能发生五花八门的语音变化，而这往往使原来的词根形式难以识别。可以说，字仅仅只是一种物体，在多音节语言中，这种物体依附于语法的属性变化，从而避免了直接出现。除此之外，我还必须补充一个事实：在汉语中，每个字都是一种特殊的字符，这对凸显两行平行的诗句中单个成员之间的相互对应关系极为有利，但即使是最完美的翻译也无法向读者传达这种特性。在定义理论时，读者们可能会仍然对某些东西不太清楚，但可能只要我举几个实例，大家就会明白了。读

① 译者注：该诗出自歌德撰写的歌词，前一段为女声部，后一段为男声部，分别表达对爱情的不同观点。

者只要逐字逐句地比对以下诗句之间的联系，就能发现它们在安排上的相互对应，这涉及它们的内容以及每个成分在整个句子中所发挥的语法功能；人们还要注意相应的词在声调上的关系：

1. ming 2，光线明亮(形容词，说明下一个字的属性)
yüeh，月亮(名词，句子的主语)
sung 1，松树(名词)
kien 1，之间(介词，解释前面字的位置关系词)
chao 4，照耀(动词，句子的谓词)

2. tsting 2，纯洁(形容词，以下属性)
tscidan 2，泉(名词，句子的主语)
shih，石头(名词)
shang 4，在……之上(介词，解释前面字的位置关系词)
liu 2，流(动词，句子的谓词)
翻译成德语：明亮的月亮照耀着松树，干净的水源流过岩石

下面的示例也显示了这些诗歌的相似特点：

I. shan 1，山(在特定情况下为名词)
kuang 1，阳光(名词，句子的主语)
huh，突然(情况词)
si1，西(表示方位的名词)
loh，沉(动词，句子的谓词)

II. Ch´i 2，湖泊(以名词表示)
yüeh，月亮(名词，句子的主语)
tsien 4，逐渐(环境词)
tung´，东方(表示方位的名词)
shang 4，上升(动词，句子的谓词)
翻译成德语：山后太阳突然西沉，湖上月亮逐渐东升。

在八行诗中，平行性在中间四节特别流行，深受中国人喜爱。所以中国房子的大门两侧大多贴着写有这样对仗句子的红纸条。在每年的新旧交替之际，人们大多会对这种装饰进行更新，这让我们了解到中国人民对诗歌的狂热喜爱之情。顺便说一句，在散文中，平行的句子和短语被认为极为高雅的写作风格。使用平行的句子有助于复杂句的成

分划分，也便于理解语法。

就中国诗歌的审美要求来说，除了内容处理和在不同程度上对以上韵律规则的遵循外，还有一项乍一看几乎纯粹只是附带而为的要求：书写。值得强调的是，汉语使用相同的表达方式来称呼“字”和“笔画”；可以看出，在这个民族的语言意识中，发音和书写已经融合在一起，形成了具有更为统一性的文字图景。可事实上，文字书写包含着比字母书写高得多的视觉价值，文字经书写而被分解为单个要素，这在一定程度上减少了统一性。人们能借助字形迅速明白诗的主要内容，例如“東”字的字形描绘太阳从树后升起的情形，而“泉”字是由“白”和“水”组合而成的，因此人们可以联想到一片清澈的水域。而在我们语言中，我们又能从我们语言中的“東”和“泉”看出什么呢？这些词仅仅是通过机械的排列组合而成为一体。因此，书法是完全有理由受到中国人大力推崇的，与我们社会中普遍存在的不好的书写习惯截然不同的是，每个受过教育的中国人都希望自己能写得一手好字，在中国人眼中，书写不是一种简单的随性而为，而是一种艺术。因此以下这些便不足为奇了：许多中国海报都能证明文字的装饰价值，街道上悬挂着的招牌成了城市亮丽的风景。无论是美术、诗歌还是写作，对称法则主导着整个艺术创作过程。例如，对于单个汉字来说，它填补了句子中的一个正方形空间，而根据对称法则，它所组成的元素必须在比例上服从于整体的形式；此外，一段连续文本中的所有字符必须具有相同的大小，因此它们在各个行中的排列也变得对称。一般来说，中国城市的布局与文字都是直角型。直角的阿拉伯式花纹特别受欢迎：即使在最古老的青铜器上，这些花纹也作为主题反复出现。建筑的特点是严格的对称排列，深入人心的对称感使得人们更喜欢成对的装饰品和工艺品(例如，没有成对出现的单个花瓶会严重贬值)。在笔者看来，与日本人不同的是，中国人对美的追求是建立在对称法则之上的。而平行主义作为诗歌的一种表达形式，显然也是基于同样的法则。谈及中国艺术美学的优缺点，人们观点不一，但大家绝不会否认的一点是：风格的统一性。

说完这些，我们再来看看书面表达对诗歌形式的影响，这一点还表现在松散的图像形式上，其内部联系需要读者们发挥自己的想象力，下面这首李太白的四言诗便可以证明这种特殊性：

> 乌龟在荷叶上漫步。
> 鸟儿在芦花中休憩。
> 少女划着一艘小船，
> 她的歌声随水而流。①

据说，诗人李白是在南京附近的丹阳湖乘船游览时写下了此诗，诗因此得名《丹阳湖》。李白迅速捕捉并再现了转瞬即逝的画面：四张粗略描绘的草图，在句子的外框中连

① 译自李白的《姑孰十咏 · 丹阳湖》：“龟游莲叶上，鸟宿芦花里。少女棹归舟，歌声逐流水。”

接起来，形成一个整体画面。四张“抓拍”画面呈现如下：叶上乌龟，芦花间鸟，船上少女，歌声悠扬。乌龟与鸟儿，荷叶与芦花，漫步的乌龟之“动”与沉睡的鸟儿之“静”，少女与歌，歌声与流水，遥相呼应。而湖景本身，仅体现于“丹阳湖”之题，以便在整个框架内绘画、定位和分组单个图像。此乃诗人留给读者的想象空间。读者在诗人的作品中不仅是接受者，同时也是给予者：诗人满足于在读者的灵魂中仅仅埋下萌芽，给予读者主题，随后让读者自己找到其中的和谐，用想象在松散排列的形象间建造关联。唐诗中并行的单词图像及对称排列能使读者形成具体的想象。相较而言，这一点在德语中只能通过稍显冗长的连续描述性语言来实现。这种在原作中对读者产生吸引力的诗作，或许能与中日艺术中流行的那些用寥寥几笔为观赏者勾勒出脑海中草图的画作相提并论。

诗歌内容的内在联系及其在书写上的再现可以总结为：中国的诗歌文学须用眼睛和耳朵来接收，二者缺一不可，均为评价中国诗歌的决定性因素。只有以原始形式接触中国诗歌才能领悟其魅力。中国的诗歌艺术深深地扎根于语言和文字的特殊性中，以至于将其移植到另一种土壤中定会失去其花朵的芬芳和色彩。此乃翻译艺术无法应付的困难。

截至目前，我们主要谈论了中国诗词艺术的外在方面，主要包括个别诗词和句子的内部与外部结构。最后，笔者有必要简要提及一下与内容结构有关的整体建筑学。为了保证一首诗的统一性，诗词的整体建筑学的一般规则是将诗词分为引子、发展、过渡和结论四个部分。以第 267 页的诗句为例。第一节“月亮轻盈地照进我的床”构成了引子，描述了为诗人提供情绪或沉思的外部环境。第一节的形象在第二节中得到了说明和进一步的发展：“覆盖着冰霜般苍白的光芒”。第三节“我抬起头来，仰望着明亮的月亮”，对月亮的观察构成了对思乡情绪的过渡。这种情绪在最后一节中得以抒发，构成了整个诗篇的结语。当然，这种结构划分并非适用于每首诗，但毋庸置疑，它已被认作一种美学要求。

只可惜由于缺乏适用的唐代诗歌译本，同时也不可能在内容和形式上对其进行适当的展现，因此只能对中文诗篇的外部形式进行理论上的讨论，并且让相关描述其占据了大部头。在笔者看来，只有这样，读者才有可能明白，在中国人眼里，这些诗歌创作的不朽魅力就在于此——而这种魅力，因为披着陌生的翻译外衣，或多或少都存在着不足，只能以一种非常不充分的方式展现出来。

1.2 唐代抒情诗及其对现世诗歌的影响

在唐代诗人中，李白(699—762)无疑占据首位。在中国，艺术之神阿波罗向酒神巴克斯致敬的情况并不少见，李白以诗人形象享誉天下，同时因“酒仙”形象名垂青史。他怪诞的性格在很大程度上促成了他的成名。无数的饮酒画面、无数的趣闻轶事，使他有时也以轻浮子弟的形象出现。李太白生于四川省，于 742 年来到都城长安。一位达官贵人非常赏识他，在其帮助下，他很快来到了唐明皇的华丽宫殿中。唐明皇热爱艺术，对他礼遇有加。但他并不习惯这种生活，这位任性的诗人因此头脑发热，被各种奢侈的行为迷惑。而其中一次糊涂行径几乎要了他的命。一天，李白当着皇帝的面，要求宫廷里最有影响力的太监高力士帮他脱靴，高力士在皇帝的授意下替他脱掉了。当然，这样的侮辱不可能不受惩罚。被冒犯的太监将皇帝的宠妃视为报复的工具，告诉她李白在他的一首诗中有意嘲弄她。其结果是，皇帝不得不为安抚内宫而与他的朋友李白分开。在这场灾难之后，诗人似乎在大部分时间里都过着流浪生活，直到后来他卷入了一场危机四伏的阴谋。关于李白之死的故事有两种版本。有人说他死于疾病，而另一种是说，在一次乘船旅行中，李白本想像往常一样兴奋地去抓水中的月亮，但他失去了平衡，落死于水中。如果说第一个版本的优点是具备可信性，那么第二个版本则是具备戏剧性了。李白是一位非常多产的作家；他的著作可以被整理为30卷，其中大部分是歌曲和诗歌。不出所料的是，“抓住时间(Ergo bibamus)”是不断重复出现的主题词。在他的身上，我们可以明显捕捉到中国诗人和思想家身上的那种享乐感。但其本质上也不过是一种悲观厌世的产物，一种试图麻醉无法被驱除的情绪的手段。特别是在他的饮酒诗中，这种哀伤的语气反复出现：

虽有千般愁苦，
虽有重担在身，
迅速喝下三百杯，
杯中的酒一饮而尽，
就没有忧患。
这样你才会知道，
这酒是神圣的。
你就不会再感觉到它们了。
忧患虽多，
酒水虽少，
当一个人喝够了酒，
它就会使人的灵魂得到升华。
灵魂清晰而自由……①

李白还善于将他的“及时行乐(Carpe diem)”与生存的短暂联系起来：

听听我的建议，
不要拒绝喝杯酒。
看！当春天的气息唤醒时，
人们为之欢笑！
看！李子和桃树，
像我们的老朋友一样！
看！花枝弯曲，
向我们展示了盛开的花儿。
轻快鸟鸣从绿树上响起，
昨日青年仍面色红润，
今日老翁却已垂下头。
石虎殿前已被荆棘覆盖，
姑苏宫中仅有鹿儿休憩。
此乃皇帝登基荣耀之地，
布满黄土以阻隔漫游者。

朋友啊，如不愿饮酒，
那么想想，古人今何在？②

① 译自李白的《月下独酌 其四》：“穷愁千万端，美酒三百杯。愁多酒虽少，酒倾愁不来。所以知酒圣，酒酣心自开。”

② 译自李白的《劝酒》：“劝君莫拒杯，春风笑人来。桃李如旧识，倾花向我开。流莺啼碧树，明月窥金罍。昨日朱颜子，今日白发催。棘生石虎殿，鹿走姑苏台。自古帝王宅，城阙闭黄埃。君若不饮酒，昔人安在哉。”

明亮的月光在金色的酒杯中尽显深邃。

有时，李白也有出色的幽默感：例如在那首最为绝妙的饮酒诗中，他描述了自己如何与月亮、影子一同喝酒的场景：

我坐在花丛里，
面前一壶满酒。
我不得不独自饮下，
因为我缺少同伴。

我将举起我的杯子，
邀请月亮与我共饮。
看，我的影子也来了。
你好！我的影子！
现在我们是三个人了。
但我亲爱的朋友月亮，
它不擅长饮酒，
而我的影子乐于饮酒，
它事事模仿我。
但我已经满足，
月亮带来了影子。
我将全心全意地欣喜，
今将肆意开怀地大笑。

我唱着歌儿，
月随之徘徊。
每当我起舞，
影随之摇曳。

我们快乐狂欢，
醉后各行其道。
我们不能总在一起狂欢，
我们不会过早过晚离别。
我们相约下一次相聚，
在月亮接近银河之时。①

本章第一节中已经列举了短四行诗形式以及与时间与心境有关的“词画”。不仅是李白，唐朝的其他诗人也喜欢使用这种体裁。但除此之外，我们还发现了一些更具叙事性的诗歌，它们会让人联想到我们的叙述谣曲。骑士精神的浪漫在中国历史上几乎是罕见的。但是在古代，特别是在三国争霸时期，也存在着这样一类人，我们得承认，他们也有着浪漫主义。这些人便是所谓的“侠客(Hieh-k´oh)”——一种流浪的骑士，一种有些绝望的存在，他们一无所有，他们是冒险家，也是强盗，他们往往为了目的不择手段，他们往往生活在黑暗中，借着干净职业的掩护而愈发肆无忌惮地实施他们的计划。中国的历史中有一些极为出名的故事。当赵国陷入困境，即将被更强大的对手秦国击败时，赵国的国王向魏国的国王寻求帮助。魏国答应了，但又担心秦国的势力，于是指示魏国将领只防守而不进攻。魏国国王的弟弟信陵君试图劝说国王采取更有力的行动，并

① 译自李白的《月下独酌 其一》：“花间一壶酒，独酌无相亲。举杯邀明月，对影成三人。月既不解饮，影徒随我身。暂伴月将影，行乐须及春。我歌月徘徊，我舞影零乱。醒时相交欢，醉后各分散。永结无情游，相期邈云汉。”

告诉他，来自秦国的危险也在威胁着魏国，但信陵君的努力并没有用。处于绝望之中的信陵君向一位名叫侯嬴的侠客求助。作为城门的看守人，侯嬴过着隐秘的生活。侯嬴建议他偷取王室印章，并伪造一份王室命令，来让信陵君自己担任援救部队的最高指挥。在国王的宠臣中，有一人一直在寻求为亡父报仇的机会。因此，侯嬴说，只需要收买一个侠客，把弑父凶手的头首带到现场，然后，这人便会为了报恩而协助夺取王印。为此，侯嬴把信陵君介绍给他的战友朱亥，这个人是个屠夫，做着贩肉的小生意。朱亥被这个计划征服了，事情也大获成功。朱亥杀死了凶手，并从国王的宠臣那里得到了王印作为报答。信陵君带着据说是国王授予他的权力，去找一直在指挥部队的将军，当后者怀疑有诈，犹豫着要不要把指挥权交给信陵君时，朱亥用重锤将他打倒在地，然后信陵君自己担任了部队的最高指挥，并且一举击溃敌人首脑。

李白的《旅行骑士的歌谣》(译者注：《侠客行》)对此有如下描写：

戴着一簇缨的帽子，
此乃赵国英雄仅有。
他的弯刀闪着光，
如同霜雪般凌冽。
他的马带着银色的鬃毛，
以闪电般的速度驰骋着，
若是天空中划过的流星。

他往前迈上十余步，
已然给人致命一击。
千里迢迢，
万路敞亮。
他抖落袍上灰尘，
战后却消失足迹，
于众人深不可测。

与信陵在闲暇时酌酒，
他脱下剑放在膝盖前。

常与朱亥同行，
或与侯嬴饮酒。

喝上三杯，
许下承诺。
眼睛闪烁，脸颊发烫，
大胆流露，荣耀之火。

铁锤一击，
震慑邯郸，
寻回赵国救赎。
千载之后，
英雄仍记心中。

无论是否埋葬，
都将敬献上香。
任何人都不能将其生命，
献身于《太玄经》直到白头。①

上一节中提到的《太玄经》是扬雄的著作，它的内容与《易经》有关。尽管大家都认

① 译自李白的《侠客行》："赵客缦胡缨，吴钩霜雪明。银鞍照白马，飒沓如流星。十步杀一人，千里不留行。事了拂衣去，深藏身与名。闲过信陵饮，脱剑膝前横。将炙啖朱亥，持觞劝侯嬴。三杯吐然诺，五岳倒为轻。眼花耳热后，意气素霓生。救赵挥金槌，邯郸先震惊。纵死侠骨香，不惭世上英。谁能书阁下，白首太玄经。"

为，在中国，毛笔比剑重要得多，但李白反复表现了对书呆子徒劳无功的生活的厌恶，以及对新鲜大胆的生活和宁静享受的向往。

除了李白，他的同代人杜甫(712—770)也常被提到，这是唯一能与李白平起平坐的诗人。杜甫在二十八岁时来到了长安，他在此立即与皇帝和太后结下了深厚的友谊。皇帝很快也宫廷里给了他一个职位。在新职位上，杜甫负责确定能被允许觐见的人的名单，并安排觐见的顺序。这似乎是一个光荣但无利可图的职位，因为一段时间后，杜甫便以诗歌的形式向皇帝写了一份请愿书，以动人的语言描述了自己的贫穷，并要求增加收入。这一请求立即得到了批准，但他没能为此高兴多久，因为不久之后，一场起义迫使皇帝逃到了四川，然后退位。杜甫也不得不离开已被叛军占领的首都，逃到他的家乡陕西省。叛乱在短时间内被镇压后，杜甫回到了太后的身边，被新皇帝委以审查官的重任。但他以无畏的胆识站出来支持一位失宠的高级官员，这使他很快又失去了官职。他被任命为其家乡城市的一个县令，这当然属于降职。在那里，他首先必须想办法在最艰难的条件下勉强生存，后来，在该省军事长官的帮助下，他才重新在政府机构中谋得了职位。他在新的岗位上待了六年，在他的恩主去世并留给他一笔遗产后，他又开始了流浪。起初，他从四川去了贵州的东部边境地区，不久后又在邻近的湖广省龙阳县定居。此时的他已时日不多。有一天，他在无人陪伴的情况下贸然泛舟大江，但很快就发现自己无法驾驭船只。他好不容易才在一座荒废的寺庙里安顿下来，并在那里艰难地度过了一段时间。当人们发现他时，他已经被冻得半死不活了。为了庆祝此次获救，龙阳县长安排了一场宴会，但他的胃因饱受折磨而变得虚弱无比，已无法应付这顿丰盛的晚餐。第二天，杜甫在榻上溘然长逝。

简要地浏览一下杜甫的诗歌作品，我们会注意到他和同时代人在材料选择和形式风格上都有明显的相似之处。在这里，我们大多数时候也必须与描绘瞬间和心情的生动画面打交道，而少数时候也要与具有叙事性质的长诗打交道。与李白相比，杜甫更多是在处理他那个时代的事件，特别有关边境地区的长期战争，以及人民被迫承受的战争的毁灭性后果。也正是在这种颇有诗意的描述中，许多诗句因其简单而真实的叙述语气而产生了动人的效果。

如同李白一样，短暂的存在，迅速地垂垂老去，个人的虚无，犹如蜻蜓一般消逝于天地之间……这些都是不断反复出现的主题。但是李白能够在酒中淹没世界带来的伤痛，或者在当下的享乐中忘记烦恼，而杜甫却发现，当下所提供给他的并不能补偿他每天飞逝的生命和失去的幸福。他毫无抵抗地放弃了各种感觉，甚至连沉醉似乎都不能让他感到快乐。

德国早期浪漫主义主要代表人物的翻译思想

西安外国语大学　杨文革

摘要：德国早期浪漫主义被视为美学领域的一次“哥白尼式”转折，它并非仅限于文学领域，由于对翻译概念的拓展以及把浪漫主义等同于翻译，其对翻译问题的论断为后来翻译理论的发展提供了丰富的养分。本文以德国早期浪漫主义产生的时代背景为出发点，在简介早期浪漫主义主要代表人物的翻译活动的基础上，旨在揭示他们对翻译问题的多方面论述。

关键词：德国早期浪漫主义；翻译活动；翻译思想

1. 引言

从社会发展看，浪漫主义是法国大革命催生的社会思潮的产物，而启蒙运动则在政治上为法国革命作了思想准备，也为欧洲各国的浪漫主义运动作了思想准备，因此强调个性独立和自由成了浪漫主义的核心思想。从思想基础看，德国古典哲学为浪漫主义文学提供了思想理论基础，康德、费希特等古典主义哲学家强调天才、灵感和主观能动性，把自我提到高于一切的地位，对浪漫主义强调主观精神和个人主义倾向产生了深远的影响。

在德国思想史中，浪漫主义无疑是最为复杂也最有争议的一段。复杂是因为其理论与创作呈现出多层次和多维度，很难概括为明确的概念和范式；有争议则表明它不仅是人们关注的焦点，而且能够为不同的文学美学主张提供迥异甚至相反的论据。

在浪漫主义运动中，尤其是在早期浪漫主义中，由于对翻译概念的拓展，浪漫主义被等同于广义的翻译。本文拟以早期浪漫主义产生的历史背景为出发点，通过介绍早期浪漫主义代表人物的翻译成就以及翻译研究来揭示他们对翻译问题的多方位思考。

2. 早期浪漫主义翻译理论产生的历史背景

浪漫主义与启蒙运动不仅在哲学和文学上对立，而且在翻译思想上也是对立的。18世纪末 19 世纪初围绕正确翻译方法的争论就发生在启蒙主义者与浪漫主义者之间。启蒙运动对翻译的根本要求是“对原著的绝对忠实”，像鲍德迈尔(Johann Jakob Bodmer)、布莱廷格(Johann Jakob Breitinger)、高特舍特(Johann Christoph Gottsched)等人就认为，绝对不可以偏离原著来翻译，尤其是布莱廷格所宣扬的理想的翻译观。启蒙运动时代的译者不仅认为，每篇文章的翻译应尽可能忠实于原著，而且也认为，每个文学文本都可以忠实地翻译到另外一种语言当中，他们相信文本可以进行几乎是机械式的转换。

克洛普斯托克（Friedrich Gottlieb Klopstock）和赫尔德（Johann Gottfried Herder）首次把对原著的忠实上升为忠实于“原著的精神”，他们对布莱廷格和高特舍特忠实于原著的语言或机械的忠实这一翻译观念进行了拓展。但是需要指出的是，即使是对于克洛普斯托克和赫尔德而言，“忠实”依然是“翻译的最高原则”①，他们并不认为译者可以自由地翻译。从忠实于语言转向忠实于意义为后来浪漫主义翻译观的确立创造了重要的前提条件。

启蒙运动的翻译理念是让原语文本的语言和意义接近译文读者，当时的大多数翻译家都是按照高特舍特所提倡的归化翻译法来翻译的，即要把“他者”，也就是异域文化及其表达方式和特点介绍给读者，这主要体现为“借词”的使用以及对异域习俗进行解释的脚注。衡量译者选择以及选择合理性的依据是译文读者是否可以理解译语文本以及译文读者的背景知识，维兰德（Christoph Martin Wieland）以接受者为导向的翻译是这种翻译方法的代表。

对于启蒙运动时代的译者而言，再现原文的形式是次要的，而内容的再现才是翻译的第一要务。相反，在早期浪漫主义中，翻译家们认为，翻译的重点是原文的形式，而不是内容。浪漫主义翻译对原文形式的关注也提高了原文作者的地位。译者不仅要向读者传递原文的内容，也要向读者传递作者的意图、风格特点以及特定的时代背景。施勒格尔兄弟（August Wilhelm von Schlegel，1767 — 1845；Friedrich von Schlegel，1772 — 1829）就是这种以原文作者为导向的翻译的代表人物。

3. 德国早期浪漫主义与翻译的密切关系

早期浪漫主义既是浪漫主义发展的第一阶段，又是它的巅峰时期，黄金岁月。早期浪漫主义存在的时间虽短，却创造了辉煌的业绩，尤其是在文艺理论与批评、世界优秀文学翻译两个方面。② 一般而言，德国早期浪漫主义是指 1796 年前后到 19 世纪初的思想运动，③ 从文学创作上说始于蒂克（Ludwig Tieck）的《弗兰茨·斯坦恩巴尔德的漫游》，从理论上说，始于施勒格尔兄弟 1798 创办的《雅典娜神殿》（Athenäum），再加上诺瓦利斯（Novalis）和弗·施勒格尔的创作，德国文坛展示了一种新的文学风貌。早期浪漫主义运动是浪漫主义的草创期，时间较短，但是从思想史和文学理论的角度来看，

① Winfried Sdun. *Probleme und Theorie des Übersetzens in Deutschland vom* 18. *Bis zum* 20. *Jahrhundert*. München：Hueber，1967，S. 25.

② 陈恕林：《论德国浪漫派》，上海：上海社会科学院出版社，2016，第 16 页。

③ 参见任卫东/刘慧儒/范大灿：《德国文学史》（第三卷），南京：译林出版社，2007，第 63 页。

却最具创意，影响也最大。

施勒格尔兄弟是德国浪漫主义思潮的理论奠基人，他们以《雅典娜神殿》为阵地，阐述个性解放、艺术无目的论的浪漫主义理念。在施勒格尔兄弟的影响下，出现了包括诺瓦利斯、蒂克在内的一批早期浪漫主义诗人。诺瓦利斯的《夜的颂歌》歌颂“神圣的、不可言传的、神秘的”夜，并赞美死亡的美妙感觉。蒂克则著有《民间童话集》三卷，开创了童话小说的新题材。

早期浪漫主义不仅在文学方面有着重要影响，而且在翻译研究方面也很有洞见，其主要代表人物包括诺瓦利斯、荷尔德林(Friedrich Hölderlin)、施勒格尔兄弟和蒂克，不仅是作家，而且也是翻译家，诺瓦利斯还是翻译理论家。①

3.1 德国早期浪漫主义代表人物的翻译成就

就浪漫主义翻译研究而言，文学或哲学上的早期浪漫主义是最重要的阶段，从时间上看介于康德 1790 年发表《判断力批判》与诺瓦利斯 1801 年去世之间。②

作为浪漫主义文学的先驱，蒂克是早期浪漫派作家中创作思路最宽泛，技艺最精湛的作家、批评家。与大多数早期浪漫文学作家不同，蒂克对思辨和理论探讨兴趣不大，但是笔健多产，在小说、童话、诗歌、戏剧诸多领域都有建树。蒂克大学期间不仅钻研文学理论、艺术史，也深入研读德语和非德语作家的作品，对莎士比亚以及英国伊丽莎白时代的戏剧用工尤勤，他还学习西班牙语，阅读塞万提斯的原著，为后来翻译相关作品奠定了基础。蒂克于 1799 年至 1801 年间翻译了西班牙作家塞万提斯的小说《堂吉诃德》，在译介西班牙文学方面功不可没，他的译本既忠实于原著，又有自己的独特风格。他后来又在女儿多罗苔娅和鲍狄辛伯爵的协助下，翻译了莎翁的 19 部剧作，完成了奥·施勒格尔的未竟之业。③他还独立翻译了《古英语戏剧》等作品。作为莎士比亚和塞万提斯作品的译者，蒂克为外国文学在德国的传播立下了汗马功劳。④

奥·施勒格尔是施勒格尔兄弟中的哥哥，1798 年与弟弟弗·施勒格尔一起创办浪漫派刊物《雅典娜神殿》，系统阐述德意志浪漫主义的理论和纲领，是耶拿浪漫派创始人之一。他不仅是文学家，也是翻译家，从小就聪颖好学，博闻强记，对文学尤其有着独到而又精湛的理解，其雄辩和语言天赋在中学时代就为人称道。由于其兴趣主要在人文科学方面，大学期间把主要精力投入文学和古代语言，并着手翻译但丁和莎士比亚的作品，他和诗人毕尔格(Gottfried August Bürger)合译的《仲夏夜之梦》，信达兼顾，文采

---

① Holger Siever. *Übersetzen und Interpretation. Die Herausbildung der Übersetzungswissenschaft als eigenständige wissenschaftliche Disziplin im deutschen Sprachraum von* 1960 *bis* 2000. Frankfurt a. M.: Peter Lang GmbH Internationaler Verlag der Wissenschaften, 2010, S. 90.

② Ebenda. S. 89.

③ 参见陈恕林：《论德国浪漫派》，上海：上海社会科学院出版社，2016，第 61 页。

④ 参见任卫东等：《德国文学史》(第三卷)，南京：译林出版社，2007，第 72 页。

斐然，堪称莎剧德译的经典之作，为他日后翻译莎剧打下了坚实的基础。① 此后他以其特殊的翻译才能、高超的语言表达能力，对莎剧艺术的深刻理解和感悟，采用无韵诗体裁翻译了莎翁的 17 部剧作。② 莎士比亚戏剧翻译是他最为突出的成绩，这些翻译至今仍受到推崇。当时的这些译本为后来的翻译设定了很高的标准，在德国文坛上，他的莎剧译作几乎与原著具有同等的艺术价值。此外，他在 1803 年至 1809 年翻译了西班牙作家卡尔德龙的 5 部剧作，还翻译了大量的西班牙、葡萄牙以及意大利的抒情诗，如但丁、弗・彼得拉克、奇・薄伽丘、路・阿里奥斯托等人的作品。作为翻译家，奥・施勒格尔对浪漫主义文学运动功不可没。他划时代的莎剧翻译，大有使莎士比亚“再生”之功，为德语世界提供了能与古典主义尊崇的荷马和索福克勒斯相匹敌的“现代艺术”范本。③

早期浪漫主义的大多数代表人物不仅是翻译家，有丰富的翻译实践，而且也致力于把实践与理论结合起来，对翻译问题做理论层面的思考，诺瓦利斯和施勒格尔兄弟就是这方面的代表。

3.2 德国早期浪漫主义代表人物的翻译论述

作为浪漫主义初期的领军人物，奥・施勒格尔不仅在美学、语言学、文艺批评等方面造诣颇深，而且在翻译领域也颇有建树，堪称是一位出色的翻译家和翻译理论家。他对翻译的论述离不开他的莎剧翻译。根据自己的莎剧翻译实践他提出了诗化翻译要求，他认为，这种翻译“从某种意义上讲比最忠实的散文翻译还要忠实”。④ 尤其值得指出的是，他对诗化翻译提出的要求是，译作不可以抹去原作形式的任何典型差异，由此差异作为标准进入了翻译的定义。⑤

他的诗化翻译观包括三个原则，这三个原则相辅相成，是个不可分割的整体。第一个原则是译者要忠实于原著，即要尊重原著的所有细节或者内容；第二个原则是再现原著的思想；第三个原则是诗化地翻译一切。奥・施勒格尔认为，文学翻译要尊重原著的细节或者内容，也就是说，尊重原著的一切，哪怕是个单词。但是他同时也指出，忠实于原著不仅指忠实于内容，也包括忠实于原著的形式。在他看来，形式与内容是同等重要的两个方面，形式是体现内容的手段，它们的融合越是密切，文学作品就越是完美。他尤其指出，忠实于原著也包括原语文本的“他者性”，也即文本独具的特征。⑥ 关于再

① 参见任卫东等：《德国文学史》（第三卷），南京：译林出版社，2007，第 81 页。

② 参见陈恕林：《论德国浪漫派》，上海：上海社会科学院出版社，2016，第 61 页。

③ 参见任卫东等：《德国文学史》（第三卷），南京：译林出版社，2007，第 82 页。

④ Edgar Lohner（Hrsg.）. *Schlegel: Kritische Schriften und Briefe. Band* 1. Stuttgart: Kohlhammer, 1971, S. 116.

⑤ Friedmar Apel. *Literarische Übersetzung*. Stuttgart: Metzler, 2003, S. 85.

⑥ 转引自特晶：《奥・威・施勒格尔诗化翻译观研究》，天津：天津大学文法学院，2012，第 11 页。

现原著的精神，他认为，好的翻译并不一定必须是直译，而是要再现原著的精神。原著的精神包括物质和思想两个方面，物质方面是指作者在各个层面的语言使用特点，例如其情绪、选词、句式和段落安排；思想方面指原著的风格。他所谓的再现原著精神是指译者必须翻译出原著的创作个性、创作风格和意图。① 第三个原则是诗化地翻译一切。基于对诗的可译性的认知，他认为，一切都应诗意地予以翻译。在给蒂克的信中他写道，"如果所有的诗都可以翻译，那么一切就都可以翻译"。②

施勒格尔的三个翻译原则建立在三个层面上，第一原则即第一层面，第二个原则即为第二层面，在这两个原则的基础上，他提出了一切都可以诗化翻译的第三个原则。施勒格尔的诗化翻译观体现了翻译的最高境界，即"诗"化的翻译。翻译的关键不在于对原文的语言及内容进行表层的模仿，而在于深入挖掘原文的精髓，用艺术语言创造出一种新的诗意效果。从理论方面看，奥·施勒格尔的诗化翻译观并非孤立的，而是建立在其语言观、美学观和德国早期浪漫主义文学思想的基础之上。他认为，人类语言是通过声音对人类感情的直接表现。他的美学观主要体现在其关于艺术和文学的讲座中，他把诗引入了美学，启发人们从诗的角度去认识美。

弗·施勒格尔是文学理论家、作家、语言学家，也是早期浪漫主义文学运动的创始人和最重要的翻译理论家。与启蒙主义代表人物对翻译的认识不同，施勒格尔兄弟不相信可以实现原作与译作的等值。作为浪漫主义艺术理论和科学学说的源泉，弗·施勒格尔于 1797 年撰写的《语文学哲学》笔记提出了新的语文学轮廓，而这种新语文学为其翻译理论反思提供了参照系。他认为，新语文学的任务就是从历史角度审视语言与文学。他把历史性作为翻译理论的主要问题，认为之前整个关于翻译的讨论不是很有用。"我们还不清楚，翻译到底是什么"，③ 因此他主要是通过否定来界定翻译的概念。他认为，首先来说，翻译"根本不是模仿"，④ 译作的任务不是取代原著，而且也不可能。⑤ 优秀的翻译应该以历史变化为距离，以差异性为标准。恰恰是已经成为经典的作品的翻译表现为一种过渡现象，译作描绘的是理解的相应阶段，而这个阶段需要继续进行理解。每个译作都是原著继续生存过程中的一个瞬间，而同时其本身又是一个新作品，因此译作也是正在形成的艺术形式的一个瞬间。这也就解释了翻译问题在浪漫派艺术理论中所具有的重要意义，以至于最终把浪漫主义与翻译从概念上等同了起来。⑥

---

① 转引自特晶：《奥·威·施勒格尔诗化翻译观研究》，天津：天津大学文法学院，2012，第 12 页。

② Antoine Berman，A. W. Schlegel. *The Will to Translate Everything*. In：*The Experience of the Foreign：Culture and Translation in Romantic Germany*，trans. S. Heyvaert. Albany：State University of New York Press，1992，S. 28. 转引自特晶，1992，第 14 页。

③ 转引自 Friedmar Apel. *Literarische Übersetzung*. Stuttgart：Metzler，2003，S. 83.

④ 同上，S. 84.

⑤ 同上。

⑥ 同上。

诺瓦利斯是早期浪漫主义另一位最重要的翻译理论家，原名格奥尔格·菲利普·弗里德里希·哈登贝格(Georg Philipp Friedrich Hardenberg)，诺瓦利斯是他的笔名。他认为，翻译与文学创作完全没有区别，翻译就是文学创作，甚至是一种更为高级的活动。在他看来，作为实施这种高级活动的译者必须是“诗人的诗人”，必须“能够让诗人按照译者本人以及诗人自己的思想来说话”(Novalis：*Blüthenstaub* 68)。[①] 这样一来，对于他而言，翻译就是特殊性与普遍性以及个性与世界的相互反映，而完整的世界才可以视为历史的终结。只要历史还在形成过程中，差异就会存在，只能指向其未来的统一。与历史发展相似，诺瓦利斯认为，翻译的功能就是指向那个之前全人类使用同一种语言的时期。

诺瓦利斯把翻译分为三种，翻译要么是语法式的，要么是修改式的，要么是神话式的。语法式翻译即通常意义上的翻译，要求学识渊博，但只需要推理能力。修改式翻译需要极高的诗的灵气，译者本身必须是艺术家，能够随意再现整个作品的思想。他必须是诗人之诗人，即能够让自己同时按本人和作者原有的思想进行叙述。神话式翻译是翻译的极品，表现出有个性的艺术品的纯粹和完美，让人读到的不是真实的艺术品，而是其典范，这种翻译现在还找不到完美的范例。但是，从某些作品的批评及摹写的神韵中，已经清晰地透射出这种范例的影子，为此需要一个充满诗学和哲学的灵气，而又把两者相互融合的头脑。诺瓦利斯所谓的神话式翻译已经超出了文学翻译的范围，因为神话式翻译不是要赋予世界以神话意义，而是把现实翻译成神话的东西。神话式翻译指一种对翻译的隐喻式理解，也就是一种神话式的世界诠释或者文艺学文本批评。[②]

4. 德国早期浪漫主义代表人物的翻译思想的多面性

从历史发展角度看，早期浪漫主义这个概念意味着与之前的理性主义和古典主义体系的决裂。而早期浪漫主义与启蒙运动的关系从许多方面看都可以理解为批评与继承的关系。早期浪漫主义与古典主义的区别在于，其抛弃了模仿、再现以及摹写的原则。康德的理论为早期浪漫主义抛弃模仿论奠定了基础，康德认为，不是我们认识世界，而是世界是我们所认识的样子，他的批判思想已经从方法上克服了古典主义的模仿论。与模仿原则的决裂在德国尤为突出，德国早期浪漫主义者把诗视为模仿的对立面。创造性的想象力是早期浪漫主义诗学最重要的概念之一，与对现实的单纯模仿不同，创造性想象力被定义为一种能产性的力量。

从翻译理论角度看，需要强调的是，启蒙时代和早期浪漫主义的哲学基础极其不同，这首先表现为两者对翻译的认识截然相反。从翻译思想角度看，恰恰是早期浪漫主

① Friedmar Apel. *Literarische Übersetzung*. Stuttgart：Metzler，2003，S. 84.

② Holger Siever. *Übersetzen und Interpretation. Die Herausbildung der Übersetzungswissenschaft als eigenständige wissenschaftliche Disziplin im deutschen Sprachraum von* 1960 *bis* 2000. Frankfurt a. M.：Peter Lang GmbH Internationaler Verlag der Wissenschaften，2010，S. 94.

义者，他们大多是翻译家，完成了决定性的“范式转换”。[①] 阿尔布雷希特(Jörn Albrecht)把浪漫主义者摆脱“不忠的美人”这一翻译理想称为欧洲翻译史的转折点。[②]

奥·施勒格尔坚持“翻译一切”，并主张“翻译既要忠实原文又要体现诗意”，把“差异标准”引入翻译定义，并要求译文不得抹去原著形式的任何典型差异。[③] 弗·施勒格尔第一个认识到了“翻译与理解的关联”，[④] 把“翻译视为诠释这个浪漫主义对翻译的定义”也是他提出的。[⑤] 诺瓦利斯认为，翻译与文学创作完全没有差异，甚至视翻译为比文学创作更为高级的创作活动。[⑥]

4.1 德国早期浪漫主义代表人物从语言角度对翻译问题的思考

诺瓦利斯把翻译分为语法式、修改式和神话式翻译三种。语法式翻译仅着眼于再现原作的内容，修改式翻译强调的是表达已经安排好的内容的创造性因素，[⑦] 因为文学作品的本质是其形式，而不是其内容。[⑧] 他认为，语法式翻译即通常意义上的翻译，它要求学识渊博，但只需要推理能力；而真正意义上的修改式翻译，需要译者具有极高的诗的灵气，真正的译者本身必须是艺术家，能够随意再现整个作品的思想，他必须是诗人之诗人。[⑨]由此可见，从语言学或者符号学的角度来看，语法式以及修改式翻译与符号学语言学翻译理论的代表人物雅各布森(Jakobson)所谓的语际翻译有着很多相通之处。[⑩]

4.2 德国早期浪漫主义代表人物从阐释角度对翻译问题的思考

与启蒙主义者的翻译观不同，早期浪漫主义最重要的两位翻译理论家弗·施勒格尔和诺瓦利斯都不相信译作可以与原作等值。他们认为，语言差异正是翻译之所以可能并且必要的基础，在这一点上，他们继承了赫尔德的翻译观，而赫尔德使人们认识到了巴

---

① Ernst Behler. *Frühromantik*. Berlin: de Gruyter, 1992, S. 16.

② Jörn Albrecht. *Literarische Übersetzung. Geschichte, Theorie, kulturelle Wirkung*. Darmstadt: Wissenschaftliche Buchgesellschaft, 1998, S. 4.

③ Friedmar Apel. *Literarische Übersetzung*. Stuttgart: Metzler, 2003, S. 85.

④ Antonella Nicoletti. *Übersetzung und Auslegung in Goethes West-östlichem Divan*. Tübingen: Francke, 2002, S. 26.

⑤ Ebenda. S. 1.

⑥ Friedmar Apel. *Literarische Übersetzung*. Stuttgart: Metzler, 2003, S. 84.

⑦ Winfried Sdun. *Probleme und Theorie des Übersetzens in Deutschland vom 18. Bis zum 20. Jahrhundert*. München: Hueber, 1967, S. 42.

⑧ A. W. Schlegel. *Sämtliche Werke, Band III*. Hildesheim: Olms, 1971, S. 333f.

⑨ Novalis [Friedrich von Hardenberg]. *Aus »Blüthenstaub«*. In: Hans-Joachim Störig (Hg.): *Das Problem des Übersetzens*. Darmstadt: Wissenschaftliche Buchgesellschaft, 1963, S. 33.

⑩ Holger Siever. *Übersetzen und Interpretation. Die Herausbildung der Übersetzungswissenschaft als eigenständige wissenschaftliche Disziplin im deutschen Sprachraum von 1960 bis 2000*. Frankfurt a. M.: Peter Lang GmbH Internationaler Verlag der Wissenschaften, S. 94.

别塔概念的积极意义。在抛弃了启蒙主义的同一性概念后，早期浪漫主义翻译理论用更为根本性的差异概念取代同一性概念，系统地利用"多样性中的差异"这一基本特征，并把其作为认识手段。①

诺瓦利斯根本就没有论及"忠实的翻译"，他没有继续使用与忠实概念一脉相承的同一性理想，而是完全寄希望于"修改概念"。② 如果译者试图像复制者一样机械地去模仿原作，那么本应是真正的艺术家的译者就无法充分发挥其创造性潜力。创造性译者必须要做出修改，以接近要在译文中表达的原著的思想。与奥·施勒格尔不同，诺瓦利斯和弗·施勒格尔的"无限接近"不再是指接近原著、文本意义或者原作者的意图，而是指意义的不可及性。③ 从诠释哲学的角度看，意义并不是文本给定的，而是通过文本的指称结构以猜想或者类比的方式推论得出的，这是因为文本的指称特征是翻译时最重要的东西。④

把翻译看作修改，这种新翻译观是基于早期浪漫主义的这一观点，即所有符号，也包括非语言符号都是诠释对象。⑤ 这方面的研究主要是由诺瓦利斯完成的，他在研究费希特哲学思想时研究了符号与符号理论。从各个方面来看，诺瓦利斯作为早期浪漫主义最具创新精神的思想家可以看作翻译的阐释学研究范式的先驱。⑥

施勒格尔和诺瓦利斯从差异理论素得出了翻译活动的三个本质特征：诠释、无限接近以及创造性活动。⑦ 现代阐释学翻译理论虽以施莱尔马赫为鼻祖，但是施莱尔马赫只是继承并发展了早期浪漫主义翻译理论，因此现代阐释学翻译理论实际上继承的是施勒格尔和诺瓦利斯提出的三个本质特征中的第一个。⑧

4.3 德国早期浪漫主义代表人物从历史和行为角度对翻译问题的思考

弗·施勒格尔把历史性作为翻译理论的主要问题⑨，他认为，每个译作都是原作继

---

① Helmut Schanze (Hrsg.). *Romantik-Handbuch*. Stuttgart: Kröner, 1994/2003, S. 3.

② Winfried Sdun. *Probleme und Theorie des Übersetzens in Deutschland vom* 18. *Bis zum* 20. *Jahrhundert*. München: Hueber, 1967, S. 47f.

③ Holger Siever. *Übersetzen und Interpretation. Die Herausbildung der Übersetzungswissenschaft als eigenständige wissenschaftliche Disziplin im deutschen Sprachraum von* 1960 *bis* 2000. Frankfurt a. M.: Peter Lang GmbH Internationaler Verlag der Wissenschaften, 2010, S. 95.

④ Antonella Nicoletti. *Übersetzung und Auslegung in Goethes West-östlichem Divan*. Tübingen: Francke, 2002, S. 25.

⑤ Ebenda. S. 85.

⑥ Holger Siever. *Übersetzen und Interpretation. Die Herausbildung der Übersetzungswissenschaft als eigenständige wissenschaftliche Disziplin im deutschen Sprachraum von* 1960 *bis* 2000. Frankfurt a. M.: Peter Lang GmbH Internationaler Verlag der Wissenschaften, S. 95.

⑦ Ebenda. S. 93.

⑧ Ebenda.

⑨ Friedmar Apel. *Literarische Übersetzung*. Stuttgart: Metzler, 2003, S. 83.

续生存过程中的一个瞬间。他与诺瓦利斯一起提出“无限接近”作为翻译的特征，并且认为翻译的可能性和必要性恰恰是基于语言的“差异”，换句话说，差异不是翻译中要消除的负面因素，而正是翻译存在的必要条件。齐马(Peter V. Zima)指出，“弗·施勒格尔已经预言了解构主义者的主要思想”。① 奥·施勒格尔则把“差异”纳入翻译的定义，使得早期浪漫主义翻译理论用更为本质性的差异概念取代了同一性概念，与现代解构主义翻译方法有着共同之处。

诺瓦利斯在其“断片”中写道，“理解一位作家意味着能够按照作家的思想行动，对翻译而言就是，在不淡化作者个性的情况下译出作者的思想，并为之对原文做出各种各样的改变”。② 把翻译看作行动，为此可以对原文进行改变，可以说，早期浪漫主义的这一翻译论断已经开始从功能角度来看待翻译活动，是基于行为理论的现代功能翻译理论的先驱。

早期浪漫主义者也认为，一切文学创作都是翻译，而且人的思想只会从事一种活动——翻译。③ 就如同每个人说的都是自己的语言一样，每个人都必须把别人说的东西翻译成自己的语言，只有这样他才能够理解对方。人与人之间的沟通从根本上讲与从一种语言翻译成另外一种语言的本质是一样的。④ 也就是说，每个说话或者写作行为都是翻译行为，这种思想与现代“广义隐喻翻译观”已经非常接近。

5. 结语

从文艺学角度看，浪漫主义也许是最具争议的文学时代，同时从哲学看，也许是德国思想史上最容易被忽视的一个时代。直到20世纪80年代末，人们才慢慢走出了对浪漫主义的片面解读，在此之前，无论是黑格尔、海涅、克尔凯、郭尔，还是尼采、施密特对浪漫主义的解读都是片面的，只做正面或者反面的解读。此后人们对浪漫主义时代有了更为全面而又丰富的解读。

浪漫主义不仅仅是一种文学思潮，浪漫主义运动更是代表着一场剧烈而又极端的变革，之所以这么说，是因为它是近代所有思想运动中涉及面最广的运动，改变了西方近代的生活方式和思想，其中也包括翻译思想。如果说启蒙时期的古典主义以完美为关键词，那么早期浪漫主义则把无限性作为关键词引入哲学和文艺学论战，为后来翻译研究的发展指明了方向。

---

① Peter V. Zima. *Die Dekonstruktion. Einführung und Kritik*. Tübingen: Francke, 1994, S. 13.

② Novalis [Friedrich von Hardenberg]. *Schriften. Zweiter Band: Das Philosophische Werk I*. Darmstadt: Wissenschaftliche Buchgesellschaft, 1965, S. 424.

③ Winfried Sdun. *Probleme und Theorie des Übersetzens in Deutschland vom 18. Bis zum 20. Jahrhundert*. München: Hueber, 1967, S. 46.

④ Hans-Jost Frey. *Übersetzung und Sprachtheorie bei Humboldt*. In: Alfred Hirsch (Hrsg.), *Dekonstruktion und Übersetzen*. Frankfurt: Suhrkamp, 1997, S. 56.

早期浪漫主义的翻译思想与其代表人物的诗学思想、文艺观、语言观和语言历史观密切相关。他们大多是翻译家，而且诺瓦利斯还是翻译理论家，所以他们从自己的翻译实践或者诗学思想以及艺术批评理论等不同角度对翻译问题进行探讨就一点也不奇怪了。尽管早期浪漫主义者并没有翻译研究方面的大型专著，但是在其思想中，翻译问题获得了前所未有的意义，套用布伦塔诺(Clemens Bretano)的至理名言可以说，浪漫派文学与翻译在概念上就是一回事。①

此外，早期浪漫主义艺术理论的主要代表人物对“断片”情有独钟，尤其是弗·施勒格尔更是绝大多数“断片”的贡献者，一是他本人格外擅长写“断片”，二是“断片”是他阐明艺术问题、文艺理论问题的重要形式。他关于浪漫文学、文艺批评问题等诸多文艺问题的精彩论述基本上都存在于各个“断片”中，非常多样纷杂，因为“断片”本来就不是整体上前后一致的论著，因此在早期浪漫主义思想中可以找到论述翻译的各种“思想断片”也是符合逻辑的。

参考文献

[1]陈恕林. 论德国浪漫派[M]. 上海：上海社会科学院出版社，2016.

[2]任卫东，刘慧儒，范大灿. 德国文学史(第三卷)[M]. 南京：译林出版社，2007.

[3]特晶. 奥·威·施勒格尔诗化翻译观研究[D]. 天津：天津大学文法学院，2012.

[4] Andreas Huyssen. *Die Frühromantische Konzeption von Übersetzen und Aneignung. Studien zur frühromantischen Utopie einer deutschen Weltliteratur* [M]. Zürich/Freiburg：Atlantis，1969.

[5]Antonella Nicoletti. *Übersetzung und Auslegung in Goethes West-östlichem Divan* [M]. Tübingen：Francke，2002.

[6]Edgar Lohner (Hrsg.). *Schlegel：Kritische Schriften und Briefe. Band* 1[C]. Stuttgart：Kohlhammer，1971.

[7]Ernst Behler. *Frühromantik* [M]. Berlin：de Gruyter，1992.

[8]Friedmar Apel. *Literarische Übersetzung* [M]. Stuttgart：Metzler，1983.

[9] Friedrich Schlegel. *Kritische Friedrich-Schlegel-Ausgabe* [M]. München：Schöningh，1967.

[10]Hans-Jost Frey. *Übersetzung und Sprachtheorie bei Humboldt*. In：Alfred Hirsch (Hrsg.)，*Dekonstruktion und Übersetzen* [C]. Frankfurt：Suhrkamp，1997.

[11]Helmut Schanze (Hrsg.). *Romantik-Handbuch*. [C]Stuttgart：Kröner，1994/2003.

[12]Holger Siever. *Übersetzen und Interpretation. Die Herausbildung der Übersetzungswissenschaft als eigenständige wissenschaftliche Disziplin im deutschen Sprachraum von* 1960 *bis* 2000

① Friedmar Apel. *Literarische Übersetzung*. Stuttgart：Metzler，2003，S. 83.

[M]. Frankfurt a. M.: Peter Lang GmbH Internationaler Verlag der Wissenschaften, 2010.

[13] Jörn Albrecht. *Literarische Übersetzung. Geschichte, Theorie, Kulturelle Wirkung* [M]. Darmstadt: Wissenschaftliche Buchgesellschaft, 1998.

[14] Novalis [Friedrich von Hardenberg]. *Aus » Blütenstaub «*. In: Hans-Joachim Störig (Hg.): Das Problem des Übersetzens [C]. Darmstadt: Wissenschaftliche Buchgesellschaft, 1963.

[15] Novalis [Friedrich von Hardenberg]. Schriften. Zweiter Band: Das Philosophische Werk I [M]. Darmstadt: Wissenschaftliche Buchgesellschaft, 1965.

[16] Peter V. Zima. *Die Dekonstruktion. Einführung und Kritik* [M]. Tübingen: Francke, 1994.

[17] Winfried Sdun. *Probleme und Theorie des Übersetzens in Deutschland vom* 18. *Bis zum* 20. *Jahrhundert* [M]. München: Hueber, 1967.

研究评述

2019—2020 年国家社科基金德语国家研究项目盘点

华中科技大学　谭　渊

自 1991 年全国哲学社会科学规划办公室成立国家社科基金(NSSFC)并设立年度项目以来，国家社科基金已经走过了整整三十年岁月，在推动中国本土的人文社会科学研究方面扮演了越来越重要的角色，对支持青年学术骨干的成长尤其意义重大。同时，全国哲学社会科学工作办公室每年公布的国家社科基金项目立项名单在一定程度上也反映了国内人文社会科学研究的当下热点，对于加强学科建设、增进研究者之间的交流合作都具有重要参考价值。因此，笔者对 2019—2020 年获得立项的国社科项目进行了梳理，对其中与德语国家有较大关联的研究项目进行了统计分析，以期为学界同仁从事相关研究提供有益借鉴。

从公示的立项总数来看，2019 年国家社科基金年度项目立项总数(4627 项)较之 2018 年度的 4506 项略有上升，而 2020 年的立项总数(4629 项)则与 2019 年度基本持平。但由于新学科门类的设立，部分学科的立项数甚至出现了下降。如在外国文学学科，2018 年的重点、一般和青年项目公示立项总数为 126 项，2019 年降为 120 项，2020 年进一步降为 97 项。同样，语言学立项总数也从 2018 年的 320 项下降到 2019 年的 308 项，并在 2020 年进一步下降为 299 项。对于从事外国文学和语言学研究的德语界学者而言，立项总数的减少意味着今后的角逐会更趋激烈。

从统计结果来看，与德语国家研究有较为紧密关系的国社科项目总数每年都在 40 项左右。其中哲学类项目所占比重最大，这与 18 世纪以来德国在哲学领域所做出的巨大贡献有着密切关系。具体来看，2019 年，哲学学科中有 21 个相关课题获得立项，2020 年略有减少，仍有 16 个课题获得立项。由此可见，德国作为哲学家王国对国内人文学科的研究者仍然充满吸引力。同时，在马列主义和科学社会主义学科门类中，与德国思想家相关的课题也为数不少。如此一来，康德、黑格尔、海德格尔、阿多诺、法兰克福学派、《资本论》等耳熟能详的术语毫无悬念地成为两个年度中共同的热点词汇。但研究热点的变化也并非无迹可寻，如 2019 年的哲学类项目中有三个涉及维特根斯坦研究，但到了 2020 年，维特根斯坦的风头却完全被并不太为国内所熟知的德国哲学家、意动心理学派创始人弗朗兹·布伦塔诺(Franz Clemens H. H. Brentano，1838-1917)所取代。

在文学和语言学领域的立项课题中，凭借对德语文献的娴熟掌握，国内的德语专业教师队伍近三十年来一直牢牢占据着一席之地。2019 年，外国文学学科中与德语国家相关的立项共有5项，涉及《格林童话》、存在论诗学、德国女性文学、柏林浪漫派、君特·格拉斯等不同主题。此外，由于德国文学理论对中国文学的发展也产生过较大影响，所以在中国文学学科中也有6个课题与德国相关，其中对法兰克福学派美学思想的研究项目最多，其他课题则主要涉及黑格尔美学、海德格尔存在论、阿斯曼的文化记忆理论以及中德民间故事比较研究。但如果从德语界的角度来看，2019年立项情况并不理想。因为上述项目多被非德语学科的研究者获得，如"存在论诗学与魏玛文化危机研究"项目的获得者卢迎伏为四川大学文学与新闻学院副教授。德语界教师获得的文学研究项目其实只有4项，这一数字甚至已经跌回到2014年以前的水平。

2020年，德语界同仁通过不懈努力终于使局面发生了较大改观。该年度中，与德语国家相关的外国文学研究课题多达6项(含后期资助项目1项)，中国文学研究课题3项，其中绝大多数被德语界教师所获得。具体来看，许多获得立项的课题都与当下的研究热点结合紧密，如"德国文学'早期机器人'书写研究"与当下关于人工智能技术的讨论联系紧密，"数字人文视域下的《诗经》德译与传播研究(1747—2019)"顺应了当代的"数字人文"研究热潮，"中国当代名家名作德语译介数据库建设与传播影响研究"和"18—19世纪之交德国思想界的多维中国形象及其溯源研究"则与近十年兴起的"文化走出去"战略有着密切关系。

令人惊喜的是，德语界同仁在2020年的语言学类项目中也大有斩获，有"中国德语学习者语料库建设与德语语言能力发展研究"和"大数据视域下德国主流媒体涉华报道的批评话语研究"两个课题获得立项，打破了德语界自2016年以来连续5年在语言学课题中颗粒无收的尴尬局面。而这两个课题分别运用了当前十分热门的语料库技术和"大数据"研究，从一个侧面证明了"小语种"研究要想在国内众多同行中脱颖而出就必须不断与时俱进，走在学术前沿,。

此外，在世界历史学科中，每年也有多项与德语国家相关的课题获得立项。2019年获得立项的3项课题分别涉及中世纪德国经济社会史、19世纪德国的市政改革与城市现代化进程、德语区犹太知识分子的科教文化建设。2020年获得立项的6项课题中有一大半带有"跨国"性质，涉及清末民初德国汉学家的中国观、二战期间在华德裔犹太难民生活、联邦德国移民政策、冷战时期美国对德政策。顺便值得一提的是，2019年在国家社科基金"冷门绝学"项目中还有一项综合了中国历史、德国历史、文献学和德汉翻译的课题——"德国藏丝绸之路考古档案文献整理与研究"。以上课题都折射出了"全球史"视野对课题设计的重要性。

除上述几大领域外，与德语国家研究相关的课题还散见于经济学、法学、新闻学、民族学、体育学、社会学、国际问题研究等学科领域中，但多数在各年度中都只有零星立项。综合来看，在所有与德语国家相关的国社科立项课题中，重人文、轻社会和重历史、轻当下的倾向十分明显，德国哲学研究课题牢牢占据着半壁江山，外国文学、中国文学、世界历史学科中的相关课题也为数不少，而对德语国家当代社会发展，特别是瑞士、奥地利的研究则有明显不足，未来还大有潜力可挖。

附录 1　2019 年国家社科基金德语国家研究方向课题汇总

序号	课题名称	负责人	所属院校	学科
1	马克思恩格斯“历史观”形成史的新诠释与最新文献研究(1845—1846)	谢晓川	上海社会科学院	马列·科学社会主义
2	恩格斯东方社会发展道路思想及其当代价值研究	杨志臣	中共广东省委党校	马列·科学社会主义
3	马克思的宗教批判与唯物史观的创建研究	刘春晓	首都师范大学	马列·科学社会主义
4	《资本论》及其手稿中的政治哲学思想研究	付文军	浙江大学	马列·科学社会主义
5	《资本论》及其手稿中经济术语的哲学阐释及其当代价值研究	石佳	重庆大学	马列·科学社会主义
6	《资本论》的古希腊思想渊源探究	白刚	吉林大学	哲学
7	《资本论》历史唯物主义思想的当代阐释	郗戈	中国人民大学	哲学
8	法兰克福学派主体与主体间性问题的源流与意义研究	谢永康	海南大学	哲学
9	阿多诺现代性批判理论深度研究	王晓升	华中科技大学	哲学
10	黑格尔的人格财产权理论研究	陈浩	清华大学	哲学
11	胡塞尔与康德的认识论比较研究	张廷国	华中科技大学	哲学
12	《黑皮本》与海德格尔中后期思想研究	朱清华	首都师范大学	哲学
13	德国古典哲学进程中的黑格尔共同体思想研究	余玥	四川大学	哲学
14	海德格尔的教育哲学研究	朱松峰	中南财经政法大学	哲学
15	康德法权哲学基本问题研究	杨云飞	武汉大学	哲学
16	康德“道德的政治”伦理思想及其当代意义研究	刘静	东北师范大学	哲学
17	青年马克思的语言哲学研究(1840—1844)	李捷	中山大学	哲学
18	当代国外海德格尔式马克思主义的研究	杨栋	西安交通大学	哲学

续表

序号	课题名称	负责人	所属院校	学科
19	德国“新马克思阅读”运动的理论与思想史效应研究	李乾坤	南京大学	哲学
20	17—18 世纪德意志敬虔主义研究	黄丁	暨南大学	哲学
21	黑格尔柏林时期宗教哲学思想研究	张云凯	郑州大学	哲学
22	维特根斯坦实践哲学方法论研究	贺敏年	上海师范大学	哲学
23	维特根斯坦哲学中的规范思想研究	王彬彬	北京物资学院	哲学
24	康德式建构主义的元伦理学研究	赵志坚	华中科技大学	哲学
25	康德形式伦理学的空洞性问题与人性价值研究	郭宇航	北京大学	哲学
26	维特根斯坦的伦理学思想研究	吴杨义	桂林理工大学	哲学
27	君特·格拉斯诗学研究	余杨	广东外语外贸大学	外国文学
28	《格林童话》的神话渊源与德意志民族精神研究	王丽平	清华大学	外国文学
29	存在论诗学与魏玛文化危机研究	卢迎伏	四川大学	外国文学
30	德国女性文学创伤叙事模式与修复机制研究	张帆	上海外国语大学	外国文学
31	柏林浪漫派的共同体建构与想象研究	卢盛舟	南京大学	外国文学
32	法兰克福学派美学思想的生态维度研究	尤战生	山东大学	中国文学
33	席勒与法兰克福学派文艺美学思想的关联研究	莫小红	湘潭大学	中国文学
34	海德格尔存在论思想与当代中国美学研究	王昌树	浙江农林大学	中国文学
35	黑格尔与审美主义问题研究	黄金城	华东师范大学	中国文学
36	类型学视域下的《格林童话》与中国民间故事比较研究	卞梦薇	鲁东大学	中国文学
37	阿斯曼文化记忆理论及其当代意义研究	王蜜	南京信息工程大学	中国文学
38	德意志中世纪经济社会史	王亚平	天津师范大学	世界历史

续表

序号	课题名称	负责人	所属院校	学科
39	19 世纪德国的市政改革与城市现代化研究	徐继承	山西师范大学	世界历史
40	德语区犹太知识分子对伊休夫科教文化事业的建构研究(1882—1948)	李晔梦	华东师范大学	世界历史
41	《资本论》手稿思想及其当代价值研究	胡岳岷	吉林财经大学	理论经济
42	德国社会市场经济经验借鉴下的中国住房制度继续改革和长效机制建设研究	马秀莲	中共中央党校(国家行政学院)	理论经济
43	德奥瑞检察机关在国际刑事司法协助中的作用与我国的应对研究	黄礼登	西南财经大学	法学
44	奥地利马克思主义民族理论与实践研究	王幸平	潍坊学院	民族学
45	20 世纪 80 年代以来的德国媒介哲学研究	于成	青岛大学	新闻学与传播学
46	近代中国德文报刊文学史料发掘、整理与研究	卢铭君	广东外语外贸大学	外国文学
47	德国藏丝绸之路考古档案文献整理与研究	林航	杭州师范大学	中国历史

附录 2　2020 年国家社科基金德语国家研究方向课题汇总

序号	课题名称	负责人	所属院校	学科
1	法兰克福学派的政治经济学批判前提及其限度研究	黄璇	广西大学	马列·科学社会主义
2	奥地利社会主义理论与实践研究(1860—1934)	孟飞	华中师范大学	马列·科学社会主义
3	MEGA2 与《资本论》第一卷最终版问题研究	王旭东	北京理工大学	马列·科学社会主义
4	德国马克思学的《资本论》研究	王校楠	北京理工大学	马列·科学社会主义
5	《资本论》及其手稿中的共产主义思想研究	刘梅	中央民族大学	哲学

续表

序号	课题名称	负责人	所属院校	学科
6	马克思恩格斯著作遗产的流传与初版文献整理、译介与研究	赵玉兰	中国人民大学	哲学
7	马克思对启蒙思想的综合与重建研究	田冠浩	吉林大学	哲学
8	黑格尔逻辑学视域下现代理性的自我调适研究	庄振华	陕西师范大学	哲学
9	德国唯心论在费希特、谢林和黑格尔哲学体系中的不同终结方案研究	先刚	北京大学	哲学
10	赫尔德对康德哲学之批判的系统研究	陈艳波	贵州大学	哲学
11	布伦塔诺学派哲学及其当代理论效应研究	李忠伟	华侨大学	哲学
12	阿多诺否定的民主政治思想研究	杨顺利	西南交通大学	哲学
13	布伦塔诺《范畴论》翻译与研究	许为勤	贵州大学	哲学
14	《资本论》未完成部分的探佚研究	王嘉	首都师范大学	哲学
15	《资本论》哲学化阐释路径研究	许瑞涛	福州大学	哲学
16	MEGA2 视域中的马克思法语笔记与思想转变发展研究	刘冰菁	南京大学	哲学
17	康德伦理学诠释的帕通—罗尔斯范式研究	李科政	天津社会科学院	哲学
18	康德艺术论的情感、象征及其当代性研究	王维嘉	复旦大学	哲学
19	布伦塔诺《道德知识的本源》翻译与研究	张勤富	武装警察部队警官学院	哲学
20	尼采生命发生学视角中海德格尔存在发生学的限度	赵卫国	陕西师范大学	哲学
21	清末民初德国汉学家中国观建构研究	黄怡容	青岛大学	世界历史
22	冷战时期美国对德国问题的政策研究	赵学功	南开大学	世界历史
23	马克思世界历史理论与欧洲浪漫主义史学思想关系研究	王利红	北京联合大学	世界历史
24	二战期间在华德裔犹太难民的文化生活研究	杨梦	北京大学	世界历史

续表

序号	课题名称	负责人	所属院校	学科
25	德国新兰克学派史学家群体研究	柏悦	西北大学	世界历史
26	联邦德国移民政策的形成和转型研究(1973—2005)	马绎	杭州电子科技大学	世界历史
27	施莱尔马赫的宗教共同体理论研究	黄毅	信阳师范学院	宗教学
28	康德《判断力批判》诠证	陈剑澜	中国人民大学	中国文学
29	海德格尔与中国当代美学的理论建构研究	牟方磊	湖南师范大学	中国文学
30	中国当代名家名作德语译介数据库建设与传播影响研究	孙国亮	上海外国语大学	中国文学
31	18—19 世纪之交德国思想界的多维中国形象及其溯源研究	陈敏	西安外国语大学	外国文学
32	德语文学中的感知文化嬗变与美学自治研究	陈敏	对外经济贸易大学	外国文学
33	19 世纪德国小说与刑事司法案例集的传播研究	杨柳	杭州师范大学	外国文学
34	数字人文视域下的《诗经》德译与传播研究(1747—2019)	庞娜娜	山东大学	外国文学
35	德国文学“早期机器人”书写研究	程林	广东外语外贸大学	外国文学
36	德国形象与中国精神研究	叶隽	同济大学	外国文学
37	中国德语学习者语料库建设与德语语言能力发展研究	李媛	浙江大学	语言学
38	大数据视域下德国主流媒体涉华报道的批评话语研究	李莎莎	同济大学	语言学
39	美、德、英、日竞技体育治理特征、经验与推进我国国家治理体系和治理能力现代化研究	舒盛芳	上海体育学院	体育学
40	基于晚期韦伯“国家社会学”的国家理论研究	陈涛	中国社会科学院	社会学
41	德国研究文献数据库建设	李大雪	四川外国语大学	国际问题研究

2019—2020年教育部社科基金德语国家研究项目盘点

武汉软件工程职业学院　刘　琼　华中科技大学　谭　渊

与1991年开始设立的国家社会科学基金项目相比，教育部社会科学司设立的教育部人文社会科学研究项目的历史相对较短，2002年才首次设立年度项目，在项目资助力度和影响力方面也较国社科均略逊一筹。不过，由于教育部社科基金对青年人才的政策性倾斜，不仅在年龄要求上较为宽松，而且每年立项的青年基金项目数量都占总立项数的六成以上，对于众多处于事业起步期的青年学者而言，教育部社科基金无疑是更为理想的起跳板。

不过，围绕教育部人文社会科学研究项目的竞争近年也日趋激烈。教育部社科司公示的信息显示，申请2019年度教育部人文社会科学研究一般项目的有效申报数量达到了32081份，创历年之最。而从2019年3月15日最终公示的一般项目评审结果来看，该年度共有规划基金、青年基金、自筹经费项目3095项获得立项，加上通过专家评审的西部和边疆地区项目186项，新疆项目15项，西藏项目6项，合计3302项，立项率为10.29%。2020年的竞争同样激烈，有效申报达到了28520份。而根据2020年3月20日教育部社科司公示的一般项目评审结果，规划基金、青年基金、自筹经费项目共2620项获得立项，同时有西部和边疆地区项目173项、新疆项目12项、西藏项目6项通过专家评审，共计2811个课题最终获得立项，立项率仅为9.85%。

回顾近五年的立项情况可以发现，在2018年之前，教育部人文社会科学研究项目的立项总数一直迅速攀升，2019年度首次开始出现小幅回调，但申报数却在该年度创下历史新高，导致2019年度的立项率与前一年相比明显下降。2020年，虽因各种限报措施导致申报总数下降超过10%，但立项数也进一步减少，使立项率跌至9.85%的五年低点。显然，由于竞争加剧，立项数却在减少，大环境不容乐观。

表1　2016—2020年教育部人文社会科学研究项目的申报、立项情况一览表

年度	有效申报数	年立项数	平均立项率
2016	20919	2110	10.08%
2017	22277	3032	13.61%
2018	23718	3341	14.09%

续表

年度	有效申报数	年立项数	平均立项率
2019	32081	3302	10. 29%
2020	28520	2811	9. 85%

从 2019 和 2020 年度的立项情况来看，与德语国家相关的一般项目数量同样出现了大幅下降，从 2019 年的 24 项，下降至 2020 年的 14 项，减少了四成。具体来看，在 2019 年的 24 项课题中有 12 项来自哲学学科，其中 4 项与康德研究有关。同时，在马克思主义学科中，青年马克思和《资本论》也成为研究者关注的热点，与之相关的课题也有 3 项。两者合计 15 项，显示了德国思想家研究在德语国家研究领域的核心地位。

受近年兴起的“文化走出去”研究影响，2019 年度涉及中国文化在德国接受情况研究的课题也为数不少，包括“德语国家对中国戏曲的接受研究”“德国藏中国明清瓷器的调查与研究”“国际汉学视野下儒家文化在当代德国的传播研究”“德国视听媒体中的中国形象研究(2008—2018)”“当代德国影视中的华人影像和中国叙事研究”，涉及了艺术学、语言学、新闻学等多个学科门类。

此外，德国的职业教育及应用型人才培养也在 2019 年度成为立项的热点。相关课题包括“中德职业教育产教融合与工匠精神传承比较研究”“德国应用型大学创新化项目模式推动人才培养机制研究”“德国双元制职教模式在西部高职的本土化实践研究——以机电一体化技术专业为例”。

但令人吃惊的是，在德语界的传统专业领域——外国文学和语言学学科中，2019 年公示的教育部一般项目里竟无一项与德语语言或文学方向相关。幸而，此后在单列的教育部后期资助项目申报中，上海外国语大学梁锡江教授的“布洛赫名著《维吉尔之死》的中文全译本”项目成功入围该年度的重大项目，才使语言文学方向研究课题避免了全军覆没的尴尬局面。

2020 年，由于教育部社科一般项目的立项总数大幅减少，德语国家方向的研究课题也难以独善其身。在哲学学科，与德语国家相关的课题仅有 3 项，同比减少了 75%。研究对象涉及马克思、莱布尼茨、黑格尔、胡塞尔等思想家的研究，分布相当分散，没有出现明显的热点。在其他领域中，“文化走出去”战略和“一带一路”倡议的影响十分明显，相关课题有“老庄思想在德语世界的接受与变异研究”“中国古典短篇小说德语译介史研究”“‘一带一路’倡议在德国的传播及策略研究”“德国媒体中的中国形象研究”等。此外，德语文学研究打破了上一年度几乎颗粒无收的尴尬局面，出现了“德语奇幻文学的类型演变与发展研究”“上海犹太流亡报刊中的德语文学研究(1939—1949)”“布莱希特戏剧的“物质伦理”思想研究”等成功获得立项的课题。但 2020 年度针对当代德国社会的研究课题却几乎断档，只有“德国网络犯罪防控机制的实效化路径研究”一项得以入围。

值得一提的是，在教育部哲学社会科学研究重大课题攻关项目申报中，德语界也获得了突破：上海外国语大学德语系张帆教授担任首席专家的“中国故事在世界文学中的征引阐释及启示研究”项目获得立项，并于2020年12月5日正式开题。该项目虽然并非以德语国家为主要研究对象，但也有多位德语界研究人员参与，其跨学科合作攻关模式对未来的科研合作具有很大的启示意义。

总体来看，在教育部人文社会科学研究项目中，与德语国家相关的课题并未占有显著地位，除德国哲学、“文化走出去”和职业教育研究比较稳定地保有一席之地外，其他领域中涉及德语国家研究的课题并不多见，重人文、轻社会的倾向较为明显，关于瑞士、奥地利社会的研究项目更是无迹可寻。这表明我国在德语国家研究方面仍有许多空白，专业布局亟待优化，未来所面临的挑战与机遇并存。

附录1　2019年教育部社科基金一般项目德语国家研究方向课题汇总

序号	课题名称	负责人	所属院校	所在学科
1	青年马克思的黑格尔转向研究	潘斌	华东师范大学	马克思主义/思想政治教育
2	马克思《资本论》的生态解读与新时代的意义研究	徐水华	上海理工大学	马克思主义/思想政治教育
3	《资本论》视阈中的生命政治批判研究	马乔恩	西北师范大学	马克思主义/思想政治教育
4	康德的科学哲学思想研究	袁建新	华南农业大学	哲学
5	美作为从自然到自由的过渡——《判断力批判》体系建构作用研究	周黄正蜜	北京师范大学	哲学
6	胡塞尔与萨特想象理论比较研究	温雪	北京邮电大学	哲学
7	康德的统觉思想研究	唐红光	长沙学院	哲学
8	莱布尼茨技术思想文献编译研究	张涛	华南师范大学	哲学
9	《资本论》科学性问题研究	高超	吉林大学	哲学
10	黑格尔哲学中的生命理论研究	刘立东	辽宁大学	哲学
11	马克斯·舍勒的政治哲学研究	王欢欢	山东工商学院	哲学
12	康德《遗著》思想研究	赵剑	西安邮电大学	哲学
13	康德的国家哲学研究	胥博	西南财经大学	哲学
14	康德在沉默时期的逻辑思想研究	刘萌	延安大学	哲学
15	马克思思想发展中的施蒂纳因素研究（1843—1846）	徐娜	浙江工业大学	哲学

续表

序号	课题名称	负责人	所属院校	所在学科
16	德语国家对中国戏曲的接受研究	魏梅	上海戏剧学院	艺术学
17	德国藏中国明清瓷器的调查与研究	吴若明	南开大学	艺术学
18	国际汉学视野下儒家文化在当代德国的传播研究	巫莉丽	青岛科技大学	语言学
19	德国视听媒体中的中国形象研究(2008—2018)项目	曹杉	青岛大学	新闻学与传播学
20	中德职业教育产教融合与工匠精神传承比较研究	陈曦萌	广西大学	教育学
21	德国应用型大学创新化项目模式推动人才培养机制研究	陈志伟	中央民族大学	教育学
22	当代德国影视中的华人影像和中国叙事研究	周海霞	北京外国语大学	交叉学科/综合研究
23	德语大众剧的艺术传承与历史演变研究	陈燕	北京体育大学	交叉学科/综合研究
24	德国“双元制”职教模式在西部高职的本土化实践研究——以机电一体化技术专业为例	贺元成	泸州职业技术学院	交叉学科/综合研究

附录 2　2020 年教育部社科基金一般项目德语国家研究方向课题汇总

序号	课题名称	负责人	所属院校	所在学科
1	《资本论》及其手稿中的经济发展思想与当代价值研究	翟青	哈尔滨理工大学	马克思主义/思想政治教育
2	黑格尔《伦理体系》翻译与研究	翁少龙	厦门大学	哲学
3	胡塞尔和马克思的哲学思维方法的歧义与会通研究	李鹏	山西财经大学	哲学
4	莱布尼茨宗教认识论思想研究	卢钰婷	湖北经济学院	哲学
5	文化全球化视野下好莱坞与德国表现主义电影的文化交往研究	程呈	武汉纺织大学	艺术学
6	冷战时期美国对民主德国心理战研究(1949—1961)	高文知	黄冈师范学院	历史学

续表

序号	课题名称	负责人	所属院校	所在学科
7	德国网络犯罪防控机制的实效化路径研究	张婷	中国政法大学	法学
8	老庄思想在德语世界的接受与变异研究	唐雪	西南大学	中国文学
9	上海犹太流亡报刊中的德语文学研究（1939—1949）	张若玉	上海师范大学	中国文学
10	德语奇幻文学的类型演变与发展研究	王微	华中科技大学	外国文学
11	布莱希特戏剧的“物质伦理”思想研究	郑杰	广东外语外贸大学	外国文学
12	中国古典短篇小说德语译介史研究	付天海	大连外国语大学	外国文学
13	德国媒体中的中国形象研究	梁珊珊	北京理工大学	交叉学科/综合研究
14	“一带一路”倡议在德国的传播及策略研究	邹露	北京第二外国语学院	国际问题研究